21世纪全国高等院校财经管理系列实用规划教材

U1021004

财务会计学

主　编　李柏生
副主编　杨瑞涛　马　腾
参　编　李　峰　王继晨　张　莉

北京大学出版社
PEKING UNIVERSITY PRESS

内容简介

本书是以我国最新《企业会计准则》和《企业会计准则应用指南》为主要依据，在过去财务会计教材编写的基础上，吸收了国内外近几年优秀财务会计教材的精华，结合中国国情编写而成的。本书作为21世纪全国高等院校财经管理系列实用规划教材，在编写过程中突出了以会计基本理论为基础，加强实用性和可读性的特点。

本书共12章，具体内容包括总论，货币资金及应收款项，存货，金融资产，长期股权投资，固定资产，无形资产，投资性房地产，负债，所有者权益，收入、费用和利润，财务报告。

本书既可作为会计学专业、财务管理专业“财务会计学”课程的教材，也可作为其他经济管理从业人员学习企业财务会计的参考用书。

图书在版编目(CIP)数据

财务会计学/李柏生主编. —北京：北京大学出版社，2013.9

(21世纪全国高等院校财经管理系列实用规划教材)

ISBN 978-7-301-23190-6

Ⅰ. ①财… Ⅱ. ①李… Ⅲ. ①财务会计—高等学校—教材 Ⅳ. ①F234.4

中国版本图书馆CIP数据核字(2013)第215581号

书　　名：财务会计学

著作责任者：李柏生　主　编

策 划 编 辑：王显超　李　虎

责 任 编 辑：王显超

标 准 书 号：ISBN 978-7-301-23190-6/C・0938

出 版 发 行：北京大学出版社

地　　址：北京市海淀区成府路205号　100871

网　　址：http://www.pup.cn　　新浪官方微博：@北京大学出版社

电 子 信 箱：pup_6@163.com

电　　话：邮购部62752015　发行部62750672　编辑部62750667　出版部62754962

印　刷　者：北京京华虎彩印刷有限公司

经　销　者：新华书店

787毫米×1092毫米　16开本　21印张　483千字

2013年9月第1版　2016年6月第3次印刷

定　　价：39.00元

未经许可，不得以任何方式复制或抄袭本书之部分或全部内容。

版权所有，侵权必究

举报电话：010-62752024　电子信箱：fd@pup. pku. edu. cn

21世纪全国高等院校财经管理系列实用规划教材

专家编审委员会

主 任 委 员　刘诗白

副主任委员　（按拼音排序）

韩传模	李全喜	王宗萍
颜爱民	曾　旗	朱廷珺

顾　　　问　（按拼音排序）

高俊山	郭复初	胡运权
万后芬	张　强	

委　　　员　（按拼音排序）

程春梅	邓德胜	范　徵
冯根尧	冯雷鸣	黄解宇
李柏生	李定珍	李相合
李小红	刘志超	沈爱华
王富华	吴宝华	张淑敏
赵邦宏	赵　宏	赵秀玲

法 律 顾 问　杨士富

丛 书 序

我国越来越多的高等院校设置了经济管理类学科专业，这是一个包括经济学、管理科学与工程、工商管理、公共管理、农业经济管理、图书档案学 6 个二级学科门类和 22 个专业的庞大学科体系。2006 年教育部的数据表明，在全国普通高校中，经济类专业布点 1518 个，管理类专业布点 4328 个。其中除少量院校设置的经济管理专业偏重理论教学外，绝大部分属于应用型专业。经济管理类应用型专业主要着眼于培养社会主义国民经济发展所需要的德智体全面发展的高素质专门人才，要求既具有比较扎实的理论功底和良好的发展后劲，又具有较强的职业技能，并且又要求具有较好的创新精神和实践能力。

在当前开拓新型工业化道路，推进全面小康社会建设的新时期，进一步加强经济管理人才的培养，注重经济理论的系统化学习，特别是现代财经管理理论的学习，提高学生的专业理论素质和应用实践能力，培养出一大批高水平、高素质的经济管理人才，越来越成为提升我国经济竞争力、保证国民经济持续健康发展的重要前提。这就要求高等财经教育要更加注重依据国内外社会经济条件的变化，适时变革和调整教育目标和教学内容；要求经济管理学科专业更加注重应用、注重实践、注重规范、注重国际交流；要求经济管理学科专业与其他学科专业相互交融与协调发展；要求高等财经教育培养的人才具有更加丰富的社会知识和较强的人文素质及创新精神。要完成上述任务，各所高等院校需要进行深入的教学改革和创新，特别是要搞好有较高质量的教材的编写和创新工作。

出版社的领导和编辑通过对国内大学经济管理学科教材实际情况的调研，在与众多专家学者讨论的基础上，决定编写和出版一套面向经济管理学科专业的应用型系列教材，这是一项有利于促进高校教学改革发展的重要措施。

本系列教材是按照高等学校经济类和管理类学科本科专业规范、培养方案，以及课程教学大纲的要求，合理定位，由长期在教学第一线从事教学工作的教师编写，立足于 21 世纪经济管理类学科发展的需要，深入分析经济管理类专业本科学生现状及存在的问题，探索经济管理类专业本科学生综合素质培养的途径，以科学性、先进性、系统性和实用性为目标，其编写的特色主要体现在以下几个方面：

（1）关注经济管理学科发展的大背景，拓宽理论基础和专业知识，着眼于增强教学内容与实际的联系和应用性，突出创造能力和创新意识。

（2）体系完整、严密。系列涵盖经济类、管理类相关专业以及与经管相关的部分法律类课程，并把握相关课程之间的关系，整个系列丛书形成一套完整、严密的知识结构体系。

（3）内容新颖。借鉴国外最新的教材，融会当前有关经济管理学科的最新理论和实践经验，用最新知识充实教材内容。

（4）合作交流的成果。本系列教材是由全国上百所高校教师共同编写而成，在相互进行学术交流、经验借鉴、取长补短、集思广益的基础上，形成编写大纲。最终融合了各地特点，具有较强的适应性。

（5）案例教学。教材具备大量案例研究分析内容，让学生在学习过程中理论联系实际，特别列举了我国经济管理工作中的大量实际案例，这可大大增强学生的实际操作能力。

（6）注重能力培养。力求做到不断强化自我学习能力、思维能力、创造性解决问题的能力以及不断自我更新知识的能力，促进学生向着富有鲜明个性的方向发展。

作为高要求，财经管理类教材应在基本理论上做到以马克思主义为指导，结合我国财经工作的新实践，充分汲取中华民族优秀文化和西方科学管理思想，形成具有中国特色的创新教材。这一目标不可能一蹴而就，需要作者通过长期艰苦的学术劳动和不断地进行教材内容的更新才能达成。我希望这一系列教材的编写，将是我国拥有较高质量的高校财经管理学科应用型教材建设工程的新尝试和新起点。

我要感谢参加本系列教材编写和审稿的各位老师所付出的大量卓有成效的辛勤劳动。由于编写时间紧、相互协调难度大等原因，本系列教材肯定还存在一些不足和错漏。我相信，在各位老师的关心和帮助下，本系列教材一定能不断地改进和完善，并在我国大学经济管理类学科专业的教学改革和课程体系建设中起到应有的促进作用。

劉詩白

2007年8月

刘诗白　现任西南财经大学名誉校长、教授，博士生导师，四川省社会科学联合会主席，《经济学家》杂志主编，全国高等财经院校资本论研究会会长，学术团体“新知研究院”院长。

前　言

本书是在过去财务会计教材的基础上，吸收了国内外近几年优秀财务会计教材的精华，结合中国国情编写而成的。本书作为21世纪全国高等院校财经管理系列实用规划教材，在编写过程中突出了以下特点：

第一，以会计的基本理论为基础。本书改变了以往财务会计教材只是具体解释会计准则的做法，而是以会计的基本理论为基础，着重论述了各会计要素确认、计量的基本原则，从理论上讲清楚各项业务的处理方法。

第二，注重教材的实用性和可读性，在各章开始，提供了本章教学目的和要求，便于学生掌握学习内容的要点；在各章中间加入了知识链接，便于拓展知识，增加趣味性；在各章结尾，提供了本章小结，名词解释、选择题、判断题、简答题、业务题等练习题，便于学生根据需要进一步练习和巩固所学知识。

本书由李柏生担任主编，由杨瑞涛、马腾担任副主编，李峰、王继晨、张莉参与了编写。全书共12章，由李柏生、杨瑞涛负责大纲的拟定和编写的组织工作，并对全书进行了总纂。其具体编写分工如下：第1章、第2章由李柏生编写；第3章、第11章由杨瑞涛编写；第4章、第5章由王继晨编写；第6章、第7章由张莉编写；第8章、第9章马腾编写；第10章、第12章由李峰编写。

编者在编写本书的过程中得到了有关专家、同行的大力支持和帮助，同时参阅和借鉴了相关文献，在此表示衷心的感谢。由于时间仓促，加之水平有限，书中不足之处在所难免，欢迎广大读者批评指正。

编　者

2013年5月

目　录

第1章 总 论

教学目的与要求

通过对本章的学习，学生应掌握会计目标、会计基本假设、会计信息质量要求、会计要素及其确认条件；熟悉会计计量属性及其应用原则；了解会计的本质及会计的规范体系。

案例导读

一天，董事长从北京搭乘飞机回洛阳，买的经济舱飞机票。无巧不成书，他在上飞机时却看见本公司总经理坐在头等舱中品咖啡、看报，一副悠闲的样子。董事长很尴尬地朝总经理笑了笑，走回了经济舱，但心里很不好受。因为董事长想为公司节约一点钱，公司是自己的呀！可一个总经理……回到公司后，董事长开了个会，说以后公司有人出差，为了节约，不能坐飞机头等舱等。但总经理却不理他那一套，以后依然如故。因为职业经理聘任时有合同，完成合同规定的委托任务即可，节约也不归己，何必节约！这就是道德风险。林钟高等认为："资本所有权和控制权的分离产生了委托代理关系问题，同时经济人的有限性，使得委托代理双方都有追求自身利益最大化的偏好。"如何平衡双方之间的关系，将会计目标定为受托责任的完成情况此时应是最恰当的了。那么，什么是会计目标？我国的会计目标是什么？会计目标对企业的财务信息有哪些影响？这些问题就是本章要学习的主要内容。

1.1 财务会计概述

1.1.1 会计与财务会计的定义

会计是以货币为主要计量单位，反映和监督一个单位经济活动的一种经济管理工作。企业会计主要反映企业的财务状况、经营成果和现金流量，并对企业的经营活动和财务收支进行监督。总之，会计的特点是用货币对经营过程中占用的财产物资和发生的劳动耗费进行系统的计量、记录、分析和检查。所以，会计的实质是管理，是一种管理活动。

财务会计是从资金的运动上，对企业的经营活动进行确认、计量、记录和报告，从而较为全面地反映企业的财务状况、经营成果和现金流量状况的经济管理工作。

1.1.2 财务会计的目标

财务会计的目标，是向财务报告使用者提供与企业财务状况、经营成果和现金流量等有关的会计信息，反映企业管理层受托责任的履行情况，有助于财务报告使用者做出经济决策。其主要包括以下两个方面的内容。

1. 向财务报告使用者提供对决策有用的信息

企业编制财务报告的主要目的是满足财务报告使用者的信息需要，有助于财务报告使用者做出正确的经济决策。因此，向财务报告使用者提供对决策有用的信息是财务报告的基本目标。如果企业在财务报告中提供的会计信息与使用者的决策无关，没有使用价值，那么财务报告就失去了其编制的意义。

根据向财务报告使用者提供决策有用的信息这一目标的要求，财务报告所提供的会计信息应当如实反映企业所拥有或者控制的经济资源、对经济资源的要求权及经济资源要求权的变化情况；如实反映企业的各项收入、费用、利得和损失的金额及其变动情况；如实反映企业各项经营活动、投资活动和筹资活动等所形成的现金流入和现金流出情况等，这有助于现在的或者潜在的投资者、债权人及其他使用者正确、合理地评价企业的资产质量、偿债能力、盈利能力和营运效率等；有助于使用者根据相关会计信息做出理性的投资和信贷决策；有助于使用者评估与投资和信贷有关的未来现金流量的金额、时间和风险等。

2. 反映企业管理层受托责任的履行情况

在现代公司制下，企业所有权和经营权相分离。企业管理层是受委托人之托经营管理企业及其各项资产，负有受托责任，即企业管理层所经营管理的企业各项资产基本上均为投资者投入的资本(或者留存收益作为再投资)或者向债权人借入的资金所形成的，企业管理层有责任妥善保管并合理、有效地运用这些资产。尤其是企业投资者和债权人等，需要及时或者经常性地了解企业管理层保管、使用资产的情况，以便评价企业管理层受托责任的履行情况和业绩情况，并决定是否需要调整投资或者信贷政策，是否需要加强企业内部控制和其他制度建设，是否需要更换管理层等。因此，财务报告应当反映企业管理层受托责任的履行情况，以有助于评价企业的经营管理责任和资源使用的有效性。

知识链接

研究会计理论要有起点，有了起点才会有过程和结果。从哪里入手来研究会计理论，一直是会计学界争论不休的问题。选择不同的研究起点，会形成不同的理论结构；而反过来，理论结构的正确性及它对会计实践工作的指导作用有多大，很大程度上又取决于研究起点的正确性和科学性。要作为会计理论研究的逻辑起点，应该具备以下 3 个特征：①它是会计理论中最简单、最基本的东西，是其他会计理论的基础，我们能够以它为基础对其他会计理论范畴进行推理和论证；②它应该是从抽象到具体的出发点，能够将会计理论与实践连接起来(上面的这两个观点苏新龙同志在《会计研究》1996 年第 11 期，杨月梅同志在 1998 年的第 7 期，吴联生同志在 1998 年的第 10 期都曾明确提出过)；③以它为起点形成的会计理论体系结构要严密，各组成要素之间要相互连贯，浑然一体。多少年来，不同学派之间就会计研究的起点问题进行了激烈的交锋，形成了各自不同的会计理论构造体系。从研究会计理论体系的逻辑起点来看，有 4 种比较有代表性的观点：会计假设起点论、会计本质论、会计环境论和会计目标论。会计假设起点论、会计本质论、会计环境论这3种观点都因为不具备会计理论逻辑起点的特征，所形成的会计理论体系各部分之间缺乏内在的逻辑联系而逐渐为大家抛弃。20世纪中叶以后，美国会计界放弃了以会计假设等为会计理论研究逻辑起点的研究方式，取而代之的是以会计目标为会计理论研究的逻辑起点，并在较短的时间内建立起了以财务会计目标、会计报表构成要素、会计信息质量特征、会计确认、会计计量等为核心的会计理论框架结构。现在，会计目标论已基本为广大会计学者所接受和认可。

1.1.3 财务会计的职能和作用

1. 财务会计的职能

财务会计的职能是指其作为管理经济的一种活动，客观上能为管理经济发挥的功能。职能是财务会计的本质属性，其主要表现在以下3个方面。

(1) 反映生产经营过程中资金使用和周转的情况。资金是企业用于生产经营活动的财产物资的货币表现，包括直接以货币形态存在的资金在内。财务会计通过连续的、系统的记录和计算，反映企业经营资金的各种取得来源、资金在生产经营过程中的分布和占用情况，以及资金的使用和周转情况。

企业根据生产经营的具体需要，总是把资金投放在各种财产物资上，表现为企业所拥有的各种资产。财务会计反映资金占用的增减变化。资金占用的增减变化，既是生产经营的手段，也是生产经营的结果。

企业的资金在生产经营过程中不是处于静止状态，而是随着经济活动的进行不断地循环周转的。财务会计通过资金分析，对企业生产经营资金的使用和周转做出评价。合理使用资金，加速资金的周转，都会使经济效益有所提高。

(2) 监督企业取得和使用资金的合法性和合规性，管好企业的资金。企业取得和使用资金是否符合国家各项财经方针、政策、法律和制度，是一个严肃的财务纪律问题，需要认真对待。取得和使用资金必须合法，符合公司章程、董事会的决定等。

(3) 预测企业经营前景，在压缩资金占用额、提高经济效益方面参与企业的经营决策。财务会计汇总经济活动过程中资金方面的资料，从而掌握资金的动态，并运用这些信息，组织和控制经济活动，处理好各方面的经济关系。财务会计通过对资金结构、资金趋势、资金利用效果等的分析，通过对资金的控制、供应和调配，把管理资金的职能渗透到经济活动的各个环节中去。管理资金一方面要积极为生产服务，从生产实际出发，积极组织资金供应，保证生产经营活动中的资金需要；另一方面又要坚持勤俭节约原则，千方百计节约资金消耗、节省费用开支、合理使用资金、压缩资金占用、充分挖掘资金潜力。如果生产出同样的产值而减少了资金的占用，或者如果不增加资金的占用而实现了产值的增长，都会加快资金的周转，提高资金的使用效果，最终提高经济效益，使企业利润增加。

为此，财务会计要根据当前的资金使用情况，预测企业经营前景。从节约物资消耗、减少资金占用着眼，提出企业在供应、生产和销售活动各阶段所需要的资金的预算。围绕资金的使用，提出切实可行的压缩资金占用的方案，提出合理使用资金、提高经济效益的措施，为企业经营出谋献策。

2. 财务会计的作用

财务会计主要是向报表的使用者提供会计信息，其作用如下。

(1) 它立足企业，面向市场，通过财务报告等形式，主要为与企业有外部利益关系的集团报告企业的财务状况，企业的经营、投资、理财等业绩，以及现金流入、流出企业和现金资源的变化情况等，便于报表的使用者做出正确的决策。

(2) 财务会计有助于考核企业领导人经济责任的履行情况。企业接受国家等投资人和债权人的委托，其职责就是按照既定发展目标和要求，合理地利用资源，加强经营管理，提高经济效益，接受考核和评价。而财务会计提供的各种信息，正是考核的主要依据。

(3) 财务会计有助于企业加强经营管理、提高企业的整体素质，促使企业可持续发展。企业经营管理水平的高低直接影响着企业的经济效益、竞争和生存发展能力，财务会计提供的各种信息必须真实地反映企业的经营状况。为此，企业就要采用科学技术等手段，不断地提升自己，使其符合市场经济发展规律的要求。

1.1.4 财务会计规范

财务会计规范也称会计规范，是指制约财务会计(会计实务)的法律、法规、准则和制度等的总称。它既是约束会计行为的标准，也是对会计工作进行评价的依据。由于会计信息的重要性，每个国家都有一整套约束会计行为的会计规范体系。

我国的会计规范体系主要是由《中华人民共和国会计法》(以下简称《会计法》)、《企业财务会计报告条例》、《企业会计准则》等组成，并已形成了以《会计法》为核心、以《企业会计准则》为基本内容的一个比较完整的体系。

1. 《会计法》

《会计法》的立法目的是为了规范会计行为，保证会计资料真实、完整，加强经济管理和财务管理，提高经济效益，维护社会主义市场经济秩序。

1985 年 1 月 21 日，我国第一部会计法诞生，标志着我国的会计工作进入了社会主义法制化的时期。1993 年 12 月 29 日，第八届全国人民代表大会常务委员会第五次会议通过了《关于修改〈中华人民共和国会计法〉的决定》，自公布之日起实施。由于会计环境的变化，1999 年 10 月 31 日，第九届全国人民代表大会常务委员会第十二次会议通过了重新修订的《会计法》。修订后的《会计法》，在确保会计资料的真实、完整的基础上，对会计工作的基本要求方面进行了规定，加强了可操作性；对于会计账簿的设置、会计核算的事项、原始凭证的出具与审核、财务会计报告编制与必须披露的事项等都做出了明确的规定；对于会计人员的从业资格及职业道德教育与修养、在职人员的业务培训工作，也提出了明确的要求；对于会计工作中的违法行为作了更为全面的规定，并且加大了对违法行为的处罚力度。《会计法》共 7 章 52 条，自 2000 年 7 月 1 日起施行。

2. 《企业财务会计报告条例》

《企业财务会计报告条例》是继《会计法》实施后，一部非常重要的配套行政法规，自 2001 年 1 月 1 日开始施行。该条例共 6 章 46 条，对企业财务会计报告的构成、编制、对外提供及法律责任等问题做出了说明，用以保证企业财务会计报告的真实、准确。

3. 《企业会计准则》

《企业会计准则》是企业处理会计对象的标准，是进行会计工作的依据，是评价会计工作质量的准绳。

《企业会计准则》可以根据其运用范围，划分为3个层次。

第一个层次——基本准则。它指适用面最广、对会计工作具有普遍指导意义的准则，在整个会计准则体系中起统驭作用。其主要规范会计目标，会计假设，会计信息质量要求，会计要素的确认、计量、报告等。

第二个层次——具体准则，包括存货、固定资产、无形资产等38项具体准则，主要规范企业发生的具体交易或事项的会计处理，为处理会计实务问题提供具体而统一的标准。

第三个层次——应用指南，主要包括具体准则解释和会计科目、主要账务处理等，为企业执行会计准则提供操作性规范。

1.1.5 国际会计规范

20世纪40年代以后，由于经济的复苏和交通通信事业的迅猛发展，跨国公司在经济发展中迅速崛起，使得国际市场上寻求资本的企业急剧增加，这些变化迫切需要在世界范围内具有可比的财务报告信息。

1973年6月29日，由澳大利亚、加拿大、法国、联邦德国、日本、墨西哥、荷兰、英国和美国9个国家的16个会计职业团体在伦敦发起成立了国际会计准则委员会(IASC)。其是一个民间组织，它没有得到官方或国际组织的明确支持或被赋予法律上的权利，但它得到了世界各主要国家会计职业团体的支持，具有官方性质的国际证监会组织(IOSCO)的参与加大了它的权威性，我国于1997年7月加入了IASC。

国际会计准则委员会制定公布的会计准则，被称为《国际会计准则》(IAS)，也是一种会计规范。尽管其不具约束力，但在协调各国会计准则、提高国际间财务报表的可比性上，发挥了重要的作用。国际会计准则委员会在20世纪90年代以后开始转移制定准则的目标，把重点放到加大调解力度，提高不同国家、地区之间企业财务报表的可比性方面来，其工作主要是对以前发布的准则进行修订。2001年，国际会计准则委员会进行了战略性改组，改组后新的国际会计准则委员会设有管理委员会、理事会、咨询委员会和解释委员会4个机构。其中，国际会计准则理事会(IASB)是制定会计准则的核心部门，全权负责《国际财务报告准则》(IFRS)及其他相关文件的制定。

1.2 财务会计理论构架

财务会计的基本理论是指导会计确认、计量、编制财务报告的依据，它反映出会计的内在规律，是在长期的实践中总结出来的经济科学并形成了一整套基本理论体系。它主要包括财务报告的目标、会计的基本假设和会计基础、会计信息质量要求、会计要素及其确认与计量原则、会计要素计量属性及其应用原则、财务报告。

1.2.1 财务报告的目标

《企业会计准则——基本准则》(以下简称《基本准则》)对财务报告目标进行了明确定位，将保护投资者利益、满足投资者信息需求放在了突出位置，彰显了财务报告目标在企业会计准则体系中的重要作用。《基本准则》规定，财务报告的目标是向财务报告使用者提供与企业财务状况、经营成果和现金流量等有关的会计信息，反映企业管理层受托责任履行情况，有助于财务报告使用者做出经济决策。

财务报告使用者主要包括投资者、债权人、政府及其有关部门和社会公众等，满足投资者的信息需要是企业财务报告编制的首要出发点。近年来，我国企业改革持续深入，产权日益多元化，资本市场快速发展，机构投资者及其他投资者队伍日益壮大，对会计信息的要求日益提高。在这种情况下，投资者更加关心其投资的风险和报酬，他们需要会计信息来帮助他们做出决策，如决定是否应当买进、持有或者卖出企业的股票或者股权。他们还需要信息来帮助其评估企业支付股利的能力等。因此，《基本准则》将投资者作为企业财务报告的首要使用者。

1.2.2 会计的基本假设

会计的基本假设是企业会计确认、计量和报告的前提，是对会计核算所处时间、空间环境等所做的合理设想。会计基本假设包括会计主体、持续经营、会计分期和货币计量。

1. 会计主体

会计主体是指企业会计确认、计量和报告的空间范围。为了向财务报告使用者反映企业财务状况、经营成果和现金流量，提供对其决策有用的信息，会计核算和财务报告的编制应当集中于反映特定对象的活动，并将其与其他经济实体区别开来，才能实现财务报告的目标。

在会计主体假设下，企业应当对其本身发生的交易或者事项进行会计确认、计量和报告，反映企业本身所从事的各项生产经营活动。明确界定会计主体是开展会计确认、计量和报告工作的重要前提。

首先，明确会计主体，才能划定会计所要处理的各项交易或事项的范围。在会计工作中，只有那些影响企业本身经济利益的各项交易或事项才能加以确认、计量和报告，那些不影响企业本身经济利益的各项交易或事项则不能加以确认、计量和报告。会计工作中通常所讲的资产、负债的确认，收入的实现，费用的发生等，都是针对特定会计主体而言的。

其次，明确会计主体，才能将会计主体的交易或者事项与会计主体所有者的交易或者事项及其他会计主体的交易或者事项区分开来。例如，企业所有者的经济交易或者事项是属于企业所有者主体所发生的，不应纳入企业会计核算的范围，但是企业所有者投入到企业的资本或者企业向所有者分配的利润，则属于企业主体所发生的交易或者事项，应当纳入企业会计核算的范围。

会计主体不同于法律主体。一般来说，法律主体必然是一个会计主体。一个企业作为一个法律主体，应当建立财务会计系统，独立反映其财务状况、经营成果和现金流量。但是，会计主体不一定是法律主体。例如，就企业集团而言，母公司拥有若干个子公司，母、子公司虽然是不同的法律主体，但是母公司对子公司拥有控制权。为了全面反映企业集团的财务状况、经营成果和现金流量，有必要将企业集团作为一个会计主体，编制合并财务报表。在这种情况下，尽管企业集团不属于法律主体，但它却是会计主体。

【例 1-1】甲母公司拥有 5 家子公司，母公司和子公司分属于不同的法律主体，但母公司对子公司拥有控制权，形成一个企业集团。为了全面反映这个企业集团的财务状况和经营成果、现金流量情况，就需要把这个企业集团作为一个会计主体来看待，编制合并财务报表。

2. 持续经营

持续经营是指在可以预见的将来，企业将会按当前的规模和状态继续经营下去，不会停业，也不会大规模削减业务。在持续经营前提下，会计确认、计量和报告应当以企业持续、正常的生产经营活动为前提。企业会计准则体系是以企业持续经营为前提加以制定和规范的，涵盖了从企业成立到清算(包括破产)的整个期间的交易或者事项的会计处理。

【例 1-2】某企业购入固定资产，预计使用 10 年，考虑到企业将会持续经营下去，因此可以假定该项固定资产会在持续经营的生产过程中发挥作用，直至该项固定资产的使用寿命结束，为此在会计中就得反映固定资产的购买、运作、处置等情况。

如果一个企业在不能持续经营时还假定能够持续经营，并仍按持续经营基本假设选择会计确认、计量和报告原则与方法，就不能客观地反映企业的财务状况、经营成果和现金流量，会误导会计信息使用者的经济决策。

3. 会计分期

会计分期是指将一个企业持续经营的生产经营活动划分为一个个连续的、长短相同的期间。会计分期的目的，在于通过会计期间的划分，将持续经营的生产经营活动划分成连续、相等的期间，据以结算盈亏，按期编报财务报告，从而及时向财务报告使用者提供有关企业财务状况、经营成果和现金流量的信息。

根据持续经营假设，一个企业将按当前的规模和状态持续经营下去。但是，无论是企业的生产经营决策还是投资者、债权人等的决策都需要及时的信息，都需要将企业持续的生产经营活动划分为一个个连续的、长短相同的期间，分期确认、计量和报告企业的财务状况、经营成果和现金流量。明确会计分期假设意义重大，由于会计分期，才产生了当期与以前期间、以后期间的差别，才使不同类型的会计主体有了记账的基准，进而出现了折旧、摊销等会计处理方法。会计期间通常分为年度和中期。中期是指短于一个完整的会计年度的报告期间。

4. 货币计量

货币计量是指会计主体在财务会计确认、计量和报告时以货币计量，反映会计主体的生产经营活动。

在会计的确认、计量和报告过程中，之所以选择货币为基础进行计量，是由货币的本身属性决定的。货币是商品的一般等价物，是衡量一般商品价值的共同尺度，具有价值尺度、流通手段、贮藏手段和支付手段等特点。其他计量单位，如重量、长度、容积、台、件等，只能从一个侧面反映企业的生产经营情况，无法在量上进行汇总和比较，不便于会计计量和经营管理。只有选择货币尺度进行计量，才能充分反映企业的生产经营情况。所以，基本准则规定，会计确认、计量和报告选择货币作为计量单位。

但是，在有些情况下，统一采用货币计量也有缺陷，某些影响企业财务状况和经营成果的因素，如企业经营战略、研发能力、市场竞争力等，往往难以用货币来计量，但这些信息对于使用者决策来讲也很重要，企业可以在财务报告中补充披露有关非财务信息来弥补上述缺陷。

1.2.3 会计基础

企业会计的确认、计量和报告应当以权责发生制为基础。权责发生制基础要求，凡是当期已经实现的收入和已经发生或应当负担的费用，无论款项是否收付，都应当作为当期的收入和费用，计入利润；凡是不属于当期的收入和费用，即使款项已在当期收付，也不应当作为当期的收入和费用。

在实务中，企业交易或者事项的发生时间与相关货币收支时间有时并不完全一致。例如，款项已经收到，但销售并未实现；或者款项已经支付，但并不是为本期生产经营活动而发生的。为了更加真实、公允地反映特定会计期间的财务状况和经营成果，基本准则明确规定，企业在会计确认、计量和报告中应当以权责发生制为基础。

收付实现制是与权责发生制相对应的一种会计基础，它是以收到或支付的现金作为确认收入和费用等的依据。目前，我国的行政单位会计采用收付实现制，事业单位会计除经营业务可以采用权责发生制外，其他大部分业务采用收付实现制。

1.2.4 会计信息质量要求

会计信息质量要求是对企业财务报告中所提供会计信息质量的基本要求，是使财务报告中所提供会计信息对投资者等使用者决策有用应具备的基本特征。《基本准则》规定，它包括可靠性、相关性、可理解性、可比性、实质重于形式、重要性、谨慎性和及时性等。其中，可靠性、相关性、可理解性和可比性是会计信息的首要质量要求，是企业财务报告中所提供会计信息应具备的基本质量特征；实质重于形式、重要性、谨慎性和及时性是会计信息的次级质量要求，是对首要质量要求的补充和完善，尤其是在对某些特殊交易或者事项进行处理时，需要根据这些质量要求来把握其会计处理原则。另外，及时性还是会计信息相关性和可靠性的制约因素，企业需要在相关性和可靠性之间寻求一种平衡，以确定信息及时披露的时间。

1. 可靠性

可靠性要求企业应当以实际发生的交易或者事项为依据进行确认、计量和报告，如实反映符合确认和计量要求的各项会计要素及其他相关信息，保证会计信息真实可靠、内容完整。为了贯彻可靠性要求，企业应当做到以下两点。

(1) 以实际发生的交易或者事项为依据进行确认、计量，将符合会计要素定义及其确认条件的资产、负债、所有者权益、收入、费用和利润等如实反映在财务报表中，不得根据虚构的、没有发生的或者尚未发生的交易或者事项进行确认、计量和报告。

(2) 在符合重要性和成本效益原则的前提下，保证会计信息的完整性，其中包括应当编报的报表及其附注内容等应当保持完整，不能随意遗漏或者减少应予披露的信息与使用者决策相关的有用信息都应当充分披露。

【例 1-3】某企业甲商品 20×2 年年末库存量大量增加，无法实现当年年初预定的销售利润目标，但考虑到元旦春节双节的来临，企业采用了促销的手段，并制作了若干存货发出的凭证，并确认了不实的销售收入和利润。企业的这种行为不是以实际发生的交易事项为依据，而是以虚构的交易事项为依据，严重违反了会计信息质量要求的可靠性原则。

2. 相关性

相关性要求企业提供的会计信息应当与投资者等财务报告使用者的经营决策需要相关，有助于投资者等财务报告使用者对企业过去、现在或者未来的情况做出评价或者预测。

会计信息是否有用，是否具有价值，关键是看其与使用者的决策需要是否相关，是否有助于决策或者提高决策水平。相关的会计信息应当能够有助于使用者评价企业过去的决策，证实或者修正过去的有关预测，因而具有反馈价值。相关的会计信息还应当具有预测价值，有助于使用者根据财务报告所提供的会计信息预测企业未来的财务状况、经营成果和现金流量。

会计信息质量的相关性要求，需要企业在确认、计量和报告会计信息的过程中充分考虑使用者的决策模式和信息需要。但是，相关性是以可靠性为基础的，两者之间并不矛盾，不应将两者对立起来。

3. 可理解性

可理解性要求企业提供的会计信息应当清晰明了，便于投资者等财务报告的使用者理解和使用。

企业编制财务报告、提供会计信息的目的在于使用，而要使使用者有效使用会计信息，应当能让其了解会计信息的内涵，弄懂会计信息的内容。这就要求财务报告所提供的会计信息应当清晰明了、易于理解。只有这样，才能提高会计信息的有用性，实现财务报告的目标，满足向投资者等财务报告使用者提供决策有用信息的要求。

会计信息毕竟是一种专业性较强的信息产品，在强调会计信息的可理解性要求的同时，还应假定使用者具有一定的有关企业经营活动和会计方面的知识，并且愿意付出努力去研究这些信息。对于某些复杂的信息，如交易本身较为复杂或者会计处理较为复杂，但其与使用者的经济决策相关的，企业就应当在财务报告中予以充分披露。

4. 可比性

可比性要求企业提供的会计信息应当相互可比。这主要包括两层含义。

(1) 同一企业不同时期可比。为了便于投资者等财务报告使用者了解企业财务状况、经营成果和现金流量的变化趋势，比较企业在不同时期的财务报告信息，全面、客观地评价过去、预测未来，从而做出决策。会计信息质量的可比性要求同一企业不同时期发生的相同或者相似的交易或者事项，应当采用一致的会计政策。不得随意变更。但是，满足会计信息可比性要求，并非表明企业不得变更会计政策。如果按照规定或者在会计政策变更后可以提供更可靠、更相关的会计信息，可以变更会计政策。有关会计政策变更的情况，应当在附注中予以说明。

(2) 不同企业相同会计期间可比。为了便于投资者等财务报告使用者评价不同企业的财务状况、经营成果和现金流量及其变动情况，会计信息质量的可比性要求不同企业同一会计期间发生的相同或者相似的交易或者事项，应当采用规定的会计政策，确保会计信息口径一致、相互可比，以使不同企业按照一致的确认、计量和报告要求提供有关会计信息。

5. 实质重于形式

实质重于形式要求企业应当按照交易或者事项的经济实质进行会计确认、计量和报告，不仅仅以交易或者事项的法律形式为依据。

企业发生的交易或事项在多数情况下其经济实质和法律形式是一致的，但在有些情况下也会出现不一致。例如，企业按照销售合同销售商品但又签订了售后回购协议，虽然从法律形式上看实现了收入，但如果企业没有将商品所有权上的主要风险和报酬转移给购货方，没有满足收入确认的各项条件，即使签订了商品销售合同或者已将商品交付给购货方，也不应当确认销售收入。

【例 1-4】 企业以融资租赁方式租入的固定资产，虽然从法律的角度来看，企业并不拥有其所有权，但是由于融资租赁的时间相当长，租赁结束时承租企业有优先购买该资产的选择权，在租赁期内承租企业有权支配该资产并从中受益等。所以从经济实质来看，企业实际上从租赁期一开始就拥有了控制该资产，使之为企业带来经济利益的权利。因此，企业在进行会计确认、计量和报告时，应当将以融资租赁方式租入的固定资产视为企业的资产，反映在企业的资产负债表中。

6. 重要性

重要性要求企业提供的会计信息应当反映与企业财务状况、经营成果和现金流量有关的所有重要交易或者事项。

如果财务报告中提供的会计信息省略或者错报，会影响投资者等使用者据此做出决策，该信息就具有重要性。重要性的应用需要依赖职业判断，企业应当根据其所处环境和实际情况，从项目的性质和金额大小两个方面加以判断。

7. 谨慎性

谨慎性要求企业对交易或者事项进行会计确认、计量和报告时保持应有的谨慎，不应高估资产或者收益、低估负债或者费用。

在市场经济环境下，企业的生产经营活动面临着许多风险和不确定性，如应收款项的可收回性、固定资产的使用寿命、无形资产的使用寿命、售出存货可能发生的退货或者返修等。会计信息质量的谨慎性要求，需要企业在面临不确定性因素的情况下做出职业判断时，应当保持应有的谨慎，充分估计到各种风险和损失，既不高估资产或者收益，也不低估负债或者费用。例如，要求企业对售出商品所提供的产品质量保证确认一项预计负债，就体现了会计信息质量的谨慎性要求。

谨慎性的应用也不允许企业设置秘密准备。如果企业故意低估资产或者收入，或者故意高估负债或者费用，将不符合会计信息的可靠性和相关性要求，损害会计信息质量，扭曲企业实际的财务状况和经营成果，从而对使用者的决策产生误导，这是会计准则所不允许的。

8. 及时性

及时性要求企业对于已经发生的交易或者事项，应当及时进行确认、计量和报告，不得提前或者延后。

会计信息的价值在于帮助所有者或者其他方面做出经济决策，具有时效性。即使是可靠的、相关的会计信息，如果不及时提供，就失去了时效性，对于使用者的效用就大大降低，甚至不再具有实际意义。在会计确认、计量和报告过程中贯彻及时性，一是要求及时收集会计信息，即在经济交易或者事项发生后，及时收集整理各种原始单据或者凭证；二是要求及时处理会计信息，即按照《企业会计准则》的规定，及时对经济交易或者事项进行确认或者计量，并编制财务报告；三是要求及时传递会计信息，即按照国家规定的有关时限，及时地将编制的财务报告传递给财务报告使用者，便于其及时使用和决策。

在实务中，为了及时提供会计信息，可能需要在有关交易或者事项的信息全部获得之前即进行会计处理，这样就满足了会计信息的及时性要求，但可能会影响会计信息的可靠性；反之，如果企业等到与交易或者事项有关的全部信息获得之后再进行会计处理，这样的信息披露可能会由于时效性问题，对于投资者等财务报告使用者决策的有用性大大降低。这就需要在及时性和可靠性之间作相应权衡，以最好地满足投资者等财务报告使用者的经济决策需要作为判断标准。

1.2.5　会计要素及其确认与计量原则

会计要素是根据交易或者事项的经济特征所确定的财务会计对象的基本分类。《基本准则》规定，会计要素按照其性质分为资产、负债、所有者权益、收入、费用和利润。其中，资产、负债和所有者权益要素侧重于反映企业的财务状况，收入、费用和利润要素侧重于反映企业的经营成果。会计要素的界定和分类可以使财务会计系统更加科学严密，为投资者等财务报告使用者提供更加有用的信息。

1. 资产的定义及其确认条件

1) 资产的定义

资产是指企业过去的交易或者事项形成的、由企业拥有或者控制的、预期会给企业带来经济利益的资源。根据资产的定义，资产具有以下特征。

(1) 资产应为企业拥有或者控制的资源。资产作为一项资源，应当由企业拥有或者控制，具体是指企业享有某项资源的所有权，或者虽然不享有某项资源的所有权，但该资源能被企业所控制。

企业享有资产的所有权，通常表明企业能够排他性地从资产中获取经济利益。通常在判断资产是否存在时，所有权是考虑的首要因素。有些情况下，资产虽然不为企业所拥有，即企业并不享有其所有权，但企业控制了这些资产，同样表明企业能够从资产中获取经济利益，符合会计上对资产的定义。例如，某企业以融资租赁方式租入一项固定资产。尽管企业并不拥有其所有权，但是如果租赁合同规定的租赁期相当长，接近于该资产的使用寿命，表明企业控制了该资产的使用及其所能带来的经济利益，应当将其作为企业资产予以确认、计量和报告。

(2) 资产预期会给企业带来经济利益。资产预期会给企业带来经济利益，是指资产直接或者间接导致现金和现金等价物流入企业的潜力。这种潜力可以来自企业日常的生产经营活动，也可以是非日常活动带来经济利益；可以是现金或者现金等价物形式，也可以是能转化为现金或者现金等价物的形式，或者是可以减少现金或者现金等价物流出的形式。

资产预期能否会为企业带来经济利益是资产的重要特征。例如，企业采购的原材料、购置的固定资产等可以用于生产经营过程，制造商品或者提供劳务，对外出售后收回货款，货款即为企业所获得的经济利益。如果某一项目预期不能给企业带来经济利益，那么就不能将其确认为企业的资产。前期已经确认为资产的项目，如果不能再为企业带来经济利益，也不能再确认为企业的资产。例如，某企业在年末盘点存货时，发现存货毁损，企业以该存货管理责任不清为由，将毁损的存货记入“待处理财产损失”，并在资产负债表中作为流动资产予以反映。因为“待处理财产损失”预期不能为企业带来经济利益，不符合资产的定义，因此不应再在资产负债表中确认为一项资产。

(3) 资产是由企业过去的交易或者事项形成的。资产应当由企业过去的交易或者事项所形成，包括购买、生产、建造行为或者其他交易或事项。换句话说，只有过去的交易或者事项才能产生资产，企业预期在未来发生的交易或者事项不形成资产。

【例 1-5】甲公司与乙公司签订了一项承包建造合同，但此时建造合同并未履行，建造行为尚未发生。因此，不符合资产的定义，甲公司不能因此而确认其为固定资产。

2) 资产的确认条件

将一项资源确认为资产，需要符合资产的定义，还应同时满足以下两个条件。

(1) 与该资源有关的经济利益很可能流入企业。从资产的定义来看，能否带来经济利益是资产的一个本质特征，但在现实生活中，由于经济环境瞬息万变，与资源有关的经济利益能否流入企业或者能够流入多少实际上带有不确定性。因此，资产的确认还应与经济利益流入的不确定性程度的判断结合起来。如果根据编制财务报表时所取得的证据，与资源有关的经济利益很可能流入企业，那么就应当将其作为资产予以确认；反之，不能确认为资产。

(2) 该资源的成本或者价值能够可靠地计量。财务会计系统是一个确认、计量和报告的系统，其中计量起着枢纽作用。可计量性是所有会计要素确认的重要前提，资产的确认也是如此。只有当有关资源的成本或者价值能够可靠地计量时，资产才能予以确认。在实务中，企业取得的许多资产都是发生了实际成本的，如企业购买或者生产的存货，企业购置的厂房或者设备等。对于这些资产，只要实际发生的购买成本或者生产成本能够可靠计量，就视为符合了资产确认的可计量条件。在某些情况下，企业取得的资产没有发生实际成本或者发生的实际成本很小，如企业持有的某些衍生金融工具形成的资产。对于这些资产，尽管它们没有实际成本或者发生的实际成本很小，但是如果其公允价值能够可靠计量的话，也被认为符合了资产可计量性的确认条件。

2. 负债的定义及其确认条件

1) 负债的定义

负债是指企业过去的交易或者事项形成的，预期会导致经济利益流出企业的现时义务。根据负债的定义，负债具有以下特征。

(1) 负债是企业承担的现时义务，这是负债的一个基本特征。其中，现时义务是指企业在现行条件下已承担的义务。未来发生的交易或者事项形成的义务，不属于现时义务，不应当被确认为负债。

这里所指的义务可以是法定义务，也可以是推定义务。其中，法定义务是指具有约束力的合同或者法律法规规定的义务，通常必须依法执行。例如，企业购买原材料形成的应付账款，企业向银行贷入款项形成借款，企业按照税法规定应当交纳的税款等，均属于企业承担的法定义务，需要依法予以偿还。推定义务是指根据企业多年来的习惯做法、公开承诺或者公开宣布的政策而导致企业将承担的责任，这些责任也使有关各方形成了企业将履行义务解脱责任的合理预期。例如，某企业多年来制定有一项销售政策，对于售出商品提供一定期限内的售后保修服务，预期将为售出商品提供的保修服务就属于推定义务，应当将其确认为一项负债。

(2) 预期会导致经济利益流出企业也是负债的一个本质特征。只有企业在履行义务时会导致经济利益流出企业的，才符合负债的定义；如果不会导致企业经济利益的流出，就不符合负债的定义。在履行现时义务清偿负债时，导致经济利益流出企业的形式多样。例如，用现金偿还或以实物资产形式偿还；以提供劳务形式偿还；以部分转移资产、部分提供劳务形式偿还；将负债转为资本等。

(3) 负债是由企业过去的交易或者事项形成的。换句话说，只有过去的交易或事项才形成负债，企业将在未来发生的承诺、签订的合同等交易或者事项，不形成负债。

【例 1-6】某企业与银行达成了一项借款合同，借入 1 000 万元款项，同时又达成 2 个月之后再借款 500 万元的一项意向书。前者属于企业的负债，因为是由过去交易和事项引发的。后者不属于企业的负债，因为该交易不属于过去的交易或事项。

2) 负债的确认条件

将一项现时义务确认为负债，需要符合负债的定义，还应当同时满足以下两个条件。

(1) 与该义务有关的经济利益很可能流出企业。从负债的定义可以看到，预期会导致经济利益流出企业是负债的一个本质特征。在实务中，履行义务所需流出的经济利益带有不确定性，尤其是与推定义务相关的经济利益通常需要依赖于大量的估计。因此，负债的确认应当与经济利益流出的不确定性程度的判断结合起来。如果有确凿证据表明，与现时义务有关的经济利益很可能流出企业，就应当将其作为负债予以确认；反之，如果企业承担了现时义务，但是导致经济利益流出企业的可能性若已不复存在，就不符合负债的确认条件，不应将其作为负债予以确认。

(2) 未来流出的经济利益的金额能够可靠地计量。负债的确认在考虑经济利益流出企业的同时，对于未来流出的经济利益的金额应当能够可靠计量。对于与法定义务有关的经济利益流出金额，通常可以根据合同或者法律规定的金额予以确定。考虑到经济利益流出的金额通常在未来期间较长，有关金额的计量需要考虑货币时间价值等因素的影响。对于与推定义务有关的经济利益流出金额，企业应当根据履行相关义务所需支出的最佳估计数进行估计，并综合考虑有关货币时间价值、风险等因素的影响。

3. 所有者权益的定义及其确认条件

1) 所有者权益的定义

所有者权益是指企业资产扣除负债后，由所有者享有的剩余权益。公司的所有者权益又称股东权益。所有者权益是所有者对企业资产的剩余索取权，它是企业资产中扣除债权人权益后应由所有者享有的部分，既可反映所有者投入资本的保值增值情况，又体现了保护债权人权益的理念。

2) 所有者权益的来源构成

所有者权益的来源包括所有者投入的资本、直接计入所有者权益的利得和损失、留存收益等，通常由实收资本(或股本)、资本公积(含资本溢价或股本溢价、其他资本公积)、盈余公积和未分配利润构成，商业银行等金融企业在税后利润中提取的一般风险准备也构成所有者权益。

所有者投入的资本是指所有者投入企业的资本部分，它既包括构成企业注册资本或者股本部分的金额，也包括投入资本超过注册资本或者股本部分的金额，即资本溢价或者股本溢价。这部分投入资本在我国企业会计准则体系中被计入了资本公积，并在资产负债表中的资本公积项目下反映。

直接计入所有者权益的利得和损失，是指不应计入当期损益、会导致所有者权益发生增减变动的、与所有者投入资本或者向所有者分配利润无关的利得或者损失。其中，利得是指由企业非日常活动所形成的、会导致所有者权益增加的、与所有者投入资本无关的经济利益的流入。利得包括直接计入所有者权益的利得和直接计入当期利润的利得。损失是指由企业非日常活动所发生的、会导致所有者权益减少的、与向所有者分配利润无关的经济利益的流出。损失包括直接计入所有者权益的损失和直接计入当期利润的损失。直接计入所有者权益的利得和损失主要包括可供出售金融资产的公允价值变动额、现金流量套期中套期工具公允价值变动额(有效套期部分)等。

留存收益是企业历年实现的净利润留存于企业的部分，主要包括累计计提的盈余公积和未分配利润。

3) 所有者权益的确认条件

所有者权益体现的是所有者在企业中的剩余权益，因此，所有者权益的确认主要依赖于其他会计要素，尤其是资产和负债的确认。所有者权益金额的确定也主要取决于资产和负债的计量。例如，企业接受投资者投入的资产，在该资产符合企业资产确认条件时，就相应地符合了所有者权益的确认条件；当该资产的价值能够可靠计量时，所有者权益的金额也就可以确定。

所有者权益反映的是企业所有者对企业资产的索取权，负债反映的是企业债权人对企业资产的索取权，两者在性质上有本质区别，因此企业在会计确认、计量和报告中应当严格区分负债和所有者权益，以如实反映企业的财务状况，尤其是企业的偿债能力和产权比率等。在实务中，企业某些交易或者事项可能同时具有负债和所有者权益的特征。在这种情况下，企业应当将属于负债和所有者权益的部分分开核算和列报。例如，企业发行的可转换公司债券，企业应当将其中的负债部分和权益性工具部分进行分拆，分别确认负债和所有者权益。

4. 收入的定义及其确认条件

1) 收入的定义

收入是指企业在日常活动中形成的、会导致所有者权益增加的、与所有者投入资本无关的经济利益的总流入。根据收入的定义，收入具有以下特征。

(1) 收入是企业在日常活动中形成的。日常活动是指企业为完成其经营目标所从事的经常性活动及与之相关的活动。例如，工业企业制造并销售产品、商业企业销售商品、保险公司签发保单、咨询公司提供咨询服务、软件企业为客户开发软件、安装公司提供安装服务、商业银行对外贷款、租赁公司出租资产等，均属于企业的日常活动。明确界定日常活动是为了将收入与利得相区分，因为企业非日常活动所形成的经济利益的流入不能被确认为收入，而应当计入利得。

(2) 收入会导致所有者权益的增加。与收入相关的经济利益的流入应当会导致所有者权益的增加，不会导致所有者权益增加的经济利益的流入不符合收入的定义，不应确认为收入。例如，企业向银行借入款项，尽管也导致了企业经济利益的流入，但该流入并不导致所有者权益的增加，反而使企业承担了一项现时义务。企业对于因借入款项所导致的经济利益的增加，不应将其确认为收入，应当确认一项负债。

(3) 收入是与所有者投入资本无关的经济利益的总流入。收入应当会导致经济利益的流入，从而导致资产的增加。例如，企业销售商品，应当收到现金或者在未来有权收到现金，才表明该交易符合收入的定义。但是，经济利益的流入有时是所有者投入资本的增加所导致的，所有者投入资本的增加不应当确认为收入，应当将其直接确认为所有者权益。

2) 收入的确认条件

企业收入的来源渠道多种多样，不同收入来源的特征有所不同，其收入确认条件往往存在差别，如销售商品、提供劳务、让渡资产使用权等。一般而言，收入只有在经济利益很可能流入从而导致企业资产增加或者负债减少、经济利益的流入额能够可靠计量时才能予以确认。收入的确认至少应当符合以下条件：一是与收入相关的经济利益应当很可能流入企业；二是经济利益流入企业的结果会导致资产的增加或者负债的减少；三是经济利益的流入额能够可靠计量。

5. 费用的定义及其确认条件

1) 费用的定义

费用是指企业在日常活动中发生的、会导致所有者权益减少的、与向所有者分配利润无关的经济利益的总流出。根据费用的定义，费用具有以下特征。

(1) 费用是企业在日常活动中形成的。费用必须是企业在其日常活动中所形成的，这些日常活动的界定与收入定义中涉及的日常活动的界定相一致。因日常活动所产生的费用通常包括销售成本(营业成本)、管理费用等。将费用界定为日常活动所形成的，目的是将其与损失相区分，企业非日常活动所形成的经济利益的流出不能被确认为费用，而应当计入损失。

(2) 费用会导致所有者权益的减少。与费用相关的经济利益的流出应当会导致所有者权益的减少，不会导致所有者权益减少的经济利益的流出不符合费用的定义，不应被确认为费用。

【例 1-7】某企业用银行存款偿还了一笔应付账款，该偿付行为导致 1 000 万元的款项流出企业。该流出没有使所有者权益减少，而使企业的负债减少了 1 000 万元，因此不应该将凡是引发企业经济利益流出企业的事项或交易都作为费用予以确认。

(3) 费用是与向所有者分配利润无关的经济利益的总流出。

费用的发生应当会导致经济利益的流出，从而导致资产的减少或者负债的增加(最终也会导致资产的减少)。其表现形式包括现金或者现金等价物的流出，存货、固定资产和无形资产等的流出或者消耗等。鉴于企业向所有者分配利润也会导致经济利益的流出，而该经济利益的流出显然属于所有者权益的抵减项目，不应被确认为费用，应当将其排除在费用的定义之外。

2) 费用的确认条件

费用的确认除了应当符合定义外，也应当满足严格的条件，即费用只有在经济利益很可能流出从而导致企业资产减少或者负债增加、经济利益的流出额能够可靠计量时才能予以确认。因此，费用的确认至少应当符合以下条件：一是与费用相关的经济利益应当很可能流出企业；二是经济利益流出企业会导致资产的减少或者负债的增加；三是经济利益的流出额能够可靠计量。

6. 利润的定义及其确认条件

1) 利润的定义

利润是指企业在一定会计期间的经营成果。通常情况下，如果企业实现了利润，表明企业的所有者权益将增加，业绩得到了提升；反之，如果企业发生了亏损(即利润为负数)，表明企业的所有者权益将减少，业绩下滑。利润往往是评价企业管理层业绩的一项重要指标，也是投资者等财务报告使用者进行决策时的重要参考。

2) 利润的来源构成

利润包括收入减去费用后的净额、直接计入当期利润的利得和损失等。其中，收入减去费用后的净额反映的是企业日常活动的经营业绩，直接计入当期利润的利得和损失反映的是企业非日常活动的业绩。直接计入当期利润的利得和损失，是指应当计入当期损益、最终会引起所有者权益发生增减变动的、与所有者投入资本或者向所有者分配利润无关的利得或者损失。企业应当严格区分收入和利得、费用和损失之间的区别，以更加全面地反映企业的经营业绩。

3) 利润的确认条件

利润反映的是收入减去费用、利得减去损失后的净额的概念。因此，利润的确认主要依赖于收入和费用及利得和损失的确认，其金额的确定也主要取决于收入、费用、利得、损失金额的计量。

1.2.6 会计要素计量属性及其应用原则

1. 会计要素的计量属性

会计计量是为了将符合确认条件的会计要素登记入账并列报于财务报表而确定其金额的过程。企业应当按照规定的会计计量属性进行计量，确定相关金额。计量属性是指所予计量的某一要素的特性方面，如桌子的长度、铁矿的重量、楼房的面积等。从会计角度，计量属性反映的是会计要素金额的确定基础，主要包括历史成本、重置成本、可变现净值、现值和公允价值等。

1) 历史成本

历史成本又称实际成本，就是取得或制造某项财产物资时所实际支付的现金或其他等价物。在历史成本计量下，资产按照其购置时支付的现金或者现金等价物的金额，或者按照购置资产时所付出的对价的公允价值计量。负债按照其因承担现时义务而实际收到的款项或者资产的金额，或者承担现时义务的合同金额，或者按照日常活动中为偿还负债预期需要支付的现金或者现金等价物的金额计量。

2) 重置成本

重置成本又称现行成本，是指按照当前市场条件，重新取得同样一项资产所需支付的现金或现金等价物金额。在重置成本计量下，资产按照现在购买相同或者相似资产所需支付的现金或者现金等价物的金额计量。负债按照现在偿付该项债务所需支付的现金或者现金等价物的金额计量。在实务中，重置成本多应用于盘盈固定资产的计量等。

3) 可变现净值

可变现净值是指在正常生产经营过程中，以预计售价减去进一步加工成成本和预计销售费用及相关税费后的净值。在可变现净值计量下，资产按照其正常对外销售所能收到现金或者现金等价物的金额扣减该资产至完工时估计将要发生的成本、估计的销售费用及相关税费后的金额计量。可变现净值通常应用于存货资产减值情况下的后续计量。

4) 现值

现值是指对未来现金流量以恰当的折现率进行折现后的价值，是考虑货币时间价值的一种计量属性。在现值计量下，资产按照预计从其持续使用和最终处置中所产生的未来净现金流入量的折现金额计量。负债按照预计期限内需要偿还的未来净现金流出量的折现金额计量。现值通常用于非流动资产可收回金额和以摊余成本计量的金融资产价值的确定等。例如，在确定固定资产、无形资产等可收回金额时，通常需要计算资产预计未来现金流量的现值；对于持有至到期投资、贷款等以摊余成本计量的金融资产，通常需要使用实际利率法将这些资产在预期存续期间或适用的更短期间内的未来现金流量折现，再通过相应的调整确定其摊余成本。

5) 公允价值

公允价值，是指在公平交易中，熟悉情况的交易双方自愿进行资产交换或者债务清偿的金额。在公允价值计量下，资产和负债按照在公平交易中熟悉情况的交易双方自愿进行资产交换或者债务清偿的金额计量。公允价值主要应用于交易性金融资产、可供出售金融资产的计量等。

2. 各种计量属性之间的关系

在各种会计要素计量属性中，历史成本通常反映的是资产或者负债过去的价值，而重置成本、可变现净值、现值及公允价值通常反映的是资产或者负债的现时成本或现时价值，是与历史成本相对应的计量属性。当然，这种关系也并不是绝对的。例如，资产或者负债的历史成本有时就是根据交易时有关资产或者负债的公允价值确定的，在非货币性资产交换中，如果交换具有商业实质，且换入、换出资产的公允价值能够可靠计量，换入资产入账成本的确定应当以换出资产的公允价值为基础，除非有确凿证据表明换入资产的公允价值更加可靠；在非同一控制下的企业合并交易中，合并成本也是以购买方在购买日为取得对被购买方的控制权而付出的资产、发生或承担的负债等的公允价值确定的。再如，在应用公允价值时，当相关资产或者负债不存在活跃市场的报价或者不存在同类或者类似资产的活跃市场报价时，需要采用估值技术来确定相关资产或者负债的公允价值，而在采用估值技术估计相关资产或者负债的公允价值时，现值往往是比较普遍的一种估值方法。在这种情况下，公允价值就是以现值为基础确定的。另外，公允价值相对于历史成本而言，具有很强的时间概念。也就是说，当前环境下某项资产或负债的历史成本可能是过去环境下该项资产或负债的公允价值，而当前环境下某项资产或负债的公允价值也许就是未来环境下该项资产或负债的历史成本。

3. 计量属性的应用原则

《基本准则》规定，企业在对会计要素进行计量时，一般应当采用历史成本，采用重置成本、可变现净值、现值、公允价值计量的，应当保证所确定的会计要素金额能够取得并可靠计量。一般情况下，对于会计要素的计量，应当采用历史成本计量属性，如存货、固定资产的购入、建造厂房、生产产品等，应当以所取得资产发生的实际成本作为资产计量的金额。

但是在某些情况下，仅仅以历史成本作为计量属性，难以达到会计信息的质量要求，不利于实现财务报告的目标，甚至会影响会计信息的有用性。例如，资产或负债在换出换入时历史成本就不能准确地反映其价值；还有股票、基金的价值计量等。为此，在企业会计准则体系建设中适度、谨慎地引入公允价值这一计量属性，是因为随着我国资本市场的发展，股权分置改革的基本完成，越来越多的股票、债券、基金等金融产品在交易所挂牌上市，使得这类金融资产的交易已经形成了较为活跃的市场。因此，我国已经具备了引入公允价值的条件。在这种情况下，引入公允价值，更能反映企业的实际情况，对投资者等财务报告使用者的决策更加有用，而且也正因如此，我国《企业会计准则》才实现了与国际财务报告准则的趋同。

在引入公允价值过程中，我国充分考虑了国际财务报告准则中公允价值应用的 3 个级次。第一，资产或负债等存在活跃市场的，活跃市场中的报价应当用于确定其公允价值；第二，不存在活跃市场的，参考熟悉情况并自愿交易的各方最近进行的市场交易中使用的价格或参照实质上相同或相似的其他资产或负债等的市场价格确定其公允价值；第三，不存在活跃市场，且不满足上述两个条件的，应当采用估值技术等确定公允价值。

我国引入公允价值是适度、谨慎和有条件的。原因是考虑到我国尚属新兴的市场经济的国家，如果不加限制地引入公允价值，有可能出现公允价值计量不可靠，甚至借机人为操纵利润的现象。因此，在投资性房地产和生物资产等具体准则中规定，只有存在活跃市场、公允价值能够取得并可靠计量的情况下，才能采用公允价值计量。

1.2.7 财务报告

1. 财务报告及其编制

财务报告是企业对外提供的反映企业某一特定日期的财务状况和某一会计期间的经营成果、现金流量等会计信息的文件。

“财务报告”从国际范围来看是一个比较通用的术语，但是在我国现行有关法律、行政法规中使用的是“财务会计报告”术语，为了保持法规体系上的一致性，《基本准则》仍然沿用了“财务会计报告”的术语，但同时又引入了“财务报告”这一术语，并指出“财务会计报告”又称“财务报告”，从而较好地解决了立足国情与国际趋同的问题。在所有具体准则的规定中则统一使用了“财务报告”的术语。

根据财务报告的定义，财务报告具有以下 3 层含义：一是财务报告应当是对外报告，其服务对象主要是投资者、债权人等外部使用者，专门为了内部管理需要的、特定目的报告不属于财务报告的范畴；二是财务报告应当综合反映企业的生产经营状况，包括某一时点的财务状况和某一时期的经营成果与现金流量等信息，以勾画出企业整体和全貌；三是财务报告必须形成一个系统的文件，不应是零星的或者不完整的信息。

财务报告是企业财务会计确认与计量的最终结果体现，投资者等使用者主要是通过财务报告来了解企业当前的财务状况、经营成果和现金流量等情况，从而预测未来的发展趋势。因此，财务报告是向投资者等财务报告使用者提供决策有用信息的媒介和渠道，是沟通投资者、债权人等使用者与企业管理层之间信息的桥梁和纽带。

随着我国改革开放的深入和市场经济体制的完善，财务报告的作用日益突出，《会计法》、《中华人民共和国公司法》(以下简称《公司法》)、《中华人民共和国证券法》(以下简称《证券法》)等出于保护投资者、债权人等利益的需要，也规定企业应当定期编报财务报告。

2. 财务报告的构成

财务报告包括财务报表和其他应当在财务报告中披露的相关信息和资料。其中，财务报表由报表本身及其附注两个部分构成。附注是财务报表的有机组成部分，而报表至少应当包括资产负债表、利润表和现金流量表等报表。考虑到小企业规模较小，外部信息需求相对较低，因此，小企业编制的报表可以不包括现金流量表。

(1) 资产负债表是反映企业在某一特定日期的财务状况的会计报表。企业编制资产负债表的目的是通过如实反映企业的资产、负债和所有者权益金额及其结构情况，从而有助于使用者评价企业资产的质量及短期偿债能力、长期偿债能力、利润分配能力等。

(2) 利润表是反映企业在一定会计期间的经营成果的会计报表。企业编制利润表的目的是通过如实反映企业实现的收入、发生的费用及应当计入当期利润的利得和损失等金额及其结构情况，从而有助于使用者分析评价企业的盈利能力及其构成与质量。

(3) 现金流量表是反映企业在一定会计期间的现金和现金等价物流入和流出的会计报表。企业编制现金流量表的目的是通过如实反映企业各项活动的现金流入、流出情况，从而有助于使用者评价企业的现金流和资金周转情况。

(4) 附注是对在会计报表中列示项目所作的进一步说明，以及对未能在这些报表中列示项目的说明等。企业编制附注的目的是通过对财务报表本身作补充说明，以更加全面、系统地反映企业财务状况、经营成果和现金流量的全貌，从而有助于向使用者提供更为有用的决策信息，帮助其做出更加科学合理的决策。

财务报表区别于现行法律、行政法规中使用的会计报表，财务报表除了包括会计报表本身外，还包括附注，而会计报表没有包括附注。附注是财务报表的重要组成部分。财务报表是财务报告的核心内容，但是除了财务报表之外，财务报告还应当包括其他相关信息，具体可以根据有关法律法规的规定和外部使用者的信息需求而定。例如，企业可以在财务报告中披露其承担的社会责任、对社区的贡献、可持续发展能力等信息，这些信息对于使用者的决策也是相关的。尽管其属于非财务信息，无法包括在财务报表中，但是如果有规定或者使用者有需求，企业应当在财务报告中予以披露，有时企业也可以自愿在财务报告中披露相关信息。

本章小结

本章主要学习会计与财务会计的定义，财务会计的目标，财务会计的职能和作用，财务会计规范；会计基本假设和会计基础，会计信息质量要求，会计要素及其确认与计量原则，财务报告的构成和编制等。通过对本章的学习，要求重点理解和掌握财务会计的理论框架。

习　题

一、名词解释

1．可靠性

2．权责发生制原则

3. 可比性原则
4. 实质重于形式原则
5. 确认
6. 计量

二、单项选择题

1. 下列各项中，不属于企业收入要素范畴的是(　　)。
   A. 主营业务收入　　B. 提供劳务取得的收入
   C. 销售材料取得的收入　　D. 出售无形资产取得的收益
2. 会引起负债和所有者权益同时发生变动的是(　　)。
   A. 董事会批准现金股利分配方案　　B. 摊销固定资产大修理支出
   C. 计提持有至到期投资利息　　D. 以盈余公积弥补亏损
3. 反映财务状况的会计要素是(　　)。
   A. 资产　　B. 利润　　C. 费用　　D. 收入
4. 反映经营成果的会计要素是(　　)。
   A. 资产　　B. 费用　　C. 所有者权益　　D. 负债
5. 下列业务中，没有运用谨慎性原则进行会计处理的是(　　)。
   A. 对应收账款计提坏账准备
   B. 物价下降时存货采用先进先出法核算
   C. 固定资产采用年数总和法计提折旧
   D. 长期投资期末采用历史成本法计价

三、多项选择题

1. 会计的基本假设包括(　　)。
   A. 会计主体　　B. 会计分期　　C. 历史成本　　D. 货币计量
2. 反映财务状况的会计要素有(　　)。
   A. 收入　　B. 所有者权益　　C. 负债　　D. 资产
3. 下列组织中可以作为一个会计主体进行会计核算的有(　　)。
   A. 独资企业　　B. 企业生产车间　　C. 分公司　　D. 企业集团
4. 下列各项中，属于资产要素特点的有(　　)。
   A. 必须是企业拥有所有权　　B. 必须是经济资源
   C. 必须能够给企业带来未来经济利益　　D. 必须是企业拥有或控制的
5. 下列项目中，属于资产范围的有(　　)。
   A. 融资租入的设备　　B. 经营租入的设备
   C. 委托加工商品　　D. 土地使用权

四、判断题

1. 财务会计的目标侧重于规划未来，对企业的重大经营活动进行预测和决策，以及加强事中控制。(　　)

2. 一项信息是否可靠取决于3个因素，即真实性、可核性和中立性。(　　)

3. 向企业内部的使用者提供的会计信息，绝大部分是属于"强制性的"或是"必需的"。 (　　)

4. 财务会计的目标就是财务会计系统要达到的目的和要求。 (　　)

5. 某一财产物资要成为企业的资产，其所有权必须是属于企业的。 (　　)

6. 谨慎性原则要求企业不仅要核算可能发生的收入，也要核算可能发生的费用和损失，以对未来的风险进行充分核算。 (　　)

7. 企业预期的经济业务将发生的债务，应当作为负债处理。 (　　)

8. 某一会计事项是否具有重要性，在很大程度上取决于会计人员的职业判断。对于同一会计事项，在某一企业具有重要性，在另一企业则不一定具有重要性。 (　　)

9. 企业一定期间发生亏损，则其所有者权益必定减少。 (　　)

10. 法律主体必定是会计主体，会计主体也必定是法律主体。 (　　)

五、简答题

1. 财务会计与管理会计相比，其特征有哪些？
2. 财务会计信息应具备哪些质量特征？
3. 什么是财务会计的目标？具体包括哪些方面的内容？
4. 反映财务状况的会计要素有哪几个？
5. 反映经营成果的会计要素有哪几个？
6. 什么是会计确认和计量？

第2章 货币资金及应收款项

教学目的与要求

通过对本章的学习，学生应掌握库存现金内部控制的主要内容，库存现金的会计处理，应收款项的会计处理；熟悉银行存款余额调节表的编制，计提坏账准备的目的及影响坏账准备的因素，应收款项在财务报告中的列示方法；了解银行账户管理的基本内容和银行存款结算的主要方式。

案例导读

内蒙古自治区满洲里市某水泥制造公司出纳员朱某挪用260多万元公款买彩票，被判处有期徒刑9年。满洲里市人民法院审理查明，2006年3月～2007年5月，朱某利用职务之便，通过在支票上偷盖单位印章的手段陆续在开户银行以工资、奖金等名义支取现金31笔。此外，还将由其保管的公司领导年薪、销售款、公司职工住房公积金及应支职工差旅费等款项截留，共计268.7万余元。2007年5月23日，在上级单位发现账务问题后，朱某到公司交代了挪用公款的行为，并退回部分赃款。法院认为，本案的发生与单位领导、财务主管疏于管理、未履行监督职责有关，被告人也有自首情节，可从轻处罚。法院以挪用资金罪，判处朱某有期徒刑9年，并退赔249.792万元。

上述案件中，朱某的行为给企业带来了很大的经济损失，我们在谴责朱某违反职业道德的同时，是不是也该反思一下，企业在对资金的管理上也存在着很大的漏洞，从而给了朱某可乘之机？货币资金是企业流动性很强的资产，如何加强对企业货币资金的内部控制，也正是本章要学习的主要内容之一。

(资料来源：法制网. 2008-01-17.)

2.1 货 币 资 金

货币资金是企业资产的重要组成部分，是企业资产中流动性较强的资产。任何企业进行生产经营活动都必须拥有货币资金，持有货币资金是进行生产经营活动的基本条件。现实中，一些企业因为货币资金周转困难陷入困境，生产经营无法实现循环，最终停业、倒闭。由此可见，货币资金在企业中具有重要的地位。根据货币资金的存放地点及其用途的不同，货币资金分为库存现金、银行存款及其他货币资金。

2.1.1 库存现金

现金是流动性最强的一种货币性资产，可以随时用于购买所需的物资、支付有关费用、偿还债务等。现金的定义有狭义和广义之分。狭义的现金是指企业的库存现金；广义的现金除了库存现金外，还包括银行存款和其他符合现金定义的票证等。本章中现金的定义是指狭义的现金即库存现金，包括人民币现金和外币现金。

1. 现金的内部控制

1) 现金的使用范围

一个企业日常的支出业务既多又复杂。根据国家现金管理制度和结算制度的规定，企业收支的各种款项必须按照国务院颁发的《现金管理暂行条例》的规定办理，在规定的范围内使用现金，这是现金管理的一项重要内容。允许企业使用现金结算的范围如下所述。

(1) 职工工资、津贴。

(2) 个人劳务报酬。

(3) 根据国家规定颁发给个人的科学技术、文化艺术、体育等各种奖金。

(4) 各种劳保、福利费用及国家规定的对个人的其他支出。

(5) 向个人收购农副产品和其他物资的价款。

(6) 出差人员必须随身携带的差旅费。

(7) 零星支出。

(8) 中国人民银行确定需要支付现金的其他支出。

属于上述现金结算范围的支出，企业可以根据需要向银行提取现金支付；不属于上述现金结算范围的款项支付一律通过银行进行转账结算。

2) 库存现金限额

库存现金限额是指为保证各单位日常零星支出，按规定允许留存的库存现金的最高数额。库存现金的限额由开户银行根据开户单位的实际需要和距离银行远近等情况核定，其限额一般按照单位3～5天日常零星开支所需现金确定。远离银行或交通不便的企业，银行最多可以根据企业15天的正常开支需要量来核定库存现金的限额。正常开支需要量不包括企业每月发放工资和不定期差旅费等大额现金支出。库存限额一经核定，要求企业必须严格遵守，不能任意超过，超过限额的现金应及时存入银行；库存现金低于限额时，可以签发现金支票，从银行提取现金补足限额。企业如果需要增加或减少库存限额的，应当向开户银行提出申请，由开户银行核定。

3) 现金收支规定

现金收付的交易必须有合法的原始凭证。企业收到现金时，要有现金收入的原始凭证，以保证现金收入的来源合法。现金收入应当及时存入银行，不得直接用于支付单位自身的支出。用单位的现金收入直接支付现金支出的这种情况，被称为坐支现金。因特殊情况需坐支现金的，应事先报经开户银行审查批准。企业支付现金时，要按规定的授权程序进行；除小额零星支出须用库存现金外，其他应尽可能少用现金，同时要有确凿的原始凭证，以保证支付的有效性；企业支付现金，可以从本企业库存现金限额中支付或者从开户银行提取；企业从开户银行提取现金，应当写明用途，由本单位财会部门负责人签字盖章，经开户银行审核后予以支付现金。对涉及现金收付交易的经济业务，要根据原始凭证编制收付款凭证，并要在原始凭证与收付款凭证上盖上“现金收讫”或“现金付讫”印章。企业因采购地点不固定、交通不便及其他特殊情况必须使用现金的，应向开户银行提出申请，经开户银行审核后予以支付现金。

4) 岗位分工

库存现金实物的管理与账簿的记录应分开进行，不能由一个人兼任。企业库存现金收支与保管应由出纳人员负责。经管现金的出纳人员不得兼管收入、费用、债权、债务等账簿的登记工作及会计稽核和会计档案保管工作；填写银行结算凭证的有关印鉴，不能集中由出纳人员保管，应实行印鉴分管制度。这样做的目的是便于分清责任，形成一种互相牵制的控制机制，防止挪用现金及隐藏流入的现金。企业的出纳人员应定期进行轮换，不得一人长期从事出纳工作。一个人长期从事一项工作会形成惰性，不利于提高工作效率，同时可能会隐藏工作中的一些问题和不足。出纳工作每日都与现金打交道，时间长了，容易产生麻痹和侥幸心理，增加犯罪的机会和可能性。通过人员的及时轮换，不仅可以避免上述情况的出现，而且对工作人员本身也是一种保护，所以及时进行人员的轮换是非常必要的。

案例分析

某商场对其现金交易采取下列处理程序。

(1) 商场内的现金交易由4位柜台小姐操作两台收银机，收存现金。

(2) 为保险起见，每台收银机的钱数只要超过5 000元，即收存到财会科的一未上锁的抽屉中，直到当天下午存入银行为止。

(3) 每日下午营业结束后，由会计人员清点抽屉中的现金并存入银行。

(4) 商场内所有的支出由财务经理一人审核，并由财务经理签发支票。

(5) 每月由会计人员编制银行存款余额调节表。

要求：假定由你对该商场的现金交易处理程序进行审核，你认为现行的现金交易内部控制制度有何缺点并提出你的建议。

【案例解析】

该商场现行的现金内部控制程序有以下不妥之处。

(1) 收银机应由专人操作，不应由4人操作两台。4位柜台小姐操作两台收银机收款，发生错误时，难以分清责任。在现有情况下，收银员交接收银机时应仔细清点机内现金，以分清责任。

(2) 收入现金不应随意放置，应由专人负责接收。

(3) 会计人员不应管理现金，此项工作应由出纳人员经手。

(4) 财务经理不可一人既审核又签发支票，两项工作应分工。

2. 库存现金的核算

1) 库存现金的序时核算

为了全面的、连续的、序时的、逐笔地反映和监督库存现金的收入、支出和结存情况，防止现金收支差错及舞弊行为的发生，企业应设置“现金日记账”进行序时核算。“现金日记账”由会计部门的出纳人员根据审核无误的现金收、付款凭证和从银行提取现金时填制的银行存款付款凭证，按照业务发生的先后顺序逐日逐笔的登记。每日终了，应计算出当日现金收入合计数、现金支出合计数和结余数，并与库存现金的实际数进行核对，做到账实相符。如果不符，应及时查明原因，并进行处理。月份终了，还应将“现金日记账”的余额与“库存现金”总账的余额核对相符。现金日记账一般采用收、付、余三栏式，也有采用多栏式的。

2) 库存现金的总分类核算

为了总体反映库存现金的收入、支出和结存情况，企业应当设置“库存现金”科目，借方登记现金的增加，贷方登记现金的减少，期末余额在借方，反映企业实际持有的库存现金的数额。现金的总分类核算包括现金收入的核算、现金支出的核算、备用金的核算和现金清查的核算。

(1) 库存现金收入的核算。当企业库存现金增加时，借记“库存现金”科目，贷方根据现金增加的原因记入不同的科目。

【例 2-1】牡丹公司从银行提取现金 10 000 元。此业务应根据现金支票存根，填制付款凭证，编制如下会计分录：

借：库存现金	10 000	
贷：银行存款		10 000

【例 2-2】牡丹公司出售材料，收入现金 2 340 元。此业务应根据销售发票，填制收款凭证，编制如下会计分录：

借：库存现金	2 340	
贷：主营业务收入		2 000
应交税费——应交所得税(销项税额)		340

(2) 库存现金支出的核算。使用现金时，库存现金减少，借记有关科目，贷记“库存现金”科目。

【例 2-3】采购员王某因公外出，预借差旅费 1 500 元。此业务应根据借款单填制付款凭证，编制如下会计分录：

借：其他应收款——王某	1 500	
贷：库存现金		1 500

【例 2-4】牡丹公司用现金支付办公用品费 150 元。此业务应根据发票填制付款凭证，编制如下会计分录：

借：管理费用	150	
贷：库存现金		150

(3) 备用金的核算。备用金是指企业预付给职工和内部有关单位用作差旅费、零星采购和零星开支，事后需要报销的款项。备用金业务在企业日常的现金收支业务中占有很大的比重，因此，对于备用金的预借和报销，既要有利于企业各项经济业务的正常进行，又要建立必要的手续制度，并认真执行。有关备用金的预借、使用和报销的手续制度基本内容如下。

① 职工预借备用金时，要填写一式三联的借款单，说明借款的用途和金额，并经本部门和有关领导的批准后，方可领取。

② 职工预借备用金的数额应根据实际需要确定，数额较大的借款，应以信汇和电汇的方式解决，防止携带过多的现金，预借的备用金应严格按照规定的用途使用，不得购买私人物资。

③ 职工使用备用金办事完毕，要在规定期限内到财会部门报销，剩余备用金要及时交回，不得拖欠。报销时，应由报销人填写报销单并附有关原始凭证，经有关领导审批。

备用金的管理办法一般有两种：一是随借随用、用后报销制度，适用于不经常使用备用金的单位和个人；二是定额备用金制度，适用于经常使用备用金的单位和个人。定额备用金制度的特点是对经常使用备用金的部门或车间，分别规定一个备用金定额，使用多次后，持有原始凭证一次性到财务部门报销，财会部门根据报销单据付给现金，补足用掉的数额，使备用金仍保持原有数额，这样可以减轻核算工作量。

企业拨付的备用金，可以通过“其他应收款——备用金”科目进行核算。在备用金数额较大或业务较多的企业中，可以将备用金从“其他应收款”科目中划分出来，单独设置“备用金”科目进行核算。对于随借随用、用后报销的备用金，拨付备用金时，借记“其他应收款——备用金”或“备用金”科目，贷记“库存现金”科目；报销时，根据现金用途和报销单据中的金额借记“管理费用”、“制造费用”等科目，贷记“其他应收款——备用金”或“备用金”科目，两者之间的差额记入“库存现金”科目，表示收回多余的现金或补付的现金。对于定额备用金，按定额拨付现金时，借记“其他应收款——备用金”或“备用金”科目，贷记“库存现金”科目；报销时，报销的金额直接记入“库存现金”科目的贷方和有关科目的借方，不需要通过“其他应收款——备用金”或“备用金”科目核算。

【例 2-5】牡丹公司行政管理部门职工李晨，20×3 年 3 月 4 日因公出差，预借备用金 350 元，实际支出 200 元，经审核应予以报销，剩余现金 150 元交回财会部门。

预借时，应根据审核的借款单填制现金付款凭证，会计分录如下：

借：备用金——李晨	350	
贷：库存现金		350

报销时，应根据审核的报销单填制转账凭证，会计分录如下：

借：管理费用	200	
贷：备用金——李晨		200

剩余现金交回财会部门时，应填制现金的收款凭证，会计分录如下：

借：库存现金	150	
贷：备用金——李晨		150

【例 2-6】牡丹公司行政管理部门职工王亮，20×3 年 4 月 19 日因公出差预借备用金 800 元，实际支出 960 元，经审核应予以报销，财会部门另支付现金 160 元。

预借时，应根据审核的借款单填制现金付款凭证，会计分录如下：

借：备用金——王亮	800	
贷：库存现金		800

报销时，应根据审核的报销单填制转账凭证，会计分录如下：

借：管理费用	960	
贷：备用金——王亮		960

付出现金 160 元，填制现金付款凭证，会计分录如下：

借：备用金——王亮　160

　　贷：库存现金　160

3) 库存现金的清查

为了保护现金的安全性和完整性，做到账实相符，防止企业发生差错和损失，企业应当对库存现金按规定进行定期和不定期地清查盘点。现金清查盘点，一般采用实地清点库存现金，并将库存现金实存数与现金日记账上的余额进行核对。如果有挪用现金、白条顶库的情况，应及时予以纠正；对于超限额留存的现金应及时送存银行；对于清查结果，应当编制现金盘点报告单，填写现金实存、账存和盈亏情况。

对于现金清查中发现的账实不符，即有现金短缺或溢余情况，应通过“待处理财产损溢——待处理流动资产损溢”账户核算。具体而言，属于现金短缺，应按实际短缺的金额，借记“待处理财产损溢——待处理流动资产损溢”账户，贷记“库存现金”账户；属于现金溢余，按实际溢余的金额，借记“库存现金”账户，贷记“待处理财产损溢——待处理流动资产损溢”账户。待查明短缺或溢余的原因，按管理权限报经批准后，分别以下情况处理。

(1) 如为现金短缺，属于应由责任人或保险公司赔偿的部分，借记“其他应收款”科目；属于无法查明的其他原因，借记“管理费用”科目。

(2) 如为现金溢余，属于应支付给有关人员或单位的，贷记“其他应付款”科目；属于无法查明原因的，贷记“营业外收入”科目。

【例 2-7】牡丹公司在清查库存现金中发现短缺 120 元，编制如下会计分录：

借：待处理财产损溢——待处理流动资产损溢　120

　　贷：库存现金　120

若发现现金溢余 120 元，应编制如下会计分录。

借：库存现金　120

　　贷：待处理财产损溢——待处理流动资产损溢　120

【例 2-8】经查明原因，短缺现金应由出纳人员赔偿 20 元，其余 100 元经批准作为管理费用，编制如下会计分录：

借：其他应收款　20

　　管理费用　100

　　贷：待处理财产损溢——待处理流动资产损溢　120

若溢余现金 120 元，且无法查明原因，转作营业外收入，作如下会计分录：

借：待处理财产损溢——待处理流动资产损溢　120

　　贷：营业外收入　120

2.1.2 银行存款

1. 开立和使用银行存款账户的规定

银行存款是指企业存放在开户银行的那部分货币资金。企业收入的一切款项，除留存限额内的现金之外，都必须送存银行。企业的一切支出，除规定可用现金支付之外，都必须遵守银行结算办法的有关规定，通过银行办理转账结算。银行是全国的结算中心，各企业必须在银行开设账户，以办理存款、取款和转账等业务。为了维护金融秩序，规范全国银行账户的开立与使用，中国人民银行制定的《银行账户管理办法》规定，一个企业可以根据需要在银行开立4种账户，分别是基本存款账户、一般存款账户、临时存款账户和专用存款账户。

基本存款账户是企业办理日常结算和现金收付业务的账户，企业职工薪酬等现金的支取只能通过本账户办理。

一般存款账户是企业在基本存款账户以外的银行借款转存及与基本存款账户的企业不在同一地点的附属非独立核算单位开立的账户，企业可以通过本账户办理转账结算和现金缴存，但不能支取现金。

临时存款账户是企业因临时经营活动需要而开立的账户，企业可以通过本账户办理转账结算和根据国家现金管理的规定办理现金收付。

专用存款账户是企业因特殊用途需要而开立的账户。

一个企业只能在一家银行开立一个基本存款账户，不得在同一家银行的几个分支机构分别开立一般存款账户。企业在办理存款账户以后，在使用账户时应严格执行银行结算纪律的规定，具体内容包括以下几点。合法使用银行账户，不得转借给其他单位或个人使用；不得利用银行账户进行非法活动；不得签发没有资金保证的票据和远期支票套取银行信用；不得签发、取得和转让没有真实交易和债权债务的票据套取银行和他人的资金；不准无理拒绝付款、任意占用他人资金；不准违反规定开立和使用账户。

2. 银行存款的转账结算

转账结算是指企业之间的款项收付不是动用现金，而是由银行从付款企业的存款账户划转到收款企业的存款账户的货币清算行为。为了规范全国的银行结算工作及方便各企业间的国内与国际交易业务，中国人民银行规定了可以使用的各种银行转账结算方式。这些银行转账结算方式有的适用于各企业在本国国内所从事的各种交易及往来业务，有的适用于国内企业与国外企业间的各种交易及往来业务。下面介绍几种常见的银行存款结算方式。

1) 银行汇票

银行汇票是指由出票银行签发的，由其在见票时按照实际结算金额无条件支付给收款人或者持票人的票据。银行汇票的出票银行为银行汇票的付款人。企业与异地单位和个人的各种款项结算，均可使用银行汇票。银行汇票可以用于转账，填明“现金”字样的银行汇票也可以用于支取现金，其中现金银行汇票的申请人与收款人必须均为个人。银行汇票的提示付款期限自出票日起1个月。持票人超过付款期限提示付款的，代理付款人不予受理。

收款人受理申请人交付的银行汇票时，应在出票金额以内，根据实际需要的款项办理结算，并将实际结算金额和多余金额准确、清晰地填入银行汇票和解讫通知的有关栏内。未填明实际结算金额和多余金额或实际结算金额超过出票金额的，银行不予受理。银行汇票的实际结算金额不得更改，更改实际结算金额的银行汇票无效。银行汇票的实际结算金额低于出票金额的，其多余金额由出票银行退交申请人。

银行汇票可以背书转让给被背书人。银行汇票的背书转让以不超过出票金额的实际结算金额为准。未填写实际结算金额或实际结算金额超过出票金额的银行汇票不得背书转让。

申请人因银行汇票超过付款提示期限或其他原因要求退款时，应将银行汇票和解讫通知同时提交到出票银行。申请人缺少解讫通知要求退款的，出票银行应于银行汇票提示付款期满1个月后办理。银行汇票丧失，失票人可以凭人民法院出具的其享有票据权利的证明，向出票银行请求付款或退款。

2) 银行本票

银行本票是指由银行签发的，承诺自己在见票时无条件支付确定的金额给收款人或者持票人的票据。它适用于单位和个人在同一票据交换区域需要支付各种款项的结算。银行本票可以用于转账，也可以用于支取现金。以申请人或收款人为单位的，不得申请签发现金银行本票。银行本票分为不定额本票和定额本票两种，其中定额本票分为 1 000 元、5 000 元、10 000 元和 50 000 元 4 种面额。银行本票的提示付款期限自出票日起最长不得超过两个月。持票人超过付款期限提示付款的，代理付款人不予受理。持票人可在票据权利时效内向出票银行做出说明，并提供本人身份证件或单位证明，可持银行本票向出票银行请求付款。银行本票的代理付款人是代理出票银行审核支付银行本票款项的银行。银行本票可以背书转让给被背书人。

申请人使用银行本票，应向银行填写银行本票申请书，填明收款人名称、申请人名称、支付金额、申请日期等事项并签章，申请人和收款人均为个人需要支取现金的，应在“支付金额”栏先填写“现金”字样，后填写支付金额。

银行本票若丢失，失票人可以凭人民法院出具的其享有票据权利的证明，向出票银行请求付款或退款。

3) 支票

支票是指出票人签发的，委托办理支票存款业务的银行在见票时无条件支付确定的金额给收款人或者持票人的票据。支票分为现金支票、转账支票和普通支票 3 种。在支票上印有“现金”字样的支票为现金支票，现金支票只能用于支取现金；在支票上印有“转账”字样的支票为转账支票，转账支票只能用于转账；在支票上未印有“现金”或“转账”字样的为普通支票，普通支票可用于支取现金，也可用于转账。在普通支票左上角划两条平行线的，为划线支票。划线支票只能用于转账，不得支取现金。支票适用于单位和个人在同一票据交换区域的各种款项的结算。

支票的出票人为在经中国人民银行当地分支行批准办理支票业务的银行机构开立可以使用支票的存款账户的单位和个人。支票的提示付款期限自出票日起 10 日，中国人民银行另有规定的除外。超过提示付款期限提示付款的，持票人的开户银行不予受理，付款人不予付款。

单位和个人签发支票的金额不得超过付款时在付款人处实有的存款金额，同时不得签发空头支票、与预留银行签章不符的支票及支付密码错误的支票。否则，银行应予以退票，并按票面金额处以 5%但不低于 1 000 元的罚款；持票人有权要求出票人赔偿支票金额 2%的赔偿金。对屡次签发的，银行应停止其签发支票。另外，单位和个人在签发支票时应使用碳素墨水填写，中国人民银行另有规定的除外。

4) 商业汇票

商业汇票是出票人签发的，委托付款人在指定日期无条件支付确定的金额给收款人或者持票人的票据。在银行开立存款账户的法人及其他组织之间须具有真实的交易关系或债权债务关系才能使用商业汇票。商业汇票的付款期限由交易双方商定，但最长不得超过 6 个月。商业汇票的提示付款期限自汇票到期日起 10 日内。

存款人领购商业汇票必须填写“票据和结算凭证领用单”并加盖预留银行印鉴。存款账户结清时，必须将剩余的空白商业汇票全部交回银行注销。

商业汇票可以由付款人签发并承兑，也可以由收款人签发交由付款人承兑。定日付款或者出票后定期付款的商业汇票，持票人应当在汇票到期日前向付款人提示承兑。见票后定期付款的汇票，持票人应当自出票日起 1 个月内向付款人提示承兑。汇票未按规定期限提示承兑的，持票人丧失对其前手的追索权。付款人应当自收到提示承兑的汇票之日起 3 日内承兑或者拒绝承兑。付款人拒绝承兑的，必须出具拒绝承兑的证明。

商业汇票可以背书转让。符合条件的商业承兑汇票的持票人可持未到期的商业承兑汇票连同贴现凭证向银行申请贴现。商业汇票按承兑人不同分为商业承兑汇票和银行承兑汇票。

(1) 商业承兑汇票。商业承兑汇票是由银行以外的付款人承兑。商业承兑汇票按交易双方约定，由销货企业或购货企业签发，但由购货单位承兑。承兑时，购货企业应当在汇票正面记载“承兑”字样和承兑日期并签章。承兑不得附有条件，否则视为拒绝承兑。汇票到期时，购货企业的开户银行凭票将票款划给销货企业或贴现银行。销货企业应在提示付款期内通过开户银行委托收款或直接向付款人提示付款。对异地委托收款的，销货企业可匡算邮程，提前通过开户银行委托收款。汇票到期时，如果购货企业的存款不足以支付票款，开户银行应将汇票退还销货企业，银行不负责付款，由购销双方自行处理。

(2) 银行承兑汇票。银行承兑汇票由银行承兑，由在承兑银行开立存款账户的存款人签发。承兑银行按票面金额向出票人收取万分之五的手续费。购货企业应于汇票到期前将票款足额交存其开户银行，以备由承兑银行在汇票到期日或到期日后的见票当日支付票款。销货企业应在汇票到期时将汇票连同进账单送交开户银行，以便转账收款。承兑银行凭汇票将承兑款项无条件转给销货企业，如果购货企业于汇票到期日未能足额交存票款时，承兑银行除凭票向持票人无条件付款外，对出票人尚未支付的汇票金额按照每天万分之五计收罚息。

5) 信用卡

信用卡是指商业银行向个人和单位发行的，凭以向特约单位购物、消费和向银行存取现金，且具有消费信用的特制载体卡片。信用卡按使用对象分为单位卡和个人卡，按信誉等级分为金卡和普通卡。凡在中国境内金融机构开立基本存款账户的单位可申领单位卡。单位卡可申领若干张，持卡人资格由申领单位法定代表人或其委托的代理人书面指定和注销，持卡人不得出租或转借信用卡。单位卡账户的资金一律从其基本存款账户转账存入。在使用过程中，需要向其账户续存资金的，也一律从其基本存款账户转账存入，不得交存现金，不得将销货收入的款项存入其账户。单位卡一律不得用于 10 万元以上的商品交易、劳务供应款项的结算，不得支取现金。

信用卡在规定的限额和期限内允许善意透支，透支期限最长为 60 天。透支利息自签单日或银行记账日起 15 日内按日息万分之五计算，超过 15 日按日息万分之十计算，超过 30 日或透支金额超过规定限额的，按日息万分之十五计算。透支计算不分段，按最后期限或者最高透支额的最高利率档次计息。超过规定限额或规定期限，并且经发卡银行催收无效的透支行为称恶意透支。持卡人使用信用卡不得发生恶意透支。严禁将单位的款项存入个人卡账户中。

6) 汇兑

汇兑是汇款人委托银行将其款项支付给收款人的结算方式。这种结算方式主要是便于付款人主动付款，单位和个人的各种款项的结算均可使用汇兑结算方式。汇兑分为信汇、电汇两种。信汇是指汇款人委托银行通过邮寄方式将款项划转给收款人。电汇是指汇款人委托银行通过电报将款项划给收款人。这两种汇兑方式由汇款人根据需要选择使用。汇兑结算方式适用于异地之间的各种款项结算。这种结算方式划拨款项简便、灵活。企业采用这一结算方式，汇款单位汇出款项时，应填写银行印发的汇款凭证，列明收款单位名称、汇款金额及汇款的用途等项目送存开户银行，委托银行将款项汇往收汇银行。收汇银行将汇款收进单位存款户后，向收款单位发出收款通知。

7) 委托收款

委托收款是收款人委托银行向付款人收取款项的结算方式。和汇兑相比，这种结算方式主要是便于收款人主动收款，无论单位还是个人都可凭承兑商业汇票、债券、存单等付款人债务证明办理款项收取同城或异地款项。委托收款还适用于收取电费、电话费等付款人众多、分散的公共事业等有关款项。

委托收款结算款项划回的方式分为邮寄和电报两种。企业委托开户银行收款时，应填写银行印制的委托收款凭证和有关的债务证明。在委托收款凭证中写明付款单位的名称、收款单位名称、账号及开户银行、委托收款金额的大小写、款项内容、委托收款凭据名称及附寄单证张数等。企业的开户银行受理委托收款后，将委托收款凭证寄交付款单位开户银行，由付款单位开户银行审核并通知付款单位。付款单位收到银行交给的委托收款凭证及债务证明，应签收并在 3 天之内审查债务证明是否真实，是否是本单位的债务，确认之后通知银行付款。付款单位应在收到委托收款的通知次日起 3 日内主动通知银行是否付款。如果不通知银行，银行视同企业同意付款并在第 4 日从单位账户中付出此笔委托收款款项。付款人在 3 日内审查有关债务证明后，认为债务证明或与此有关的事项符合拒绝付款的规定，应出具拒绝付款理由书和委托收款凭证第五联及持有的债务证明，向银行提出拒绝付款。

8) 托收承付

托收承付是根据购销合同，由收款人发货后委托银行向异地付款人收取款项，由付款人向银行承认付款的结算方式。使用托收承付结算方式的收款单位和付款单位，必须是国有企业、供销合作社及经营管理较好并经开户银行审查同意的城乡集体所有制工业企业。办理托收承付结算的款项，必须是商品交易及因商品交易而产生的劳务供应的款项。代销、寄销、赊销商品的款项，不得办理托收承付结算。

托收承付款项划回方式分为邮寄和电报两种，由收款人根据需要选择使用。收款单位办理托收承付，必须具有商品发出的证件或其他证明。托收承付结算每笔的金额起点为 10 000 元；新华书店系统每笔金额起点为 1 000 元。采用托收承付结算方式时，购销双方必须签有符合《中华人民共和国合同法》(以下简称《合同法》)的购销合同，并在合同上写明使用托收承付结算方式。销货企业按照购销合同发货后，填写托收承付凭证，盖章后连同发运证件(包括铁路、航运、公路等运输部门签发运单、运单副本和邮局包裹回执)或其他符合托收承付结算的有关证明和交易单证送交开户银行办理托收手续。

销货企业开户银行接受委托后，将托收结算凭证回联退给企业，作为企业进行账务处理的依据，并将其他结算凭证寄往购货单位开户银行，由购货单位开户银行通知购货单位承认付款。购货企业收到托收承付结算凭证和所附单据后，应立即审核是否符合订货合同的规定。按照《支付结算办法》的规定，承付货款分为验单付款与验货付款两种，这在双方签订合同时约定。验单付款是购货企业根据经济合同对银行转来的托收结算凭证、发票账单、托运单及代垫运杂费等单据进行审查无误后，即可承认付款。为了便于购货企业对凭证的审核和筹措资金，结算办法规定承付期为3天，从付款人开户银行发出承付通知的次日算起(承付期内遇法定休假日顺延)。购货企业在承付期内，未向银行表示拒绝付款，银行即视作承付，并在承付期满的次日(法定休假日顺延)。上午银行开始营业时，将款项主动从付款人的账户内付出，按照销货企业指定的划款方式划给销货企业。验货付款是购货企业待货物运达企业，对其进行检验与合同完全相符后才承认付款。为了满足购货企业组织验货的需要，结算办法规定承付期为10天，从运输部门向购货企业发出提货通知的次日算起。承付期内购货企业未表示拒绝付款的，银行视为同意承付，于10天期满的次日上午银行开始营业时，将款项划给收款人。为满足购货企业组织验货的需要，对收付双方在合同中明确规定，并在托收凭证上注明验货付款期限的，银行从其规定。

对于下列情况，付款人可以在承付期内向银行提出全部或部分拒绝付款。①没有签订购销合同或购销合同未写明托收承付结算方式的款项。②未经双方事先达成协议，收款人提前交货或因逾期交货付款人不再需要该项货物的款项。③未按合同规定的到货地址发货的款项。④代销、寄销、赊销商品的款项。⑤验单付款，发现所列货物的品种、规格、数量、价格与合同规定不符，或货物已到，经查验货物与合同规定或发货清单不符的款项。⑥验货付款，经查验货物与合同规定或与发货清单不符的款项。⑦货款已经支付或计算错误的款项。不属于上述情况，购货企业不得提出拒付。购货企业提出拒绝付款时，必须填写“拒绝付款理由书”，注明拒绝付款理由，涉及合同的应引证合同上的有关条款。属于商品质量问题，需要提出质量问题的证明及其有关数量的记录；属于外贸部门进口商品，应当提出国家商品检验或运输等部门出具的证明，向开户银行办理拒付手续。银行同意部分或全部拒绝付款的，应在拒绝付款理由书上签注意见，并将拒绝付款理由书、拒付证明、拒付商品清单和有关单证邮寄收款人开户银行，转交销货企业。

付款人开户银行对付款人逾期支付的款项，根据逾期付款金额和逾期天数，按每天万分之五计算逾期付款赔偿金。逾期付款天数从承付期满日算起。银行审查拒绝付款期间不算作付款人逾期付款，但对无理的拒绝付款而增加银行审查时间的，从承付期满日起计算逾期付款赔偿金。赔偿金实行定期扣付，每月计算一次，于次月3日内单独划给收款人。赔偿金的扣付列为企业销货收入扣款顺序的首位。付款人科目余额不足支付时，应排列在工资之前，并对该科目采取“只收不付”的控制办法，直至足额扣付赔偿金后才准予办理其他款项的支付，由此产生的经济后果由付款人自负。

9) 信用证

信用证结算方式是国际结算常用的一种主要方式，它是一种由银行依照客户的要求和指示开立的有条件承诺付款的书面文件，一般为不可撤销的跟单信用证。“不可撤销”是指信用证已经开出，在有效期内未经收益人及有关当事人的同意，开证行不能片面修改和撤销，只要受益人提供的单据符合信用证的规定，开证行必须履行付款的义务。

经中国人民银行批准经营结算业务的商业银行总行以及经商业银行总行批准开办信用证结算业务的分支机构，可以办理国内企业和国外企业之间商品交易的信用证结算业务。采用信用证结算方式的，收款单位收到信用证后，即备货装运，签发有关发票账单，连同运输单据和信用证送交银行，根据退还的信用证等有关凭证编制收款凭证。付款单位在接到开证行的通知时，根据付款的有关单据编制付款凭证。

3. 银行存款的核算

1) 银行存款的序时核算

企业应当设置银行存款日记账，按照银行存款收付业务发生的先后顺序逐笔序时登记，每日终了应结出余额。“银行存款日记账”应定期与银行对账单核对，至少每月核对一次。企业账面结余与银行对账单余额之间如有差额，必须逐笔查明原因，并按月编制银行存款余额调节表调节相符。月份终了，银行存款日记账的余额必须与“银行存款”总账科目的余额核对相符。

2) 银行存款的总分类核算

为了记录和反映企业存入银行和其他金融机构的各种款项，企业应设置“银行存款”科目，科目借方反映企业银行存款的增加，贷方反映企业银行存款的减少，期末余额在借方，反映企业期末银行存款的余额。“银行存款”科目可以根据银行存款的收付款凭证和现金付款凭证登记。企业将款项存入银行等金融机构时，借记“银行存款”科目，贷方根据实际情况记入不同的科目。企业银行存款减少时，借记不同的科目，贷记“银行存款”科目。

【例 2-9】牡丹公司将现金 50 000 元存入银行，编制如下会计分录：

借：银行存款	50 000	
贷：库存现金		50 000

【例 2-10】牡丹公司销售产品一批，价款 20 000 元，增值税 3 400 元，款项存入银行，编制如下会计分录：

借：银行存款	23 400	
贷：主营业务收入		20 000
应交税费——应交增值税(销项税额)		3 400

【例 2-11】牡丹公司外购材料一批，货款 40 000 元，增值税为 6 800 元，款项通过银行支付，编制如下会计分录：

借：材料采购	40 000	
应交税费——应交增值税(进项税额)	6 800	
贷：银行存款		46 800

【例 2-12】开出转账支票 1 000 元，支付本月电话费，编制如下会计分录：

借：管理费用	1 000	
贷：银行存款		1 000

3) 银行存款余额调节表

企业银行存款收支业务发生后，有关凭证的填制和传递需要一定的时间。对于同一笔业务，企业会计入账的时间和程序与银行会计入账的时间和程序不一定相同。两方中某一方在记账时也可能有错漏。所有这些因素都会造成企业银行存款账户余额与同一日的开户银行企业存款账户余额不一致。为此，必须定期将企业银行存款余额与银行对账单上的余额进行核对和调节，以使两者余额一致。一般来讲，需要调整的业务分为两大类：一类为记账有错漏；另一类为未达账项。未达账项，是指由于企业间的交易采用的结算方式涉及的收付款结算凭证在企业和银行之间传递时存在着时间上的先后差别，造成一方已收到凭证并登记入账，而另一方尚未收到凭证仍为入账的款项。对银行或企业错记或漏记的业务，查找原因后，编制分录进行更正。因未达账项使双方余额不一致时，可通过编制银行存款余额调节表使之调节相符。产生未达账项的原因有以下 4 种。

一是企业已作收款账务处理、银行尚未收款的收款业务，即企业已经收到有关单据并借记“银行存款”科目，而银行尚未收到有关单据，未增加企业的存款。

二是企业已作付款账务处理、银行尚未支付的付款业务，即企业已贷记“银行存款”科目，而银行尚未作减少企业存款的记录。如企业支付费用开出支票后，已根据支票存根作银行存款减少的记录，但持票人还未到银行兑取，银行在编制对账单时还未作企业存款减少的账务处理。

三是银行已收款、企业尚未作收款账务处理的收款业务，即银行在根据有关凭证做了增加企业存款的账务处理，但企业因尚未收到通知而无法入账。如在托收承付结算过程中，银行已根据托收凭证的“划款通知”，将收到的款项记入了企业的存款账户，但托收凭证的收款通知还未到达企业，故企业尚未作收款的账务处理。

四是银行已付款、企业尚未作付款账务处理的付款业务，即银行已根据有关规定和有关付款凭证，作了减少企业银行存款的账务处理，但企业因没有收到有关通知或凭证而尚未作支付款项的账务处理。如在结息日，银行从企业账户扣除了企业的借款利息，作了企业银行存款减少的账务处理，但企业尚未收到有关凭证，尚未作银行存款减少的账务处理。

未达账项是客观存在的，不是账务处理错误，不需要编制会计凭证，待相关单据到达后再进行账务处理。企业月末应编制“银行存款余额调节表”调节，以证实如果未达账项到账后，银行存款日记账和银行存款对账单的余额是一致的。

【例 2-13】牡丹公司 20×3 年 7 月 31 日银行存款日记账的余额为 28 000 元，而银行对账单上的存款余额是 29 180 元，经逐笔核对后，发现有以下未达款项尚未作记录：

(1) 牡丹公司 3 月 30 日存入转账支票 5 000 元，但银行因内部手续尚未办妥，还未入账。

(2) 牡丹公司 3 月 30 日开出的一张转账支票 4 000 元和一张现金支票 280 元，由于持票人尚未到银行办理转账及取款手续，故银行尚未记账。

(3) 委托银行代收的货款 3 000 元，10 月 30 日银行已经收到并登记入账，由于收账通知尚未送达企业，故企业尚未入账。

(4) 电信局委托银行代收牡丹公司应付的电话费 1 100 元，银行已从企业存款中代付，由于转账通知单尚未送达企业，故企业尚未记账。

根据上述资料，牡丹公司 20×3 年 7 月 31 日编制银行存款余额调节表，见表 2-1。

表 2-1 牡丹公司银行存款余额调节表

20×3 年 7 月 31 日　　　　单位：元

项　目	余　额	项　目	余　额
企业银行存款账户余额	28 000	银行对账单存款余额	29 180
加：银行已代收，企业未收的货款	3 000	加：企业已收，银行未收的支票	5 000
减：银行已代付，企业未付的电话费	1 100	减：企业已付，银行未付的支票	4 280
调节后余额	29 900	调节后余额	29 900

2.1.3 其他货币资金

1. 其他货币资金的内容

其他货币资金是指除现金和银行存款以外的其他各种货币资金，即存放地点或用途与现金和银行存款不同的货币资金，包括外埠存款、银行汇票存款、银行本票存款、信用卡存款、信用证存款和存出投资款等。

(1) 外埠存款指企业到外地进行临时或零星采购时，汇往采购地银行开立采购专户的款项。企业汇出款项时，须填写汇款委托书；汇入银行对于汇入的采购款项，按汇款单位开设采购专户。采购专户存款只付不收，款项付完后结清账户。

(2) 银行汇票存款是指企业为取得银行汇票，按照规定存入银行的款项。

(3) 银行本票存款是指企业为取得银行本票，按规定存入银行的款项。

(4) 信用卡存款是指企业为取得信用卡而存入银行信用卡专户的款项。

(5) 信用证存款是指采用信用证结算方式的企业为开具信用证而存入银行信用证保证金专户的款项。

(6) 存出投资款是指企业已存入证券公司但尚未购买股票、基金等有价证券的款项。

2. 其他货币资金的核算

为了总括地反映企业其他货币资金的增减变动和结存情况，企业应设置“其他货币资金”科目，以进行其他货币资金的总分类核算。同时，为了详细反映企业各项其他货币资金的增减变动及结存情况，还应在“其他货币资金”总科目下按其他货币资金的组成内容不同分设明细科目，并且按外埠存款的开户银行，银行汇票或银行本票的收款单位等设置明细账。

1) 外埠存款

企业将款项委托当地银行汇往采购地开立专户时，根据汇出款项凭证，编制付款凭证，借记“其他货币资金——外埠存款”科目，贷记“银行存款”科目；外出采购人员用外埠存款支付材料的采购货款等款项时，企业应根据供应单位发票账单等报销凭证，借记“在途物资”、“应交税费——应交增值税(进项税额)”等科目，贷记“其他货币资金——外埠存款”科目。采购员完成采购任务，将多余的外埠存款转回当地银行时，企业应根据银行的收款通知，编制收款凭证，借记“银行存款”科目，贷记“其他货币资金——外埠存款”科目。

【例 2-14】牡丹公司发生的有关外埠存款收付业务，编制会计分录如下。

(1) 牡丹公司在外埠开立临时采购账户，委托银行将 500 000 元汇往采购地。

借：其他货币资金——外埠存款	500 000	
贷：银行存款		500 000

(2) 采购员以外埠存款购买材料，材料价款 400 000 元；增值税 68 000 元，共计 468 000 元，材料入库。

借：原材料	400 000	
应交税费——应交增值税(进项税额)	68 000	
贷：其他货币资金——外埠存款		468 000

(3) 外埠采购结束，将外埠存款清户，收到银行转来收账通知，余款 32 000 元入账。

借：银行存款	32 000	
贷：其他货币资金——外埠存款		32 000

2) 银行汇票存款

企业向银行提交银行汇票委托书并将款项交存开户银行，取得汇票后，根据银行盖章的委托书存根联，编制付款凭证，借记“其他货币资金——银行汇票”科目，贷记“银行存款”科目；企业使用银行汇票支付款项后，应根据发票账单及开户行转来的银行汇票有关副联等凭证，经核对无误后编制会计分录，借记“在途物资”、“应交税费——应交增值税(进项税额)”等科目，贷记“其他货币资金——银行汇票”科目；如果实际采购支付后银行汇票有余额，多余部分应借记“银行存款”科目，贷记“其他货币资金——银行汇票”科目。汇票因超过付款期限或其他原因未曾使用而退还款项时，应借记“银行存款”科目，贷记“其他货币资金——银行汇票”科目。

【例 2-15】牡丹公司发生的有关银行汇票存款收付业务如下：

(1) 牡丹公司申请办理银行汇票，将银行存款 30 000 元转为银行汇票存款。

借：其他货币资金——银行汇票　　30 000

　　贷：银行存款　　30 000

(2) 收到收款单位发票等单据，采购材料付款 29 250 元。其中，材料价款 25 000 元，增值税 4 250 元，材料入库。

借：原材料　　25 000

　　应交税费——应交增值税(进项税额)　　4 250

　　贷：其他货币资金——银行汇票　　29 250

(3) 收到多余款项退回通知，余款 750 元已收妥入账。

借：银行存款　　750

　　贷：其他货币资金——银行汇票　　750

3) 银行本票的核算

企业向银行提交“银行本票申请书”并将款项交存银行，取得银行本票时，应根据银行盖章退回的申请书存根联，编制付款凭证，借记“其他货币资金——银行本票”科目，贷记“银行存款”科目；企业用银行本票支付购货款等款项后，应根据发票账单等有关凭证，借记“在途物资”、“应交税费——应交增值税(进项税额)”等科目，贷记“其他货币资金——银行本票”科目；如果企业因本票超过付款期等原因未曾使用而要求银行退款时，借记“银行存款”科目，贷记“其他货币资金——银行本票”科目。

【例 2-16】牡丹公司根据发生的有关银行本票存款收付业务，编制会计分录如下。

(1) 企业申请办理银行本票，将银行存款 50 000 元转入银行本票存款。

借：其他货币资金——银行本票　　50 000

　　贷：银行存款　　50 000

(2) 收到收款单位发票等单据，采购材料付款 46 800 元，其中，材料价款 40 000 元，增值税 6 800 元，材料入库。

借：原材料　　40 000

　　应交税费——应交增值税(进项税额)　　6 800

　　贷：其他货币资金——银行本票　　46 800

(3) 收到收款单位退回的银行本票余款 3 200 元，存入银行。

借：银行存款　　3 200

　　贷：其他货币资金——银行本票　　3 200

2.2 应收及预付款项

应收款项是指企业在日常生产经营中发生的各项债权，包括应收款项和预付款项。应收款项包括应收账款、应收票据和其他应收款；预付账款则是指企业按照合同规定预付的款项，如预付账款等。

2.2.1 应收账款

应收账款是指企业在正常经营过程中因销售商品、提供劳务等活动，应向购货单位或接受劳务单位收取的款项，主要包括企业因销售商品或提供劳务等应向有关债务人收取的货物或劳务的价款、增值税，以及代购货单位垫付的包装费、运杂费等。

1. 应收账款入账价值的确定

在确认应收账款入账价值时，应当考虑有关的折扣因素。销售折扣分为商业折扣和现金折扣两种。

1) 商业折扣

商业折扣是指企业根据市场供需情况或针对不同的顾客，为了促进销售在商品标价上给予的扣除。商业折扣是企业常用的促销方式之一。例如，企业为鼓励买主购买更多的商品而规定购买 10 件以上者给 10%的折扣；再如，企业为尽快出售一些残次、陈旧、冷背的商品而进行降价销售等。商业折扣一般在交易发生时即已确定，它仅仅是确定实际销售价格的一种手段，不需要在买卖双方任何一方的账上反映，因此，在存在商业折扣的情况下，企业应收账款入账金额应按扣除商业折扣以后的实际售价确定，商业折扣对会计核算不产生任何影响。

2) 现金折扣

现金折扣是指债权人为鼓励债务人在规定的期限内尽早付款，而向债务人提供的债务扣除。现金折扣通常发生在以赊销方式销售商品及提供劳务的交易中。企业为了鼓励客户提前偿付货款，通常与债务人达成协议，债务人在不同期限内付款可享受不同比例的折扣。现金折扣一般用符号“折扣/付款期限”表示。例如，“2/10，1/20，*N*/30”，它表示如果买方在 10 天内付款可按售价给予 2%的折扣；在 20 天内付款按售价给予 1%的折扣，在 30 天内付款，则不给折扣。在存在现金折扣的情况下，应收账款入账价值的确定有两种方法：一种是总价法，另一种是净价法。

(1) 总价法是将未减去现金折扣前的金额作为应收账款的入账价值。现金折扣只有客户在折扣期内支付货款时，才予以确认。在这种方法下，销售方把给予客户的现金折扣视为融资理财费用，会计上作为财务费用处理。总价法可以较好地反映企业销售的总过程，但可能因为客户享受现金折扣而高估应收账款和销售收入。

(2) 净价法是将扣减最大现金折扣后的金额作为应收账款的入账价值。这种方法是把客户所得折扣视为正常现象，认为客户一般都会提前付款，而将由于客户超过折扣期限而多收入的金额，于收到账款时，冲减财务费用。净价法可以避免总价法的不足，但在客户没有享受现金折扣而全额付款时，必须再查对原销售总额。期末结账时，对已超过期限尚未收到的应收账款，需按客户未享受的现金折扣进行调整，操作起来比较麻烦。

根据《企业会计准则》的规定，企业应收账款的入账价值，应按总价法确定。

2. 应收账款的核算

应收账款的核算是通过“应收账款”科目进行的，该科目属于资产类科目，借方登记增加的应收款项，贷方登记减少的应收款项，期末借方余额，表示企业尚未收回的款项，期末贷方余额，表示企业预收的款项，属于企业的负债。该科目可根据债务人开设明细账。应收账款的核算内容主要包括 3 个方面：一是产生应收账款时；二是收回应收账款时；三是应收账款减值。

1) 应收账款的产生及收回

企业产生应收账款时，根据应收账款的入账金额借记“应收账款”科目，贷方根据产生的原因记入不同的科目，如“应收票据”、“主营业务收入”等科目。收回应收账款或收到收回应收账款的银行票据时，借记“银行存款”或“应收票据”等科目，贷记“应收账款”科目。

【例 2-17】 牡丹公司销售给甲公司一批产品，货款 10 000 元，增值税 1 700 元，以银行存款代垫运费 300 元。牡丹公司应作如下会计处理：

借：应收账款	12 000	
贷：主营业务收入		10 000
应交税费——应交增值税(销项税额)		1 700
银行存款		300

牡丹公司实际收到款项时，应作如下会计处理：

借：银行存款	12 000	
贷：应收账款		12 000

2) 应收账款减值

应收账款减值实质是应收账款的期末计量，也就是指资产负债表日如何在资产负债表中列报应收账款的价值。按照《企业会计准则》的要求，资产负债表日要求应收账款项目按预计未来现金流量的现值列报。在市场经济环境中，存在很多不确定因素，应收账款存在可能收不回来的情况，也就是应收账款预计的未来现金流量的现值会低于账面余额。但由于应收款项属于短期债权，预计未来现金流量与其现值相差很小，在确定预计未来现金流量的现值时，可以不对预计未来现金流量进行折现。预计未来现金流量低于应收账款账面价值的部分即为减值损失。根据谨慎性原则，预计发生的减值损失要予以确认。如果预计未来现金流量高于应收账款账面价值，则已经确认的减值损失要予以转回。

企业应当定期或者至少于每年年度终了，对应收款项进行减值测试，分析各项应收账款的可收回性，预计可能发生的减值损失。有客观证据表明该应收款项发生减值的，应当将该应收款项的账面价值减记至预计未来现金流量现值，减记的金额确认减值损失，计提坏账准备。对于有确凿证据表明确实无法收回或收回的可能性不大的应收款项，如债务单位已撤销、破产、资不抵债、现金流量严重不足等，应根据企业的管理权限，报经批准后作为坏账，转销应收款项。坏账就是指企业销售商品而产生的应收账款，由于债务人破产、解散及其他各种原因而无法收回的款项，因坏账而造成的损失被称为坏账损失。

经常使用的预计应收账款减值损失的方法有应收款项余额百分比法和账龄分析法。

(1) 应收账款余额百分比法。应收账款余额百分比法是指按应收账款账户余额的一定比例预计减值损失，提取坏账准备金的方法，它是以应收账款的账面余额作为提取坏账准备金的依据。

预计减值损失＝应收账款账面余额×计提坏账准备的百分比

采用这种方法，每期期末应根据企业应收款项的账面余额和计提比率计算出应有的坏账准备金额。然后，将计算出来的应有的坏账准备金额与账面已有的坏账准备金进行对照。如果应有金额大于已提金额，则应补提差额部分；如果应有金额小于已提金额，则应将差额部分冲回。最终要保证资产负债表日应收账款项目按预计未来现金流量列报。

为了核算企业应收款项发生的资产减值，会计上应设置“坏账准备”科目和“资产减值损失”科目进行核算。“坏账准备”是资产类账户，它是“应收账款”等账户的抵减账户，用以核算坏账准备计提、转销等情况。企业提取坏账准备金时，记入贷方；实际发生坏账损失转销时，记入借方；期末余额一般在贷方，表示已经提取尚未冲销的坏账准备。

【例 2-18】牡丹公司第一年初坏账准备无余额，第一年末应收账款余额为 2 300 000 元，提取比例为 5‰；第二年内实际发生了坏账损失 12 000 元，其中，甲企业 7 000 元，乙企业 5 000 元，年末应收账款余额为 3 000 000 元；第三年，上年已转销的乙企业 5 000 元应收款项又收回，新发生丁企业坏账损失 2 000 元，年末应收账款余额为 2 60 000 元。

第一年按应收账款余额计算应提坏账准备金额为

$$2\ 300\ 000 \times 5‰ = 11\ 500(元)$$

编制如下会计分录：

借：资产减值损失　　11 500
　　贷：坏账准备　　11 500

第二年实际发生坏账时，编制如下会计分录：

借：坏账准备　　12 000
　　贷：应收账款——甲企业　　7 000
　　　　　　　　——乙企业　　5 000

第二年年末按应收账款余额计算应提坏账准备金额为

$$3\ 000\ 000 \times 5‰ = 15\ 000(元)$$

由于第二年年末计提坏账准备前“坏账准备”余额为借方 500 元(12 000－11 500)，因此，第二年年末实际计提坏账准备为

$$15\ 000 + 500 = 15\ 500(元)$$

编制如下会计分录：

借：资产减值损失　　15 500
　　贷：坏账准备　　15 500

第三年年末，上年已转销的乙企业应收账款 5 000 元又收回，编制如下会计分录：

借：应收账款——乙企业　　5 000
　　贷：坏账准备　　5 000

同时，

借：银行存款　　5 000
　　贷：应收账款——乙企业　　5 000

为了简化核算，也可以直接编制分录如下：

借：银行存款　　5 000
　　贷：坏账准备　　5 000

第三年丁企业发生坏账损失 2 000 元时，编制如下会计分录

借：坏账准备　　2 000
　　贷：应收账款——丁企业　　2 000

第三年年末按应收账款余额计算应计提坏账准备金额为

$$2\ 600\ 000\times 5‰ = 13\ 000(元)$$

但第三年年末计提坏账准备前，“坏账准备”科目为贷方余额 18 000 元(15 000＋5 000－2 000)，所以，第三年应提取的坏账准备为 13 000－18 000＝－5 000(元)，即应冲减已计提的坏账准备 5 000 元。编制如下会计分录：

借：坏账准备　　5 000

　　贷：资产减值损失——计提的坏账准备　　5 000

(2) 账龄分析法。账龄分析法是根据应收款项账龄的长短来估计坏账损失的方法。所谓账龄，就是客户所欠账款时间的长短。一般来说，款项拖欠的时间越长，发生坏账的可能性就越大。

账龄分析法将账款按拖欠时间的长短划分为若干区段，并为各个区段的应收款项金额估计一个坏账损失百分比，然后按区段确定坏账损失。整个计算过程是通过编制“应收款项账龄分析和坏账损失估计表”来进行的。

【例 2-19】牡丹公司 20×3 年年初“坏账准备”的贷方余额为 5 600 元，20×3 年实际发生坏账损失为 3 500 元，采用应收账款账龄分析法，于 20×3 年年末估计坏账损失如表 2-2 所示。

表 2-2　应收款项账龄分析和坏账损失估计表

20×3 年 12 月 31 日

应收账款账龄	应收账款金额/元	估计损失率/%	估计损失金额/元
未到期	30 000	0.5	150
过期 1 个月	20 000	1	200
过期 2 个月	15 000	2	300
过期 3 个月	10 000	3	300
过期 3 个月以上	5 000	5	250
合　计	80 000	—	1 200

20×3 年实际发生坏账损失时，编制会计分录如下：

借：坏账准备　　3 500

　　贷：应收账款　　3 500

年末，应收账款的账面余额为 80 000 元

应收账款未来的现金流入为

$$80\ 000-1\ 200=78\ 800(元)$$

本期计提的坏账准备数额为

$$1\ 200-(5\ 600-3\ 500)=-900(元)$$

编制如下会计分录：

借：坏账准备　　900

　　贷：资产减值损失　　900

2.2.2　应收票据

1. 应收票据的概念及分类

应收票据是指企业持有的尚未到期、尚未兑现的商业汇票。商业汇票是一种由出票人签发的，委托付款人在指定日期无条件支付确定金额给收款人或持票人的票据。商业汇票

的付款期限，最长不得超过 6 个月。符合条件的商业汇票的持票人，可以持未到期的商业汇票连同贴现凭证向银行申请贴现。

商业汇票按承兑人不同，分为商业承兑汇票和银行承兑汇票。

商业汇票按是否计息可分为不带息商业汇票和带息商业汇票。不带息商业汇票是指商业汇票到期时，承兑人只按票据面值向持票人支付款项的票据，即票据到期值等于票据面值。带息商业汇票是指商业汇票到期时，承兑人不仅要支付票面金额，而且还要支付利息。对于带息票据，还要进行利息的计算，其计算公式为

$$利息=本金\times利率\times时间$$

公式中的“本金”为票据的面值，“利率”是指票据上载明的利率，一般是指年利率。“时间”是指票据签发日和票据到期日之间的期限。票据的期限有按月表示和按日表示两种。按月计算到期的票据，应以到期月份中与出票日相同的那一日为到期日，而不论各月份实际日历天数是多少。如果票据签发日为某月份的最后一天，其到期日应为若干月后的最后一天。例如，11 月 30 日签发的、3 个月期限的商业汇票，到期日为下一年的 2 月 28 日或 29 日；2 月 28 日签发的、2 个月期限的商业汇票，到期日为 4 月 30 日，依此类推。按日计算的票据，应按实际日历天数计算到期日，但对于签发日与到期日只计算其中的一天，即“算头不算尾”或“算尾不算头”。商业汇票在计算利息的时候，利率的时间单位要和期限的时间单位保持一致，即票据的期限以月表示，则利率应采用月利率；票据的期限以天表示，则利率应采用日利率。

$$月利率=年利率\div12$$

$$日利率=年利率\div360$$

【例 2-20】一张期限为 6 个月的票据，本金 8 000 元，票面利率 10%，该票据到期的应计利息为

$$8\,000\times10\%/12\times6=400(元)$$

【例 2-21】一张期限为 60 天的票据，本金 6 000 元，票面利率 6%。该票据到期的应计利息为

$$6\,000\times6\%/360\times60=60(元)$$

2. *应收票据的核算*

为了反映和监督应收票据取得、票款收回等经济业务，企业应设置“应收票据”科目，借方登记取得的应收票据的面值，贷方登记到期收回或到期前向银行贴现的应收票据的票面余额，期末余额在借方，反映企业持有的商业汇票的票面金额。另外，应设置应收票据备查簿，逐笔登记每一应收票据的种类、号数和出票日期、票面金额、交易合同号和付款人、承兑人、背书人的姓名或单位名称、到期日和利率、贴现日期、贴现率和贴现净额，以及收款日期和收回金额等资料，应收票据到期结清票款后，应在备查簿内逐笔注销。应收票据的核算内容主要包括 3 个方面：一是取得商业汇票时；二是商业汇票到期时；三是商业汇票贴现。

1) 取得商业汇票时

企业取得经承兑过的商业汇票时，按票据面值借记“应收票据”科目，根据取得商业汇票的不同原因贷方记入相关科目，如“主营业务收入”、“应收账款”科目等。

【例 2-22】牡丹公司销售产品一批，采用商业汇票结算，收到不带息的商业汇票一张，

面额 11 700 元，其中增值税 1 700 元，票据的期限为 3 个月。

借：应收票据　　11 700
　　贷：主营业务收入　　10 000
　　　　应交税费——应交增值税(销项税额)　　1 700

【例 2-23】牡丹公司收到甲公司开出的银行承兑汇票一张，面值 24 000 元，以抵其前欠的货款。

借：应收票据　　24 000
　　贷：应收账款——甲公司　　24 000

2) 商业汇票到期时

商业汇票到期时，企业持有商业汇票到银行办理入账手续。如果能正常得到承兑，则根据实际承兑金额，借记“银行存款”科目；按该“应收票据”科目的账面余额，贷记“应收票据”科目；如果有中间差额，记入“财务费用”科目；对于到期不能收回的商业汇票，转入“应收账款”科目。

【例 2-24】牡丹公司收回到期的不带息的商业汇票款 40 000 元。

借：银行存款　　40 000
　　贷：应收票据　　40 000

【例 2-25】牡丹公司收回甲公司开出的 4 个月到期的带息的商业汇票款 50 500 元，“应收票据”科目的账面余额是 50 000 元。

借：银行存款　　50 500
　　贷：应收票据　　50 000
　　　　财务费用　　500

3) 商业汇票贴现

采用商业汇票结算的企业，收款方在票据到期前需要资金时，可以将未到期的商业汇票向开户银行申请贴现。贴现是指汇票持有人将未到期的商业汇票交给银行，银行受理后，在扣除一定的利息后将剩余的款项付给贴现申请人的一种业务活动。

(1) 贴现收入的计算。

贴现人到银行申请贴现，由银行审查同意后，按一定的利率计算从票据的到期值中应扣除的贴现利息，余额即为贴现人所取得的贴现收入。其计算公式如下：

贴现利息＝票据到期金额×贴现利率×贴现时间

贴现收入＝票据到期金额－贴现利息

公式中“票据到期金额”是指票据到期的终值，不带息的票据就是票据的面值，带息票据的终值即是带息票据的本利和。公式中的贴现利率是银行计算贴现利息时采用的利率，它不同于票面率。贴现时间是指贴现日和到期日的时间间隔。

【例 2-26】牡丹公司收到甲公司开出的一张不带息的商业汇票，票面金额为 40 000 元，由于急需用款，甲公司提前 3 个月将票据办理贴现，贴现利率为 10%。

贴现利息＝40 000×10%/12×3＝1 000(元)

贴现收入＝40 000－1 000＝39 000(元)

【例 2-27】牡丹公司将期限为 6 个月的带息票据到银行办理贴现。该票据的票面金额 100 000 元，票面利率 12%，贴现日数为 90 天，贴现利率 10%。

票据到期金额＝100 000＋100 000×12%×6/12＝106 000(元)

贴现利息＝106 000 ×10%/360×90＝2 650(元)

贴现收入＝106 000－2 650＝103 350(元)

(2) 贴现的会计处理。

企业持未到期的票据向银行办理贴现，应按实际收到的金额(即票据到期金额减去贴现息后的净额)借记“银行存款”科目，按应收票据的票面金额贷记“应收票据”科目(适用于满足金融资产转移准则规定的金融资产终止确认的情形，此时商业汇票终止确认)或“短期借款”科目(适用于不满足金融资产转移准则规定的金融资产终止确认的情形，此时商业汇票没有终止确认，依然要在账簿上反映)，两者之间的差额记入“财务费用”科目。

贴现的商业承兑汇票到期(指不满足金融资产转移准则规定的金融资产终止确认的情形)，如果承兑人正常付款，则贴现企业按票据面值借记“短期借款”科目，贷记“应收票据”科目；如果承兑人无力支付，申请贴现的企业收到银行退回的应收票据和付款通知时，按实际付款金额借记“应收账款”科目，贷记“银行存款”科目；同时，应按商业汇票的票面金额，借记“短期借款”科目，贷记“应收票据”科目；如果申请贴现企业的银行存款账户余额不足，银行作逾期贷款处理，按商业汇票的票面金额，借记“应收账款”科目，贷记“应收票据”科目。

【例 2-28】牡丹公司收到甲公司开出并承兑的一张不带息的商业汇票，票面金额为40 000元。由于急需用款，甲公司在5月1日将票据办理贴现，贴现收入为39 000元。牡丹公司分别不同情况进行会计处理。

第一种情况，假如该贴现票据满足金融资产转移准则规定的金融资产终止确认的情形：

借：银行存款	39 000	
财务费用	1 000	
贷：应收票据		40 000

第二种情况，假如该贴现票据不满足金融资产转移准则规定的金融资产终止确认的情形：

借：银行存款	39 000	
财务费用	1 000	
贷：短期借款		40 000

这种情况下，商业汇票到期时，如果甲公司正常付款，则：

借：短期借款	40 000	
贷：应收票据		40 000

如果甲公司无力付款，则牡丹公司作为连带责任人代为付款：

借：短期借款	40 000	
贷：银行存款		40 000

同时

借：应收账款	40 000	
贷：应收票据		40 000

如果甲公司无力付款，牡丹公司也无力付款，银行作逾期贷款处理，则：

借：应收账款	40 000	
贷：应收票据		40 000

2.2.3 预付账款及其他应收款

1. 预付账款

预付账款是公司按照购货合同规定预先支付给供货单位的款项。为了核算预付账款业务，应设置“预付账款”科目，并在该科目下按供货单位名称设置明细账，进行预付账款的明细核算。预付账款不多的公司，也可以不设置“预付账款”科目，而将预付账款直接通过“应付账款”科目进行核算。

公司预付货款时，借记“预付账款”科目，贷记“银行存款”科目。收到所购材料物资时，根据材料物资的成本，借记“材料采购”、“库存商品”等科目，按专用发票上注明的增值税，借记“应交税费——应交增值税(进项税额)”科目，按全部应付金额贷记“预付账款”科目；补付款项时，借记“预付账款”科目，贷记“银行存款”科目。如供货单位退回多付的货款时，则应借记“银行存款”科目，贷记“预付账款”科目；如果因供货单位破产等原因已无法收到所购货物时，应将预付账款的金额转入其他应收款，借记“其他应收款”科目，贷记“预付账款”科目。

【例 2-29】 牡丹公司按购货合同规定，预付给甲公司 10 000 元用于购买原材料。

借：预付账款	10 000	
贷：银行存款		10 000

【例 2-30】 牡丹公司收到甲公司提供的材料，材料价款为 40 000 元，专用发票上注明增值税 6 800 元。

借：原材料	40 000	
应交税费——应交增值税(进项税额)	6 800	
贷：预付账款		46 800

【例 2-31】 牡丹公司补付甲公司的货款 36 800 元。

借：预付账款	36 800	
贷：银行存款		36 800

如果当时牡丹公司预付款项为 50 000 元，则甲公司应退回多付款项 3 200 元。牡丹公司收到退回款项的入账通知单时，会计分录如下。

借：银行存款	3 200	
贷：预付账款		3 200

2. 其他应收款

其他应收款是指除应收账款、应收票据、预付账款等以外的其他各种应收、暂付款项，其主要内容包括以下 5 个方面。

(1) 应收的赔款、罚款，如因企业财产等遭受意外损失而应向有关保险公司收取的赔款等。

(2) 应收的出租包装物租金。

(3) 应向职工收取的各种垫付款项，如为职工收取的水电费、应由职工负担的医药费、房租费等。

(4) 存出保证金，如租入包装物支付的押金。

(5) 其他各种应付、暂收款项。

为了反映其他应收款的增减变动及其结存情况，在会计上设置“其他应收款”科目进行核算，在该科目下按其他应收款的项目分类，并按不同的债务人设置明细账进行明细核算。企业发生的各种其他应收款项，借记“其他应收款”科目，贷记有关科目。收回其他应收款项时，借记“银行存款”或“库存现金”科目，贷记“其他应收款”科目。如备用金业务不专门设置“备用金”科目进行核算，也可在“其他应收款”科目下设置“备用金”明细科目进行核算。“其他应收款”的期末余额一般在借方，反映企业尚未收回的其他应收款项。

【例 2-32】牡丹公司以银行存款支付甲公司的包装物押金 2 300 元。

借：其他应收款——存出保证金　　2 300
　　贷：银行存款　　2 300

【例 2-33】牡丹公司按规定收回保险公司的赔款 40 000 元。

借：银行存款　　40 000
　　贷：其他应收款——保险赔款　　40 000

【例 2-34】牡丹公司预付张三差旅费现金 500 元。

借：其他应收款——备用金(张三)　　500
　　贷：库存现金　　500

同上，职工张三出差回来按规定报销差旅费 480 元，余款收回。

借：管理费用　　480
　　库存现金　　20
　　贷：其他应收款——备用金(张三)　　500

【例 2-35】甲公司垫付应由职工李晨个人负担的医药费 800 元，拟从其工资中扣回。

垫付时：

借：其他应收款——李晨　　800
　　贷：库存现金　　800

扣款时：

借：应付职工薪酬　　800
　　贷：其他应收款——李晨　　800

本 章 小 结

本章主要讲述货币资金和应收及预付款项。货币资金主要包括 3 个部分的内容：库存现金、银行存款和其他货币资金。库存现金的主要内容有现金内部控制的规定和现金增加、减少和清查的会计处理。银行存款的主要内容有银行的转账结算方式和银行存款余额调节表的编制。其他货币资金的主要内容有其他货币资金的内容及其相关的会计处理。应收及预付款主要包括应收账款、应收票据、预付账款和其他应收款。应收账款的主要内容有商业折扣和现金折扣的含义及对应收账款入账价值的影响，应收账款取得和收回的会计处理，应收账款减值的会计处理。应收票据的主要内容有应收票据的含义及商业汇票的分类，应收票据产生和到期的会计处理，应收票据贴现的含义、贴现净额的计算及贴现的会计处理。预付账款的主要内容有预付账款的会计处理。其他应收款的主要内容有其他应收款包括的内容及相关的会计处理。

习　题

一、名词解释

1. 银行汇票
2. 银行本票
3. 商业汇票
4. 其他货币资金
5. 贴现

二、单项选择题

1. 企业现金短缺属于无法查明的其他原因，按照管理权限经批准处理时，应记入(　　)科目。

A. 其他应收款　B. 营业外支出　C. 管理费用　D. 财务费用

2. 企业的工资、奖金等现金的支取，可以通过(　　)办理。

A. “基本存款”科目　B. “一般存款”科目

C. “临时存款”科目　D. “专用存款”科目

3. 下列各项，会引起期末应收账款账面余额发生变化的有(　　)。

A. 收回应收账款　B. 收回已转销的坏账

C. 计提应收账款坏账准备　D. 到期收回应收票据

4. 下列各项中，不通过“其他货币资金”科目核算的是(　　)。

A. 外埠存款　B. 存出投资款

C. 备用金　D. 信用卡存款

5. 属于无法查明原因的现金溢余，经批准后应转入的科目是“(　　)”。

A. 其他业务收入　B. 冲减管理费用

C. 营业外收入　D. 冲减营业外支出

6. 企业将款项汇往外地开立采购专用账户时，应借记的会计科目是“(　　)”。

A. 物资采购　B. 其他货币资金

C. 预付账款　D. 在途物资

7. 商业汇票的付款期限由交易双方商定，但最长不得超过(　　)。

A. 2个月　B. 3个月　C. 6个月　D. 1年

8. 根据《现金管理暂行条例》的规定，下列经济业务中，一般不应用现金支付的是(　　)。

A. 支付职工奖金8 000元　B. 支付零星办公用品购置费950元

C. 支付物资采购货款1 900元　D. 支付职工差旅费500元

9. 某企业销售商品一批，增值税专用发票上标明的价款为1 000万元，适用的增值税税率为17%，为购买方代垫运杂费为20万元，款项尚未收回。该企业确认的应收账款为(　　)万元。

A. 1 000　B. 1 020　C. 1 190　D. 1 170

10．“应收票据”在取得时的入账价值应为(　　)。

A．票据面值　　B．票据到期价值

C．票据面值加应计利息　　D．票据贴现额

11．企业现金清查中，发现库存现金较账面余额短缺50元，在未查明原因之前，应借记的会计科目是“(　　)”。

A．待处理财产损溢　　B．营业外支出

C．其他应收款　　D．管理费用

12．预付货款不多的企业，可以将预付的货款直接记入“(　　)”科目的借方，而不单独设置“预付账款”科目。

A．应收账款　　B．其他应收款

C．应付账款　　D．应收票据

13．对于购货方实际享受的现金折扣，销售企业应作的会计处理是(　　)。

A．冲减当期主营业务收入　　B．增加当期财务费用

C．增加当期主营业务成本　　D．增加当期管理费用

三、多项选择题

1．下列事项中，符合现金管理有关规定的有(　　)。

A．企业对于当日送存现金有困难的，由开户银行确定送存时间

B．因特殊情况需要坐支现金的，应当事先报经开户银行审批

C．企业从开户银行提取现金，只要由本单位出纳人员签字盖章即可

D．如果现金长短款是由于单据丢失或记账产生的差错，应补办手续入账或更正错误

2．以下符合企业会计规定的做法的是(　　)。

A．属于无法查明原因的现金溢余，经批准后冲减管理费用

B．属于无法查明原因的现金短缺，经批准后计入管理费用

C．企业内部周转使用备用金的，可以单独设置“备用金”科目，使用和报销有关备用金支出时都通过“备用金”科目核算

D．因购货单位宣告破产，其破产财产不足以清偿的部分，记入“营业外支出”科目

3．货币资金的管理和控制应当遵循的原则有(　　)。

A．严格职责分工　　B．实施定期轮岗

C．实施内部稽核　　D．实行一人一岗

4．按照《内部会计控制规范——货币资金》的要求，货币资金监督检查的主要内容包括(　　)。

A．是否存在货币资金业务不相容职务岗位混岗现象

B．是否存在货币资金支出越权审批的行为

C．是否存在办理付款业务的全部印章交由一人保管

D．是否存在票据购买、领用、保管的漏洞

5．下列未达账项中，会导致银行存款对账单金额小于银行存款日记账金额的有(　　)。

A．银行收到委托款项但尚未通知企业

B．企业已收但尚未存入银行的转账支票

C．企业已开出但银行尚未兑付的支票

D．银行划付电话费但未将通知单送达企业

6．下列经济业务可以用现金结算的有(　　)。

A．支付职工薪酬 40 000 元　　B．企业职工出差预借差旅费 20 000 元

C．购买办公用品 280 元　　D．支付购料款 20 000 元

7．下列各项中，不能用“应收票据”及“应付票据”核算的票据包括(　　)。

A．银行汇票　　B．银行承兑汇票

C．银行本票　　D．商业承兑汇票

8．企业因销售商品发生的应收账款，其入账价值应当包括(　　)。

A．销售商品的价款　　B．增值税销项税额

C．代购方垫付的包装费　　D．代购方垫付的运杂费

9．关于“预付账款”科目，下列说法正确的有(　　)。

A．“预付账款”属于资产性质的科目

B．预付货款不多的企业，可以不单独设置“预付账款”科目，将预付的货款记入“应付账款”科目的借方

C．“预付账款”科目贷方余额反映的是应付供货单位的款项

D．“预付账款”科目核算企业因销售业务产生的往来款项

10．下列项目中，应通过“其他应收款”核算的有(　　)。

A．应向责任人收取的赔款　　B．应收的各种罚款

C．收取的各种押金　　D．租入包装物支付的押金

四、判断题

1．对于因未达账项而使企业银行存款日记账余额和银行对账单余额出现的差异，无需作账面调整，待结算凭证到达后再进行账务处理，登记入账。(　　)

2．企业发生坏账时所作的冲销应收账款的会计分录，会使资产及所有者权益同时减少相同数额。(　　)

3．采用定额备用金的企业，备用金使用部门日常凭单据报销差旅费时，会计部门应按报销金额冲减“其他应收款”科目。(　　)

4．企业银行存款的账面余额与银行对账单余额因未达账项存在差额时，应按照银行存款余额调节表调整银行存款日记账。(　　)

5．“库存现金”科目反映企业的库存现金，包括企业内部各部门周转使用，由各部门保管的定额备用金。(　　)

6．按《企业会计准则》的规定，销货企业在向客户提供现金折扣的情况下，应按总价法确认应收账款的入账价值。(　　)

7．已被确认为坏账的应收账款，并不意味着企业放弃了其追索权，一旦重新收回，应及时入账。(　　)

8．现金折扣和销售折让，均应在实际发生时计入当期财务费用。(　　)

五、简答题

1．现金内部控制的基本内容包括哪些？

2．未达账项包括哪几种？在编制银行存款余额调节表时应如何处理？

3．什么是贴现？商业汇票贴现如何作会计处理？

4．什么是坏账？确认坏账通常应满足哪些条件？

六、业务题

1．某企业20×3年5月31日现金日记账的余额为7 200元，银行存款日记账的余额为195 000元。6月发生下列有关经济业务。

(1) 2日，职工李林出差借差旅费1 000元，经审核开出现金支票。

(2) 3日，行政管理部门报销购买零星办公用品费650元，经审核以现金付讫。

(3) 4日，签发现金支票5 000元，从银行提取现金，以备日常开支需要。

(4) 5日，用银行存款20 000元偿还上月所欠天星公司货款。

(5) 7日，职工李林出差归来后，报销差旅费950元，余款以现金交回。

(6) 8日，以现金3 500元发放本月职工工资。

(7) 12日，销售产品一批，货款50 000元，增值税8 500元，已收到并存入银行。

(8) 30日，收到客户前欠的货款18 000元，并存入银行。

要求：(1) 编制上述业务会计分录。

(2) 计算6月末“库存现金”和“银行存款”账户余额。

2．牡丹公司20×3年2月发生如下业务。

(1) 5日，企业申请办理银行汇票，将银行存款50 000元转为银行汇票存款。

(2) 15日，收到收款单位发票等单据，采购材料付款46 800元。其中，材料价款为40 000元，增值税为6 800元，材料入库。

(3) 17日，收到银行退回余款3 200元的通知。

要求：编制上述业务的会计分录。

3．牡丹公司20×3年3月31日银行存款日记账的账面余额是24 000元，银行对账单上的账面余额是24 400元，经逐笔核对，发现以下几笔未达账项。

(1) 企业于月末收到其他单位的转账支票2 500元，企业已经入账，银行尚未入账。

(2) 企业于月末开出转账支票1 500元，企业已经入账，银行尚未入账。

(3) 企业委托银行代收货款4 900元，银行已经入账，企业尚未入账。

(4) 银行代企业支付水费3 500元，银行已经入账，企业尚未入账。

要求：根据上述资料，编制银行存款余额调节表。

4．甲公司第一年年初坏账准备余额为6 500元，第一年年末应收账款余额为2 300 000元，提取比例为5‰。第二年内实际发生了坏账损失12 000元，其中，乙企业7 000元，丙企业5 000元，年末应收账款余额为2 250 000元。第三年，上年已转销的乙企业7 000元应收账款又收回，新发生丁企业坏账损失2 000元，年末应收账款余额为2 600 000元。

要求：依据以上资料编制与各年相关的会计分录。

5．20×3年3月1日，甲公司向乙公司销售商品，增值税专用发票注明销售价款为20 000元，税金3 400元，同日甲公司收到乙公司开具的商业承兑汇票一张，面值23 400元，期限为3个月。4月1日，甲公司持该商业承兑汇票向银行贴现，贴现率为7%。根据《中华人民共和国票据法》的相关规定，该汇票带有追索权。

要求：根据以上资料，分别编制与下列业务有关的会计分录。

(1) 商业汇票到期，乙公司付款。

(2) 若贴现的商业承兑汇票到期，由于乙公司的银行存款不足以付款，甲公司收到银行退回的应收票据和支款通知。

(3) 若贴现的商业承兑汇票到期，乙公司和甲公司均无力付款。

第3章 存 货

教学目的与要求

通过对本章的学习，学生应掌握存货的范围及入账价值的确定，存货发出的计价方法，原材料按实际成本和计划成本核算的会计处理方法，周转材料成本的摊销方法，委托加工物资的会计处理方法，存货可变现净值的确定方法及存货跌价准备的会计处理方法；熟悉存货的确认条件，存货按实际成本核算时发出存货成本的确定原则和原理，不同发出方法确定的存货成本对企业财务信息的影响，商品核算采用售价金额的原理；了解存货的概念，商品流通企业采用毛利率法确定已销商品成本的计算方法。

案例导读

上市公司出于完成财务计划、维持提升股价、增资配股、获得贷款等原因，常常采用各种手段虚报利润。在形形色色的利润造假手法中，资产项目造假占据了主要地位。我国近年来较大的财务报表舞弊案大多数都与资产项目造假有关，上市公司琼民源、蓝田股份、东方锅炉、成都红光就是其中的典型。资产项目造假的惯用手法是资产计价舞弊，而存货项目由于其种类繁多、流动性强、计价方法又多样的特点，导致存货高估成为资产计价舞弊的主要部分。在美国法尔莫公司造假案中，他们通过仿造购货发票、制造增加存货并减少销售成本的虚假记账凭证、确认存货却不同时确认负债、多计或加倍计算存货数量等。注册会计师一直未能发现这个舞弊案，他们为此付出了高昂的代价。会计师事务所在后来的民事诉讼中损失了3亿美元，法尔莫公司的财务总监也因此被判了33个月的监禁。由此可见，存货的管理和核算在企业中占有很重要的位置，本章就要学习与存货计价等有关的会计知识。

3.1 存货概述

3.1.1 存货的概念

《企业会计准则第1号——存货》规定，存货是指企业在正常生产经营过程中持有以备出售的产成品或商品，或者为了出售仍然处在生产过程的在产品，或者将在生产过程或提供劳务中耗用的材料和物料等。具体来讲，存货包括各种原材料、包装物、低值易耗品、委托加工物资、在产品、半成品、产成品和商品等。存货在企业的流动资产中占有较大的比例，它经常处于购入、耗用和销售的过程中，是流动性较大、类别品种繁多的一种资产项目。

存货属于企业的流动资产，与其他资产相比具有以下特点。

(1) 存货是具有物质实体的资产，它有别于金融资产、无形资产等没有实物形态的资产。

(2) 存货具有较强的流动性。存货通常都将在一年或超过一年的一个营业周期内被销售或耗用，因此，在企业中存货经常处于不断被购买、耗用、销售或重置中，具有较强的变现能力和明显的流动性。

(3) 存货具有时效性和发生潜在损失的可能性。在正常情况下，存货能够有规律地转化成货币资金或其他资产，但长期不耗用或不销售的存货有可能变为积压物资或降价销售，从而给企业造成损失。

3.1.2　存货的确认条件

某个项目要确认存货，首先要符合存货的定义，在此前提下，应当符合下述存货确认的两个条件。

《企业会计准则第 1 号——存货》第四条规定，存货同时满足下列的，才能予以确认：

(1) 与该存货有关的经济利益很可能流入企业。

(2) 该存货的成本能够可靠地计量。

通常，随着存货实物的交付，存货所有权也会随之转移。而随着存货所有权的转移，所有权上的主要风险和报酬也会一并转移。此时，一般可以同时满足存货确认的两个条件。因此，存货确认的一个基本标志就是，企业是否拥有某项存货的法定所有权。在会计期末，凡企业拥有法定所有权的货物，无论存放在何处，通常都应包括在本企业的存货中；而尚未取得法定所有权或者已将法定所有权转移给其他企业的货物，即使存放在本企业，也不应包括在本企业的存货之中。但必须注意，存货的交易方式是多种多样的，在有些情况下，存货实物的交付、所有权的转移、所有权上主要风险和报酬的转移可能并不同步。因此，存货的确认也不能一概而论。一般来说，存货包括下列 3 类有形资产。

(1) 在日常生产经营过程中持有以备出售的存货，如工业企业的库存产成品、商品流通企业的库存商品等，但特种储备及国家指令专项储备的资产不属于存货范围。

(2) 为了最终出售目前尚处于生产过程中的存货，如委托加工物资、工业企业的在产品和自制半成品等。

(3) 为了生产或提供劳务以备消耗的存货，如工业企业的各种库存材料等。但是为建造固定资产等工程所储备的各种材料，虽然具有存货的某些特征，但它们并不处于企业生产经营过程中的不同阶段，不属于为生产产品而储备的资产，自然不能包括在存货的范围之中。

关于存货确认需要说明以下几点。

第一，关于代销商品。代销商品是指一方委托另一方代其销售商品。从商品所有权的转移来分析，代销商品在出售以前所有权属于委托方，受托方只是代对方销售商品。因此，代销商品应作为委托方的存货处理。但为了使受托方加强对代销商品的核算和管理，实务会计处理中也要求受托方对其受托代销商品纳入账内核算。

第二，关于在途商品。对于销售方按销售合同、协议规定已经确认销售(如已收到货款等)，而尚未发运给购货方的商品，应作为购货方的商品而不应再作为销货方的存货；对于购货方已经收到商品但尚未收到销货方结算发票等的商品，购货方应作为其存货处理；对于购货方已经确认购进(如已经付款等)而尚未到达入库的在途商品，购货方应将其作为存货处理。

第三，关于购货约定。对于约定未来购入的商品，由于企业并没有实际的购货行为发生，因此，不作为企业的存货，也不确认有关的负债和费用。

3.1.3 存货的分类

为了正确地进行存货的核算和管理，在会计上必须对存货进行科学的分类，以便按不同的类别采用不同的方法核算。

1) 按存货的经济内容分类

存货按经济内容不同可以分为以下几类。

(1) 原材料。原材料是指企业用于生产产品并构成产品实体的原料及主要材料，以及外购的供生产使用但不构成产品实体的辅助性材料等。包括原料及主要材料、辅助材料、外购半成品(外构件)、修理用备件(备品备件)、燃料和包装材料等。

(2) 周转材料。周转材料是指企业能够多次使用、逐渐转移其价值但仍能保持其原有形态、未确认为固定资产的材料，包括低值易耗品、包装物，以及企业(建造承包商)的钢模板、木模板、脚手架等。其中，低值易耗品是指不能作为固定资产管理的各种用具物品，如各种工具、管理用具、玻璃器皿，以及在生产经营过程中周转使用的包装容器等。包装物是指为了包装企业的产品而储备的各种桶、箱、罐、袋、瓶等各种包装容器。

(3) 在产品。在产品是指企业尚未完成全部生产过程，或虽完成全部生产过程但尚未验收入库，不能对外销售的产品。

(4) 自制半成品。自制半成品是指已经完成一定的生产过程并验收合格交付半成品库，但尚未最终制造完成，仍需继续加工的中间产品。

(5) 产成品。产成品是指企业已经完成了全部生产过程，并已验收入库，可以对外销售的产品。

(6) 商品。商品是指商品流通企业外购用于销售的各种商品。

2) 按存放地点不同分类

存货按存放地点不同可以分为以下几类。

(1) 库存存货。库存存货是指存放于企业仓库的各种存货。

(2) 在途存货。在途存货是指企业向外单位购买的但尚未运达企业或已运达企业但尚未验收入库的存货。

(3) 加工中存货。加工中存货是指正处在生产线上加工的存货。

(4) 委托加工中的存货。委托加工中的存货是指企业为了某种目的已经发往外单位委托其代为加工的存货。

(5) 委托代销存货。委托代销存货指企业委托外单位代为销售的存货。

企业性质不同，存货类别也不同。制造企业以原材料、委托加工物资、包装物和低值易耗品、在产品及自制半成品和产成品为主；商品流通企业存货以商品、材料物资、低值易耗品、包装物等为主；服务性企业，如旅行社、饭店、宾馆、游乐场所、美容美发、照相、修理、中介机构等，只有物料用品、办公用品和家具用具等。

3.2 存货的初始计量

存货的初始计量是指企业在取得存货时，对存货入账价值的确定。存货的初始计量应以取得存货的实际成本为基础，由于存货的取得方式是多种多样的，在不同的取得方式下，存货成本的构成内容也并不完全相同。因此，存货实际成本的确定应结合存货的具体取得方式来作为存货入账的依据。

1. 外购存货

外购存货的成本是指为了取得存货并使之处于可以使用状态所发生的一切费用。它包括买价、包装费、运输费、装卸费、运输途中合理损耗、入库前的挑选整理费和按规定应计入成本的税金及其他可归属于存货采购成本的费用等。但是，采购人员的差旅费及专设的采购机构、企业供应部门和仓库的经费等，虽然也与采购或保管存货有关，但是为了简化手续，一般不计入存货采购成本，而直接计入当期损益。

商品流通企业购入的商品，按照进价和按规定应计入商品成本的税金，作为实际成本。采购过程中发生的运输费、装卸费、保险费、包装费及其他可归属于存货采购成本的费用，应当计入存货采购成本，也可以先进行归集，期末根据所购商品的存销情况进行分摊：对于已售商品的进货费用，计入当期主营业务成本；对于未售商品的进货费用，计入期末存货成本。如果采购商品时进货费用金额较小的，也可以在发生时直接计入当期损益。

2. 自制存货

自制存货按照其制造过程中所发生的各项实际支出作为实际成本，包括制造过程中所发生的原材料成本，人工费用及制造费用。

3. 委托加工存货

委托外单位加工的存货成本包括加工过程中所消耗的原材料或半成品的实际成本、委托加工费用，以及往返过程中所发生的包装费、运输费、装卸费和保险费等费用及按规定应计入成本的税金，作为实际成本。

4. 投资者投入的存货

投资者投入的存货，按照投资合同或协议约定的价值作为实际成本，但合同或协议约定价值不公允的除外。在投资合同或协议约定价值不公允的情况下，按照该项存货的公允价值作为其实际成本。

5. 接受捐赠的存货

接受捐赠的存货，按以下规定确认存货的实际成本。

(1) 捐赠方提供了有关凭据(如发票、报关单、有关协议)的，按凭据上标明的金额加上应支付的相关税费，作为实际成本。

(2) 如果捐赠方没有提供有关凭据的，则按以下顺序确定其实际成本：①同类或类似存货存在活跃市场的，按同类或类似存货的市场价格估计的金额，加上应支付的相关税费，作为实际成本；②同类或类似存货不存在活跃市场的，按接受捐赠的存货的预计未来现金流量现值，作为实际成本。

6. 盘盈的存货

盘盈的存货，按照同类或类似存货的市场价格，作为实际成本。

除上述取得方式外，还有通过债务重组取得的存货、以非货币性交易换入的存货等，这些取得存货方式的初始计量将在《高级会计学》中讲述，此处不再累述。

3.3 存货的后续计量

3.3.1 存货成本流转假设

企业取得存货的目的是为了销售和消耗，在生产经营过程中有流入也有流出，流入与流出相抵后的结余就是期末存货。本期期末结存将结转到下期，就形成了下期期初存货，下期继续流转，不断循环往复，就形成了生产经营过程中的存货流转。

存货流转包括实物流转和成本流转两个方面。一般来说，存货的成本流转应当与其实物流转相一致。但在实际工作中，这种一致的情况非常少见。因为企业的存货进出量很大，品种也繁多，存货的成本也多变，很难保证各种存货的成本流转与实物流转相一致，如化工原料、燃料等。尽管同一种存货单价并不相同，但均能满足销售和消耗的需要，没有必要辨认哪一批存货被发出，哪一批仍存在库内，这样成本的流转顺序就有可能与实物的流转顺序相分离。由于实物流转很难分出哪一批的存货发出，只要按照不同的成本流转顺序确定已发出存货的成本和库存存货的成本即可，这样就要对存货的成本流转予以假设。采用不同的存货成本流转假设在期末结存存货与本期发出存货之间分配存货成本，就产生了不同的发出存货计价方法。由于不同的存货计价方法得出的计价结果各不相同，因此，存货计价方法的选择，将对企业的财务状况和经营成果产生一定的影响，主要表现在以下 3 个方面。

(1) 存货计价方法对损益计算有直接影响。如果期末存货计价过低，就会低估当期收益；反之，则会高估当期收益。

(2) 存货计价方法对资产负债表有关项目数额的计算有直接影响，包括流动资产总额、所有者权益等项目，都会因存货计价的不同而有不同的数据。

(3) 存货计价方法对应交所得税数额的计算有一定的影响。因为不同的计价方法对结转当期销售成本的数额会有所不同，从而影响企业当期利润数额的确定。

企业应当根据实际情况，综合考虑存货收发的特点和管理的要求，以及财务报告目标、税收负担、现金流量、股票市价、经理人员业绩评价等各种因素，选择适当的存货计价方法，合理确定发出存货的实际成本。存货计价方法一旦选定，前后各期应当保持一致，并在会计报表附注中予以披露。

存货的日常核算分为按实际成本计价核算和按计划成本计价核算，企业可以根据生产经营特点和管理要求，采用不同的计价方法对存货进行日常核算。企业采用的计价核算方法不同，发出存货及结存存货成本的确定方法也不同。

3.3.2　存货采用实际成本计价核算

实际成本核算是指存货日常的收入、发出和结存均采用实际成本计价。企业的经营性质不同，经营规模不一，存货收发的频繁程度及每次收发存货的数量等都有所不同。因而，在实际成本法下，发出存货计价方法的选用也可以有所不同。《企业会计准则第1号——存货》规定的可以在实际成本法下采用的发出存货的计价方法包括先进先出法、月末一次加权平均法、移动加权平均法和个别计价法等。以下分别介绍这些方法。

1. 先进先出法

先进先出法是以先购进的存货，一定先发出这样一种存货实物流转假设为前提对存货计价的一种方法。这种方法假定先购入的存货成本在后购入的存货成本的前面转出，并依次确定发出存货与结存存货的成本。

【例3-1】牡丹公司20×2年6月某材料明细账见表3-1，采用先进先出法计算明细账中发出材料与期末结存材料的成本。

表3-1　材料明细账

日期		凭证编号	摘要	收入			发出			结存		
月	日			数量/千克	单价/(元/千克)	金额/元	数量/千克	单价/(元/千克)	金额/元	数量/千克	单价/(元/千克)	金额/元
6	1	略	期初结存							20	60	1 200
	5		购进	50	66	3 300				20 50	60 66	1 200 3 300
	7		发出				20 20	60 66	1 200 1 320	30	66	1 980
	16		购进	60	70	4 200				30 60	66 70	1 980 6 180
	18		发出				30 50	66 70	1 980 3 500	10	70	700
	30		期末结存	110		7 500	120		8 000	10	70	700

6月7日发出材料成本＝20×60＋20×66＝2 520(元)

6月18日发出材料成本＝30×66＋50×70＝5 480(元)

期末结存材料成本＝1 200＋7 500－8 000＝700(元)

采用先进先出法，结存存货成本是按最近购进货物确定的，期末存货比较接近实际，期末资产负债表上所反映的存货成本比较有实际意义，同时使企业不能随意挑选计价方法以调整当期利润。其缺点是，工作比较麻烦，计算烦琐，往往一批发出或结存存货需以两个或两个以上单价计算；同时在通货膨胀情况下，因物价上涨，而发出存货成本较低，会虚增当期利润，反之，则会低估当前利润。这样将以较早较低的成本与现行收入相配比，造成收入与费用配比失当。

2. 月末一次加权平均法

月末一次加权平均法是指在月末时以月初库存材料的数量和全月各次收入的存货数量

作为权数，一次性地计算本月月初存货与全月收入存货的加权平均单位成本，从而确定发出存货与库存存货成本的计价方法。具体计算公式为

$$本月存货单位成本=\frac{月初存货成本+本月购入存货成本}{月初结存存货数量+本月购入存货数量}$$

$$本月发出存货成本=本月存货单位成本\times 本月发出存货数量$$

$$本月结存存货成本=月初存货成本+本月购入存货成本-本月发出存货成本$$

【例 3-2】 以例 3-1 资料为例，采用加权平均法计算本月发出材料与结存材料的成本。如表 3-2 所示。

表 3-2 材料明细账

日期		凭证编号	摘要	收入			发出			结存		
月	日			数量/千克	单价/(元/千克)	金额/元	数量/千克	单价/(元/千克)	金额/元	数量/千克	单价/(元/千克)	金额/元
6	1	略	期初结存							20	60	1 200
	5		购进	50	66	3 300				70		
	7		发出				40			30		
	16		购进	60	70	4 200				90		
	18		发出				80			10		
	30		期末结存	110		7 500	120	66.92	8 030.8	10	66.92	669.2

本月材料加权平均单位成本=(1 200+7 500)÷(20+110)=66.92(元/千克)

本月结存材料成本=10×66.92=669.2(元)

本月月末材料成本=1 200+7 500−669.2=8 030.8(元)

全月一次加权平均法计算手续简便，存货成本主要取决于数量因素，较少受到价格因素的影响，对存货成本的分摊较为折中。但是这种方法对于当月发出存货的计价要等到月末才能一次性地进行，平时无法从账面上看出存货发出和结存的单价及金额，不利于加强对存货的管理；同时，给非月末进行成本计算的产品成本计算带来不便。

3. *移动加权平均法*

移动加权平均法亦称移动平均法。这种方法是指每一次存货入库后，都要以新入库存货的数量和原库存存货数量作为权数，计算加权平均单位成本，并作为下次发出存货的单位成本。计算公式为：

$$存货加权平均单位成本=\frac{本次存货入库前结存存货的实际成本+本次入库存货的实际成本}{本次存货入库前结存存货数量+本次入库存货数量}$$

【例 3-3】 仍以例 3-1 资料为例，利用移动加权平均法计算各次发出材料和结存材料的成本，其结果如表 3-3 所示。

表 3-3　材料明细账

日期		凭证编号	摘要	收入			发出			结存		
月	日			数量/千克	单价/(元/千克)	金额/元	数量/千克	单价/(元/千克)	金额/元	数量/千克	单价/(元/千克)	金额/元
6	1	略	期初结存							20	60	1 200
	5		购进	50	66	3 300				70	64.29	4 500
	7		发出				40	64.29	2 571.3	30	64.29	1 928.7
	16		购进	60	70	4 200				90	68.10	6 128.7
	18		发出				80	68.10	5 447.7	10	68.10	681
	30		期末结存	110		7 500	120		8 019	10	68.10	681

6 月 5 日进货后材料加权平均单位成本＝(1 200＋3 300)÷(20＋50)＝64.29(元/千克)

6 月 7 日结存材料成本＝30×64.29＝1 928.7(元)

6 月 7 日发出材料成本＝4 500－1 928.7＝2 571.3 (元)

6 月 16 日进货后材料加权平均单位成本＝(1 928.7＋4 200)÷(30＋60)＝68.10(元/千克)

6 月 18 日结存材料成本＝10×68.10＝681(元)

6 月 18 日发出材料成本＝6 128.7 －681＝5 447.7(元)

期末结存材料成本为 681 元。

采用移动加权平均法，每次发出的存货都能及时地计算其成本，有利于及时反映发出存货和库存存货成本，也能提高成本计算的及时性。但是，每次进货后都必须重新计算存货平均单位成本，计算工作比较繁重。

4. 个别计价法

个别计价法也称个别认定法、具体辨认法、分批认定法等。它是指以具体发出存货的个别购入成本发出存货和结存存货的成本进行计算的一种方法。采用这种方法需对各批存货逐一加以辨认，而后按其购入成本分别计价。

【例 3-4】以例 3-1 资料为例，采用个别计价法核算发出存货和结存存货的成本，其结果见表 3-4。

表 3-4　材料明细账

日期		凭证编号	摘要	收入			发出			结存		
月	日			数量/千克	单价/(元/千克)	金额/元	数量/千克	单价/(元/千克)	金额/元	数量/千克	单价/(元/千克)	金额/元
6	1	略	期初结存							20	60	1 200
	5		购进	50	66	3 300				70	64.29	4 500
	7		发出				40	66	2 640	20 10	60 66	1 200 660
	16		购进	60	70	4 200				20 10 60	60 66 70	1 200 660 4 200
	18		发出				20 60	60 70	1 200 4 200	10	66	660
	30		期末结存	110		7 500	120		8 040	10	66	660

个别计价法的特点是成本流转与实物流转完全一致，是所有计价方法中最准确的一种；但采用这种方法要求按品种和批别分别摆放，并分别设立详细的明细账，有时在存货上应加标签编号，一般只用于单个物品价值比较高，比较易辨认的情况。

3.3.3 存货采用计划成本计价核算

计划成本计价法是指企业存货的收入、发出和结余均按照预先制定的计划成本计价，同时，需要核算存货成本差异，即存货实际成本和计划成本间的差额。待期末时，再将发出存货和结存存货由计划成本调整为实际成本，以满足编制会计报表的需要。采用这种方法，必须将每一品种规格的存货计划成本预先制定出来，其包括的内容与实际成本相一致。制订计划成本可以参照以前的实际成本，并考虑物价等因素，尽量使之与实际成本相接近。发出存货和结存存货的成本可按以下方法确定。

第一步，计算存货成本差异率。在实务中，存货成本差异率有两种计算方法：

$$\text{本月存货成本差异率}=\frac{\text{月初结存存货的成本差异}+\text{本月收入存货的成本差异}}{\text{月初结存存货的计划成本}+\text{本月收入存货的计划成本}}\times100\%$$

其中，

本月收入存货的成本差异＝本月收入存货的实际成本－本月收入存货的计划成本

成本差异的计算结果如果带“＋”号，表示超支，即实际成本大于计划成本；如果带“－”号，表示节约，即实际成本小于计划成本。如果各月的成本差异水平相近，也可使用月初的成本差异率：

$$\text{月初存货成本差异率}=\frac{\text{月初结存存货的成本差异}}{\text{月初结存存货的计划成本}}\times100\%$$

两种计算方法的差别在于：应用本月存货成本差异率计算本月发出存货应负担的成本差异，调整后的实际成本比较准确，但不能在会计期间内调整差异，因其必须在月末计算，所以，不能随时了解实际的消耗成本；而应用月初材料成本差异率计算本月发出材料应负担的差异，则正好与之相反。故企业应当根据其实际情况，选择其中之一，但一经确定，就不能任意变动。

第二步，分别计算本月发出存货和结存存货应负担的成本差异。

本月发出存货应负担的成本差异＝本月发出存货的计划成本×存货成本差异率

本月结存存货应负担的成本差异＝月初结存存货的成本差异＋本月收入存货的成本差异－本月发出存货应负担的成本差异

第三步，将存货的计划成本调整为实际成本。

本月发出存货的实际成本＝本月发出存货的计划成本＋本月发出存货应负担的成本差异

本月结存存货的实际成本＝本月结存存货的计划成本＋本月结存存货应负担的成本差异

【例 3-5】牡丹公司 20×2 年 6 月初结存原材料的计划成本为 100 000 元，成本差异为 2 000 元；本月收入材料的计划成本为 200 000 元，实际成本为 195 000 元；本月发出材料的计划成本为 160 000 元。本月发出材料及结存材料的实际成本计算如下：

本月成本差异＝195 000－200 000＝－5 000(元)

$$\text{本月存货成本差异率}=\frac{2\,000-5\,000}{100\,000+200\,000}\times100\%=-1\%$$

发出材料应负担的成本差异＝160 000×(－1%)＝－1 600(元)
结存材料应负担的成本差异＝2 000＋(－5 000)－(－1 600)＝－1 400(元)
发出材料的实际成本＝160 000－1 600＝158 400(元)
结存材料的实际成本＝(100 000＋200 000－160 000)－1 400＝138 600(元)

3.3.4 存货估价法

按实际成本进行存货的日常核算，需要采用发出存货的计价方法计算本期发出存货的实际成本和期末结存存货的实际成本。如果企业的存货种类繁多，按月进行这种存货计价十分烦琐。为了简化存货的计价，存货种类繁多的企业，可以采用存货估价法对月末存货的成本进行估价，待季末、半年末或年末时，再采用发出存货的计价方法，计算发出存货和结存存货的成本，并对各月估算的存货成本做出调整。经常使用的存货估价法有毛利率法和零售价法两种。

1. 毛利率法

毛利率法是根据本期销售净额乘以前期实际(或本月计划)毛利率计算本期毛利，并计算本期发出存货和结存存货成本的一种方法。计算公式如下：

$$毛利率=\frac{销售毛利}{销售净额}\times 100\%$$

销售净额＝本期商品销售收入－销售退回与折让
销售毛利＝销售净额×毛利率
销售成本＝销售净额－销售毛利
期末存货成本＝期初存货成本＋本期购货成本－本期销售成本

【例 3-6】某商场 6 月月初某类商品存货 150 000 元，本月购货 90 000 元，本月销货 170 000 元，销售退回与折让 15 000 元。上一季度该类商品毛利率为 20%，计算本月销售存货成本及月末存货成本。

本月销售净额＝170 000－15 000＝155 000(元)
销售毛利＝155 000×20%＝31 000(元)
销售成本＝155 000－31 000＝124 000(元)
月末存货成本＝150 000＋90 000－124 000＝116 000(元)

采用毛利率法估算存货成本的关键在于确定一个合理的毛利率，如果毛利率不合理，估算的存货成本就会与实际情况发生较大的背离。采用前期实际毛利率要求前后各期的毛利率应大致相同，而采用本期估计毛利率则需要根据存货采购成本、销售价格、销售结构等因素的变化情况，对毛利率进行不断的修正。此外，如果企业的存货品种繁多且毛利率差别较大，为了保证估价结果的相对合理性，企业应按存货的类别，分别确定各类存货的毛利率，据以估算存货成本，不能采用综合毛利率。

毛利率法提供的只是存货成本的近似值，不是对存货的准确计价。为了合理确定期末存货的实际价值，企业一般应当在每季季末，采用先进先出法、加权平均法等存货计价方法，对结存存货的成本进行一次准确的计量，然后根据本季度期初结存存货的成本和本期购进存货的成本，倒挤出本季度发出存货的实际成本，据以调整采用毛利率法估算的发出存货成本。

毛利率法是商品批发企业普遍采用的一种存货估价方法。商品批发企业经营的商品种类繁多，若按月采用发出存货的计价方法对每种商品计算并结转销售成本，工作量十分繁重。此外，商品批发企业同类商品的毛利率大致相同，采用毛利率法估算的存货成本也比较接近于实际。

2. 零售价法

零售价法是用成本占零售价的百分比计算期末存货成本的一种方法。使用方法如下。

(1) 期初存货与本期进货同时按成本和零售价登记。

(2) 计算存货成本占零售价的百分比，即成本率，公式如下。

$$存货成本率=\frac{期初结存存货的成本+本月购入存货的成本}{期初结存存货的售价+本月购入存货的售价}\times 100\%$$

(3) 本期存货销售只按售价记录，根据本期销售的售价总额，计算本期销售成本。

$$本期销售成本=本期存货售价总额\times 存货成本率$$

(4) 计算期末存货成本及期末存货售价总额。

$$期末存货成本=期初存货成本+本期购货成本-本期销售成本$$

$$期末存货售价总额=期初存货售价总额+本期购货售价总额-本期存货售价总额$$

【例 3-7】某商店 20×2 年 6 月期初存货成本 120 000 元，售价总额为 150 000 元，本期购货成本为 500 000 元，售价总额为 625 000 元，本期销售收入 650 000 元。试计算期末存货成本及本期销售成本。

$$存货成本率=\frac{120\,000+500\,000}{150\,000+625\,000}\times 100\%=80\%$$

$$本期销售成本=650\,000\times 80\%=520\,000(元)$$

$$期末存货成本=120\,000+500\,000-520\,000=100\,000(元)$$

零售价法是商品零售企业普遍采用的一种存货估价方法。在百货商店、超级市场等零售企业中，商品的品种、型号、款式繁多，很难采用通常的发出存货计价方法，按月确定销售成本和结存存货成本，而零售企业必须按零售价格标明商品价值，也为采用零售价法提供了便利。

案例分析

宏达公司拟全盘收购伟业公司，双方在议价时，伟业公司经理强调逐年上升的销售毛利和毛利率，并认为这是很有利的经营因素。伟业公司过去 3 年的销售毛利情况见表 3-5。

表 3-5 伟业公司过去 3 年的销售毛利情况

年份	2010 年	2011 年	2012 年
销售额/元	620 000	650 000	680 000
销售成本/元	434 000	442 000	448 800
销售毛利/元	186 000	208 000	231 200
销售毛利率	30%	32%	34%

明诚会计师事务所受聘调查伟业公司的财务报告及会计记录公允性，发现除了下列事项外，各项记录无何不妥：①2010 年的期末存货低估了 12 400 元；②2012 年的期末存货高估了 40 800 元。公司采用定期

盘存制，上述错误在明诚调查之前并未发现。

要求：根据以上资料及明诚会计师事务所的调查结果，对伟业公司经理的看法提出你的评价。

【案例解析】

先对存货的估算错误进行调整，在此基础上计算调整后的销售毛利率，再对之评价。

期初存货＋本期增加存货－期末存货＝本期减少存货

(1) 由于2010年期末存货低估12 400元，导致本期销售成本高估12 400元，销售毛利低估12 400元，调整后2010年销售毛利为198 400元，成本为421 600元，毛利率为32%。

(2) 2010年期末存货低估12 400元，即2011年期初存货被低估了12 400元和2011年销售成本低估12 400元，导致2011年毛利高估了12 400元，调整后2011年的毛利为195 600元，毛利率为30%。

(3) 2012年期末存货高估了40 800元，即销售成本低估40 800元，销售毛利高估40 800元，调整后2012年的毛利为190 400元。成本为489 600元，毛利为28%。

调整后的销售毛利率见表3-6。

表3-6 调整后的销售毛利率

年份	2010年	2011年	2012年
销售额/元	620 000	650 000	680 000
销售成本/元	421 600	454 400	489 600
销售毛利/元	198 400	195 600	190 400
销售毛利率	32%	30%	28%

评价：该公司近3年的毛利率和销售毛利均是逐年下降的。

3.4 原 材 料

核算原材料是工业企业存货的主要工作，一般可分为主要材料、辅助材料、燃料、修理用备件和包装材料等项目。原材料一般以外购的为主(也有自制的)，可以用实际成本计价，也可以采用计划成本计价。

3.4.1 原材料按实际成本计价的会计处理

原材料按实际成本计价，即原材料的收入、发出均采用实际成本。

1. 科目的设置

原材料按实际成本计价核算，应设置“在途物资”和“原材料”两个科目。

(1) “在途物资”科目。该科目用来反映企业购入的尚未运达企业或已运达但尚未验收入库的材料的实际成本，借方登记尚未验收入库的材料的实际成本，贷方登记已验收入库的材料的实际成本，如果有余额，则在该科目的借方，表示期末尚未验收入库的材料的实际成本。在途物资的明细核算，应按供货单位设置明细科目，进行明细分类核算。具体办法是通过设置“在途物资登记簿”进行的。

(2) “原材料”科目。该科目用来反映企业库存材料的实际成本，借方登记验收入库的材料的实际成本，贷方登记发出(或出库)材料的实际成本，如果有余额，则在该科目的借方，表示期末库存材料的实际成本。该科目按材料的类别或品种开设明细账，进行明细分类核算。

2. 原材料收入的总分类核算

原材料收入的原因不同，则账务处理也不一样。本节主要以外购为例来说明，其他原因增加的材料核算在以后相关章节会涉及，本章节就不再重述。企业的材料收入业务，由于采用的结算方式不同及采购地点远近等其他原因，会出现材料实物到达企业的时间和发票等结算凭证到达企业的时间不一致，因此会出现各种不同情况。下面举例说明不同情况下的账务处理。

(1) 材料和结算凭证同时到达企业。在这种情况下，企业按材料入库单等结算凭证借记“原材料”科目，贷方根据款项的结算情况贷记“银行存款”、“应付票据”、“应付账款”等科目，涉及增值税的还要进行相关的涉税处理。

【例 3-8】牡丹公司 20×2 年 5 月 9 日从本地购入原材料一批，货款 12 000 元，增值税 2 040 元，款已用支票付清，材料已验收入库。编制如下会计分录：

借：原材料　　12 000
　　应交税费——应交增值税(进项税额)　　2 040
　　贷：银行存款　　14 040

(2) 结算凭证已到，但材料尚未到达。企业根据结算凭证借记“在途物资”科目和“应交税费——应交增值税(进项税额)”科目，贷记“银行存款”或“应付账款”等科目。

【例 3-9】牡丹公司 20×2 年 5 月 18 日，向甲企业购入原材料一批，货款 10 000 元，增值税 1 700 元，款已支付，材料尚未到达。编制如下会计分录：

借：在途物资——甲企业　　10 000
　　应交税费——应交增值税(进项税额)　　1 700
　　贷：银行存款　　11 700

当这批材料到达验收入库后，由“在途物资”科目转入“原材料”科目。编制如下会计分录：

借：原材料　　10 000
　　贷：在途物资——甲企业　　10 000

(3) 材料已验收入库，但结算凭证未到。这时可不入账，只是到月末编制资产负债表时，为了准确反映企业资产状况，应以材料的估计价格入账；下月初再做红字分录冲销；待结算凭证到达后按正常业务入账。

【例 3-10】牡丹公司 20×2 年 5 月 22 日收到乙企业发来的原材料一批，已到并验收入库，但结算凭证未到，直到 5 月 31 日乙企业的发票等结算凭证仍未到达。经估计这批材料成本约为 25 000 元。

平时不做账，到了月末，按暂估款入账，编制如下会计分录：

借：原材料　　25 000
　　贷：应付账款——暂估应付账款　　25 000

到 6 月 1 日，编制如下会计分录：

借：原材料　　[25 000]
　　贷：应付账款——暂估应付账款　　[25 000]

6 月等材料运达后，账务处理同(1)。

(4) 外购材料发生毁损或短缺。外购材料发生毁损或短缺时，应根据毁损或短缺的不同原因做不同的处理：若属于定额以内损耗，将短缺部分计入该批材料的采购成本；若属于运输部门或个人责任，则记入“其他应收款”科目；若属于供货单位少发，作退货处理时，应由对方开来红字专用发票，计入“其他应收款”科目，或由供货单位补发；尚待查明原因的，先计入“待处理财产损溢”科目，待查明原因后转销。如涉及增值税的，也要根据税法的相关规定进行涉税业务处理。

【例 3-11】牡丹公司收到丙企业发来材料一批，验收入库时发现缺少一部分，价值 1 200 元，货款已支付计 15 000 元，短缺原因未查明。编制如下会计分录：

借：原材料　13 800
　　待处理财产损溢　1 200
　　贷：在途物资——丙企业　15 000

后查明原因，系运输不当造成，应向运输单位索赔，编制如下会计分录：

借：其他应收款——运输单位　1 404
　　贷：待处理财产损溢　1 200
　　　　应交税费——应交增值税(进项税转出)　204

3. *原材料发出的总分类核算*

企业领用材料的业务一般比较频繁，为了简化工作，在实际工作中，材料发出时不必及时入账，而是在月末按材料领用部门和用途归类汇总编制材料发出汇总表，一次性登记入账：车间内产品耗用的材料成本计入“生产成本”科目，一般性耗用的材料成本计入“制造费用”科目，企业厂部等管理部门耗用的材料成本计入“管理费用”科目，对外销售的材料成本计入“其他业务成本”等。(发出材料成本的计量参见本章第二节)

【例 3-12】牡丹公司 20×2 年 8 月材料发出汇总表见表 3-7。

表 3-7　材料发出汇总表

应借会计科目	领用单位及用途	金额/元
生产成本	生产产品用料	800 000
制造费用	车间一般耗用	1 500
管理费用	管理部门耗用	800
合　　计		802 300

编制如下会计分录：

借：生产成本　800 000
　　制造费用　1 500
　　管理费用　800
　　贷：原材料　802 300

4. *原材料收发的明细分类核算*

在材料按照实际成本计价的情况下，材料收发的明细分类核算，主要包括库存材料明细核算和在途物资明细核算。

1) 库存材料的明细分类核算

为了正确及时地反映各种材料的收发结存情况，满足生产的正常需要，保护企业材料物资的安全完整，防止材料积压，加速材料资金周转，企业必须按材料的品种、规格设置材料明细账。库存材料的明细核算包括数量和金额两个方面，材料收发结存的数量核算有仓库管理员负责，而金额则由财会部门负责。对此，实务上有以下两种组织方式。

第一种是账卡分设。即仓库按材料品种、规格设置材料卡片，由仓管员根据收发料凭证序时逐笔登记材料收发结存的数量，但不进行金额核算；财会部门按材料品种、规格设置材料明细账，由财会人员根据收发料凭证序时逐笔登记材料收发结存的数量和金额，并定期与仓库的材料卡片核对数量。这种核算方法对财会部门和仓库的材料明细核算能起到相互牵制、相互监督的作用，但工作量较大，因此在实际工作中应用不广。

第二种是账卡合一。即财会部门和仓库只设立一套既有数量又有金额的材料明细账。这套明细账放在仓库，平时由仓管员根据收发料凭证序时逐笔登记材料收发结存的数量，而会计人员则定期到仓库进行稽核，看内容是否完整，手续是否齐备，数量是否与发料单的合计数相符，经审核无误后，则在收发料凭证上标价，在材料明细账上结出材料收、发、结存的金额，然后将签收的收发料凭证带回财会部门进行有关的账务处理。

2) 在途物资的明细核算

企业为了加强控制，掌握在途物资增、减变动的详细情况，应按供货单位设置明细科目，进行明细分类核算。具体办法是通过设置在途物资登记簿进行的。当企业发生购料业务时，根据有关凭证在此账簿中进行横线登记，就是将购入的某一材料付款和收料情况登记在同一行内。如果是付款与收料日栏都有登记，表明此采购业务已经结束；如果收料日栏内未登记，则表明此项是在途物资。在途物资登记簿格式见表 3-8。

表 3-8　在途物资登记簿

供应单位	材料名称	计量单位	数量	金额/元	付款日		发票代码	收料日	
					月	日		月	日
铝厂	铝锭	千克	200	800	6	4	3014	6	7
钢厂	钢材	千克	1 500	3 000	6	9	3015	6	20
林场	原木	立方米	10	3 000	6	18	3018		

按实际成本计价进行核算，可以直接反映材料的发出和结存的数额，可以直接掌握材料资金的变化情况，为核算产品成本提供直接依据。但对于材料品种多，收发业务也多的企业，因必须按事先选定的计价方法计算发出、结存材料的实际成本，不仅会加大日常核算的工作量，而且对于供应部门的工作业绩不能提供直接的数字资料。对于材料品种不多，收发业务不繁重的企业，可以采用按实际成本计价方法核算企业材料的收发业务。

3.4.2　原材料按计划成本计价的会计处理

原材料按计划成本计价，即原材料的收入、发出均采用计划成本，期末将发出材料和结存材料的计划成本调节为实际成本。

1. 科目的设置

原材料按计划成本计价时，为了反映原材料的实际采购成本，发出和结存材料的计划成本及材料成本差异，应当设置“材料采购”、“原材料”和“材料成本差异”科目进行总分类核算和明细分类核算。

(1) “材料采购”科目。该科目是用来归集核算企业购入原材料实际采购成本的。该科目属于资产类科目，借方反映外购材料的实际成本和转出的实际成本低于计划成本的节约额，贷方反映验收入库材料的计划成本和转出的实际成本高于计划成本的超支额，期末借方余额反映尚未验收入库材料的实际成本。本科目应当按供货单位和材料的品种类别设置明细账。

(2) “原材料”科目。该科目是用来核算库存原材料的计划成本。该科目属于资产类科目，借方反映企业验收入库的各种原材料的计划成本，贷方反映发出的各种材料的计划成本，期末余额反映库存各种原材料的计划成本。该科目可按材料类别、品种和规格设置各种明细科目或卡片。

(3) “材料成本差异”科目。该科目用来核算材料实际成本和计划成本间的差异。该科目借方登记入库材料的超支差异，贷方登记入库材料的节约差异和发出材料应负担的成本差异。该科目从经济内容上来划分属于资产类科目，但从结构和用途上来划分又属于调整科目。当期为借方余额时为附加调整科目，当期为贷方余额时为备抵调整科目。该科目应分别按“原材料”、“周转材料”等类别和品种设置明细科目，一般不能只用一个综合的成本差异率结转各种材料的成本差异。

2. 原材料收入的总分类核算

企业按计划成本法进行原材料收入的核算，和采用实际成本法一样，由于采用的结算方式不同及采购地点远近等原因，会出现材料实物到达企业的时间和发票等结算凭证到达企业的时间不一致，因此会出现各种不同情况的账务处理，下面说明不同情况下的账务处理。

1) 材料和结算凭证同时到达企业

当材料和结算凭证同时到达企业时，一方面反映材料的实际成本，一方面反映材料的计划成本，同时结转材料成本差异。按材料的实际成本和增值税专用发票上的税费借记“材料采购”和“应交税费——应交增值税(进项税额)”科目，根据款项的结算情况贷记不同的科目；验收入库后，根据材料的计划成本借记“原材料”科目，贷记“材料采购”科目；如果“材料采购”科目出现借方差额，说明材料的实际成本大于计划成本，为超支差异，借记“材料成本差异”科目，贷记“材料采购”科目；如果“材料采购”科目出现贷方差额，说明材料的实际成本小于计划成本，作相反的会计分录。

【例3-13】牡丹公司20×2年8月10日支付A公司货款13 000元，增值税2 210元，所购原材料已验收入库，计划成本为12 500元。编制如下会计分录：

借：材料采购　　13 000
　　应交税费——应交增值税(进项税额)　　2 210
　　贷：银行存款　　15 210

借：原材料　　12 500
　　贷：材料采购　　12 500

同时结转入库材料的成本差异，编制如下会计分录：

借：材料成本差异　　500
　　贷：材料采购　　500

需要说明的是，在结转入库材料的成本差异时，可以随着业务一起结转(如上例)，为了简化核算，也可以到月末时汇总结转本月所有入库材料的成本差异。

2) 结算凭证已到，材料尚未到达

企业根据结算凭证借记“材料采购”科目和“应交税费——应交增值税(进项税额)”科目，贷记“银行存款”或“应付账款”等科目。

【例 3-14】8 月 13 日，牡丹公司收到 B 公司开来的发票账单，材料尚未运达，假设牡丹公司已按照发票账单支付材料款 10 000 元，税金 1 700 元，则编制如下会计分录：

借：材料采购	10 000	
应交税费——应交增值税(进项税额)	1 700	
贷：银行存款		11 700

由于上述材料尚未验收入库，因此不能反映计划成本和结转成本差异。

假如上例企业没有付款，则不需要做账务处理。

3) 材料已验收入库，结算凭证未到

平时暂不做账；月末按计划成本暂估入账；下月初做红字分录冲销。

【例 3-15】牡丹公司收到 C 公司发来的原材料，已验收入库，计划成本为 20 000 元，发票等结算凭证未到。

平时可暂不做账，等到月末要编制会计报表时，先按计划成本暂估入账，编制如下会计分录：

借：原材料	20 000	
贷：应付账款——暂估应付账款		20 000

由于没有实际成本，本月也不需要结转成本差异。

下月初做红字分录冲销，编制如下会计分录：

借：原材料	[20 000]	
贷：应付账款——暂估应付账款		[20 000]

等结算凭证到达后，账务处理同 1)。

4) 外购材料发生毁损或短缺

外购材料发生毁损或短缺时，需要根据毁损或短缺的不同原因进行不同的会计处理：若属于定额以内损耗，将短缺部分计入该批材料的采购成本；若属于运输部门或个人责任，则记入“其他应收款”科目；若属于供货单位少发，作退货处理时，应由对方开来红字专用发票，计入“其他应收款”科目，或由供货单位补发；尚待查明原因的，先计入“待处理财产损溢”科目，待查明原因后转销。如涉及增值税的，也要根据税法的相关规定进行涉税业务处理。

【例 3-16】牡丹公司外购一批材料，共 200 千克，单价 100 元，共计 20 000 元，税金 3 400 元，公司同时支付运杂费 2 000 元，材料尚未收到。编制如下会计分录：

借：材料采购	22 000	
应交税费——应交增值税(进项税额)	3 400	
贷：银行存款		25 400

【例 3-17】上述材料验收入库，实收 192 千克，损耗 8 千克，经查，合理损耗 2 千克，运输不当损耗 6 千克。该材料计划单价 105 元。编制如下会计分录：

借：原材料　　20 160
　　材料成本差异　　1 180
　　贷：材料采购　　21 340
借：其他应收款——运输单位　　762
　　贷：材料采购　　660
　　　　应交税费——应交增值税(进项税转出)　　102

除上述材料采购业务外，从其他来源收入材料的业务，应直接将收入材料的计划成本转入“原材料”，而将其成本差异转入“材料成本差异”。不过，入库材料计划成本的入账及材料成本差异的结转，可与外购材料一并于月末进行。

3. *材料发出的总分类核算*

以计划成本计价，材料发出时，由财会部门根据签收的领料单、限额领料单或领料登记表，按用途进行分类汇总，月末编制出汇总表，作为登记总账的依据。但是，由于发料凭证均是按计划成本计价的，这就需要根据材料成本差异率，计算发出材料应分摊的成本差异，将计划成本调整为实际成本。

【例 3-18】牡丹公司按计划成本编制原材料发出汇总表，如表 3-9 所示。

表 3-9　材料发出汇总表

单位：元

应借记会计科目	领料用途	计划成本
生产成本	制造产品	20 000
管理费用	一般耗用	5 000
合计		25 000

根据表 3-9，编制如下会计分录：

借：生产成本　　20 000
　　管理费用　　5 000
　　贷：原材料　　25 000

假如本月材料成本差异率为 3%，则发出材料应负担的成本差异分别为

$$生产成本=20\ 000\times3\%=600(元)$$
$$管理费用=5\ 000\times3\%=150(元)$$

结转发出材料应负担的成本差异，编制如下会计分录：

借：生产成本　　600
　　管理费用　　150
　　贷：材料成本差异　　750

假如本月材料成本差异率为−3%，则发出材料应负担的成本差异分别为

$$生产成本=20\ 000\times(-3\%)=-600(元)$$
$$管理费用=5\ 000\times(-3\%)=-150(元)$$

结转发出材料应负担的成本差异，编制如下相反会计分录：

借：材料成本差异　750
　　贷：生产成本　600
　　　　管理费用　150

在会计实务中，一般不采用上述分录形式，而采用下列分录形式：

借：生产成本　600
　　管理费用　150
　　贷：材料成本差异　750

由此可以看出，发出材料应负担的成本差异，不管是超支还是节约，均在“材料成本差异”科目的贷方反映，不同的是，超支用蓝字，节约用红字。

【例 3-19】牡丹公司存货采用计划成本法核算，20×2 年 1 月，“原材料”某类材料科目的期初余额为 66 000 元，“材料成本差异”科目借方余额为 5 000 元。此类原材料的计划成本为单价 12 元。本月发生如下经济业务。

(1) 11 日进货 2 000 千克，单价 11 元，材料款 22 000 元，增值税 3 740 元，支付运输费 720 元。材料验收入库。

此批材料的计划成本为 24 000 元(2 000×12)，实际支付运费 720 元，材料的实际成本为 22 720 元(22 000＋720)。编制如下会计分录：

借：材料采购　22 720
　　应交税费——应交增值税(进项税额)　3 740
　　贷：银行存款　26 460
借：原材料　24 000
　　贷：材料采购　24 000
借：材料采购　1 280
　　贷：材料成本差异　1 280

(2) 20 日进货 1 500 千克，进货单价 13 元，支付材料款 19 500 元，增值税 3 315 元，运输费 900 元，材料验收入库。编制如下会计分录：

借：材料采购　20 400
　　应交税费——应交增值税(进项税额)　3 315
　　贷：银行存款　23 715
借：原材料　18 000
　　贷：材料采购　18 000
借：材料成本差异　2 400
　　贷：材料采购　2 400

(3) 车间生产产品领用 3 000 千克材料。编制如下会计分录：

借：生产成本　36 000
　　贷：原材料　36 000

(4) 月末，计算材料成本差异率。

$$材料成本差异率=\frac{5\,000-1\,280+2\,400}{66\,000+24\,000+18\,000}\times100\%=5.67\%$$

(5) 本月生产领用材料应分摊的材料成本差异为

$$36\,000\times5.67\%=2\,041.20(元)$$

编制如下会计分录：

借：生产成本　　　　2 041.2

　　贷：材料成本差异　　　　2 041.2

4. 材料收发的明细分类核算

采用计划成本进行材料核算，材料收发凭证的种类、传递程序与按实际成本计价核算相同，但收发料凭证上的金额应将实际成本改为计划成本。此外，由于材料实际成本与计划成本的差异应另外核算，因此材料收发明细核算包括库存材料明细核算，材料采购明细核算和材料成本差异明细核算 3 个方面。

1) 库存材料明细核算

在库存材料明细核算中，由于材料收发结存金额，按收发结存数量乘以固定的计划单价确定，控制了数量，实质上也就控制了金额，因此，采用计划成本计价的情况下，库存材料明细核算通常采用账卡合一的方式，在仓库设置一套材料明细账，其格式如表 3-10 所示。

表 3-10　库存材料明细账

品名：甲材料　　　　存放地点：
单位：千克　　　　最高储量：
计划单价：0.56　　　　最低储量：

年		凭证编号	摘要	收入数量	发出数量	结存		备注
月	日					数量	金额/元	
5	31	略	本月合计	2 400	3 000	500	280	
6	1		购入	2 000		2 500		
	4		领料		2 000	500		
	12		购入	2 500		3 000		
	15		领料		1 200	1 800		
	30		本月合计	4 500	3 200	1 800	1 008	

2) 材料采购明细核算

为了具体反映各类材料采购过程中的实际支出和成本差异的形成情况，需按材料种设置材料采购明细账，格式如表 3-11 所示。

表 3-11 材料采购明细账

明细科目：原材料

付款日期		凭证字号	发票账单号	供货单位	材料摘要	借方			贷方									
						实际成本/元			收料				其他				合计/元
月	日					价款	运杂费等	合计	日	凭证号	计划成本/元	成本差异/元	日	凭证号	摘要	金额/元	
6	5	(略)	105	A 企业	甲材料	8 520	180	8 700	5	(略)	8 300	400					8 700
	10		201	B 企业	乙材料	2 740	60	2 800	18		2 700	100					2 800
	15		302	A 企业	丙材料	5 100	100	5 200	15		5 300	－100					5 200
	20		304	A 企业	甲材料	9 500	500	10 000									
	30				本月合计	25 860	840	26 700			16 300	400					16 700
					月末在途材料			10 000									

材料采购明细账采用横线登记法逐笔登记，同一笔外购材料的付款和收料业务登记于同一行，其中“其他”栏登记毁损和短缺的处理业务，“成本差异”栏根据实际成本减其他金额再减计划成本的差额(负差异用红字登记)。月末，材料采购余额应逐笔逐行转入下月的材料采购明细账。

3) 材料成本差异明细核算

为了反映各类材料成本差异的形成、发生、分配和结余情况，以及进行材料成本差异的计算，应与材料采购明细账一样，按材料大类设置材料成本差异明细账，其格式如表3-12所示。

表3-12　材料成本差异明细账

明细科目：原材料

年		凭证字号	摘要	借方		贷方		差异率
月	日			计划成本	成本差异	计划成本	成本差异	
6	1	(略)	月初余额	50 000	1 020			
	30		收入材料	36 000	700			
	30		发出材料			40 000	800	2%
	30		月末余额	46 000	920			

5. 计划成本法的优点

(1) 可以简化存货的日常核算手续。在计划成本法下，同一种存货只采用一个单位计划成本，因此，存货成本明细账平时可以只登记收入、发出和结存的数量，而不必登记收入、发出和结存的金额。当需要了解某项存货的收、发、存金额时，以该项存货的单位计划成本乘以相应的数量即可求得，避免了烦琐的发出存货计价，简化了存货的日常核算手续。

(2) 有利于考核采购部门的工作业绩。计划成本法的显著特点是可以通过实际成本与计划成本的比较，得出实际成本脱离计划成本的差异，并通过对差异的分析，寻求实际成本脱离计划成本的原因，据以考核采购部门的工作业绩，促使采购部门不断降低采购成本。

鉴于上述优点，计划成本法在我国的制造企业中应用得比较广泛。

3.5 周转材料

周转材料是指企业周转使用的包装物、低值易耗品，以及企业(建造承包商)的钢模板、木模板、脚手架等。

周转材料不多的企业，一般通过“周转材料”科目核算周转材料业务，在“周转材料”科目下设“包装物”、“低值易耗品”等明细科目；如果企业包装物、低值易耗品较多时，可分别直接通过“包装物”、“低值易耗品”等科目核算。本节采用分设“包装物”和“低值易耗品”科目的方法对周转材料进行会计处理。

3.5.1 低值易耗品

1. 低值易耗品的概念及分类

低值易耗品从性质上来看，属于劳动资料，可以多次参加生产过程而不改变原有的实物形态，在报废时有一定的残值。在这些方面与固定资产相似，但其价值低、易损坏，因而列为存货核算。

凡是在使用过程中保持其实物形态，单价在国家规定的标准下，或使用期限不超过一年的各种物品均属于低值易耗品。这里主要是由低值、易耗两种性质决定的。因企业的生产性质不同，单位价值标准也不一致，为了便于管理，一般应根据用途将种类繁多的低值易耗品分类。

(1) 一般用具。指生产各种产品时所用的工具，如刀类、夹具、专用工具等。

(2) 专用工具。指为制造某种所专用的工具，如专用模具、专用工卡量具等。

(3) 替换设备。指用于磨损或为生产不同产品需要替换使用的各种设备，如轧辊、铸钢的钢锭模等。

(4) 管理用具。主要指管理工作中，所使用的各种家具、办公用具等。

(5) 劳保用品。指为了安全生产而发给工人的工作服、工作用具等。

(6) 其他。指不属于以上各种类的低值易耗品。

2. 低值易耗品的会计处理

为了核算企业各种低值易耗品的实际成本或计划成本，可以设置“低值易耗品”科目。该科目的借方登记入库低值易耗品的实际成本或计划成本，贷方登记发出低值易耗品的实际成本或计划成本，期末借方余额为在库未用低值易耗品的实际成本或计划成本。在该科目下，应按低值易耗品的类别、品种进行数量和金额的明细核算。外购低值易耗品时其他科目如“在途物资”、“材料采购”、“材料成本差异”等的设置和使用同原材料一样，此处不再累述。

1) 低值易耗品取得的会计处理

低值易耗品取得的核算可参考原材料收入的核算。

2) 低值易耗品价值的摊销

企业对各类低值易耗品应当根据价值大小及使用次数等因素，选择适合其特点的价值摊销方法。一般有以下 3 种。

(1) 一次摊销法。所谓一次摊销法，就是在领用低值易耗品时一次将其成本计入有关的成本费用中，一般用于价值低、容易破损、使用期限短、一次领用数量不多的场合。如果在报废时仍有残值，可冲减原已计入的成本费用。

【例 3-20】牡丹公司 3 月发出采用一次摊销法的低值易耗品，其计划成本为 2 000 元，成本差异率为 3%。其中用于辅助生产车间的 500 元，用于生产车间一般使用的 1 200 元，用于管理部门使用的 300 元。

借：生产成本——辅助生产成本	500	
制造费用	1 200	
管理费用	300	
贷：低值易耗品		2 000

将上述计划成本调整为实际成本，编制如下会计分录：

借：生产成本——辅助生产成本	15	
制造费用	36	
管理费用	9	
贷：材料成本差异		60

(2) 五五摊销法。五五推销法是指低值易耗品在第一次出库时先按其价值的 50%计入有关成本费用，报废时再将另外 50%的价值计入有关成本费用，即低值易耗品分两次各按成本的 50%进行摊销。采用这种方法，要在“低值易耗品”总科目下设置“在库”、“在用”、“摊销”等 3 个明细科目，其中“摊销”明细科目是“在用”明细科目的备抵科目。

【例 3-21】某生产车间领用模具 20 只，每只 100 元，共计 2 000 元。此模具采用五五摊销法摊销。

第一次出库时，编制如下会计分录：

借：低值易耗品——在用　　2 000
　　贷：低值易耗品——在库　　2 000

借：制造费用　　1 000
　　贷：低值易耗品——摊销　　1 000

经过使用后有 8 只模具报废，残料作价 60 元入库。编制如下会计分录：

借：原材料　　60
　　贷：制造费用　　60

同时将已经报废的 8 只模具未摊销的部分(100×8×50%＝400)进行摊销。编制如下会计分录：

借：制造费用　　400
　　贷：低值易耗品——摊销　　400

此外，还要转销报废的 8 只模具相关的账面余额。由于这 8 只模具已报废，当实物资产不存在时，我们要转销与其有关的账面余额，保证账实一致。编制如下会计分录：

借：低值易耗品——摊销　　800
　　贷：低值易耗品——在用　　800

(3) 分次摊销法。分次摊销法中，低值易耗品的成本不是在领用和报废时各摊销一半，是从领用开始按可供使用的估计次数分几次摊销完毕。一般用于单位价值高、使用时间长、一次领用数量多的场合。使这种方法，领用低值易耗品等周转材料时，按其账面价值，借记“低值易耗品——在用”科目，贷记“低值易耗品——在库”科目；按应负担的本期摊销额，借记“管理费用”、“制造费用”、“其他业务成本”、“销售费用”、“工程施工”等科目，贷记“低值易耗品——摊销”科目；周转材料报废时，应将其账面摊余价值一次摊销，借记“管理费用”、“制造费用”、“其他业务成本”、“销售费用”、“工程施工”等科目，贷记“低值易耗品——摊销”科目；同时，转销周转材料全部已提摊销额，借记“低值易耗品——摊销”科目，贷记“低值易耗品——在用”科目；报废周转材料的残料价值应冲减有关资产成本或当期损益，借记“原材料”、 “银行存款”等科目，贷记“管理费用”、“制造费用”、“其他业务成本”、“销售费用”、“工程施工”等科目。

【例 3-22】某建造承包商本月领用一批钢模板，账面价值 120 000 元，预计可使用 10 次，采用分次摊销法摊销。领用当月，实际使用 3 次；领用第 2 个月，实际使用 5 次；领用第 3 个月，钢模板报废，将残料售出，收取价款 1 000 元存人银行。

(1) 领用钢模板时编制如下会计分录：

借：低值易耗品——在用　　120 000
　　贷：低值易耗品——在库　　120 000

(2) 领用当月，摊销钢模板账面价值。

编制如下会计分录：

本月钢模板摊销额＝120 000÷10×3＝36 000(元)

借：工程施工　　36 000

　　贷：低值易耗品——摊销　　36 000

(3) 领用第 2 个月，摊销钢模板账面价值。

本月钢模板摊销额＝120 000÷10×5＝60 000(元)

编制如下会计分录：

借：工程施工　　60 000

　　贷：低值易耗品——摊销　　60 000

(4) 领用第 3 个月，钢模板报废，将账面摊余价值一次摊销并转销全部已提摊销额。

账面摊余价值＝120 000－36 000－60 000＝24 000(元)

编制如下会计分录：

借：工程施工　　24 000

　　贷：低值易耗品——摊销　　24 000

借：低值易耗品——摊销　　120 000

　　贷：低值易耗品——在用　　120 000

(5) 将报废钢模板残料售出，收取价款存入银行。编制如下会计分录：

借：银行存款　　1 000

　　贷：工程施工　　1 000

需要注意的是，在进行存货价值摊销时，对于账面价值已经摊销完毕，但实物仍在使用的，如价值摊销采用一次摊销法的各种管理用具，由于缺乏账面记录的监督，为了加强对实物资产管理，避免丢失和被盗等情况的发生，企业应设置相应的备查簿，对实物资产进行管理和监督。

3.5.2 包装物

1. 包装物的概念和分类

包装物是指企业为了包装本企业产品而储备的各种包装容器，如桶、箱、罐、瓶、袋、坛等。为了包装而使用的绳、纸、铁丝、铁皮等不属于包装物，作为原材料核算；用于储存本企业产品的各种容器，也不属于包装物，作为低值易耗品核算；另外，专门用于对外销售的各种包装物，也不属于包装物，作为产成品来核算。包装物按使用方式不同，可分为以下几种。

(1) 用于包装产品并作为产品组成部分的包装物。

(2) 随同产品出售而不单独计价的包装物。

(3) 随同产品出售但单独计价的包装物。

(4) 出租或出借给购买单位使用的包装物。

2. 包装物的会计处理

包装物可以采用实际成本核算，也可采用计划成本核算。为了核算库存包装物的实际成本或计划成本，企业可以设置“包装物”科目。此科目属于资产类，借方登记库存包装物的实际或计划成本，在五五摊销法下，借方也登记出租出借包装物的实际或计划成本；贷方登记发出包装物的实际或计划成本，余额应在借方，表示库存未用和出租出借库存已用包装物的实际或计划价值。其他科目如“在途物资”、“材料采购”、“材料成本差异”等的设置和使用同原材料一样，此处不再赘述。

1) 包装物收入的账务处理

包装物收入的账务处理参考原材料收入的账务处理。

2) 包装物发出的账务处理

包装物发出分两种情况：一种是一次性领用的包装物，即随产品一起出售而不再收回，如作为产品组成部分的包装物，这类包装物的发出账务处理同发出原材料相同；另一种是领用后多次周转使用，即随同产品交给购货单位，用完后由企业收回，反复使用，如出租出借包装物。这类包装物发出的核算可根据发出包装物数量多少、金额大小以及发出业务的频繁程度，分别采用一次摊销法、分次摊销法和五五摊销法等，具体账务处理和低值易耗品相同。

(1) 生产领用并作为产品组成部分的包装物，成本应计入产品成本。

【例 3-23】某油漆厂 3 月领用漆桶 10 000 只，作为装漆使用，每只桶 0.5 元，其费用作为成本处理。编制如下会计分录：

借：生产成本	5 000	
贷：包装物		5 000

(2) 随同产品出售但不单独计价的包装物，成本计入销售费用。

【例 3-24】某玩具厂为了使自己的玩具畅销，每只玩具外套一个精制纸箱，5 月领用 10 000 只，每只 1 元，随同产品出售，但不单独收取费用。编制如下会计分录：

借：销售费用	10 000	
贷：包装物		10 000

(3) 随同产品出售但单独计价的包装物，发出包装物视同销售处理，记入“其他业务收入”科目，包装物成本应计入“其他业务成本”。

【例 3-25】某企业为了将产品集中包装，5 月份领用木箱 100 只，每只 20 元，随产品出售给用户，每只收费 30 元。编制如下会计分录：

借：其他业务成本	2 000	
贷：包装物		2 000
借：银行存款	3 510	
贷：其他业务收入		3 000
应交税金——应交增值税(销项税额)		510

(4) 出租或出借包装物。出租包装物属于企业的一项附营业务，收取的包装物租金应作为其他业务收入，相应的包装物的成本应计入其他业务成本；出借包装物通常是为了方便本企业产品的销售，因而其成本应作为一项销售费用，计入销售费用；出租或出借包装物报废时，其残料价值应相应冲减其他业务成本或销售费用；出租或出借包装物收取的押金，性质上属于暂收应付款项，应作为其他应付款入账；对逾期未退还包装物而没收的押金，应视为销售包装物的收入，计入其他业务收入，并计算相应的增值税销项税。出租或出借包装物可以重复周转使用，并且在使用过程中基本不改变原来的实物形态，其价值是随着使用而逐渐消耗的，因此，包装物成本应当采用适当的摊销方法，计入各期成本。成本摊销方法可采用一次摊销法、五五摊销法、分次摊销法等。具体的账务处理同低值易耗品相同。

【例 3-26】某氧气瓶厂将 20 只氧气瓶租给金属构件厂使用，每只成本 300 元。该企业包装物采用“五五摊销法”核算。

包装物第一次出库时，摊销总价值的 50%，编制如下会计分录：

借：包装物——在用　　6 000
　　贷：包装物——在库　　6 000

借：其他业务成本　　3 000
　　贷：包装物——摊销　　3 000

收到对方按氧气瓶成本交来的押金 6 000 元，编制如下会计分录：

借：银行存款　　6 000
　　贷：其他应付款——存入保证金　　6 000

收到对方交来的 3 个月的租金(每只每月 20 元)1 200 元，编制如下会计分录：

借：银行存款　　1 200
　　贷：其他业务收入　　1 200

金属构件厂用完后如期交回氧气瓶，但其中有 2 只损坏报废，残料作价 100 元，各自入库，编制如下会计分录：

借：包装物——在库　　5 400
　　贷：包装物——在用　　5 400

借：原材料　　100
　　贷：其他业务成本　　100

摊销报废的 2 只氧气瓶的剩余价值 300 元(300×2×50%)，编制如下会计分录：

借：其他业务成本　　300
　　贷：包装物——摊销　　300

转销与这 2 只废瓶有关的账户余额，编制如下会计分录：

借：包装物——摊销　　600
　　贷：包装物——在用　　600

归还押金，编制如下会计分录：

借：其他应付款——存入保证金　　6 000
　　贷：银行存款　　6 000

如果对方逾期未归还包装物，则收取的押金转作企业的其他业务收入，编制如下会计分录：

借：其他应付款——存入保证金　　6 000
　　贷：其他业务收入　　5 128
　　　　应交税金——应交增值税(销项税额)　　872

3.6 委托加工物资

1. 委托加工物的内容

委托加工物资是指企业委托其他单位加工成新的材料或包装物、低值易耗品的物资。委托加工物资的实际成本包括以下几个。

(1) 加工耗用物资的实际成本。

(2) 支付的加工费及往返运输费。

(3) 支付的税金，包括委托加工物资应负担的增值税和消费税。

凡加工物资用于应交增值税项目并取得了增值税专用发票的一般纳税企业，其加工物资所负担的增值税可作为进项税，不计入加工物资成本；加工物资用于非应交增值税项目或免交增值税项目，以及未取得增值税专用发票的一般纳税企业，应将此税金计入加工物资成本。小规模纳税企业应负担的增值税，应直接计入加工物资成本。

如果加工物资属于应税消费品，则企业还要支付消费税。凡加工物资收回后用于连续生产应税消费品的，应将负担的消费税先计入“应交税费——应交消费税”科目的借方，用以抵扣消费品完工后所负担的消费税；如果加工物资收回后用于其他方面，则将负担的消费税计入加工物资的成本。

2. 委托加工物资的会计处理

为了反映和监督委托加工物资的增减变动以及结存情况，企业应设置“委托加工物资”科目，借方登记委托加工物资的实际成本，贷方登记加工完毕入库物资的实际成本，余额在借方，表示尚未完工的委托加工物资的实际成本。

发出物资时，根据发出物资的成本借记“委托加工物资”科目，贷记“原材料”、“库存商品”等科目，如果原材料采用计划成本核算，还应结转材料成本差异，贷记“材料成本差异”科目。企业支付的加工费、往返运杂费等计入委托加工物资的成本，借记“委托加工物资”科目，贷记“银行存款”等科目。企业支付的增值税，如果计入加工物资的成本，则借记“委托加工物资”科目，贷记“银行存款”科目；如果不计入加工物资的成本，则借记“应交税费——应交增值税(进项税额)”科目，贷记“银行存款”科目。需要交纳消费税的委托加工物资，由受托方代收代交消费税。企业支付的消费税，如果计入加工物资的成本，则借记“委托加工物资”科目，贷记“银行存款”科目；如果不计入加工物资的成本，则借记“应交税费——应交消费税”科目，贷记“银行存款”科目。加工完毕收回加工物资时，按加工收回物资和剩余物资的实际成本，借记“原材料”、“库存商品”等科目，贷记“委托加工物资”科目。采用计划成本核算，还要按照实际成本和计划成本之间的差额，借记或贷记“材料成本差异”科目。

【例 3-27】牡丹公司委托外单位加工一批包装物，发出材料的计划成本为 5 000，材料成本差异率为 2%，支付加工费 2 000 元，增值税 340 元，往返运杂费 500 元，物资加工完毕验收入库，包装物的计划成本为 8 000 元。

(1) 发出材料时，编制如下会计分录：

	借方	贷方
借：委托加工物资	5 100	
贷：原材料		5 000
材料成本差异		100

(2) 支付加工费及往返运费，编制如下会计分录：

	借方	贷方
借：委托加工物资	2 500	
应交税费——应交增值税(进项税额)	340	
贷：银行存款		2 840

(3) 加工完毕，验收入库，编制如下会计分录：

借：包装物　8 000

　贷：委托加工物资　7 600

　　材料成本差异　400

3.7 产成品

1. 产成品的内容

产成品是指企业已完成全部生产过程并已验收入库、符合标准规格和技术条件，可以按照合同规定的条件送交订货单位，或可以作为商品对外销售的产品。包括企业自行加工制造的商品产品、接受外来原材料加工制造的代制品和为外单位修理的代修品等。对已完成销售手续而购货单位尚未提走的产品，不作为库存商品，而应作为代管产品设立备查簿登记。库存商品可以采用实际成本核算，也可以采用计划成本核算，其核算方法与原材料相似。

2. 产成品的会计处理

为了反映和监督产成品的增减变化及其结存情况，应设置“库存商品”科目，借方登记验收入库的产成品的成本，贷方登记发出产成品的成本，余额在借方，表示库存的产成品的成本。

1) 产成品验收入库的会计处理

对于产成品采用实际成本核算的企业，当产成品生产完工并验收入库时，应按实际成本借记“库存商品”，贷记“生产成本”；对于产成品采用计划成本核算的企业，当产成品生产完成并验收入库时，应按计划成本借记“库存商品”，按实际成本贷记“生产成本”，按两者差额借记或贷记“材料成本差异”。

【例 3-28】牡丹公司本月验收入库 A 产品 300 件，实际单位成本 500 元，计 150 000 元；B 产品 500 件，实际单位成本 200 元，计 100 000 元。编制如下会计分录：

借：库存商品——A 产品　150 000

　　　　　——B 产品　100 000

　贷：生产成本——A 产品　150 000

　　　　　　——B 产品　100 000

2) 产成品发出的会计处理

产成品的发出主要指对外销售，其次还可用于在建工程、用于对外投资等。企业应根据发出产成品的用途，计入相关的科目。如果用于对外销售，则借记“主营业务成本”科目，如果用于对外投资，则借记“长期股权投资”科目，如果用于在建工程，则借记“在建工程”科目，贷记“库存商品”科目。

【例 3-29】企业本月发出产成品 200 件，其中对外销售 150 件，工程领用 50 件，单位成本 200 元。编制如下会计分录：

借：主营业务成本　30 000

　　在建工程　10 000

　贷：库存商品　40 000

3.8 存货清查

1. 存货清查的意义

存货清查是指通过对存货的实地盘点，确定存货的实有数量，并与账面资料核对，从而确定存货实存数与账面数是否相符的一种专门方法。

企业存货品种规格复杂，收发频繁，在收发、计量和核算过程中容易发生差错，而且有些存货还会出现自然损耗、被偷盗等现象，所有这些都会造成账实不符。此外，如果仓库保管和经营管理不善，还会发生材料、商品变质、毁损和超储积压等情况。因此，有必要定期或不定期地进行存货清查。通过存货清查，对于如实反映企业存货的实有数额，保护存货的安全完整，充分挖掘企业内部潜力，改进企业存货管理，都有重要的意义。

2. 存货清查的方法

确定存货期末实物数量的基本方法有两种，即实地盘存制和永续盘存制。

1) 实地盘存制

实地盘存制又称定期盘存制或实物盘存制。是指会计期末对全部存货进行实地盘点，确定出期末存货的结存数额，然后倒挤出各种存货本期减少的数量，确定本期耗用和销售数额的方法。采用这种方法，平时只根据原始凭证登记存货收入的数量和金额，而发出的各种存货的数量和金额，平时不做记录，通过实物盘点确定了期末结存数额后，再根据

本期发出存货＝期初结存存货＋本期收入存货－期末结存存货

倒挤出本期发出存货的数量。这种方法虽然简化了平时发出存货的登记手续，但是核算手续不够严密，不能通过账簿记录随时反映和监督存货的发出情况，不利于存货的管理与控制。因为在这种方法下，凡是盘点时不存在的物品都作为本期发出存货看待，这就将一切由于收发错误、物资毁损、被盗、丢失等原因造成的存货短缺隐藏在本期发出存货的价值之中，在制造企业中无形中会加大制造成本，隐藏了管理上的漏洞。工业企业一般不使用这种方法，仅用在商品流通企业中自然流动大、数量不稳定的鲜活商品上。

2) 永续盘存制

永续盘存制也称账面盘存制，指对存货项目设置经常性的库存记录，分别按品名规格设置存货明细账，逐日逐项地登记收入、发出的存货，并随时列出结存数。通过会计账簿，就可以完整地反映各种存货的收入、发出和结存情况。在没有被盗、丢失的情况下，账簿结存应当与库存数量相等。但是为了加强管理，在这种盘存制下也应当进行存货的盘点清查。对存货每年至少应全面清查一次，企业认为有必要时，可以增加盘点次数，或者进行单项清查盘点。永续盘存制有利于加强对存货的管理，解决在各种存货的明细账上反映出的每种存货收入、发出和结存情况的问题；结合定期或不定期的盘点结存数，与账存数相核对，可以查明溢、缺的原因；通过账簿也可随时发现存货是否适量，使企业能够科学合理地组织货源，确定采购批量，减少仓储费用，加速资金周转。永续盘存制除了上述优点外，还具有存货明细记录工作量大的缺点，因此各企业可以根据存货的性质分类采用永续盘存制和实地盘存制，不过对某种存货采用何种盘存制，应当保持前后期相一致。

存货清查一般是采用实地盘点的方法。在盘点以前，应根据各种存货的收发凭证，将

存货的全部收发业务登记入账，并将账面实存数量填入存货盘存表。在盘点时应根据存货的不同性质，分别采用点数、过磅、丈量、技术推算等方法计算出实际结存数，将存货盘点的实存数量也填入存货盘存表，以便和账上的结存数量进行核对。存货盘存表既是存货清查结果的报告表，也是对存货清查结果进行核算的根本依据。其格式如表 3-13 所示。

表 3-13　存货盘存表

存货类别	名称与规格	计量单位	结存数量		单价	盘盈		盘亏		原因
			账存	实存		数量	金额	数量	金额	

3. 存货清查结果的会计处理

存货清查结果一般有 3 种情况：一是账实相符；二是账面数大于实际数，即盘亏；三是账面数小于实际数，即盘盈。对于第一种情况，在会计上不需要作任何处理，对于后两种情况，则应通过“待处理财产损溢——待处理流动资产损溢”科目，按批准前和批准后分不同情况进行账务处理。

1) 存货盘盈的会计处理

报经批准前，按盘盈存货的种类、金额，借记“原材料”、“包装物”等科目，贷记“待处理财产损溢——待处理流动资产损溢”科目；报经批准后，冲减企业管理费用，借记“待处理财产损溢——待处理流动资产损溢”科目，贷记“管理费用”科目。

【例 3-30】企业期末对材料进行盘点后，发现盘盈材料 3 000 元。根据盘存表，编制如下会计分录：

借：原材料　　3 000

　　贷：待处理财产损益——待处理流动资产损溢　　3 000

假定盘盈是因为计量引起的，则编制如下会计分录：

借：待处理财产损益——待处理流动资产损溢　　3 000

　　贷：管理费用　　3 000

2) 存货盘亏的会计处理

报经批准前，根据盘亏存货的种类、金额，借记“待处理财产损溢——待处理流动资产损溢”，贷记“原材料”、“库存商品”、“包装物”等科目；报经批准后，根据盘亏的不同原因分别作不同的账务处理。

(1) 属于定额内的合理损耗，计入管理费用。

(2) 属于过失人或责任单位引起的盘亏，扣除过失人或责任单位赔款后的净额，计入管理费用。

(3) 属于自然灾害引起的盘亏，扣除残料和保险公司赔款后的净额，计入营业外支出。

(4) 确实无法查明原因的盘亏，计入管理费用。

【例 3-31】企业因暴风雨毁损材料一批，价值 30 000 元，残料作价 5 000 元入库，由保险公司赔偿 20 000 元。根据盘存表编制以下会计分录：

借：待处理财产损溢——待处理流动资产损溢　　30 000

　　贷：原材料　　30 000

经报有关部门批准后，编制以下会计分录：

借：原材料　5 000
　　其他应收款——保险公司　20 000
　　营业外支出　5 000
　　贷：待处理财产损溢——待处理流动资产损溢　30 000

如果盘盈或盘亏的存货在期末结账前尚未经批准，在对外提供财务报告时，应先按上述方法进行账务处理，并在会计报表附注中做出说明。如果其后批准处理的金额与已处理的金额不一致，则应当调整当期会计报表相关项目的年初数。

3.9　存货的期末计量

存货的期末计量就是资产负债表日如何在资产负债表中反映存货的价值。我国《企业会计准则第 1 号——存货》第十五条规定：“资产负债表日，存货应当按照成本与可变现净值孰低计量。存货成本高于其可变现净值的，应当计提存货跌价准备，计入当期损益。”

3.9.1　成本与可变现净值孰低法的含义

为了在资产负债表中更合理地反映期末存货的价值，企业应当选择适当的计价方法对期末存货进行再计量。资产的期末计价方法无非是成本法、市价法和成本与市价孰低法。

所谓成本，是指期末存货的实际成本，即采用先进先出法、加权平均法、计划成本法、估价法等存货计价方法，对发出存货(或期末存货)进行计价所确定期末存货账面余额。

所谓市价，是指期末存货的现行市价。存货的市价可以有不同的解释。例如，美国财务会计准则将市价解释为重置成本，即在当前市场条件下，重新购买或制造相同存货所需耗费的成本；而我国企业会计准则将市价解释为可变现净值，即在日常活动中，以存货的估计售价减去至完工估计将要发生的成本、估计的销售费用及相关税金后的金额。因此，成本与市价孰低法在我国也可以具体称为成本与可变现净值孰低法。需要注意的是，企业预计的销售存货现金流量，并不完全等于存货的可变现净值。存货在销售过程中可能发生的销售费用和相关税费，以及为达到预定可销售状态还可能发生的加工成本等相关支出，构成现金流入的抵减项目。企业预计的销售存货现金流量，扣除这些抵减项目后，才能确定存货的可变现净值。

成本与可变现净值孰低法是指按照存货的成本与可变现净值两者之中的较低者对期末存货进行计价的一种方法。采用该方法计价，当期末存货的成本低于可变现净值时，存货仍按成本计量；当期末存货的成本高于可变现净值时，存货则按可变现净值计量。采用成本与可变现净值孰低法对期末存货进行计价时，当某项存货的可变现净值跌至成本以下时，表明该项存货为企业带来的未来经济利益将低于账面余额，企业应按可变现净值低于成本的金额确认存货跌价损失，并将其从存货价值中扣除，否则，就会虚增当期利润和存货价值；而当可变现净值高于成本时，根据谨慎性原则企业则不能按可变现净值高于成本的金额确认这种尚未实现的存货增值收益，否则，也会虚计当期利润和存货价值。因此，成本与可变现净值孰低法体现了谨慎性会计原则的要求。

3.9.2 可变现净值的确定

根据存货的账面记录，很容易获得存货成本资料，因此，采用成本与可变现净值孰低法对存货进行期末计量的关键是确定期末存货的可变现净值。企业确定存货的可变现净值，应当以取得的确凿证据为基础，并且考虑持有存货的目的、资产负债表日后事项的影响等因素。

1. 确定存货的可变现净值应考虑企业持有存货的目的

企业在确定存货的可变现净值时，应考虑企业持有存货的目的，持有存货的目的不同，可变现净值的确定方法也不尽相同。

(1) 产成品、商品和用于出售的材料等直接用于出售的商品存货，其可变现净值为在正常生产经营过程中，该存货的估计售价减去估计的销售费用和相关税费后的金额。

(2) 需要经过加工的材料存货，其可变现净值为在正常生产经营过程中，以该材料所生产的产成品的估计售价减去至完工时估计将要发生的成本、销售费用和相关税费后的金额。

2. 估计售价的确定

在确定存货的时，应合理确定估计售价、至完工将要发生的成本、估计的销售费用和相关税费。其中，存货估计售价的确定对于计算存货可变现净值至关重要，下面分别举例说明。

(1) 为执行销售合同或者劳务合同而持有的存货，通常应当以产成品或商品的合同价格作为确定其可变现净值的基础。即如果企业与购买方就持有的商品或生产的产成品存货签订了销货合同，并且销货合同约定的数量大于或等于企业持有的商品或生产的产成品的数量，则在这种情况下，在确定该项存货的可变现净值时，应以销货合同所规定的价格作为可变现净值的计算基础。

【例 3-32】20×2 年 3 月 3 日，牡丹公司与甲公司签订了一份销货合同，双方约定，20×2 年 7 月，牡丹公司应按每台 500 000 元的价格向甲公司提供数控机床 10 台。20×2 年 6 月 30 日，牡丹公司该批数控机床的账面价值(成本)为 2 400 000 元，数量为 8 台，单位成本为 300 000 元。20×2 年 6 月 30 日，该批数控机床的市场售价为 510 000 元。计算确定牡丹公司该批机床可变现净值的基础。

本例中，由于牡丹公司与甲公司签订的销货合同规定，该批数控机床的销售价格已有销货合同约定，并且其库存数量小于销货合同约定的数量，因此，在这种情况下，计算数控机床的可变现净值应以销货合同约定的价格 4 000 000 元(500 000×8)作为基础。

企业持有存货的数量多于销售定购数量，超出部分的存货可变现净值应以正常销售价格为计价基础。即在这种情况下，销货合同约定数量的存货，应以销货合同所规定的价格作为可变现净值的计算基础；超出部分的存货的可变现净值应以正常销售价格作为计算基础。

【例 3-33】20×2 年 9 月 3 日，牡丹公司与乙公司签订了一份销货合同，双方约定，20×2 年 12 月，牡丹公司应按每台 500 000 元的价格向乙公司提供数控机床 10 台。20×2 年 12 月 31 日，牡丹公司共有该型号数控机床 12 台，该型号数控机床的市场销售价格为 510 000 元。

本例中，由于牡丹公司与乙公司签订的销货合同规定，该批数控机床的销售价格已有销货合同约定，但是其库存数量大于销货合同约定的数量，因此，在这种情况下，对于销货合同约定的数量(10 台)的数控机床的可变现净值应以销货合同约定的价格 5 000 000 元(500 000×10)作为计算基础，而对于超出部分(2 台)的数控机床的可变现净值应以正常销售价格 1 020 000 元(510 000×2)作为基础。

(2) 产成品、商品等(不包括用于出售的材料)直接用于出售的商品存货，没有销售合同约定的，其可变现净值应当为在正常生产经营过程中，产成品或商品的一般销售价格(即市场销售价格)减去估计的销售费用和相关税费等后的金额。

【例 3-34】20×2 年 12 月 31 日，牡丹公司 A 型号机器的单位成本为 180 000 元，数量为 12 台，账面成本为 2 160 000 元。20×2 年 12 月 31 日，A 型号机器的市场销售价格为 160 000 元/台。牡丹公司没有签订有关 A 型号机器的销售合同。

本例中，由于公司没有就 A 型号机器签订销售合同，因此，在这种情况下，计算确定 A 型号机器的可变现净值应以其一般销售价格总额 1 920 000 元(160 000×12)作为基础。

(3) 用于出售的材料等，应当以市场价格减去估计的销售费用和相关税费后的金额作为可变现净值。这里的市场价格是指材料等的市场销售价格。如果用于出售的原材料或半成品存在销售合同约定，应以合同价格作为其可变现净值的计量基础。

【例 3-35】20×2 年，牡丹公司市场需求的变化，决定停止生产 B 型号机器。为减少不必要的损失，牡丹公司决定将原材料中专门用于生产 B 型号机器的外购原材料——A 材料全部出售，20×2 年 12 月 31 日其账面价值(成本)为 900 000 元，数量为 10 吨。根据市场调查，此种钢材的市场销售价格为 60 000 元/吨，同时销售这 10 吨钢材可能发生销售费用及税金 5 000 元。

本例中，由于企业已决定不再生产 B 型号机器，因此，该批钢材的可变现净值不能再以 B 型号机器的销售价格作为其计量基础，而应按钢材的市场销售价格作为计量基础。因此该批钢材的可变现净值应为 595 000 元(60 000×10－5 000)。

(4) 需要经过加工的材料存货，如在产品、委托加工材料等，由于持有该材料的目的是用于生产产成品，而不是出售，该材料存货的价值将体现在用其生产的产成品上。因此，在确定需要经过加工的材料存货的可变现净值时，要用以其生产的产成品的可变现净值与该产成品的成本进行比较，区分以下两种情况确定其期末价值。

① 如果用该材料生产的产成品的可变现净值预计高于生产成本，则该材料应当按照成本计量。

【例 3-36】20×2 年 12 月 31 日，牡丹公司库存原材料——C 材料的账面价值(成本)为 1 500 000 元，市场购买价格总额为 1 400 000 元，假设不发生其他购买费用；用 C 材料生产的产成品——D 型机器的可变现净值高于成本。确定 20×2 年 12 月 31 日 C 材料的价值。

本例中，20×2 年 12 月 31 日，虽然 C 材料的账面价值(成本)高于其市场价格，但是由于用其生产的产成品——D 型机器的可变现净值高于其成本核算，即用该原材料生产的最终产品此时并没有发生价值减损。因而，在这种情况下，C 材料即使其账面价值(成本)已高于市场价格，也不应计提存货跌价准备，仍应按其原账面价值(成本) 1 500 000 元列示在牡丹公司 20×2 年 12 月 31 日资产负债表的存货项目之中。

② 如果材料价格的下降表明以其生产的产成品的可变现净值低于成本，则该材料应当按可变现净值计量。其可变现净值为在正常生产经营过程中，以该材料所生产的产成品的估计售价减去至完工时估计将要发生的成本、估计的销售费用及相关税费后的金额确定。

【例 3-37】20×2 年 12 月 31 日，牡丹公司库存原材料——C 材料的账面价值(成本)为 600 000 元，市场购买价格总额为 550 000 元，假设不发生其他购买费用。由于 C 材料的市场销售价格下降，用 C 材料生产的 D 型机器的市场销售价格总额由 1 500 000 元下降为 1 350 000 元，估计销售费用及税金为 50 000 元。确定 20×2 年 12 月 31 日 C 材料的价值。

根据上述资料，可按以下步骤进行确定。

第一步，计算用该原材料所生产的产成品的可变现净值。

D 型机器的可变现净值＝D 型机器估计售价－估计销售费用及税金

＝1 350 000－50 000＝1 300 000(元)

第二步，将用该原材料所生产的产成品的可变现净值与其成本进行比较。

D 型机器的可变现净值 1 300 000 元小于其成本 1 400 000 元，即 C 材料价格的下降和 D 型机器销售价格的下降表明 D 型机器的可变现净值低于其成本，因此，C 材料应当按可变现净值计量。

第三步，计算该原材料的可变现净值，并确定其期末价值。

C 材料的可变现净值＝D 型机器的估计售价－将 C 材料加工成 D 型机器尚需投入的成本－估计销售费用及税金＝1 350 000－800 000－50 000＝500 000(元)

C 材料的可变现净值 500 000 元小于其成本 600 000 元，因此，C 材料价值应为其可变现净值 500 000 元，即 C 材料应按 500 000 元列示在 20×2 年 12 月 31 日资产负债表的存货项目之中。

3.9.3 成本与可变现净值孰低法的应用

采用成本与可变现净值孰低法对存货进行期末计量时，期末结存存货的价值通常可以采用以下 3 种方法确定。

(1) 单项比较法，也称逐项比较法或个别比较法，是指将存货中每一项存货的成本和可变现净值进行比较，每项存货均取其较低者来确定期末结存存货的价值。

(2) 分类比较法，是指将存货中每一类存货的成本与可变现净值进行比较，每类存货取其较低者来确定期末结存存货的价值。

(3) 总额比较法，也称综合比较法，是指将全部存货的总成本与可变现净值总额进行比较，以较低者作为期末结存存货的价值。

【例 3-38】牡丹公司有 A、B 两类存货，各种存货的成本与可变现净值已经确定，现分别按 3 种方法确定期末结存存货的价值，如表 3-14 所示。

表 3-14 期末存货成本与可变现净值比较表

单位：元

存货项目	成本	可变现净值	存货计价的选择		
			单项比较	分类比较	总额比较
A 类存货					
甲	2 400	2 000	2 000		
乙	1 200	1 800	1 200		
合计	3 600	3 800		3 600	

续表

存货项目	成本	可变现净值	存货计价的选择		
			单项比较	分类比较	总额比较
B 类存货					
丙	5 600	6 800	5 600		
丁	9 800	8 000	8 000		
合计	15 400	14 800		14 800	
总计	19 000	18 600	16 800	18 400	18 600

由表 3-14 可见，单项比较法确定的期末存货价值最低，分类比较法次之，总额比较法最高。单项比较法最符合谨慎性原则，但工作量最大；总额比较法最简单易行，但结果过于粗糙；分类比较法介于二者之间，具有较强的可操作性。

在一般情况下，存货跌价准备应当按照单个存货项目计提，即应当将每一存货项目的成本与可变现净值逐一进行比较，取其低者计量存货，并按可变现净值低于成本的差额计提存货跌价准备。但在某些情况下，如与具有类似目的或最终用途并在同一地区生产和销售的产品系列相关，且难以将其与该产品系列的其他项目区别开来进行估价的存货，可以合并计提存货跌价准备。此外，对于数量繁多、单价较低的存货，也可以按存货类别计提存货跌价准备。

3.9.4 成本与可变现净值孰低法的会计处理

企业应当定期对存货进行全面检查，如果由于存货毁损、全部或部分陈旧过时或销售价格低于成本等原因，使存货可变现净值低于其成本，应按可变现净值低于成本的部分，计提存货跌价准备。企业在对存货进行定期检查时，如果存在下列情况之一，应当考虑计提存货跌价准备。

(1) 市价持续下跌，并且在可预见的未来无回升的希望。

(2) 企业使用该项原材料生产的产品的成本大于产品的销售价格。

(3) 企业因产品更新换代，原有库存原材料已不适应新产品的需要，而该原材料的市场价格又低于其账面成本。

(4) 因企业所提供的商品或劳务过时或消费者偏好改变而使市场的需求发生变化而导致市场价格逐渐下跌。

(5) 其他足以证明该项存货实质上已经发生减值的情形。

在具体进行存货跌价准备的账务处理时，首先计算本期存货可变现净值低于成本的金额，即本期的存货减值，然后将本期存货的减值金额与“存货跌价准备”科目的余额进行比较：如果本期存货减值的金额与“存货跌价准备”科目的贷方余额相等，不需要计提存货跌价准备；如果本期存货减值的金额大于“存货跌价准备”科目的贷方余额，应按二者之差补提存货跌价准备，借记“资产减值损失——计提的存货跌价准备”科目，贷记“存货跌价准备”科目；如果本期存货减值的金额小于“存货跌价准备”科目的贷方余额，表明以前引起存货减值的影响因素已经消失，存货的价值又得以恢复，应按二者之差冲减已计提的存货跌价准备，借记“存货跌价准备”科目，贷记“资产减值损失——计提的存货跌价准备”科目。如果本期存货可变现净值高于成本，应将已计提的存货跌价准备全部转回，借记“存货跌价准备”科目，贷记“资产减值损失——计提的存货跌价准备”科目，将“存货跌价准备”科目的余额冲减为零。

【例 3-39】牡丹公司在半年末和年末对存货按成本与可变现净值孰低计量，有关会计业务如下。

(1) 20×2 年 6 月 30 日，E 商品的账面成本为 80 000 元，可变现净值为 70 000 元。

借：资产减值损失——计提的存货跌价准备　　10 000

　　贷：存货跌价准备　　10 000

20×2 年 6 月 30 日资产负债表中，E 商品列示金额为可变现净值 70 000 元。

(2) 20×2 年 12 月 31 日，E 商品尚未售出，可变现净值已跌至 58 000 元。

E 商品的减值金额＝80 000－58 000＝22 000(元)

“存货跌价准备”科目的账面余额为 10 000 元。

应计提的跌价准备＝22 000－10 000＝12 000 (元)

借：资产减值损失——计提的存货跌价准备　　12 000

　　贷：存货跌价准备　　12 000

20×2 年 12 月 31 日资产负债表中，E 商品列示金额为可变现净值 58 000 元。

(3) 20×3 年 6 月 30 日，E 商品仍未售出，可变现净值回升至 72 000 元。

E 商品的减值金额＝80 000－72 000＝8 000(元)

“存货跌价准备”科目的账面余额为 22 000 元。

应计提的跌价准备＝8 000－22 000＝－14 000(元)

借：存货跌价准备　　14 000

　　贷：资产减值损失——计提的存货跌价准备　　14 000

20×3 年 6 月 30 日资产负债表中，E 商品列示金额为可变现净值 72 000 元。

(4) 20×3 年 8 月 20 日，将 E 商品按 100 000 元(不包括增值税)售出。编制如下会计分录：

借：银行存款　　117 000

　　贷：主营业务收入　　100 000

　　　　应交税费——应交增值税(销项税额)　　17 000

同时，结转销售成本。编制如下会计分录：

借：主营业务成本　　72 000

　　存货跌价准备　　8 000

　　贷：库存商品　　80 000

3.9.5 存货的转销

当存货存在以下一项或若干项情况时，应当将存货的账面价值全部转入当期损益。

(1) 已霉烂变质的存货。

(2) 已过期且无转让价值的存货。

(3) 生产中已不再需要，并且已无使用价值和转让价值的存货。

(4) 其他足以证明已无使用价值和转让价值的存货。

【例 3-40】牡丹公司的库存某商品已过保质期，不可再使用或销售。该商品账面成本 30 000 元，已计提存货跌价准备 12 000 元。编制如下会计分录：

借：管理费用——计提的存货跌价准备　　18 000
　　存货跌价准备　　12 000
　　贷：库存商品　　30 000

本章小结

本章详细介绍了存货的概念；存货的确认条件；存货的分类；存货入账价值的确定；存货发出的计价方法：先进先出法、加权平均法、移动加权平均法、个别计价法、计划成本法、毛利率法和零售价法；期末存货数量的盘存方法：实地盘存法和永续盘存法；期末存货按成本与可变现净值孰低法计价及其账务处理；原材料按实际成本计价收发的总分类核算和明细分类核算；原材料按计划成本计价收发的总分类核算和明细分类核算；低值易耗品和包装物的核算；委托加工物资的核算；产成品的核算；存货清查的意义、方法和存货盘盈、盘亏的账务处理。

习　　题

一、名词解释

1．存货
2．材料成本差异
3．可变现净值
4．存货跌价准备

二、单项选择题

1．下列各种物资中　不应作为企业存货核算的是(　　)。
　　A．包装物　　B．低值易耗品　　C．在产品　　D．工程物资

2．某企业为增值税小规模纳税人，原材料采用计划成本法核算，A 材料计划成本每吨 20 元。本期购进 A 材料 6 000 吨，收到的增值税专用发票上注明的价款 102 000 元，税 17 340 元，另发生运杂费用 1 400 元，途中保险费用 359 元。原材料运抵企业后验收入库原材料 5 995 吨，运输途中合理损耗 5 吨。购进 A 材料发生的材料成本差异超支额是(　　)元。
　　A．1 099　　B．1 199　　C．16 141　　D．16 241

3．某工业企业为增值税一般纳税人，20×2 年 10 月 9 日购入材料一批，取得的增值税专用发票上注明的价款为 21 200 元，增值税额为 3 604 元。该企业适用的增值税税率为 17%，材料入库前的挑选整理费为 200 元，材料已验收入库。则该企业取得材料的入账价值应为(　　)元。
　　A．20 200　　B．21 400　　C．23 804　　D．25 004

4．某企业月初结存材料的计划成本为 250 万元，材料成本差异为超支差 45 万元；当月入库材料的计划成本为 550 万元，材料成本差异为节约差 85 万元；当月生产车间领用材料的计划成本为 600 万元。当月生产车间领用材料的实际成本为(　　)万元。
　　A．502.5　　B．570　　C．630　　D．697.5

5．企业对随同商品出售而不单独计价的包装物进行会计处理时，该包装物的实际成本应结转到(　　)科目。

A．制造费用　　B．销售费用
C．管理费用　　D．其他业务成本

6．企业销售产品领用不单独计价包装物一批，其计划成本为 8 000 元，材料成本差异率为 1%，此项业务企业应计入销售费用的金额为(　　)元。

A．8 000　　B．7 920　　C．8 080　　D．0

7．一般纳税企业委托其他单位加工材料收回后直接对外销售的，其发生的下列支出中，不应计入委托加工物资成本的有(　　)。

A．加工费　　B．增值税
C．发出材料的实际成本　　D．受托方代收代交的消费税

8．某企业存货的日常核算采用毛利率法计算发出存货成本。该企业 20×2 年 1 月实际毛利率为 30%，本年度 2 月 1 日的存货成本为 1 200 万元，2 月购入存货成本为 2 800 万元，销售收入为 3 000 万元，销售退回为 300 万元。该企业 2 月月末存货成本为(　　)万元。

A．1 300　　B．1 900　　C．2 110　　D．2 200

9．存货采用先进先出法计价，在存货物价上涨的情况下，将会使企业的(　　)。

A．期末存货升高，当期利润减少　　B．期末存货升高，当期利润增加
C．期末存货降低，当期利润增加　　D．期末存货降低，当期利润减少

10．某企业月初库存材料 60 件，每件为 1 000 元，月中又购进两批，一次 200 件，每件 950 元，另一次 100 件，每件 1 046 元，则月末该材料的加权平均单价为(　　)元。

A．980　　B．985　　C．990　　D．1 182

三、多项选择题

1．下列各项，不会引起企业期末存货账面价值变动的是(　　)。

A．已发出商品但尚未确认销售收入
B．已确认销售收入但尚未发出商品
C．已收到材料但尚未收到发票账单
D．已收到发票账单并付款但尚未收到材料

2．下列各项，构成一般纳税企业外购存货入账价值的有(　　)。

A．买价　　B．运杂费
C．运输途中的合理损耗　　D．支付的增值税

3．下列关于存货会计处理的表述中正确的有(　　)。

A．存货采购过程中发生的合理损耗计入存货采购成本
B．存货跌价准备通常应当按照单个存货项目计提也可分类计提
C．债务人因债务重组转出存货时不结转已计提的相关存货跌价准备
D．发出原材料采用计划成本核算的应于资产负债表日调整为实际成本

4．下列应计入“销售费用”科目的有(　　)。

A．支付的广告费
B．出借包装物的成本
C．随同产品出售不单独计价的包装物的成本
D．随同产品出售单独计价的包装物的成本

5. 下列有关可变现净值的表述中正确的有(　　)。
　A. 无销售合同的库存商品以该库存商品的估计售价为基础
　B. 有销售合同的库存商品以该库存商品的合同价格为基础
　C. 用于出售的无销售合同的材料以该材料的市场价格为基础
　D. 用于生产有销售合同产品的材料以该材料的市场价格为基础

四、判断题

1. 企业采用计划成本核算原材料，平时收到原材料时应按实际成本借记“原材料”科目，领用或发出原材料时应按计划成本贷记“原材料”科目，期末再将发出材料和期末结存材料调整为实际成本。(　　)

2. 存货计价方法的选择不仅影响着资产负债表中资产总额的多少，而且也影响利润表中的净利润。(　　)

3. 无论企业对存货采用实际成本法核算还是采用计划成本法核算，在编制资产负债表时，资产负债表上的存货项目反映的都是存货的实际成本。(　　)

4. 发出原材料应负担的成本差异必须按月分摊。(　　)

5. 属于非常损失造成的存货毁损，应按该存货的实际成本计入营业外支出。(　　)

6. 销售产品结转的存货跌价准备应冲减资产减值损失。(　　)

7. 若材料用于生产产品且所生产的产品没有减值，则材料期末按成本计量。(　　)

8. 入库原材料形成的超支差异在“材料成本差异”账户的贷方予以登记。(　　)

9. 基本生产车间一般性领用的原材料，计入期间费用“制造费用”账户。(　　)

10. 购入材料在运输途中发生的合理损耗不会改变存货成本。(　　)

五、简答题

1. 发出存货的计价方法对企业的财务状况和经营成果有何影响？
2. 什么是存货的可变现净值？确定存货的可变现净值应考虑哪些主要因素？
3. 发出存货的计价方法有哪些？适用性如何？
4. 出租出借包装物的核算有什么共同之处和不同之处？

六、业务题

1. 牡丹公司20×2年3月发生的业务如下。

(1) 从A公司购入材料一批，价款10 500元，增值税1 785元，运费700元，款项已付，月末材料尚未到达。

(2) 从B公司购入材料100吨，单价600元，增值税10 200元，验收入库时发现少3吨，后查明1吨属正常消耗，1吨属运输单位途中丢失，另1吨属供货单位少发，供货单位已同意补发，款项未付。

(3) 向C公司购买20 000元的材料，按合同规定先预付20%的货款，余款交货时一次付清，现已到货并验收入库。

(4) 公司收到M公司发来的材料一批，到月底时结算单证未到。估计这批材料价值20 000元。

要求：按实际成本编制会计分录。

2．牡丹公司20×2年11月甲材料收入、发出、结存资料如表3-15所示。

表3-15　牡丹公司20×2年11月甲材料收入、发出、结存资料

日期	摘要	数量/千克	单价/元	领用部门及用途
1日	期初余额	1 200	30	
3日	购入	2 500	32	
9日	领用	2 000		车间一般消耗
13日	购入	1 200	34	
20日	领用	2 200		管理部门领用
24日	购入	3 000	28	
27日	领用	1 100		生产产品领用
29日	购入	2 700	31	
30日	期末余额	5 300		

要求：

(1) 假定牡丹公司按实际成本对甲材料计价，按照先进先出法、加权平均法、移动加权平均法分别计算发出甲材料的总成本和期末库存材料成本。

(2) 假定甲材料按计划成本计价，且计划成本为每千克30元，根据资料计算本月甲材料的成本差异率，并且计算各部门领用材料应分摊的材料成本差异和实际成本。

3．牡丹公司6月月初有关资料如下。

圆钢：20 000千克，计划单价为2.4元。

方钢：3 000千克，计划单价为2.5元。

(圆钢和方钢均为公司的原材料)

“材料成本差异”科目贷方余额为555元。

本月发生如下经济业务。

(1) 3日，购入方钢2 000千克，每千克2.35元，计货款4 700元，增值税799元，当即签发转账支票付讫。

(2) 5日，上述材料验收入库，予以转账。

(3) 10日，购买圆钢10 000千克，每千克2.20元，计货款22 000元，增值税3 740元，运杂费800元，经审核无误，当即支付。

(4) 15日，上述材料验收入库，予以转账。

(5) 20日，购入方钢1 000千克，验收入库，月末结算凭证仍未到。

(6) 26日，制造产品领用圆钢8 000千克，方钢2 000千克，行政管理部门领用圆钢200千克。

(7) 30日，结转发出材料应负担的成本差异。

要求：采用计划成本法编制上述各项业务的会计分录。

4．牡丹公司委托外单位为其加工一批原材料A，发出加工材料B的计划成本为7 000元，材料成本差异率为−3%，加工完毕后支付加工费3 000元，增值税510元，款项未付；另以银行存款支付往返运杂费200元；该批原材料现已收回入库，计划成本为10 000元。

要求：编制与上述业务有关的会计分录。

5．牡丹公司有关业务如下。

(1) 某车间本月领用玻璃器皿一批，成本为 1 500 元，价值一次摊销。

(2) 企业行政管理部门本月领用管理用具一批，计划成本为 6 000 元，分 6 个月摊销，本月材料成本差异率为 2%。

(3) 车间上月领用的低值易耗品本月报废，残料 600 元入库。

(4) 企业行政管理部门本月领用一批低值易耗品，价值 3 000 元，报废时回收残料 100 元，价值采用五五摊销法摊销。

要求：编制与上述业务有关的会计分录。

6．有关业务资料如下。

(1) 食油加工厂 8 月购买油桶 1 000 只，每只 10 元，税金 1 700 元，油桶装食油使用，并随产品销售。

(2) 电视机厂因包装产品从仓库领用包装箱 5 000 只，每只 12 元，包装箱随产品出售，但不向用户另外收费。

(3) 企业为了集中包装本企业的产品，从仓库领用大型包装箱 20 只，每只 100 元。随产品出售，另外计费。

(4) 某天然气供应站，将 50 只天然气罐出租给购货单位，每只成本 200 元。天然气罐采用“五五摊销法”摊销，从出租到回收经历以下业务：①3 月 6 日领用出租；②3 月 6 日收到对方按成本交来的押金 10 000 元；③3 月 6 日收到 3 个月的租金 1 500 元(每只每月 10 元)；④对方于 7 月 6 日交回天然气罐，其中有 3 只破裂报废，残料作价 100 元，其余的验收入库；⑤7 月 6 日扣除尚欠一个月的租金后，将押金交还对方。

要求：编制与上述业务有关的会计分录。

7．某企业进行财务清查，发生以下经济业务：

(1) 盘点原材料，发现 A 材料盈余，重置价值为 1 000 元，原因待查。

(2) 以上材料盈余经批准冲销资产减值损失。

(3) 盘亏 B 材料，实际成本 200 元，原因待查。

(4) 以上盘亏材料系定额内损耗，批准作为资产减值损失列支。

(5) 盘亏 C 材料，实际成本为 50 000 元，原因待查。

(6) 盘亏 C 材料经查属于被盗所致，作为非常损失处理。

要求：编制与上述业务有关的会计分录。

第4章 金融资产

教学目的与要求

通过对本章的学习，学生应了解以公允价值计量且其变动计入当期损益的金融资产、可供出售金融资产和持有至到期投资3项金融资产各自的界定条件；掌握以公允价值计量且其变动计入当期损益的金融资产的会计处理；掌握可供出售金融资产的会计处理；掌握持有至到期投资的会计处理；掌握实际利率法下摊余成本和债券实际利息收益的确定及其账务处理。

案例导读

企业出于充分利用闲置资金、规模扩张、战略转型等目的，可能会通过持有股票、债券、基金等金融工具进行对外投资。以雅戈尔(600177)为例，在其2011年年报中显示，当年度该公司曾持有农业银行、广百股份、海正药业、海利得、生益科技、云天化、苏宁电器、中信证券等数十家上市公司的股份，以及09轻纺城债、09宇通债、现金宝货币市场基金、期货投资、恒生银行外汇挂钩保本投资产品等其他金融产品。在对上述金融资产的分类中，该公司将持有的农业银行、09轻纺城债、09宇通债、现金宝货币市场基金、期货投资、恒生银行外汇挂钩保本投资产品等划分为交易性金融资产，而将广百股份、海正药业、海利得、生益科技、云天化、苏宁电器、中信证券等股权投资划分为可供出售金融资产。那么，该公司将持有的股票、债券等对外投资分别划分为交易性金融资产或可供出售金融资产的依据是什么？两者有何区别？这些内容正是本章要讨论的问题。

4.1 金融资产概述

金融资产是一切可以在有组织的金融市场上进行交易、具有现实价格和未来估价的金融工具的总称。金融资产的最大特征是能够在市场交易中为其持有者提供即期或远期的现金流量。

企业的金融资产主要是指库存现金、银行存款、应收账款、应收票据、其他应收款、应收利息、应收股利、贷款、股权投资、债权投资、基金投资和衍生金融产品等。

企业应当结合自身业务特点、投资策略和风险管理要求，将取得的金融资产在初始确认时划分为以下几类。

(1) 以公允价值计量且其变动计入当期损益的金融资产。

(2) 可供出售金融资产。

(3) 贷款和应收款项。

(4) 持有至到期投资。

对于在活跃市场上有报价的金融资产，既可能划分为以公允价值计量且其变动计入当期损益的金融资产，也可能划分为可供出售金融资产；如果该金融资产属于有固定到期日、回收金额固定或可确定的金融资产，则该金融资产可能划分为持有至到期投资。某项金融资产具体应分为哪一类，主要取决于企业管理层的风险管理、投资决策等因素。金融资产的分类应是管理层意图的如实表达。

金融资产分类与金融资产计量密切相关。不同类别的金融资产，其初始计量和后续计量采用的计量基础也不完全相同。因此，上述分类一经确定，不应随意变更。

库存现金、银行存款、应收账款、应收票据、其他应收款、应收利息、应收股利等项目已在第 2 章“货币资金及应收款项”中进行了介绍，长期股权投资将在第 5 章“长期股权投资”中进行学习，所以，本章主要介绍以公允价值计量且其变动计入当期损益的金融资产、可供出售金融资产和持有至到期投资。

4.2 以公允价值计量且其变动计入当期损益的金融资产

4.2.1 以公允价值计量且其变动计入当期损益的金融资产概述

以公允价值计量且其变动计入当期损益的金融资产，主要包括交易性金融资产和直接指定为以公允价值计量且其变动计入当期损益的金融资产。同时，某项金融资产划分为以公允价值计量且其变动计入当期损益的金融资产后，不能再重分类为其他类别的金融资产；其他类别的金融资产也不能再重分类为以公允价值计量且其变动计入当期损益的金融资产。

1. 交易性金融资产

金融资产满足下列条件之一的，应当划分为交易性金融资产。

(1) 取得该金融资产的目的，主要是为了近期内出售。例如，企业以暂时闲置的资金从证券市场购入股票、债券、基金等金融产品以赚取差价。

(2) 属于进行集中管理的可辨认金融工具组合的一部分，且有客观证据表明企业近期采用短期获利方式对该组合进行管理。例如，企业基于其投资策略和风险管理的需要，将某些金融资产进行组合从事短期获利活动，应划分为交易性金融资产，即使组合中有某个项目的持有期限稍长也不受影响。

(3) 属于衍生金融工具。例如，国债期货、远期合同、股指期货等。

2. 直接指定为以公允价值计量且其变动计入当期损益的金融资产

企业将某项金融资产直接指定为以公允价值计量且其变动计入当期损益的金融资产，通常是指该金融资产不满足确认为交易性金融资产条件时，企业仍可在符合某些特定条件的情况下将其按公允价值计量，并将其公允价值变动计入当期损益。

通常情况下，只有符合下列条件之一的金融资产，才可以在初始确认时指定为以公允价值计量且其变动计入当期损益的金融资产。

(1) 该指定可以消除或明显减少由于该金融资产的计量基础不同所导致的相关利得或损失在确认或计量方面不一致的情况。

例如，某企业的某项金融负债和某项金融资产密切相关且均具利率敏感性，该企业如果将该金融资产划分为可供出售金融资产，而将金融负债划分为交易性金融负债，在这种情况下，该金融资产期末以公允价值计量但公允价值变动却计入所有者权益，而相关的金融负债却以公允价值计量且公允价值变动计入当期损益，由此出现会计计量基础不同导致会计处理结果不能较好地反映交易实质的现象。如果将该金融资产指定为以公允价值计量且其变动计入当期损益的金融资产，就可以消除该现象。

(2) 企业风险管理或投资策略的正式书面文件已载明，该金融资产组合或该金融资产和金融负债组合，以公允价值为基础进行管理、评价并向关键管理人员报告。

此项条件着重企业日常管理和评价业绩的方式，而不是关注金融工具组合中各组成部分的性质。例如，风险投资机构、证券投资基金或类似会计主体，其经营活动的主要目的在于从投资工具的公允价值变动中获取回报，它们在风险管理或投资策略的正式书面文件中对此也有明确的说明。

在活跃市场中没有报价、公允价值不能可靠计量的权益工具投资，不得指定为以公允价值计量且其变动计入当期损益的金融资产。

以上所指活跃市场，是指同时具有下列特征的市场。

(1) 市场内交易的对象具有同质性。

(2) 可随时找到自愿交易的买方和卖方。

(3) 市场价格信息是公开的。

知识链接

衍生金融工具是相对于基本金融工具(股票、债券等)而言的，是与基础金融产品相对应的一个概念，指建立在基础产品或基础变量之上，其价格随基础金融产品的价格(或数值)变动的派生金融产品。金融资产的衍生工具是金融创新的产物，也就是通过创造金融工具来帮助金融机构管理者更好地进行风险控制。目前最主要的金融衍生工具有远期合同、金融期货、期权和互换等。

4.2.2 以公允价值计量且其变动计入当期损益的金融资产的会计处理

对以公允价值计量且其变动计入当期损益的金融资产进行会计处理，应设置“交易性金融资产”科目，核算企业为交易目的所持有的股权投资、债权投资、基金投资等交易性金融资产的公允价值。本科目可按交易性金融资产的类别和品种，分别按“成本”和“公允价值变动”进行明细核算。

1. 以公允价值计量且其变动计入当期损益的金融资产初始计量的会计处理

以公允价值计量且其变动计入当期损益的金融资产初始确认时，应按公允价值计量，相关交易费用直接计入当期损益。其中，交易费用是指可直接归属于购买、发行或处置金融工具新增的外部费用。所谓新增的外部费用，是指企业不购买、发行或处置金融工具就不会发生的费用。交易费用包括支付给代理机构、咨询公司、券商等的手续费和佣金及其他必要支出，不包括债券溢价、折价、融资费用、内部管理成本及其他与交易不直接相关的费用。企业为发行金融工具所发生的差旅费等，不属于此处所讲的交易费用。

企业取得以公允价值计量且其变动计入当期损益的金融资产所支付的价款中，包含的已宣告但尚未发放的现金股利或已到付息期但尚未领取的债券利息的，应当单独确认为应收股利或应收利息，视作暂时垫付的款项，不计入金融资产的购置成本。

企业取得以公允价值计量且其变动计入当期损益的金融资产时，应按其公允价值，借记“交易性金融资产——成本”科目，按发生的交易费用，借记“投资收益”科目，按已到付息期但尚未领取的利息或已宣告但尚未发放的现金股利，借记“应收利息”或“应收股利”科目，按实际支付的金额，贷记“银行存款”等科目。

2. 以公允价值计量且其变动计入当期损益的金融资产持有期间取得现金股利或利息的会计处理

以公允价值计量且其变动计入当期损益的金融资产持有期间被投资单位宣告发放的现金股利，或在资产负债表日按分期付息、到期还本债券投资的票面利率计算的利息，借记“应收股利”或“应收利息”科目，贷记“投资收益”科目。

3. 以公允价值计量且其变动计入当期损益的金融资产资产负债表日对公允价值变动的会计处理

资产负债表日，以公允价值计量且其变动计入当期损益的金融资产的公允价值高于其账面余额的差额，借记“交易性金融资产——公允价值变动”科目，贷记“公允价值变动损益”科目；公允价值低于其账面余额的差额作相反的会计分录。

4. 以公允价值计量且其变动计入当期损益的金融资产处置的会计处理

出售以公允价值计量且其变动计入当期损益的金融资产，应按实际收到的金额，借记“银行存款”等科目，按该金融资产的账面余额，贷记“交易性金融资产——成本、公允价值变动”科目，按其差额，贷记或借记“投资收益”科目。同时，将原计入该金融资产的公允价值变动转出，借记或贷记“公允价值变动损益”科目，贷记或借记“投资收益”科目。

【例4-1】20×2 年 5 月 20 日，牡丹公司从深圳证券交易所购入 A 上市公司股票 1 000 000 股，占 A 公司有表决权股份的 2%，支付价款合计 5 040 000 元，其中，证券交易手续费、佣金等交易费用 8 000 元，已宣告但尚未发放的现金股利 32 000 元。牡丹公司以交易为目的持有，将其划分为交易性金融资产。

20×2 年 6 月 10 日，牡丹公司收到 A 公司发放的 20×1 年度现金股利 32 000 元。

20×2 年 6 月 30 日，A 公司股票收盘价为每股 5.20 元。

20×2 年 12 月 31 日，牡丹公司仍持有 A 公司股票；当日，A 公司股票收盘价为每股 4.90 元。

20×3 年 4 月 20 日，A 公司宣告发放 20×2 年度现金股利 2 000 000 元。

20×3 年 6 月 10 日，牡丹公司收到 A 公司发放的 20×2 年度现金股利。

20×3 年 6 月 17 日，牡丹公司以每股 4.50 元的价格将股票全部转让，同时支付证券交交易费用 7 200 元。

牡丹公司的账务处理如下。

(1) 20×2 年 5 月 20 日：

初始入账金额＝5 040 000－8 000－32 000＝5 000 000(元)

借：交易性金融资产——A 公司股票(成本)　　5 000 000

　　应收股利　　32 000

　　投资收益　　8 000

　　贷：银行存款　　5 040 000

(2) 20×2 年 6 月 10 日：

收到 A 公司发放的 20×1 年度现金股利

借：银行存款　　32 000

　　贷：应收股利　　32 000

(3) 20×2 年 6 月 30 日：

A 公司股票公允价值变动＝5.20×1 000 000－5 000 000＝200 000(元)

借：交易性金融资产——A 公司股票(公允价值变动)　　200 000

　　贷：公允价值变动损益　　200 000

(4) 20×2 年 12 月 31 日：

A 公司股票公允价值变动＝4.90×1 000 000－5 200 000＝－300 000(元)

借：公允价值变动损益　　300 000

　　贷：交易性金融资产——A 公司股票(公允价值变动)　　300 000

(5) 20×3 年 4 月 20 日：

应享有 A 公司发放的 20×2 年度现金股利中的份额＝2 000 000×2%＝40 000(元)

借：应收股利　　40 000

　　贷：投资收益　　40 000

(6) 20×3 年 6 月 10 日：

收到 A 公司发放的 20×2 年度现金股利

借：银行存款　　40 000

　　贷：应收股利　　40 000

(7) 20×3 年 6 月 17 日：

A 公司股票出售价格＝4.50×1 000 000＝4 500 000(元)

出售 A 公司股票取得的价款＝4 500 000－7 200＝4 492 800(元)

借：银行存款　　4 492 800

　　投资收益　　407 200

　　交易性金融资产——A 公司股票(公允价值变动)　　100 000

　　贷：交易性金融资产——A 公司股票(成本)　　5 000 000

同时，

借：投资收益　　100 000

　　贷：公允价值变动损益　　100 000

【例 4-2】20×2 年 1 月 1 日，牡丹公司从二级市场购入 B 公司债券，支付价款合计 2 070 000 元，其中，已到付息期但尚未领取的利息 50 000 元，交易费用 20 000 元。该债券面值 2 000 000 元，剩余期限为 3 年，票面年利率为 5%，每半年付息一次。牡丹公司将其划分为交易性金融资产。其他资料如下。

(1) 20×2 年 1 月 10 日，收到 B 公司债券 20×1 年下半年利息 50 000 元。
(2) 20×2 年 6 月 30 日，B 公司债券的公允价值为 2 300 000 元(不含利息)。
(3) 20×2 年 7 月 10 日，收到 B 公司债券 20×2 年上半年利息。
(4) 20×2 年 12 月 31 日，B 公司债券的公允价值为 2 200 000 元(不含利息)。
(5) 20×3 年 1 月 10 日，收到 B 公司债券 20×2 年下半年利息。
(6) 20×3 年 6 月 20 日，通过二级市场出售 B 公司债券，取得价款 2 360 000 元。
假定不考虑其他因素。
牡丹公司的账务处理如下。
(1) 20×2 年 1 月 1 日:
初始入账金额＝2 070 000－20 000－50 000＝2 000 000(元)

借：交易性金融资产——B 公司债券(成本)	2 000 000	
应收利息	50 000	
投资收益	20 000	
贷：银行存款		2 070 000

(2) 20×2 年 1 月 10 日：
收到该债券 20×1 年下半年利息 50 000 元，

借：银行存款	50 000	
贷：应收利息		50 000

(3) 20×2 年 6 月 30 日：
B 公司债券公允价值变动＝2 300 000－2 000 000＝300 000 (元)
投资收益＝2 000 000×5%÷2＝50 000(元)

借：交易性金融资产——B 公司债券(公允价值变动)	300 000	
贷：公允价值变动损益		300 000
借：应收利息	50 000	
贷：投资收益		50 000

(4) 20×2 年 7 月 10 日：
收到 B 公司债券 20×2 年上半年利息，

借：银行存款	50 000	
贷：应收利息		50 000

(5) 20×2 年 12 月 31 日：
B 公司债券公允价值变动＝2 200 000－2 300 000＝－100 000 (元)
投资收益＝2 000 000×5%÷2＝50 000(元)

借：公允价值变动损益	100 000	
贷：交易性金融资产——B 公司债券(公允价值变动)		100 000
借：应收利息	50 000	
贷：投资收益		50 000

(6) 20×3 年 1 月 10 日：
收到该 B 公司债券 20×2 年下半年利息，

借：银行存款	50 000	
贷：应收利息		50 000

(7) 20×3 年 6 月 20 日：

通过二级市场出售 B 公司债券，

借：银行存款	2 360 000	
贷：交易性金融资产——B 公司债券(成本)		2 000 000
——B 公司债券(公允价值变动)		200 000
投资收益		160 000

同时，

借：公允价值变动损益	200 000	
贷：投资收益		200 000

4.3 可供出售金融资产

4.3.1 可供出售金融资产概述

可供出售金融资产是指初始确认时即被指定为可供出售的非衍生金融资产，以及除下列各类资产以外的金融资产：①贷款和应收款项；②持有至到期投资；③以公允价值计量且其变动计入当期损益的金融资产。例如，企业购入的在活跃市场上有报价的股票、债券和基金等，没有划分为以公允价值计量且其变动计入当期损益的金融资产或持有至到期投资等金融资产的，可归为此类。

与以公允价值计量且其变动计入当期损益的金融资产相比较，两者均以公允价值进行计量，但是，初始确认时，以公允价值计量且其变动计入当期损益的金融资产的相关交易费用计入当期损益，而可供出售金融资产的相关交易费用计入初始入账金额；以公允价值计量且其变动计入当期损益的金融资产的公允价值变动计入当期损益，而可供出售金融资产的公允价值变动计入所有者权益；管理层持有以公允价值计量且其变动计入当期损益的金融资产是以短期内交易为目的，而对可供出售金融资产短期或长期持有具有不确定性。

4.3.2 可供出售金融资产的会计处理

对可供出售金融资产进行会计处理，应设置“可供出售金融资产”科目，核算企业持有的可供出售金融资产的公允价值，包括划分为可供出售金融资产的股票投资、债券投资等金融资产。本科目可按可供出售金融资产的类别和品种，分别按“成本”、“公允价值变动”、“利息调整”和“应计利息”进行明细核算。

1. 可供出售金融资产初始计量的会计处理

企业取得的可供出售金融资产为股权投资的，应按其公允价值与交易费用之和，借记“可供出售金融资产——成本”科目，按支付的价款中包含的已宣告但尚未发放的现金股利，借记“应收股利”科目，按实际支付的金额，贷记“银行存款”等科目。

企业取得的可供出售金融资产为债券投资的，应按债券的面值，借记“可供出售金融资产——成本”科目，按支付的价款中包含的已到付息期但尚未领取的利息，借记“应收利息”科目，按实际支付的金额，贷记“银行存款”等科目，按差额，借记或贷记“可供出售金融资产——利息调整”科目。

2. 可供出售金融资产持有期间取得现金股利或利息的会计处理

可供出售金融资产持有期间被投资单位宣告发放的现金股利，应借记“应收股利”科目，贷记“投资收益”科目。

可供出售金融资产为分期付息、一次还本债券投资的，资产负债表日，应按票面利率计算确定的应收未收利息，借记“应收利息”科目，按债券的摊余成本和实际利率计算确定的利息收入，贷记“投资收益”科目，按其差额，借记或贷记“可供出售金融资产——利息调整”科目。

可供出售金融资产为到期一次还本付息债券投资的，应按票面利率计算确定的应收未收利息，借记“可供出售金融资产——应计利息”科目，按债券的摊余成本和实际利率计算确定的利息收入，贷记“投资收益”科目，按其差额，借记或贷记“可供出售金融资产——利息调整”科目。

3. 可供出售金融资产资产负债表日对公允价值变动的会计处理

资产负债表日，可供出售金融资产的公允价值高于其账面余额的差额，借记“可供出售金融资产——公允价值变动”科目，贷记“资本公积——其他资本公积”科目；公允价值低于其账面余额的差额作相反的会计分录。

4. 可供出售金融资产减值损失的会计处理

可供出售金融资产的公允价值低于其成本不足以说明该项金融资产发生了减值。可供出售金融资产公允价值下降幅度较小时，按照正常公允价值的变动进行处理，只有当公允价值下降幅度较大，或者预期这种下降趋势属于非暂时性的，才认定该金融资产发生了减值，确认资产减值损失。

可供出售金融资产发生减值时，与该金融资产相关的原直接计入所有者权益的累计公允价值下跌损失应当予以转出，计入资产减值损失。

确定可供出售金融资产发生减值的，按应减记的金额，借记“资产减值损失”科目，按应从所有者权益中转出原计入资本公积的累计损失金额，贷记“资本公积——其他资本公积”科目，按其差额，贷记“可供出售金融资产——公允价值变动”科目。

对于已确认减值损失的可供出售金融资产，在随后会计期间内公允价值已上升且客观上与确认原减值损失后事项有关的，对于债券等债务性工具，应在原确认的减值损失范围内按已恢复的金额，借记“可供出售金融资产——公允价值变动”等科目，贷记“资产减值损失”科目；但可供出售金融资产为股票等权益工具投资(不含在活跃市场中没有报价且其公允价值不能可靠计量的权益工具投资)的，借记“可供出售金融资产——公允价值变动”等科目，贷记“资本公积——其他资本公积”科目。

5. 可供出售金融资产处置的会计处理

出售可供出售金融资产，应按实际收到的金额，借记“银行存款”等科目，按其账面余额，贷记“可供出售金融资产——成本、公允价值变动、利息调整、应计利息”科目，按应从所有者权益中转出的公允价值累计变动额，借记或贷记“资本公积——其他资本公积”科目，按其差额，贷记或借记“投资收益”科目。

【例 4-3】20×1 年 4 月 8 日，牡丹公司支付价款 10 210 000 元(含交易费用 10 000 元和已宣告但尚未发放的现金股利 200 000 元)，购入 C 公司发行的股票 2 000 000 股，占 C 公司有表决权股份的 1%。牡丹公司将其划分为可供出售金融资产。其他资料如下。

(1) 20×1 年 5 月 10 日，牡丹公司收到 C 公司发放的现金股利 200 000 元。

(2) 20×1 年 6 月 30 日，该股票市价为每股 5.2 元。

(3) 20×1 年 12 月 31 日，牡丹公司仍持有该股票；当日，该股票市价为每股 5 元。

(4) 20×2 年 4 月 9 日，C 公司宣告发放股利 40 000 000 元。

(5) 20×2 年 5 月 13 日，牡丹公司收到 C 公司发放的现金股利。

(6) 20×2 年 5 月 20 日，牡丹公司以每股 4.9 元的价格将该股票全部转让。

假定不考虑其他因素的影响，牡丹公司的账务处理如下。

(1) 20×1 年 4 月 8 日：

初始入账金额＝10 210 000－200 000＝10 010 000(元)

借：可供出售金融资产——C 公司股票(成本)	10 010 000	
应收股利	200 000	
贷：银行存款		10 210 000

(2) 20×1 年 5 月 10 日：

收到现金股利，

借：银行存款	200 000	
贷：应收股利		200 000

(3) 20×1 年 6 月 30 日：

确认股票的价格变动，

借：可供出售金融资产——C 公司股票(公允价值变动)	390 000	
贷：资本公积——其他资本公积		390 000

(4) 20×1 年 12 月 31 日：

确认股票的价格变动，

借：资本公积——其他资本公积	400 000	
贷：可供出售金融资产——C 公司股票(公允价值变动)		400 000

(5) 20×2 年 4 月 9 日：

确认应收现金股利＝40 000 000×1%＝400 000(元)

借：应收股利	400 000	
贷：投资收益		400 000

(6) 20×2 年 5 月 13 日：

收到现金股利，

借：银行存款	400 000	
贷：应收股利		400 000

(7) 20×2 年 5 月 20 日：

出售股票，

借：银行存款	9 800 000	
投资收益	210 000	
可供出售资产——C 公司股票(公允价值变动)	10 000	

贷：可供出售金融资产——C 公司股票(成本)　　10 010 000

资本公积——其他资本公积　　10 000

【例 4-4】牡丹公司 20×1 年 1 月 1 日购入 D 公司当日发行的面值 600 000 元、期限 3 年、票面利率 8%、每年年末付息且到期还本的债券作为可供出售金融资产核算，实际支付的购买价款为 610 000 元，另支付相关交易费用 10 000 元。该债券 20×1 年 12 月 31 日的公允价值为 610 000 元，20×2 年 1 月 10 日实际收到利息。20×2 年 12 月 31 日的公允价值为 615 000 元，20×3 年 1 月 10 日实际收到利息。20×3 年 2 月 10 日，牡丹公司将 D 公司债券以 618 000 元的价格售出。

假定不考虑其他因素的影响，牡丹公司的账务处理如下。

由于牡丹公司是溢价购入债券，因此，债券的实际利率低于票面利率。

查年金现值系数表和复利现值系数表知：(P/A，7%，3)＝2.624 3，(P/F，7%，3)＝0.816 3；(P/A，6%，3)＝2.673 0，(P/F，6%，3)＝0.839 6。

折现率为 7%时，48 000×2.624 3＋600 000×0.816 3＝615 746(元)，所以，实际利率应小于 7%。当折现率为 6%时，48 000×2.673 0＋600 000×0.839 6＝632 064(元)，所以，实际利率应处于 6%和 7%之间。

使用插入法估算实际利率如下：

$$实际利率 = 7\% - (7\% - 6\%) \times \frac{615\,746 - 620\,000}{615\,746 - 632\,064} = 6.74\%$$

采用实际利率法编制利息收入与摊余成本计算表，如表 4-1 所示。

表 4-1　利息收入与摊余成本计算表

日　期	应收利息/元	实际利率	实际利息收入/元	已收回本金/元	摊余成本/元
20×1 年 1 月 1 日					620 000
20×1 年 12 月 31 日	48 000	6.74%	41 788	6 212	613 788
20×2 年 12 月 31 日	48 000	6.74%	41 369	6 631	607 157
20×3 年 12 月 31 日	48 000	6.74%	40 843	7 157	600 000
合　计	144 000	—	124 000	20 000	—

(1)　20×1 年 1 月 1 日：

借：可供出售金融资产——D 公司债券(成本)　　600 000

——D 公司债券(利息调整)　　20 000

贷：银行存款　　620 000

(2) 20×1 年 12 月 31 日：

确认实际利息收入，

借：应收利息　　48 000

贷：投资收益　　41 788

可供出售金融资产——D 公司债券(利息调整)　　6 212

公允价值变动＝610 000－613 788＝－378 8(元)

借：资本公积——其他资本公积　　3 788

贷：可供出售金融资产——D 公司债券(公允价值变动)　　3 788

(3) 20×2 年 1 月 10 日：

实际收到利息，

借：银行存款　　48 000

　　贷：应收利息　　48 000

(4) 20×2 年 12 月 31 日：

确认实际利息收入，

借：应收利息　　48 000

　　贷：投资收益　　41 369

　　　　可供出售金融资产——D 公司债券(利息调整)　　6 631

公允价值变动＝615 000－(610 000－6 631)＝11 631(元)

借：可供出售金融资产——D 公司债券(公允价值变动)　　11 631

　　贷：资本公积——其他资本公积　　11 631

(5) 20×3 年 1 月 10 日：

实际收到利息，

借：银行存款　　48 000

　　贷：应收利息　　48 000

(6) 20×3 年 2 月 10 日：

出售债券，

借：银行存款　　618 000

　　贷：可供出售金融资产——D 公司债券(成本)　　600 000

　　　　　　　　　　　——D 公司债券(利息调整)　　7 151

　　　　　　　　　　　——D 公司债券(公允价值变动)　　7 843

　　　　投资收益　　3 000

借：资本公积——其他资本公积　　7 843

　　贷：投资收益　　7 843

4.4 持有至到期投资

4.4.1 持有至到期投资概述

持有至到期投资是指到期日固定、回收金额固定或可确定，且企业有明确意图和能力持有至到期的非衍生金融资产。

通常情况下，能够划分为持有至到期投资的金融资产，主要是债权性投资，如企业从二级市场上购入的固定利率国债、浮动利率金融债券等。股权投资因其没有固定的到期日、固定或可确定的回收金额，因而不能划分为持有至到期投资。持有至到期投资通常具有长期性质，但期限较短(1 年以内)的债券投资，符合持有至到期投资条件的，也可将其划分为持有至到期投资。

持有至到期投资应具有以下特征。

1. 到期日固定、回收金额固定或可确定

到期日固定、回收金额固定或可确定是指相关合同明确了投资者在确定的期间内获得

或应收取现金流量(如投资利息和本金等)的金额和时间。因此，从投资者角度看，如果不考虑其他条件，在将某项投资划分为持有至到期投资时可以不考虑可能存在的发行方重大支付风险。其次，由于要求到期日固定，从而权益工具投资不能划分为持有至到期投资。再者，如果符合其他条件，不能由于某债务工具投资是浮动利率投资而不将其划分为持有至到期投资。

2. 有明确意图持有至到期

有明确意图持有至到期是指投资者在取得投资时意图就是明确的，除非遇到一些企业所不能控制、预期不会重复发生且难以合理预计的独立事件，否则将持有至到期。

存在下列情况之一的，表明企业没有明确意图将金融资产投资持有至到期。

(1) 持有该金融资产的期限不确定。

(2) 发生市场利率变化、流动性需要变化、替代投资机会及其投资收益率变化、融资来源和条件变化、外汇风险变化等情况时，将出售该金融资产。但是，无法控制、预期不会重复发生且难以确定合理预计的独立事件引起的金融资产出售除外。

(3) 该金融资产的发行方可以按照明显低于其摊余成本的金额清偿。

(4) 其他表明企业没有明确意图将该金融资产持有至到期的情况。

据此，对于发行方可以赎回的债务工具，如发行方行使赎回权，投资者仍可收回其几乎所有初始净投资(含支付的溢价和交易费用)，那么投资者可以将此类投资划分为持有至到期投资。但是，对于投资者有权要求发行方赎回的债务工具投资，投资者不能将其划分为持有至到期投资。

3. 有能力持有至到期

有能力持有至到期是指企业有足够的财务资源，并不受外部因素影响将投资持有至到期。

存在下列情况之一的，表明企业没有能力将具有固定期限的金融资产投资持有至到期。

(1) 没有可利用的财务资源持续地为该金融资产投资提供资金支持，以使该金融资产投资持有至到期。

(2) 受法律、行政法规的限制，使企业难以将该金融资产投资持有至到期。

(3) 其他表明企业没有能力将具有固定期限的金融资产投资持有至到期的情况。

企业应当于每个资产负债表日对持有至到期投资的持有意图和能力进行评价，发生变化的，应当将其重分类为可供出售金融资产。

4.4.2 持有至到期投资的会计处理

对持有至到期投资进行会计处理，应设置“持有至到期投资”科目，核算企业持有至到期投资的摊余成本。本科目可按持有至到期投资的类别和品种，分别按“成本”、“利息调整”和“应计利息”进行明细核算。

1. 持有至到期投资初始计量的会计处理

企业取得的持有至到期投资，应按该投资的面值，借记“持有至到期投资——成本”科目，按支付的价款中包含的已到付息期但尚未领取的利息，借记“应收利息”科目，按实际支付的金额，贷记“银行存款”等科目，按其差额，借记或贷记“持有至到期投资——利息调整”科目。

2. 持有至到期投资持有期间利息收入的会计处理

持有至到期投资在持有期间应当按照摊余成本计量，并采用实际利率确认利息收入。

摊余成本是指该金融资产的初始确认金额经下列调整后的结果。

(1) 扣除已偿还的本金。

(2) 加上或减去采用实际利率法将该初始确认金额与到期日金额之间的差额进行摊销形成的累计摊销额。

(3) 扣除已发生的减值损失。

实际利率是指将金融资产在预期存续期间或适用的更短期间内的未来现金流量，折现为该金融资产当前账面价值所使用的利率。企业在初始确认以摊余成本计量的金融资产时，就应当计算确定实际利率，并在相关金融资产预期存续期间或适用的更短期间内保持不变。

债券溢价发行时，说明实际利率小于票面利率；折价发行时，说明实际利率大于票面利率。

资产负债表日，持有至到期投资为分期付息、到期一次还本债券投资的，应按票面利率计算确定的应收未收利息，借记“应收利息”科目，按持有至到期投资摊余成本和实际利率确定的利息收入，贷记“投资收益”科目，按其差额，借记或贷记“持有至到期投资——利息调整”科目。

持有至到期投资为到期一次还本付息债券投资的，应按票面利率计算确定的应收未收利息，借记“持有至到期投资——应计利息”科目，按持有至到期投资摊余成本和实际利率计算确定的利息收入，贷记“投资收益”科目，按其差额，借记或贷记“持有至到期投资——利息调整”科目。

3. 持有至到期投资减值损失的会计处理

持有至到期投资发生减值时，应当将其账面价值低于其预计未来现金流量现值的差额，确认为减值损失，计入当期损益，借记“资产减值损失”科目，贷记“持有至到期投资减值准备”科目。

对持有至到期投资确认减值损失后，如有客观证据表明该金融资产价值已恢复，且客观上与确认该损失后发生的事项有关(如债务人的信用评级已提高等)，应在原确认的减值损失范围内按已恢复的金额予以转回，计入当期损益。但是，该转回后的账面价值不应当超过假定不计提减值准备情况下该金融资产在转回日的摊余成本。

【例 4-5】牡丹公司于 20×1 年 1 月 1 日购入 E 公司当日发行的面值 500 000 元、期限 5 年、票面利率 6%、每年年末付息且到期还本的债券作为持有至到期投资，实际支付的购买价款为 510 000 元，另支付相关交易费用 18 000 元。

假定不考虑其他因素的影响，牡丹公司的账务处理如下。

由于牡丹公司是溢价购入债券，因此，债券的实际利率低于票面利率。

查年金现值系数表和复利现值系数表知：(P/A，5%，5)＝4.329 5，(P/F，5%，5)＝0.783 5；(P/A，4%，5)＝4.451 8，(P/F，4%，5)＝0.821 9。

折现率为 5%时，30 000×4.329 5＋500 000×0.783 5＝521 635(元)，所以，实际利率应

小于5%。当折现率为4%时，30 000×4.451 8＋500 000×0.821 9＝544 504(元)，所以，实际利率应处于4%和5%之间。

使用插入法估算实际利率如下：

$$实际利率=5\%-(5\%-4\%)\times\frac{521\,635-528\,000}{521\,635-544\,504}=4.72\%$$

采用实际利率法编制利息收入与摊余成本计算表，如表4-2所示。

表4-2 利息收入与摊余成本计算表

日　期	应收利息/元	实际利率	实际利息收入/元	已收回本金/元	摊余成本/元
20×1年1月1日					528 000
20×1年12月31日	30 000	4.72%	24 922	5 078	522 922
20×2年12月31日	30 000	4.72%	24 682	5 318	517 604
20×3年12月31日	30 000	4.72%	24 431	5 569	512 035
20×4年12月31日	30 000	4.72%	24 168	5 832	506 203
20×5年12月31日	30 000	4.72%	23 797	6 203	500 000
合　计	150 000	—	122 000	28 000	—

(1) 20×1年1月1日：

取得持有至到期投资时，

借：持有至到期投资——E公司债券(成本)　　500 000

　　　　　　　　　——E公司债券(利息调整)　　28 000

　贷：银行存款　　528 000

(2) 20×1年12月31日：

确认实际利息收入，

借：应收利息　　30 000

　贷：投资收益　　24 922

　　　持有至到期投资——E公司债券(利息调整)　　5 078

实际收到利息时，

借：银行存款　　30 000

　贷：应收利息　　30 000

(3) 20×2年12月31日：

确认实际利息收入，

借：应收利息　　30 000

　贷：投资收益　　24 682

　　　持有至到期投资——E公司债券(利息调整)　　5 318

实际收到利息时，

借：银行存款　　30 000

　贷：应收利息　　30 000

(4) 20×3年12月31日：

确认实际利息收入，

借：应收利息　　30 000

贷：投资收益　24 431
　　持有至到期投资——E 公司债券(利息调整)　5 569

实际收到利息时，

借：银行存款　30 000
　　贷：应收利息　30 000

(5) 20×4 年 12 月 31 日：

确认实际利息收入，

借：应收利息　30 000
　　贷：投资收益　24 168
　　　　持有至到期投资——E 公司债券(利息调整)　5 832

实际收到利息时，

借：银行存款　30 000
　　贷：应收利息　30 000

(6) 20×5 年 12 月 31 日：

确认实际利息收入，

借：应收利息　30 000
　　贷：投资收益　23 797
　　　　持有至到期投资——E 公司债券(利息调整)　6 203

实际收到利息时，

借：银行存款　30 000
　　贷：应收利息　30 000

债券到期，收回本金，

借：银行存款　500 000
　　贷：持有至到期投资——E 公司债券(成本)　500 000

【例 4-6】牡丹公司于 20×2 年 1 月 1 日购入 F 公司 20×1 年 1 月 1 日发行的面值 800 000 元、期限 5 年、票面利率 5%、每年年末付息且到期还本的债券作为持有至到期投资，实际支付的购买价款为 809 500 元，其中包括已到付息期但尚未领取的利息 40 000 元，另支付相关交易费用 9 000 元。

假定不考虑其他因素的影响，牡丹公司的账务处理如下。

该项持有至到期投资的初始入账价值＝809 500－40 000＋9 000＝778 500(元)

由于牡丹公司是折价购入债券，因此，债券的实际利率高于票面利率。

查年金现值系数表和复利现值系数表知：(P/A，6%，4)＝3.465 1，(P/F，6%，4)＝0.792 1。

折现率为 6%时，40 000×3.465 1＋800 000×0.792 1＝772 284(元)，所以，实际利率应小于 6%，实际利率应处于 5%和 6%之间。

使用插入法估算实际利率如下：

$$实际利率=5\%+(6\%-5\%)\times\frac{778\,500-800\,000}{772\,284-800\,000}=5.78\%$$

采用实际利率法编制利息收入与摊余成本计算表，如表 4-3 所示。

表 4-3　利息收入与摊余成本计算表

日　期	应收利息/元	实际利率	实际利息收入/元	已收回本金/元	摊余成本/元
20×2 年 1 月 1 日					778 500
20×2 年 12 月 31 日	40 000	5.78%	44 997	−4 997	783 497
20×3 年 12 月 31 日	40 000	5.78%	45 286	−5 286	788 783
20×4 年 12 月 31 日	40 000	5.78%	45 592	−5 592	794 375
20×5 年 12 月 31 日	40 000	5.78%	45 625	−5 625	800 000
合　计	160 000	—	181 500	−21 500	—

(1) 20×2 年 1 月 1 日：

取得持有至到期投资时，

借：持有至到期投资——F 公司债券(成本)　　800 000

　　应收利息　　40 000

　　贷：银行存款　　818 500

　　　　持有至到期投资——F 公司债券(利息调整)　　21 500

实际收到利息时，

借：银行存款　　40 000

　　贷：应收利息　　40 000

(2) 20×2 年 12 月 31 日：

确认实际利息收入，

借：应收利息　　40 000

　　持有至到期投资——F 公司债券(利息调整)　　4 997

　　贷：投资收益　　44 997

实际收到利息时，

借：银行存款　　40 000

　　贷：应收利息　　40 000

(3) 20×3 年 12 月 31 日：

确认实际利息收入，

借：应收利息　　40 000

　　持有至到期投资——F 公司债券(利息调整)　　5 286

　　贷：投资收益　　45 286

实际收到利息时，

借：银行存款　　40 000

　　贷：应收利息　　40 000

(4) 20×4 年 12 月 31 日：

确认实际利息收入，

借：应收利息　　40 000

　　持有至到期投资——F 公司债券(利息调整)　　5 592

　　贷：投资收益　　45 592

实际收到利息时，

借：银行存款　　40 000

　　贷：应收利息　　40 000

(5) 20×5 年 12 月 31 日：

确认实际利息收入，

借：应收利息　　40 000

　　持有至到期投资——F 公司债券(利息调整)　　5 625

　　贷：投资收益　　45 625

实际收到利息时，

借：银行存款　　40 000

　　贷：应收利息　　40 000

债券到期，收回本金，

借：银行存款　　800 000

　　贷：持有至到期投资——F 公司债券(成本)　　800 000

【例 4-7】牡丹公司于 20×1 年 1 月 1 日购入 G 公司同日发行的面值 1 250 000 元、期限 5 年、票面利率 4.72%、到期一次还本付息(利息不计复利)的债券作为持有至到期投资，实际支付的购买价款为 1 000 000 元(包括相关交易费用)。

假定不考虑其他因素的影响，牡丹公司的账务处理如下。

该债券的实际利率 r 计算如下：

$$(1\,250\,000 \times 4.72\% \times 5 + 1\,250\,000) \times (1+r)^{-5} = 1\,000\,000$$

由此计算得出 $r \approx 9.05\%$

采用实际利率法编制利息收入与摊余成本计算表，如表 4-4 所示。

表 4-4　利息收入与摊余成本计算表

日　期	应计利息/元	实际利率	实际利息收入/元	已收回本金/元	摊余成本/元
20×1 年 1 月 1 日					1 000 000
20×1 年 12 月 31 日	59 000	9.05%	90 500	−90 500	1 090 500
20×2 年 12 月 31 日	59 000	9.05%	98 690	−98 690	1 189 190
20×3 年 12 月 31 日	59 000	9.05%	107 622	−107 622	1 296 812
20×4 年 12 月 31 日	59 000	9.05%	117 361	−117 361	1 414 173
20×5 年 12 月 31 日	59 000	9.05%	130 827	−130 827	1 545 000
合　计	295 000	—	545 000	−545 000	—

(1) 20×1 年 1 月 1 日：

取得持有至到期投资时，

借：持有至到期投资——G 公司债券(成本)　　1 250 000

　　贷：银行存款　　1 000 000

　　　　持有至到期投资——G 公司债券(利息调整)　　250 000

(2) 20×1 年 12 月 31 日：

确认实际利息收入，

借：持有至到期投资——G 公司债券(应计利息)　　59 000

　　持有至到期投资——G 公司债券(利息调整)　　31 500

　　贷：投资收益　　90 500

(3) 20×2 年 12 月 31 日：

确认实际利息收入，

借：持有至到期投资——G 公司债券(应计利息)　　59 000

　　持有至到期投资——G 公司债券(利息调整)　　39 690

　　贷：投资收益　　98 690

(4) 20×3 年 12 月 31 日：

确认实际利息收入，

借：持有至到期投资——G 公司债券(应计利息)　　59 000

　　持有至到期投资——G 公司债券(利息调整)　　48 622

　　贷：投资收益　　107 622

(5) 20×4 年 12 月 31 日：

确认实际利息收入，

借：持有至到期投资——G 公司债券(应计利息)　　59 000

　　持有至到期投资——G 公司债券(利息调整)　　58 361

　　贷：投资收益　　117 361

(6) 20×5 年 12 月 31 日：

确认实际利息收入，

借：持有至到期投资——G 公司债券(应计利息)　　59 000

　　持有至到期投资——G 公司债券(利息调整)　　71 827

　　贷：投资收益　　130 827

到期收回本金和利息，

借：银行存款　　1 545 000

　　贷：持有至到期投资——G 公司债券(成本)　　1 250 000

　　　　持有至到期投资——G 公司债券(应计利息)　　295 000

4.4.3 持有至到期投资处置与重分类的会计处理

出售持有至到期投资，应按实际收到的金额，借记“银行存款”等科目，按其账面余额，贷记“持有至到期投资——成本、利息调整、应计利息”科目，按其差额，贷记或借记“投资收益”科目。已计提减值准备的，还应同时结转减值准备。

企业将某金融资产划分为持有至到期投资后，可能会发生到期前将该金融资产予以处置或重分类的情况。这种情况的发生，通常表明企业违背了将投资持有至到期的最初意图。

企业将尚未到期的某项持有至到期投资在本会计年度内出售或重分类为可供出售金融资产的金额，相对于该类投资(即企业全部持有至到期投资)在出售或重分类前的总额较大时，则企业在处置或重分类后应立即将其剩余的持有至到期投资(即全部持有至到期投资扣除已处置或重分类的部分)重分类为可供出售金融资产，且在本会计年度及以后两个完整的会计年度内不得再将该金融资产划分为持有至到期投资。但是，下列情况除外。

(1) 出售日或重分类日距离该项投资到期日或赎回日较近(如到期前 3 个月内)，且市场利率变化对该项投资的公允价值没有显著影响。

(2) 根据合同约定的定期偿付或提前还款方式收回该投资几乎所有初始本金后，将剩余部分予以出售或重分类。

(3) 出售或重分类是由于企业无法控制、预期不会重复发生且难以合理预计的独立事项所引起。此种情况主要包括：①因被投资单位信用状况严重恶化，将持有至到期投资予以出售；②因相关税收法规取消了持有至到期投资的利息税前可抵扣政策，或显著减少了税前可抵扣金额，将持有至到期投资予以出售；③因发生重大企业合并或重大处置，为保持现行利率风险头寸或维持现行信用风险政策，将持有至到期投资予以出售；④因法律、行政法规对允许投资的范围或特定投资品种的投资限额做出重大调整，将持有至到期投资予以出售；⑤因监管部门要求大幅度提高资产流动性，或大幅度提高持有至到期投资在计算资本充足率时的风险权重，将持有至到期投资予以出售。

【例 4-8】 20×6 年 7 月，某银行支付 19 100 000 美元从市场上以折价方式购入一批美国甲汽车金融公司发行的 3 年期固定利率债券，票面年利率 5.5%，债券面值为 20 000 000 美元。该银行将其划分为持有至到期投资。

20×8 年年初，美国汽车行业受燃油价格上涨、劳资纠纷、成本攀升等诸多因素影响，盈利能力明显减弱，甲汽车金融公司所发行债券的二级市场价格严重下滑。为此，国际公认的评级公司将甲汽车金融公司的长期信贷等级从 Baa2 下调至 Baa3，认为甲汽车金融公司的清偿能力较弱，风险相对越来越大，对经营环境和其他内外部条件变化较为敏感，容易受到冲击，具有较大的不确定性。

综合考虑上述因素，该银行认为，尽管所持有的甲汽车金融公司债券剩余期限较短，但由于其未来表现存有相当大的不确定性，继续持有这些债券会有较大的信用风险。为此，该银行于 20×8 年 3 月将该持有至到期债券按低于面值的价格出售。

本例中，该银行出售所持有的甲汽车金融公司债券主要是由于其本身无法控制、预期不会重复发生且难以合理预计的独立事项所引起，因而不会影响到其对其他持有至到期投资的分类。

企业因持有至到期投资部分出售或重分类的金额较大，且不属于《企业会计准则》所允许的例外情况，使该投资的剩余部分不再适合划分为持有至到期投资的，企业应当将该投资的剩余部分重分类为可供出售金融资产，并以公允价值进行后续计量。重分类日，该投资剩余部分的账面价值与其公允价值之间的差额计入所有者权益，在该可供出售金融资产发生减值或终止确认时转出，计入当期损益。

【例 4-9】 20×7 年 3 月，由于公司的持有意图发生改变，牡丹公司于 4 月 1 日以 990 000 元的市价(即公允价值)出售尚未到期原划分为持有至到期投资的 H 公司债券，该债券的面值为 1 000 000 元，按年付息、到期还本，出售时“利息调整”明细科目的余额为贷方 50 000 元。

不考虑债券出售等其他相关因素的影响，牡丹公司相关的账务处理如下：

借：银行存款	990 000	
持有至到期投资——H 公司债券(利息调整)	50 000	
贷：持有至到期投资——H 公司债券(成本)		1 000 000
投资收益		40 000

假设牡丹公司仅出售该债券的 20%，剩余部分重分类为可供出售金融资产，则相关的账务处理如下。

出售债券 20%的部分：

借：银行存款	198 000	
持有至到期投资——H 公司债券(利息调整)	10 000	
贷：持有至到期投资——H 公司债券(成本)		200 000
投资收益		8 000

剩余债券80%的部分重分类：

借：可供出售金融资产——H公司债券(成本) 800 000

持有至到期投资——H公司债券(利息调整) 40 000

可供出售金融资产——H公司债券(公允价值变动) 32 000

贷：持有至到期投资——H公司债券(成本) 800 000

可供出售金融资产——H公司债券(利息调整) 40 000

资本公积——其他资本公积 32 000

本章小结

本章涉及以公允价值计量且其变动计入当期损益的金融资产、可供出售金融资产和持有至到期投资3项金融资产。应能够界定3项金融资产各自的核算内容及3项金融资产之间的区别。

以公允价值计量且其变动计入当期损益的金融资产和可供出售金融资产均以公允价值进行计量。以公允价值计量且其变动计入当期损益的金融资产初始取得时的交易费用计入当期损益，可供出售金融资产初始取得时的交易费用计入初始投资成本；以公允价值计量且其变动计入当期损益的金融资产持有期间公允价值的变动计入当期损益，可供出售金融资产持有期间公允价值的变动计入资本公积；以公允价值计量且其变动计入当期损益的金融资产处置时对公允价值变动部分以“公允价值变动损益”结转投资损益，可供出售金融资产处置时对公允价值变动部分以“资本公积”结转投资损益。

持有至到期投资以摊余成本进行计量，持有至到期投资在持有期间应当按照摊余成本计量，并采用实际利率确认利息收入。摊余成本是指该金融资产的初始确认金额扣除已偿还的本金，加上或减去采用实际利率法将该初始确认金额与到期日金额之间的差额进行摊销形成的累计摊销额，并扣除已发生的减值损失后的余额。

企业将尚未到期的某项持有至到期投资在本会计年度内出售或重分类为可供出售金融资产的金额，相对于该类投资在出售或重分类前的总额较大时，应将其剩余的持有至到期投资重分类为可供出售金融资产，并以公允价值进行后续计量。

习　题

一、名词解释

1. 金融资产
2. 交易性金融资产
3. 可供出售金融资产
4. 持有至到期投资
5. 摊余成本
6. 实际利率

二、单项选择题

1．20×3 年 1 月 1 日，甲上市公司购入一批股票，作为交易性金融资产核算和管理。实际支付价款 2 000 万元，其中包含已经宣告的现金股利 100 万元，另支付相关交易费用 46 万元，均以银行存款支付。假定不考虑其他因素，该项交易性金融资产的入账价值为(　　)万元。

A．1 900　　B．2 046　　C．2 000　　D．2 100

2．20×3 年 1 月 1 日，M 上市公司购入一批股票，作为交易性金融资产进行核算和管理。实际支付价格 100 万元，其中包含已经宣告的现金股利 1 万元，另支付相关交易费用 2 万元，上述款项均以银行存款支付，假定不考虑其他因素，该交易性金融资产的入账价值和影响当期损益的金额分别为(　　)。

A．100 万元和 3 万元　　B．102 万元和 2 万元

C．99 万元和 2 万元　　D．103 万元和 0 元

3．在已经确认资产减值损失的金融资产价值恢复时，下列金融资产的损失不得通过损益转回的是(　　)。

A．持有至到期投资的减值损失　　B．可供出售债务工具的减值损失

C．可供出售权益工具的减值损失　　D．贷款及应收款项的减值损失

4．甲公司 20×9 年 7 月 1 日，将其于 20×7 年 1 月 1 日购入的债券予以转让，转让价款为 2 100 万元，该债券系 20×7 年 1 月 1 日发行的，面值为 2 000 万元，票面年利率为 3%，到期一次还本付息，期限为 3 年。甲公司将其划分为持有至到期投资。转让时，利息调整明细科目的贷方余额为 12 万元，20×9 年 7 月 1 日，该债券投资的减值准备金额为 15 万元，甲公司转让时该项金融资产应确认的投资收益为(　　)万元。

A．－63　　B．－27　　C．－23　　D．－75

5．M 公司于 20×8 年 1 月 1 日购入 N 公司当日发行的债券作为持有至到期投资，公允价值为 10 400 万元的公司债券，期限为 3 年，票面年利率为 3%，面值为 10 000 万元，实际利率为 2%，每年年末付息，采用实际利率法摊销，则 2008 年年末持有至到期投资摊余成本为(　　)万元。

A．10 400　　B．10 308　　C．204　　D．300

6．20×9 年 1 月 1 日，甲公司自证券市场购入面值总额为 2 000 万元的债券。购入时实际支付价款 2 078.98 万元，另外支付交易费用 10 万元。该债券发行日为 20×9 年 1 月 1 日，系分期付息、到期还本债券，期限为 5 年，票面年利率为 5%，年实际利率为 4%，每年 12 月 31 日支付当年利息。甲公司将该债券作为持有至到期投资核算。假定不考虑其他因素，该持有至到期投资 20×9 年 12 月 31 日的账面价值为(　　)万元。

A．2 062．14　　B．2 068．98　　C．2 072．54　　D．2 083．43

三、多项选择题

1．关于金融资产的计量，下列说法中正确的有(　　)。

A．交易性金融资产应当按照取得时的公允价值和相关的交易费用作为初始确认金额

B．可供金融资产应当按取得该金融资产的公允价值和相关交易费用之和作为初始确认金额

C．可供金融资产应当按照取得时的公允价值作为初始确认金额，相关的交易费用在发生时计入当期损益

D．持有至到期投资在持有期间应当按照摊余成本和实际利率计算确认利息收入，计入投资收益

2. 下列金融资产中，应划分为可供出售金融资产的是(　　)。

A. 企业从二级市场购入准备随时出售的普通股票

B. 企业购入有意图和能力持有至到期的公司债券

C. 企业购入没有公开报价且不准备随时变现的 A 公司 5%的股权

D. 企业购入有公开报价但不准备随时变现的 A 公司 5%的流通股股票

3. 下列各项中，会引起持有至到期投资账面价值发生增减变动的有(　　)。

A. 计提持有至到期投资减值准备

B. 期末对到期一次还本付息债券计提利息

C. 出售持有至到期投资

D. 债券市价发生临时波动

4. 下列项目中属于金融资产的有(　　)。

A. 库存现金　　B. 应收账款　　C. 持有至到期投资　　D. 预收账款

5. 下列项目中可作为交易性金融资产的有(　　)。

A. 企业以赚取差价为目的从二级市场购入的股票

B. 企业以赚取差价为目的从二级市场购入的债券

C. 企业以赚取差价为目的从二级市场购入的基金

D. 到期日固定、回收金额固定或可确定，且企业有明确意图和能力持有至到期的非衍生金融资产

四、判断题

1. 取得交易性金融资产所支付价款中包含了已宣告但尚未发放的债券利息应记入“交易性金融资产”的成本。(　　)

2. 企业为取得交易性金融资产发生的交易费用应计入交易性金融资产初始确认金额。(　　)

3. 期末应将“公允价值变动损益”账户余额转入“投资收益”账户。(　　)

4. 处置持有至到期投资时，应将所取得的价款与该投资账面价值之间的差额记入资本公积。(　　)

5. 以公允价值计量且其变动计入当期损益的金融资产包括交易性金融资产和可供出售金融资产。(　　)

五、简答题

1. 简述金融资产的概念及其主要内容。

2. 简述交易性金融资产和可供出售金融资产在会计处理上的主要区别之处。

3. 简述持有至到期投资的概念及其特征。

六、业务题

1. 甲企业系上市公司，按季对外提供中期财务报表，按季计提利息。20×8 年有关业务如下。

(1) 1 月 5 日甲企业以赚取差价为目的从二级市场购入一批债券作为交易性金融资产，面值总额为 2 000 万元，票面利率为 6%，3 年期，每半年付息一次，该债券发行日为 20×7

年 1 月 1 日。取得时支付的价款为 2 060 万元，含已到付息期但尚未领取的 20×7 年下半年的利息 60 万元，另支付交易费用 40 万元，全部价款以银行存款支付。

(2) 1 月 15 日，收到 20×7 年下半年的利息 60 万元。

(3) 3 月 31 日，该债券公允价值为 2 200 万元。

(4) 3 月 31 日，按债券票面利率计算利息。

(5) 6 月 30 日，该债券公允价值为 1 960 万元。

(6) 6 月 30 日，按债券票面利率计算利息。

(7) 7 月 15 日，收到 20×8 年上半年的利息 60 万元。

(8) 8 月 15 日，将该债券全部处置，实际收到价款 2 400 万元。

要求：根据以上业务，编制有关交易性金融资产的会计分录。

2．A 公司 20×7～20×9 年发生与金融资产有关的业务如下。

(1) 20×7 年 1 月 1 日，A 公司支付 2 360 万元购入甲公司于当日发行的 5 年期债券 20 万张，每张面值 100 元，票面利率 7%，每年年末付息，到期一次还本，另支付相关费用 6. 38 万元。A 公司将其划分为持有至到期投资，经计算确定其实际利率为 3%.

(2) 20×8 年，甲公司发生严重财务困难，虽仍可支付该债券当年的票面利息，但预计未来现金流量将受到严重影响，20×8 年年底，A 公司经合理估计，预计该持有至到期投资的预计未来现金流量现值为 2 000 万元。

假设不考虑其他因素(计算结果保留两位小数)。

要求：

(1) 编制 20×7 年 1 月 1 日 A 公司取得该金融资产的有关分录。

(2) 计算确定 20×7 年 12 月 31 日 A 公司该项持有至到期投资的摊余成本，并编制有关分录。

(3) 编制 20×8 年 12 月 31 日 A 公司该项持有至到期投资的有关分录。

3．甲股份有限公司(以下简称甲公司)有关资料如下。

(1) 20×7 年 2 月 5 日，甲公司以银行存款从二级市场购入 B 公司股票 100 000 股，划分为可供出售金融资产，每股买价 12 元，同时支付相关税费 10 000 元。

(2) 20×7 年 4 月 10 日，B 公司宣告发放现金股利，每股 0.5 元。

(3) 20×7 年 4 月 20 日，收到 B 公司发放的现金股利 50 000 元。

(4) 20×7 年 12 月 31 日，B 公司股票市价为每股 14 元。

(5) 20×8 年 12 月 31 日，B 公司股票市价发生暂时性下跌，市价为每股 13 元。

(6) 20×9 年 1 月 18 日，甲公司出售 B 公司股票 100 000 股，取得价款 146 万元(已扣除相关税费)。

要求：根据上述经济业务，编制甲公司的有关会计分录。

第 5 章 长期股权投资

教学目的与要求

通过对本章的学习，学生应掌握长期股权投资的核算范围；熟悉同一控制下企业合并与非同一控制下企业合并形成长期股权投资的初始计量；掌握非企业合并形成长期股权投资的初始计量；掌握成本法的核算范围及相关会计处理；掌握权益法的核算范围及相关会计处理；了解成本法与权益法之间转换的处理原则。

案例导读

雅戈尔(600177)2011 年年报附注中列示了如表 5-1 和表 5-2 所示的资料。

表 5-1 长期股权投资分类表

单位：元

项目	期末余额	期初余额
合营企业	157 153 889.00	76 802 486.08
联营企业	1 275 090 476.34	954 080 608.02
其他股权投资	1 071 184 218.11	1 145 405 118.11
合计	2 503 428 583.45	2 176 288 212.21

表 5-2 长期股权投资明细情况表

被投资单位	核算方法	在被投资单位持股比例
杭州中海雅戈尔房地产有限公司	权益法	50.00%
宁波宜科科技实业股份有限公司	权益法	29.84%
汉麻产业投资控股有限公司	权益法	40.00%
嵊州盛泰针织有限公司	权益法	26.00%
…	…	…
浙商财产保险股份有限公司	成本法	18.00%
上海艺鼎经济贸易有限公司	成本法	5.00%
宁波东南商报经营有限公司	成本法	9.00%
银联商务有限公司	成本法	5.05%

续表

被投资单位	核算方法	在被投资单位持股比例/%
杭州创业软件股份有限公司	成本法	16.50%
山西阳光焦化(集团)有限公司	成本法	5.11%
…	…	…

注：以上数据来源于雅戈尔(600177)2011年年报资料，表格中为部分资料内容。

从资料中可以看出，雅戈尔公司的长期股权投资主要包括对合营企业、联营企业的投资以及其他股权投资，对长期股权投资的核算方法采用权益法或成本法。那么，长期股权投资的权益法和成本法有何不同？这些内容正是本章要讨论的主要问题。

5.1 长期股权投资概述

5.1.1 长期股权投资的概念及特征

长期股权投资是指投资企业通过拥有被投资企业的股份成为被投资企业的股东，并按所持股份比例享有权益并承担风险的一种权益性投资。

长期股权投资一般具有如下特点。

(1) 准备长期持有。

(2) 能够获取经济利益，并承担相应的风险。

(3) 长期股权投资相对于债权投资而言，投资风险较大。

5.1.2 长期股权投资的核算范围

长期股权投资的核算包括下列4种情况。

(1) 投资企业能够对被投资企业实施控制的权益性投资，即对子公司投资

控制是指有权决定一个企业的财务和经营政策，并能据以从该企业的经营活动中获取利益。控制一般存在于以下情况，如：投资企业直接拥有被投资企业50%以上的表决权资本，投资企业直接拥有被投资企业50%或以下的表决权资本，但具有实质控制权的情况。投资企业与被投资企业存在下列一种或几种关系时，可以判定实质控制权成立。

① 通过与其他投资者的协议，投资企业拥有被投资企业50%以上表决权资本的控制权。例如，A公司拥有B公司35%的表决权资本，C公司拥有B公司25%的表决权资本。A公司与C公司达成协议，C公司在B公司的权益由A公司代表。在这种情况下，A公司实质上拥有B公司60%表决权资本的控制权，表明A公司实质上控制B公司。

② 根据章程或协议，投资企业有权控制被投资企业的财务和经营政策。例如，A公司拥有B公司40%的表决权资本，同时根据协议，B公司的生产经营决策由A公司控制。

③ 有权任免被投资企业董事会等类似权力机构的多数成员。这种情况是指，虽然投资企业仅拥有被投资企业50%或以下表决权资本，但根据章程或协议有权任免被投资企业董事会的多数董事，能够达到实质上控制的目的。

④ 在被投资企业董事会或类似权力机构会议上有半数以上投票权。这种情况是指，虽然投资企业仅拥有被投资企业50%或以下表决权资本，但能够控制被投资企业董事会等类

似权力机构的会议，从而能够控制其财务和经营政策。

(2) 投资企业与其他合营方一同对被投资企业实施共同控制的权益性投资，即对合营企业投资。

共同控制是指按照合同约定对某项经济活动共有的控制，仅在与该项经济活动相关的重要财务和经营政策需要分享控制权的投资方一致同意时存在。投资企业与其他方对被投资企业实施共同控制的，被投资企业为其合营企业。在确定是否构成共同控制时，一般可以考虑以下情况作为确定基础：①任何一个合营方均不能单独控制合营企业的生产经营活动；②涉及合营企业基本经营活动的决策需要各合营方一致同意；③各合营方可能通过合同或协议的形式任命其中的一个合营方对合营企业的日常活动进行管理，但其必须在各合营方已经一致同意的财务和经营政策范围内行使管理权。

(3) 投资企业对被投资企业具有重大影响的权益性投资，即对联营企业投资。

重大影响是指对一个企业的财务和经营政策有参与决策的权力，但并不能够控制或者与其他方一起共同控制这些政策的制定。投资企业直接或通过子公司间接拥有被投资企业20%以上但低于 50%的表决权股份时，一般认为对被投资企业具有重大影响，除非有明确的证据表明该种情况下不能参与被投资企业的生产经营决策，不形成重大影响。投资企业拥有被投资企业有表决权股份的比例低于 20%的，一般认为对被投资企业不具有重大影响，但符合下列情况之一的，应认为对被投资企业具有重大影响。

① 在被投资企业的董事会或类似权力机构中派有代表。这种情况下，由于在被投资企业的董事会或类似权力机构中派有代表，并享有相应的实质性的参与决策权，投资企业可以通过该代表参与被投资企业经营政策的制定，达到对被投资企业施加重大影响。

② 参与被投资企业的政策制定过程，包括股利分配政策等的制定。这种情况下，因可以参与被投资企业的政策制定过程，在制定政策过程中可以为其自身利益提出建议和意见，从而对被投资企业施加重大影响。

③ 与被投资企业之间发生重要交易。有关的交易因对被投资企业的日常经营具有重要性，进而一定程度上可以影响到被投资企业的生产经营决策。

④ 向被投资企业派出管理人员。这种情况下，通过投资企业对被投资企业派出管理人员，管理人员有权力并负责被投资企业的财务和经营活动，从而能够对被投资企业施加重大影响。

⑤ 向被投资企业提供关键技术资料。因被投资企业的生产经营需要依赖投资企业的技术或技术资料，表明投资企业对被投资企业具有重大影响。

在确定能否对被投资企业施加重大影响时，一方面应考虑投资企业直接或间接持有被投资企业的表决权股份，同时要考虑企业及其他方持有的现行可执行潜在表决权在假定转换为对被投资企业的股权后产生的影响，如被投资企业发行的现行可转换的认股权证、股票期权及可转换公司债券等的影响，如果其在转换为对被投资企业的股权后，能够增加投资企业的表决权比例或是降低被投资企业其他投资者的表决权比例，从而使得投资企业能够参与被投资企业的财务和经营决策的，应当认为投资企业对被投资企业具有重大影响。

(4) 投资企业持有的对被投资企业不具有控制、共同控制或重大影响，并且在活跃市场中没有报价、公允价值不能可靠计量的权益性投资。

投资企业对被投资企业不具有控制、共同控制或重大影响，也即投资企业持有被投资企业有表决权股份的比例低于 20%，并且在实质上也不形成控制、共同控制或重大影响的关系。

5.2 长期股权投资的初始计量

长期股权投资包括企业合并形成的长期股权投资和非企业合并形成的长期股权投资。

企业合并是指将两个或者两个以上单独的企业合并形成一个报告主体的交易或事项。企业合并从合并方式划分，包括控股合并、吸收合并和新设合并。企业合并形成的长期股权投资是指通过控股合并的方式取得的权益性投资。

5.2.1 企业合并形成长期股权投资的初始计量

企业合并形成的长期股权投资分为同一控制下企业合并形成的长期股权投资和非同一控制下企业合并形成的长期股权投资。

同一控制下企业合并是指参与合并的企业在合并前后均受同一方或相同的多方最终控制且该控制并非暂时性的企业合并。

非同一控制下的企业合并是指参与合并各方在合并前后不受同一方或相同的多方最终控制的交易合并，即属于同一控制下的企业合并的情况以外的其他的企业合并。

1. 同一控制下企业合并形成的长期股权投资

对于同一控制下的企业合并，从能够对参与合并各方在合并前及合并后均实施最终控制的一方来看，最终控制方在企业合并前及合并后能够控制的资产并没有发生变化。合并方通过企业合并形成的对被合并方的长期股权投资，其成本代表的是在被合并方所有者权益账面价值中享有的份额。

(1) 合并方以支付现金、转让非现金资产或承担债务方式作为合并对价

合并方以支付现金、转让非现金资产或承担债务方式作为合并对价的，应当在合并日按照取得被合并方所有者权益账面价值的份额作为长期股权投资的初始投资成本。长期股权投资的初始成本与支付的现金、转让的非现金资产及所承担债务账面价值之间的差额，应当调整资本公积(资本溢价或股本溢价)；资本公积(资本溢价或股本溢价)的余额不足冲减的，调整留存收益。

合并方发生的审计、法律服务、评估咨询等中介费用及其他相关管理费用，应当于发生时计入当期管理费用。

具体进行会计处理时，合并方在合并日按取得被合并方所有者权益账面价值的份额，借记“长期股权投资”科目，按应享有被投资企业已宣告但尚未发放的现金股利或利润，借记“应收股利”科目，按支付的合并对价的账面价值，贷记有关资产或借记有关负债科目，如为贷方差额，按其差额贷记“资本公积——资本溢价或股本溢价”科目；如为借方差额，应借记“资本公积——资本溢价或股本溢价”科目，资本公积(资本溢价或股本溢价)不足冲减的，借记“盈余公积”、“利润分配——未分配利润”科目。

【例 5-1】牡丹公司和 A 公司同为甲集团的子公司，20×2 年 6 月 1 日，牡丹公司以银行存款 720 万元取得 A 公司 80%的股份，同日 A 公司所有者权益的账面价值为 1 000 万元。牡丹公司另支付评估费、法律服务费等共计 50 万元。

牡丹公司的账务处理如下。

20×2 年 6 月 1 日：

借：长期股权投资——A 公司　　8 000 000

　　贷：银行存款　　7 200 000

　　　　资本公积——股本溢价　　800 000

支付的评估费、法律服务费等：

借：管理费用　　500 000

　　贷：银行存款　　500 000

(2) 合并方以发行权益性证券作为合并对价。

合并方以发行权益性证券作为合并对价的，应按发行权益性证券的面值总额作为股本，长期股权投资初始投资成本与所发行权益性证券面值总额之间的差额，应当调整资本公积(股本溢价)；资本公积(股本溢价)不足冲减的，调整留存收益。

具体进行会计处理时，在合并日应按取得被合并方所有者权益账面价值的份额，借记“长期股权投资”科目，按应享有被投资企业已宣告但尚未发放的现金股利或利润，借记“应收股利”科目，按发行权益性证券的面值，贷记“股本”科目，按其差额，贷记“资本公积——资本溢价或股本溢价”科目；如为借方差额，应借记“资本公积——股本溢价”科目，资本公积(股本溢价)不足冲减的，借记“盈余公积”、“利润分配——未分配利润”科目。发行权益性证券过程中支付的手续费、佣金等费用，借记“资本公积——股本溢价”科目，贷记“银行存款”科目。

【例 5-2】牡丹公司和 B 公司同为乙集团的子公司，20×3 年 8 月 1 日牡丹公司发行 600 万股普通股(每股面值 1 元)作为对价取得 B 公司 60%的股权，同日 B 企业净资产账面价值总额为 1 300 万元。牡丹公司另向证券承销机构支付手续费、佣金等 70 万元。

牡丹公司的账务处理如下。

20×3 年 8 月 1 日：

借：长期股权投资——B 公司　　7 800 000

　　贷：股本　　6 000 000

　　　　资本公积——股本溢价　　1 800 000

支付发行股票的手续费、佣金等：

借：资本公积——股本溢价　　700 000

　　贷：银行存款　　700 000

(3) 合并方通过多次交换交易分步形成企业合并。

通过多次交换交易，分步取得股权最终形成企业合并的，合并方应当以持股比例计算的合并日应享有被合并方所有者权益账面价值的份额作为该项投资的初始投资成本。初始投资成本与其原长期股权投资账面价值加上合并日取得进一步股份新支付对价的公允价值之和的差额，调整资本公积(资本溢价或股本溢价)，资本公积不足冲减的，冲减留存收益。

2. 非同一控制下企业合并形成的长期股权投资

(1) 购买方以支付现金、转让非现金资产或承担债务方式作为合并对价

非同一控制下的控股合并中，购买方应当按照确定的企业合并成本作为长期股权投资的初始投资成本。企业合并成本包括购买方付出的资产、发生或承担的负债、发行的权益性证券的公允价值之和。

具体进行会计处理时，对于非同一控制下企业合并形成的长期股权投资，应在购买日按企业合并成本(不含应自被投资企业收取的现金股利或利润)，借记“长期股权投资”科目，按享有被投资企业已宣告但尚未发放的现金股利或利润，借记“应收股利”科目，按支付合并对价的账面价值，贷记有关资产或借记有关负债科目，按其差额，贷记“营业外收入”或“投资收益”等科目，或借记“营业外支出”、“投资收益”等科目。

企业合并发生的审计、法律服务、咨询评估等中介费用及其他各项直接相关费用，计入当期管理费用，借记“管理费用”科目，贷记“银行存款”等科目。

非同一控制下企业合并涉及以库存商品等作为合并对价的，应按库存商品的公允价值，贷记“主营业务收入”或“其他业务收入”科目，并同时结转相关的成本。

【例 5-3】牡丹公司和 C 公司为两个独立的法人企业，合并之前不存在任何关联方关系。20×2 年 2 月 20 日，双方达成合并协议，牡丹公司出资 3 000 万元取得 C 公司 70%的股权。20×2 年 3 月 1 日，牡丹公司实际支付 3 000 万元，并于当日取得实际控制权，合并过程中另支付资产评估费、法律服务费等共计 120 万元。

牡丹公司的账务处理如下。

20×2 年 3 月 1 日：

借：长期股权投资——C 公司	30 000 000	
贷：银行存款		30 000 000

支付的资产评估费、法律服务费等：

借：管理费用	1 200 000	
贷：银行存款		1 200 000

(2) 购买方以发行权益性证券作为合并对价。

购买方以发行权益性证券作为合并对价的，合并成本为购买方在购买日为取得被购买方的控制权而发行的权益性证券的公允价值。

购买方为发行权益性证券而支付的手续费、佣金等费用，应当抵减权益性证券的溢价发行收入，溢价发行收入不足冲减的，冲减留存收益，不构成初始投资成本。

具体进行会计处理时，购买方应当在购买日，按照所发行权益性证券的公允价值，借记“长期股权投资”科目，按应享有被投资企业已宣告但尚未发放的现金股利或利润，借记“应收股利”科目，按发行权益性证券的面值，贷记“股本”科目，按其差额，贷记“资本公积——股本溢价”科目。发行权益性证券过程中支付的手续费、佣金等费用，借记“资本公积——股本溢价”科目，贷记“银行存款”科目，溢价收入不足冲减的，借记“盈余公积”、“利润分配——未分配利润”科目。

【例 5-4】牡丹公司和 D 公司为两个独立的法人企业，合并之前不存在任何关联方关系。20×2 年 10 月 1 日牡丹公司发行 1 000 万股普通股(每股面值 1 元)作为对价取得 D 公司 80%的股权，该股票的公允价值为 6 元/股，并于当日办妥手续，取得 D 公司实际控制权。牡丹公司另向证券承销机构支付手续费、佣金等 270 万元。

牡丹公司的账务处理如下。

20×2 年 10 月 1 日：

借：长期股权投资——D 公司	60 000 000	
贷：股本		10 000 000
资本公积——股本溢价		50 000 000

支付发行股票的手续费、佣金等：

借：资本公积——股本溢价　　2 700 000

　　贷：银行存款　　2 700 000

(3) 购买方通过多次交换交易分步形成企业合并。

通过多次交换交易，分步取得股权最终形成企业合并的，购买方应当以购买日之前所持被购买方的股权投资的账面价值与购买日新增投资成本之和，作为该项投资的初始投资成本。其中，达到企业合并前持有的长期股权投资采用成本法核算的，长期股权投资在购买日的初始投资成本为原成本法下的账面价值加上购买日取得进一步股份新支付对价的公允价值之和；达到企业合并前对长期股权投资采用权益法核算的，长期股权投资在购买日的初始投资成本为原权益法下的账面价值加上购买日取得进一步股份新支付对价的公允价值之和；达到企业合并前对长期股权投资采用公允价值计量的(如原分类为可供出售金融资产的股权投资)，长期股权投资在购买日的初始投资成本为原公允价值计量的账面价值加上购买日取得进一步股份新支付对价的公允价值之和。购买日之前持有的被购买方的股权涉及其他综合收益的，应当在处置该项投资时将与其相关的其他综合收益(如可供出售金融资产公允价值变动计入资本公积的部分)转入当期投资收益。

知识链接

目前我国企业的合并大部分是同一控制下的企业合并，现行《企业会计准则》规定：同一控制下企业合并中合并方取得的净资产账面价值与支付的合并对价账面价值 (或发行股份面值总额)的差额，调整资本公积，有效遏制了一些“ST”类上市公司通过合并重组一夜暴富，甩掉亏损帽子的行为。在一定程度上规范了企业盈余管理行为，避免了利润操纵，提高了上市公司利润的可信度。

5.2.2　非企业合并形成长期股权投资的初始计量

企业通过非企业合并方式形成的长期股权投资，应当根据不同的取得方式，按照实际支付的价款、转让非现金资产的公允价值、发行权益性证券的公允价值等分别确定其初始投资成本。

1. *以支付现金取得的长期股权投资*

企业以支付现金取得的长期股权投资的，应当按照实际支付的购买价款作为长期股权投资的初始投资成本，包括购买过程中支付的手续费、佣金等必要支出。

企业无论以何种方式取得长期股权投资，取得投资时，对于投资成本中包含的应享有被投资企业已经宣告但尚未发放的现金股利或利润应作为应收项目单独核算，不构成取得长期股权投资的初始投资成本。

【例 5-5】20×2 年 4 月 1 日，牡丹公司从证券市场上购入 E 公司发行在外 1 000 万股股票作为长期股权投资，每股 8 元(含已宣告但尚未发放的现金股利 0.5 元)，实际支付价款 8 000 万元，另支付佣金、印花税等相关税费 40 万元。

牡丹公司的账务处理如下。

20×2 年 4 月 1 日：

借：长期股权投资——E 公司　　75 400 000

　　应收股利　　5 000 000

　　贷：银行存款　　80 400 000

2. 以发行权益性证券方式取得的长期股权投资

企业以发行权益性证券方式取得的长期股权投资，其成本为所发行权益性证券的公允价值，但不包括应自被投资企业收取的已宣告但尚未发放的现金股利或利润。

为发行权益性证券支付给有关证券承销机构等的手续费、佣金等与权益性证券发行直接相关的费用，不构成取得长期股权投资的成本，应自权益性证券的溢价发行收入中扣除，权益性证券的溢价收入不足冲减的，应冲减盈余公积和未分配利润。

【例 5-6】20×2 年 3 月 5 日，牡丹公司通过增发 9 000 万股本公司普通股(每股面值 1 元)取得 F 公司 20%的股权，该 9 000 万股股份的公允价值为 15 600 万元。为增发该部分股份，牡丹公司向证券承销机构等支付了 500 万元的佣金和手续费。假定牡丹公司取得该部分股权后，能够对 F 公司的财务和生产经营决策施加重大影响。

牡丹公司的账务处理如下。

20×2 年 3 月 5 日：

借：长期股权投资——F 公司	156 000 000	
贷：股本		90 000 000
资本公积——股本溢价		66 000 000

支付的佣金和手续费：

借：资本公积——股本溢价	5 000 000	
贷：银行存款		5 000 000

3. 投资者投入的长期股权投资

企业取得投资者投入的长期股权投资，应当按照投资合同或协议约定的价值作为初始投资成本，但合同或协议约定的价值不公允的除外。

投资者投入的长期股权投资是指投资者以其持有的对第三方的投资作为出资投入企业。

4. 以债务重组、非货币性资产交换等方式取得的长期股权投资

企业以债务重组、非货币性资产交换等方式取得的长期股权投资，其初始投资成本应按照《企业会计准则第 12 号——债务重组》和《企业会计准则第 7 号——非货币性资产交换》的规定确定。

5.3 长期股权投资的后续计量

长期股权投资在持有期间，根据投资企业对被投资企业经营和财务政策的影响程度，以及是否存在活跃市场、公允价值能否可靠计量等进行划分，应当分别选择成本法或权益法进行核算。

5.3.1 长期股权投资的成本法

成本法是指长期股权投资按初始投资成本入账后，除追加投资或收回投资外，长期股权投资的账面价值不发生改变的一种会计核算方法。

企业持有的对子公司投资，以及对被投资企业不具有控制、共同控制或重大影响，且在活跃市场中没有报价、公允价值不能可靠计量的长期股权投资应当采用成本法核算。

采用成本法核算的长期股权投资，应设置“长期股权投资”科目，核算企业持有的长期股权投资的投资成本。其核算的基本程序如下：

(1) 初始投资或追加投资时，按照初始投资或追加投资时的成本增加长期股权投资的账面价值，借记“长期股权投资”科目，贷记“银行存款”等科目。

(2) 除取得投资时实际支付的价款或对价中包含的已宣告但尚未发放的现金股利或利润外，投资企业应当按照享有被投资企业宣告发放的现金股利或利润确认投资收益，借记“应收股利”科目，贷记“投资收益”科目，实际收到现金股利时，借记“银行存款”科目，贷记“应收股利”科目。

投资企业在按照享有被投资企业宣告发放的现金股利或利润确认投资收益时，不需要考虑有关利润分配是属于对取得投资前还是取得投资后被投资企业实现净利润的分配。

(3) 投资企业在确认自被投资企业应分得的现金股利或利润后，应当考虑有关长期股权投资是否发生减值。对长期股权投资进行减值测试，可收回金额低于长期股权投资账面价值的，应当计提减值准备，并且长期股权投资的减值准备在提取以后，不允许转回。

此处的可收回金额是指长期股权投资的公允价值减去处置费用后的净额与长期股权投资预计未来现金流量的现值两者之间的较高者。

【例 5-7】 20×2 年 3 月 20 日，牡丹公司以 1 500 万元(包含 G 公司已经宣告但尚未发放的现金股利 30 万元)购入 G 公司 400 万股股票，占 G 公司普通股股份的 8%，另支付交易手续费 8 万元。牡丹公司取得该部分股权后，未派出人员参与 G 公司的财务和生产经营决策，同时也未以任何其他方式对 G 公司施加控制、共同控制或重大影响。同时，该股权不存在活跃市场，其公允价值不能可靠计量。

20×2 年 4 月 18 日，牡丹公司收到 G 公司发放的现金股利 30 万元。

20×3 年 3 月 10 日，G 公司宣告分派现金股利 500 万元，牡丹公司按照其持有比例确定可分回 40 万元。

20×3 年 4 月 25 日，G 公司实际发放现金股利。

20×4 年，G 公司未进行股利分配。

20×5 年 3 月 20 日，G 公司宣告 20×4 年度股利分配方案，每 10 股送 5 股，除权日为 20×5 年 4 月 20 日。

20×6 年 3 月 15 日，G 公司宣告分派现金股利每股 0.1 元，并于 20×6 年 4 月 24 日实际发放。

牡丹公司相关的账务处理如下。

(1) 20×2 年 3 月 20 日，取得长期股权投资：

借：长期股权投资——G 公司	14 780 000	
应收股利	300 000	
贷：银行存款		15 080 000

(2) 20×2 年 4 月 18 日，实际收到发放的现金股利：

借：银行存款	300 000	
贷：应收股利		300 000

(3) 20×3 年 3 月 10 日，G 公司宣告分派现金股利：

借：应收股利	400 000	
贷：投资收益		400 000

(4) 20×3 年 4 月 25 日，实际收到发放的现金股利：

借：银行存款　　400 000

　　贷：应收股利　　400 000

(5) 20×4 年，G 公司未进行股利分配，牡丹公司不需要进行任何会计处理。

(6) 20×5 年 4 月 20 日，发放的股票股利除权，不需作会计处理，在备查簿中备查登记股票数量增加 200 万股，持有 G 公司股票为 600 万股。

(7) 20×6 年 3 月 15 日，G 公司宣告分派现金股利 600×0.1＝60(万元)：

借：应收股利　　600 000

　　贷：投资收益　　600 000

(8) 20×6 年 4 月 24 日，实际收到发放的现金股利：

借：银行存款　　600 000

　　贷：应收股利　　600 000

5.3.2　长期股权投资的权益法

权益法是指长期股权投资以初始投资成本计量后，在投资持有期间，长期股权投资的账面价值随着应享有被投资企业所有者权益份额的变动而变动的一种会计核算方法。

投资企业对被投资企业具有共同控制或重大影响的长期股权投资，即对合营企业投资及联营企业投资，应当采用权益法核算。

采用权益法核算的长期股权投资，应在“长期股权投资”科目下设置“成本”、“损益调整”和“其他权益变动”3 个明细科目。

(1) “成本”反映长期股权投资的初始投资成本，以及初始投资成本小于取得投资时应享有被投资企业可辨认净资产公允价值份额的情况下，按其差额调整初始投资成本后形成的账面价值。

(2) “损益调整”反映投资企业应享有或分担的被投资企业实现的净损益的份额，以及被投资企业分派的现金股利或利润中投资企业应获得的份额。

(3) “其他权益变动”反映被投资企业除了净损益外所有者权益的其他变动中投资企业应享有或承担的份额。

1. 初始投资成本的调整

投资企业取得对联营企业或合营企业的投资以后，对于取得投资时投资成本与应享有被投资企业可辨认净资产公允价值份额之间的差额，应区别情况分别处理。

(1) 初始投资成本大于取得投资时应享有被投资企业可辨认净资产公允价值份额的，该部分差额从本质上是投资企业在取得投资过程中通过购买作价体现出的与所取得股权份额相对应的商誉及被投资企业不符合确认条件的资产价值。初始投资成本大于投资时应享有被投资企业可辨认净资产公允价值的份额时，两者之间的差额不要求对长期股权投资的成本进行调整，直接按照实际支付的价款计入长期股权投资的初始成本。

(2) 初始投资成本小于取得投资时应享有被投资企业可辨认净资产公允价值份额的，两者之间的差额体现为双方在交易作价过程中转让方的让步，该部分经济利益流入应作为收益处理，计入取得投资当期的营业外收入，同时调整增加长期股权投资的账面价值。

【例 5-8】牡丹公司于 20×2 年 1 月 10 日取得 H 公司 30%的股权，支付价款 6 000 万元，取得投资时被投资企业可辨认净资产公允价值为 18 000 万元。牡丹公司在取得 H 公司的股权后，派人参与了 H 公司的生产经营决策，能够对 H 公司施加重大影响，所以对该项投资采用权益法核算。

取得投资时，牡丹公司应进行以下账务处理：

借：长期股权投资——H 公司(成本)　　60 000 000

　　贷：银行存款　　60 000 000

长期股权投资的初始投资成本 6 000 万元大于取得投资时应享有被投资企业可辨认净资产公允价值的份额 5 400 万元(18 000×30%)，直接按照实际支付的价款作为初始入账成本。

【例 5-9】接例 5-8，如果本例中取得投资时被投资企业可辨认净资产的公允价值为 22 000 万元，牡丹公司按持股比例 30%计算确定应享有 6 600 万元，则初始投资成本与应享有被投资企业可辨认净资产公允价值份额之间的差额 600 万元应计入取得投资当期的营业外收入，账务处理如下：

借：长期股权投资——H 公司(成本)　　60 000 000

　　贷：银行存款　　60 000 000

借：长期股权投资——H 公司(成本)　　6 000 000

　　贷：营业外收入　　6 000 000

2. 投资损益的确认

投资企业取得长期股权投资后，应当按照应享有或应分担被投资企业实现净利润或发生净亏损的份额，调整长期股权投资的账面价值，并确认为当期投资损益。即按应享有的份额，借记“长期股权投资——损益调整”科目，贷记“投资收益”科目；按应分担的亏损份额，借记“投资收益”科目，贷记“长期股权投资——损益调整”科目。

在确认应享有或应分担被投资企业的净利润或净亏损时，在被投资企业账面净利润的基础上，应考虑以下因素的影响进行适当调整。

一是被投资企业采用的会计政策及会计期间与投资企业不一致的，应按投资企业的会计政策及会计期间对被投资企业的财务报表进行调整。

二是以取得投资时被投资企业固定资产、无形资产的公允价值为基础计提的折旧额或摊销额，以及以投资企业取得投资时的公允价值为基础计算确定的资产减值准备金额等对被投资企业净利润的影响。

被投资企业个别利润表中的净利润是以其持有的资产、负债账面价值为基础持续计算的，而投资企业在取得投资时，是以被投资企业有关资产、负债的公允价值为基础确定投资成本，长期股权投资的投资收益所代表的是被投资企业资产、负债在公允价值计量的情况下在未来期间通过经营产生的损益中归属于投资企业的部分。取得投资时有关资产、负债的公允价值与其账面价值不同的，未来期间，在计算归属于投资企业应享有的净利润或应承担的净亏损时，应以投资时被投资企业有关资产对投资企业的成本即取得投资时的公允价值为基础计算确定，从而产生了需要对被投资企业账面净利润进行调整的情况。

三是在确认投资收益时，除考虑公允价值的调整外，对于投资企业与其联营企业及合营企业之间发生的未实现内部交易损益应予抵消。即投资企业与联营企业及合营企业之间发生的未实现内部交易损益按照持股比例计算归属于投资企业的部分应当予以抵消，在此基础上确认投资损益。

3. 取得现金股利或利润的处理

按照权益法核算的长期股权投资，投资企业自被投资企业取得的现金股利或利润，应抵减长期股权投资的账面价值。在被投资企业宣告分派现金股利或利润时，借记“应收股利”科目，贷记“长期股权投资——损益调整”科目；自被投资企业取得的现金股利或利润超过已确认损益调整的部分应视同投资成本的收回，冲减长期股权投资的账面价值。

【例 5-10】牡丹公司于 20×2 年 1 月 3 日取得 1 800 万股 I 公司股票，占 I 公司 30%的股份，支付价款 6 000 万元，取得投资时被投资企业可辨认净资产公允价值为 20 000 万元。假定投资时牡丹公司和 I 公司的会计年度及采用的会计政策相同，I 公司可辨认净资产的公允价值和账面价值相同，双方没有发生任何的内部交易。牡丹公司在取得 I 公司的股权后，派人参与了 I 公司的生产经营决策，能够对 I 公司施加重大影响，所以对该项投资采用权益法核算。

20×2 年 3 月 10 日，I 公司宣告发放 20×1 年度现金股利 0.2 元/股，并于 20×2 年 4 月 20 日发放。

20×2 年度，I 公司实现净利润 4 000 万元。

20×3 年 3 月 15 日，I 公司宣告发放 20×2 年度现金股利 0.15 元/股，并于 20×3 年 4 月 25 日发放。

牡丹公司的账务处理如下。

(1) 20×2 年 1 月 3 日，取得投资时：

借：长期股权投资——I 公司(成本)	60 000 000	
贷：银行存款		60 000 000

(2) 20×2 年 3 月 10 日，I 公司宣告发放 20×1 年度现金股利，而此时牡丹公司累积确认的投资收益为 0，所以，该应收股利 360 万应视同投资成本的收回：

借：应收股利	3 600 000	
贷：长期股权投资——I 公司(成本)		3 600 000

(3) 20×2 年 4 月 20 日，实际收到发放的现金股利：

借：银行存款	3 600 000	
贷：应收股利		3 600 000

(4) 20×2 年度，I 公司实现净利润 4 000 万元：

借：长期股权投资——I 公司(损益调整)	12 000 000	
贷：投资收益		12 000 000

(5) 20×3 年 3 月 15 日，I 公司宣告发放 20×2 年度现金股利，此时牡丹公司累积确认的投资收益为 1 200 万元，累积发放的现金股利为 360＋1 800×0.15＝630(万元)，自被投资企业取得的现金股利不超过已确认损益调整的部分，不需要冲减投资成本：

借：长期股权投资——I 公司(成本)	3 600 000	
应收股利	2 700 000	
贷：长期股权投资——I 公司(损益调整)		6 300 000

(6) 20×3 年 4 月 25 日，实际收到发放的现金股利：

借：银行存款	2 700 000	
贷：应收股利		2 700 000

【例 5-11】牡丹公司于 20×1 年 7 月 1 日取得 3 000 万股 J 公司股票，占 J 公司有表决权资本的 30%，支付价款 8 920 万元，另支付手续费等交易费用 80 万元。取得投资时被投

资企业可辨认净资产公允价值为 32 000 万元。假定投资时牡丹公司和 J 公司的会计年度及采用的会计政策相同，J 公司可辨认净资产的公允价值和账面价值相同，双方没有发生任何的内部交易。牡丹公司在取得 J 公司的股权后，向 J 公司董事会中派出两名董事，能够对 J 公司施加重大影响，所以对该项投资采用权益法核算。

20×1 年度，J 公司报告净利润 5 000 万元。

20×2 年 3 月 12 日，J 公司宣告发放 20×1 年度现金股利 0.1 元/股，并于 20×2 年 4 月 20 日发放。

20×2 年度，J 公司报告净利润 3 000 万元。

20×3 年 3 月 13 日，J 公司宣告发放 20×2 年度现金股利 0.1 元/股，并于 20×3 年 4 月 22 日发放。

20×3 年度，J 公司报告净利润 2 000 万元。J 公司未进行利润分配。

20×4 年度，J 公司报告净利润 1 000 万元。

20×5 年 3 月 10 日，J 公司宣告 20×4 年度股利分配方案，每 10 股送 2 股，除权日为 20×5 年 4 月 23 日，不派发现金股利。

20×5 年度，J 公司报告净亏损 1 000 万元。

20×6 年 3 月 15 日，J 公司宣告发放 20×5 年度现金股利 0.05 元/股，并于 20×6 年 4 月 25 日发放。

牡丹公司账务处理如下。

(1) 20×1 年 7 月 1 日：

取得投资时，应享有 J 公司可辨认净资产公允价值的份额＝32 000×30%＝9 600(万元)：

借：长期股权投资——J 公司(成本)	96 000 000	
贷：银行存款		90 000 000
营业外收入		6 000 000

(2) 20×1 年度，J 公司报告净利润 5 000 万元：

牡丹公司应确认的投资收益＝5 000×30%×6/12＝750(万元)

借：长期股权投资——J 公司(损益调整)	7 500 000	
贷：投资收益		7 500 000

(3) 20×2 年 3 月 12 日，J 公司宣告发放 20×1 年度现金股利 3 000×0.1＝300(万元)：

借：应收股利	3 000 000	
贷：长期股权投资——J 公司(损益调整)		3 000 000

(4) 20×2 年 4 月 20 日，实际收到发放的现金股利：

借：银行存款	3 000 000	
贷：应收股利		3 000 000

(5) 20×2 年度，J 公司报告净利润 3 000 万元：

牡丹公司应确认的投资收益＝3 000×30%＝900(万元)

借：长期股权投资——J 公司(损益调整)	9 000 000	
贷：投资收益		9 000 000

(6) 20×3 年 3 月 13 日，J 公司宣告发放 20×2 年度现金股利 3 000×0.1＝300(万元)：

借：应收股利	3 000 000	
贷：长期股权投资——J 公司(损益调整)		3 000 000

(7) 20×3 年 4 月 22 日，实际收到发放的现金股利：

借：银行存款　3 000 000

　　贷：应收股利　3 000 000

(8) 20×3 年度，J 公司报告净利润 2 000 万元：

牡丹公司应确认的投资收益＝2 000×30%＝600(万元)

借：长期股权投资——J 公司(损益调整)　6 000 000

　　贷：投资收益　6 000 000

(9) 20×4 年度，J 公司报告净利润 1 000 万元：

牡丹公司应确认的投资收益＝1 000×30%＝300(万元)

借：长期股权投资——J 公司(损益调整)　3 000 000

　　贷：投资收益　3 000 000

(10) 20×5 年 4 月 23 日，派发的股票股利除权，不需作会计处理，在备查簿中备查登记股票数量增加 3 000×20%＝600(万股)，持有 J 公司股票为 3 600 万股。

(11) 20×5 年度，J 公司报告净亏损 1 000 万元：

牡丹公司应确认的投资收益＝－1 000×30%＝－300(万元)

借：投资收益　3 000 000

　　贷：长期股权投资——J 公司(损益调整)　3 000 000

(12) 20×6 年 3 月 15 日，J 公司宣告发放 20×5 年度现金股利 3 600×0.05＝180(万元)：

借：应收股利　1 800 000

　　贷：长期股权投资——J 公司(损益调整)　1 800 000

(13) 20×6 年 4 月 25 日，实际收到发放的现金股利：

借：银行存款　1 800 000

　　贷：应收股利　1 800 000

4. 超额亏损的确认

按照权益法核算的长期股权投资，投资企业确认应分担被投资企业发生的损失，原则上应以长期股权投资及其他实质上构成对被投资企业净投资的长期权益减记至零为限，投资企业负有承担额外损失义务的除外。这里所讲的其他实质上构成对被投资企业净投资的长期权益通常是指长期应收项目，如企业对被投资企业的长期债权，该债权没有明确的清收计划、且在可预见的未来期间不准备收回的，实质构成对被投资企业的净投资，但不包括投资企业与被投资企业之间因销售商品、提供劳务等日常活动所产生的长期债权。

投资企业在确认应分担被投资企业发生的亏损时，具体应按照以下顺序处理。

首先，减记长期股权投资的账面价值。

其次，在长期股权投资的账面价值减记至零的情况下，对于未确认的投资损失，考虑除长期股权投资以外，账面上是否有其他实质上构成对被投资企业净投资的长期权益项目，如果有，则应以其他长期权益的账面价值为限，继续确认投资损失，冲减长期应收项目等的账面价值。

最后，经过上述处理，按照投资合同或协议约定，投资企业仍需要承担额外损失弥补等义务的，应按预计将承担的义务金额确认预计负债，计入当期投资损失。

企业在实务操作过程中，在发生的投资损失时，应借记“投资收益”科目，贷记“长期股权投资——损益调整”科目。在长期股权投资账面价值减记至零以后，考虑其他实质上构成对被投资企业净投资的长期权益，继续确认的投资损失，应借记“投资收益”科目，贷记“长期应收款”科目；因投资合同或协议约定导致投资企业需要承担额外义务的，按照或有事项准则的确定，对于符合确认条件的义务，应确认为当期损失，同时确认预计负债，借记“投资收益”科目，贷记“预计负债”科目。除上述情况仍未确认的应分担被投资企业的损失，应在账外备查登记。

在确认了有关的投资损失以后，被投资企业于以后期间实现盈利的，应按以上相反顺序分别减记账外备查登记的金额、已确认的预计负债、恢复其他长期权益及长期股权投资的账面价值，同时确认投资收益。即应当按顺序分别借记“预计负债”、“长期应收款”、“长期股权投资”等科目，贷记“投资收益”科目。

【例 5-12】牡丹公司持有 K 公司 40%的股权，能够对 K 公司施加重大影响。20×4 年 12 月 31 日，该项长期股权投资的账面价值为 3 000 万元。K 公司 20×5 年由于一项主营业务市场条件发生变化，当年度亏损 6 000 万元。假定牡丹公司在取得该投资时，K 公司各项可辨认资产、负债的公允价值与其账面价值相等，双方所采用的会计政策及会计期间也相同。牡丹公司账上有一项应收 K 公司的长期应收款 800 万元，该款项从目前情况看，没有明确的清偿计划(并非产生于商品购销等日常活动)。

20×6 年，K 公司继续亏损 3 000 万。

20×7 年，K 公司亏损 1 000 万。

20×8 年，由于市场回暖，K 公司当年实现净利润 1 500 万。

20×9 年，市场进一步回暖，K 公司当年实现净利润 2 500 万。

牡丹公司账务处理如下。

(1) 20×5 年，K 公司亏损 6 000 万元：

牡丹公司应承担的份额＝6 000×40%＝2 400(万元)

借：投资收益	24 000 000	
贷：长期股权投资——K 公司(损益调整)		24 000 000

确认上述投资损失后，长期股权投资的账面价值变为＝3 000－2 400＝600(万元)。

(2) 20×6 年，K 公司继续亏损 3 000 万：

牡丹公司应承担的份额＝3 000×40%＝1 200(万元)

借：投资收益	12 000 000	
贷：长期股权投资——K 公司(损益调整)		6 000 000
长期应收款——K 公司		6 000 000

确认上述投资损失后，长期股权投资的账面价值减记为 0，并冲减长期应收款 600 万元。

(3) 20×7 年，K 公司亏损 1 000 万：

牡丹公司应承担的份额＝1 000×40%＝400(万元)

借：投资收益	2 000 000	
贷：长期应收款——K 公司		2 000 000

尚未处理的 200 万元备查登记即可。

(4) 20×8 年，K 公司当年实现净利润 1 500 万：

牡丹公司应享有份额＝1 500×40%＝600(万元)

应先抵减备查登记的尚未弥补的200万元亏损，所以

借：长期应收款——K公司　　4 000 000

　　贷：投资收益　　4 000 000

(5) 20×9年，市场进一步回暖，K公司当年实现净利润2 500万：

牡丹公司应享有份额＝2 500×40%＝1 000(万元)

借：长期应收款——K公司　　4 000 000

　　长期股权投资——K公司(损益调整)　　6 000 000

　　贷：投资收益　　10 000 000

5. 被投资企业除净损益以外所有者权益的其他变动

采用权益法核算时，投资企业对于被投资企业除净损益以外所有者权益的其他变动，在持股比例不变的情况下，应按照持股比例与被投资企业除净损益以外所有者权益的其他变动中归属于本企业的部分，相应调整长期股权投资的账面价值，同时增加或减少资本公积。

【例5-13】牡丹公司持有L公司40%的股份，能够对L公司施加重大影响。当期L公司因持有的可供出售金融资产公允价值的变动计入资本公积的金额为800万元，除该事项外，L公司当期实现的净损益为6 000万元。假定牡丹公司与L公司适用的会计政策、会计期间相同，投资时L公司有关资产、负债的公允价值与其账面价值亦相同，双方当期及以前期间未发生任何内部交易。

牡丹公司在确认应享有被投资企业所有者权益的变动时，应进行的账务处理如下：

借：长期股权投资——L公司(损益调整)　　24 000 000

　　　　　　　　——L公司(其他权益变动)　　3 200 000

　　贷：投资收益　　24 000 000

　　　　资本公积——其他资本公积　　3 200 000

5.4　长期股权投资核算方法的转换

长期股权投资在持有期间，因股权比例变动等原因，可能导致其核算方法在成本法和权益法之间发生转换。

5.4.1　成本法转换为权益法

长期股权投资的核算由成本法转为权益法时，应以成本法下长期股权投资的账面价值作为按照权益法核算的初始投资成本，并在此基础上比较该初始投资成本与应享有被投资企业可辨认净资产公允价值的份额，确定是否需要对长期股权投资的账面价值进行调整。

(1) 原持有的对被投资企业不具有控制、共同控制或重大影响、在活跃市场中没有报价、公允价值不能可靠计量的长期股权投资，因追加投资导致持股比例上升，能够对被投资企业施加重大影响或是实施共同控制。

在自成本法转为权益法时，应区分原持有的长期股权投资及新增长期股权投资两部分，分别进行处理。

① 原持有长期股权投资的账面余额与按照原持股比例计算确定应享有原取得投资时

被投资企业可辨认净资产公允价值份额之间的差额，属于通过投资作价体现的商誉部分，不调整长期股权投资的账面价值；属于原取得投资时因投资成本小于应享有被投资企业可辨认净资产公允价值份额的差额，一方面应调整长期股权投资的账面价值，另一方面应同时调整留存收益。

② 对于新取得的股权部分，应比较新增投资的成本与取得该部分投资时应享有被投资企业可辨认净资产公允价值的份额。其中，投资成本大于投资时应享有被投资企业可辨认净资产公允价值份额的，不调整长期股权投资的成本；对于投资成本小于应享有被投资企业可辨认净资产公允价值份额的，应调整增加长期股权投资的成本，同时计入取得当期的营业外收入。

③ 对于原取得投资后至新取得投资的交易日之间被投资企业可辨认净资产公允价值的变动相对于原持股比例的部分，属于在此期间被投资企业实现的净损益中应享有份额的，一方面应调整长期股权投资的账面价值，同时对于原取得投资时至新增投资当期期初按照原持股比例应享有被投资企业实现的净损益，应调整留存收益，对于新增投资当期期初至新增投资交易日之间应享有被投资企业的净损益，应计入当期损益；属于其他原因导致的被投资企业可辨认净资产公允价值变动中应享有的份额，在调整长期股权投资账面价值的同时，应当计入“资本公积——其他资本公积”科目。

(2) 因处置投资导致对被投资企业的影响能力由控制转为具有重大影响或是与其他投资方一起实施共同控制。

投资企业首先应按处置或收回投资的比例结转应终止确认的长期股权投资成本。在此基础上，应当比较剩余的长期股权投资成本与按照剩余持股比例计算原投资时应享有被投资企业可辨认净资产公允价值的份额，属于投资作价中体现的商誉部分，不调整长期股权投资的账面价值；属于投资成本小于应享有被投资企业可辨认净资产公允价值份额的，在调整长期股权投资成本的同时，应调整留存收益。对于原取得投资后至转变为权益法核算之间被投资企业实现的净损益中应享有的份额，应调整长期股权投资的账面价值，同时对于原取得投资时至处置投资当期期初被投资企业实现的净损益(扣除已发放及已宣告发放的现金股利及利润)中应享有的份额，调整留存收益，对于处置投资当期期初至处置投资之日被投资企业实现的净损益中享有的份额，调整当期损益；其他原因导致被投资企业所有者权益变动中应享有的份额，在调整长期股权投资账面价值的同时，应当计入“资本公积——其他资本公积”科目。

5.4.2 权益法转换为成本法

因追加投资原因导致原持有的对联营企业或合营企业的投资转变为对子公司投资的，长期股权投资账面价值的调整应区分同一控制下企业合并和非同一控制下企业合并进行长期股权投资入账价值的确认。除此之外，因收回投资等原因导致长期股权投资的核算由权益法转换为成本法的，应以转换时长期股权投资的账面价值作为按照成本法核算的基础。

5.5 长期股权投资的处置

企业处置长期股权投资时，应相应结转与所售股权相对应的长期股权投资的账面价值，出售所得价款与处置长期股权投资账面价值之间的差额，应确认为投资收益。

采用权益法核算的长期股权投资，原计入资本公积中的金额，在处置时亦应进行结转，将与所出售股权相对应的部分在处置时自“资本公积”科目转入“投资收益”科目。

【例 5-14】牡丹公司原持有 M 公司 40%的股权，20×3 年 10 月 20 日，牡丹公司决定出售所持有 M 公司股份的 50%，出售时牡丹公司账面上对 M 公司长期股权投资的构成为："投资成本" 1 000 万元，"损益调整" 为贷方余额 280 万元，"其他权益变动" 200 万元，另对该项投资已计提长期股权投资减值准备 150 万元。出售取得价款 600 万元。

牡丹公司账务处理如下：

借：银行存款	6 000 000	
长期股权投资——M 公司(损益调整)	1 400 000	
长期股权投资减值准备	750 000	
贷：长期股权投资——M 公司(成本)		5 000 000
——M 公司(其他权益变动)		1 000 000
投资收益		2 150 000
借：资本公积——其他资本公积	1 000 000	
贷：投资收益		1 000 000

本章小结

长期股权投资的核算范围包括投资方对子公司投资、合营企业投资、联营企业投资和投资企业持有的对被投资企业不具有控制、共同控制或重大影响，并且在活跃市场中没有报价、公允价值不能可靠计量的权益性投资。

长期股权投资包括企业合并形成的长期股权投资和非企业合并形成的长期股权投资。企业合并形成的长期股权投资又分为同一控制下企业合并形成的长期股权投资和非同一控制下企业合并形成的长期股权投资。

成本法是指长期股权投资按初始投资成本入账后，除追加投资或收回投资外，长期股权投资的账面价值不发生改变的一种会计核算方法。企业持有的对子公司投资，以及对被投资企业不具有控制、共同控制或重大影响，且在活跃市场中没有报价、公允价值不能可靠计量的长期股权投资应当采用成本法核算。

权益法是指长期股权投资以初始投资成本计量后，在投资持有期间，长期股权投资的账面价值随着应享有被投资企业所有者权益份额的变动而变动的一种会计核算方法。投资企业对被投资企业具有共同控制或重大影响的长期股权投资，即对合营企业投资及联营企业投资，应当采用权益法核算。

长期股权投资在持有期间，因股权比例变动等原因，可能导致成本法和权益法之间发生转换。

习　　题

一、名词解释

1. 长期股权投资
2. 成本法

3．权益法
4．控制
5．共同控制
6．重大影响
7．企业合并

二、单项选择题

1．20×2 年 7 月 1 日，A 公司发行 5 000 万股，取得了 B 公司 80%的股权，并于当日起能对 B 公司实施控制。合并当日 B 公司的账面净资产价值为 8 000 万元，A、B 公司合并前后同受一方控制。A 公司在合并过程中另发生咨询费、手续费等相关费用共计 20 万元。不考虑其他因素，则 A 公司所取得的该项长期股权投资的入账价值为(　　)万元。

A．5 000　　B．6 420　　C．6 400　　D．4 980

2．20×3 年 1 月 1 日，A 公司以 1 500 万元取得 B 公司 30%的股权，能对 B 公司施加重大影响，取得投资时被投资单位可辨认净资产的公允价值为 6 000 万元。B 公司 2×10 年度共实现净利润 700 万元。不考虑其他因素，则 2×10 年年末 A 公司该项长期股权投资的账面价值为(　　)万元。

A．2 200　　B．2 010　　C．1 710　　D．1 800

3．采用权益法核算长期股权投资时，初始投资成本小于投资时应享有被投资单位可辨认净资产公允价值份额的差额，应计入(　　)科目。

A．投资收益　　B．资本公积
C．营业外收入　　D．公允价值变动损益

4．成本法下，被投资单位宣告分派现金股利时，投资企业应按享有的部分计入(　　)科目。

A．长期股权投资　　B．投资收益
C．资本公积　　D．营业外收入

5．自 20×6 年起，甲公司一直持有乙公司 20%的股权，并采用权益法核算。因乙公司以前年度连续亏损，20×8 年年初甲公司备查账簿中显示，对于该项长期股权投资，甲公司尚有未确认的亏损分担额 60 万元。20×8 年度，乙公司实现净利润 200 万元。不考虑其他因素，则 20×8 年年底，对于该项长期股权投资，甲公司应该确认的投资收益金额是(　　)万元。

A．40　　B．－20　　C．0　　D．60

6．A 公司拥有 B 公司 30%的股份，对 B 公司可以实施重大影响。20×1 年期初该长期股权投资账面余额为 1 600 万元，未计提减值准备，20×1 年 B 公司发生亏损 800 万元，A 公司对长期股权投资进行减值测试，其公允价值为 1 200 万元，处置费用为 20 万元，预计未来现金流量现值为 1 100 万元，不考虑其他因素，则 20×1 年年末该公司应提减值准备为(　　)万元。

A、260　　B、420　　C、180　　D、160

三、多项选择题

1．对长期股权投资采用权益法核算时，被投资企业发生的下列事项中，投资企业应该调整长期股权投资账面价值的有(　　)。

A．实现净利润　　B．宣告分配现金股利

C．购买固定资产　　D．计提盈余公积

2．长期股权投资的权益法核算适用的范围包括(　　)。

A．投资企业能够对被投资企业实施控制的长期股权投资

B．投资企业对被投资企业具有共同控制的长期股权投资

C．投资企业对被投资企业不具有共同控制或重大影响，并且在活跃市场中没有报价，公允价值不能可靠计量的长期股权投资

D．投资企业对被投资企业具有重大影响的长期股权投资

3．企业处置长期股权投资时，正确的处理方法有(　　)。

A．处置长期股权投资，其账面价值与实际取得价款的差额，应当计入投资收益

B．处置长期股权投资，其账面价值与实际取得价款的差额，应当计入营业外收入

C．采用权益法核算的长期股权投资，因被投资单位除净损益以外所有者权益的其他变动而计入所有者权益的，处置该项投资时应当将原计入所有者权益的部分按相应比例转入投资收益

D．采用权益法核算的长期股权投资，因被投资单位除净损益以外所有者权益的其他变动而计入所有者权益的，处置该项投资时应当将原计入所有者权益的部分全部转入营业外收入

4．长期股权投资采用权益法核算的，应当设置的明细科目有(　　)。

A．成本　　B．长期股权投资减值准备

C．损益调整　　D．其他权益变动

5．下列各项中，可能构成长期股权投资初始投资成本的有(　　)。

A．非企业合并方式下取得长期股权投资发生的直接相关费用

B．非同一控制下企业合并形成的长期股权投资发生的审计费

C．非同一控制下企业合并形成的长期股权投资，以溢价发行权益性证券作为对价发生的手续费

D．非同一控制下企业合并取得长期股权投资而作为对价的权益性证券的公允价值

四、判断题

1．在权益法下，被投资企业宣告发放股票股利时，投资企业不作账务处理。　(　　)

2．非同一控制下的企业合并，合并成本以企业作为对价所付出的资产、发生或者承担的负债及发行权益性证券的公允价值进行计量。所支付的非货币性资产在购买日的公允价值与账面价值的差额计入资本公积。　(　　)

3．权益法下，长期股权投资的初始投资成本大于投资时应享有被投资单位可辨认净资产公允价值份额的，按照其差额调减长期股权投资，并确认商誉；长期股权投资的初始投资成本小于投资时应享有被投资单位可辨认净资产公允价值份额的，应按其差额调增长期股权投资，并计入营业外收入。　(　　)

4．通过企业合并形成的长期股权投资发生的审计费、评估费和咨询费等中介费用，均应直接计入当期损益。　(　　)

5. 长期股权投资计提的减值准备可以转回。 (　)

6. 投资企业对于被投资单位除净损益以外所有者权益的其他变动，应当调整长期股权投资的账面价值并计入当期损益。 (　)

7. 投资者投入的长期股权投资，一律应当按照投资合同或协议约定的价值作为初始投资成本。 (　)

8. 以支付现金取得的长期股权投资，应当按照实际支付的购买价款作为初始投资成本。初始投资成本包括与取得长期股权投资直接相关的费用、税金及其他必要支出。 (　)

五、简答题

1. 简述长期股权投资的核算范围。
2. 简述成本法和权益法的概念及各种的核算范围。
3. 简述权益法的概念及其核算范围。
4. 什么情况下权益法应转换为成本法，什么情况下成本法应转换为权益法？
5. 同一控制与非同一控制下企业合并会计处理的主要区别是什么？

六、业务题

甲公司20×7年3月1日～20×9年1月5日发生下列与长期股权投资有关的经济业务。

(1) 甲公司20×7年3月1日从证券市场上购入乙公司发行在外30%的股份并准备长期持有，从而对乙公司能够施加重大影响，实际支付款项2 000万元(含已宣告但尚未发放的现金股利60万元)，另支付相关税费10万元。20×7年3月1日，乙公司可辨认净资产公允价值为6 600万元。

(2) 20×7年3月20日收到现金股利。

(3) 20×7年12月31日乙公司可供出售金融资产的公允价值变动使乙公司资本公积增加了200万元。

(4) 20×7年乙公司实现净利润510万元，其中1月和2月共实现净利润100万元。

(5) 20×8年3月10日，乙公司宣告分派现金股利100万元。

(6) 20×8年3月25日，收到现金股利。

(7) 20×8年乙公司实现净利润612万元。

(8) 20×9年1月5日，甲公司将持有乙公司5%的股份对外转让，收到款项390万元存入银行。转让后持有乙公司25%的股份，对乙公司仍具有重大影响。

要求：(1) 编制上述有关业务的会计分录。

(2) 计算20×9年1月5日出售部分股份后长期股权投资的账面价值。

第 6 章 固定资产

教学目的与要求

通过对本章的学习，学生应掌握固定资产的购置、自行建造的会计处理，固定资产折旧的计算和会计处理，固定资产后续支出的会计处理，固定资产处置的会计处理，固定资产修理的会计处理；熟悉接受投资、接受捐赠固定资产的会计处理；了解固定资产的性质、分类、计价，取得附有弃置义务固定资产的会计处理。

案例导读

凯丽化学废液处理公司是一家大型公司，其拥有或控制的固定资产不仅数量繁多、规格复杂，而且金额巨大。该公司成立 7 年多来，其各年年末的固定资产账面价值占资产总额的比例一般在 35%左右。2007 年 3 月，该公司车间用房的改扩建工程完工，但改扩建总支出 500 万元没有计入固定资产原价。另外，该车间房屋改扩建期间虽停止使用但仍继续计提折旧。2007 年 6 月，凯丽公司以 Z 设备遭受自然毁损为由对其进行清理，该设备原价 280 万元，已提折旧 104 万元。但事实上，该设备至 2007 年年末仍在继续使用，所谓的自然毁损并不影响其正常使用。你认为该公司的做法对吗，他这样做的目的是什么？

6.1 固定资产概述

6.1.1 固定资产的性质

固定资产是企业生产经营过程中的重要劳动资料。它能够在若干个生产经营周期中发挥作用，并保持其原有的实物形态，但其价值则由于损耗而逐渐减少。这部分减少的价值以折旧的形式，分期转移到产品成本或费用中去，并在销售收入中得到补偿。

企业在生产经营过程中，并不是将所有的劳动资料全部列为固定资产。一般来说，生产经营用的劳动资料，使用年限在 1 年以上，单位价值较高，就应列为固定资产；否则，应列为低值易耗品。

固定资产的各组成部分如果具有不同使用寿命或者以不同方式为企业提供经济利益，并以不同的折旧率或折旧方法计提折旧，则应当分别将各组成部分确认为单项固定资产。

6.1.2 固定资产的分类

企业固定资产的种类繁多，为了正确的进行固定资产核算，应按不同标准对固定资产进行分类。

1. 按经济用途进行分类

固定资产按经济用途进行分类，可以分为经营用固定资产和非经营用固定资产两大类。经营用固定资产是指直接参加或直接服务于生产经营过程的各种固定资产，如用于企业生产经营的房屋、建筑物、机器设备、运输设备、工具器具和管理用具等。非经营用固定资产是指不直接服务于生产经营过程的各种固定资产，如用于职工住宅、公共福利设施、文化娱乐、卫生保健等方面的房屋、建筑物、设施和器具等。

2. 按使用情况分类

固定资产按使用情况分类，可以分为使用中固定资产、未使用固定资产、出租固定资产和不需用固定资产四大类。

使用中固定资产是指企业正在使用的经营用固定资产和非经营用固定资产。企业的房屋及建筑物无论是否在实际使用，都应视为使用中固定资产。由于季节性生产经营或进行大修理等原因而暂时停止使用，以及存放在生产车间或经营场所备用、轮换使用的固定资产，也属于使用中固定资产。

未使用固定资产是指已购建完成但尚未交付使用的新增固定资产，以及进行改建、扩建等暂时脱离生产经营过程的固定资产。

出租固定资产是指企业根据租赁合同的规定，以经营租赁方式出租给其他企业临时使用的固定资产。

不需用固定资产是指本企业多余或不适用，待处置的固定资产。

除上述基本分类外，固定资产还可按其他标准进行分类。例如，按固定资产的所有权分类，可以分为自有固定资产和租入固定资产；按固定资产的性能分类，可分为房屋和建筑物、动力设备、传导设备、工作机器及设备、工具、仪器及生产经营用具、运输设备、管理用具等；按固定资产的来源渠道分类，可分为外购的固定资产、自行建造的固定资产、投资者投入的固定资产、融资租入的固定资产、改建扩建新增的固定资产、接收抵债取得的固定资产、非货币性资产交换换入的固定资产、接受捐赠的固定资产、盘盈的固定资产等。

在会计实务中，企业为了更好地满足固定资产管理和核算的需要，通常将几种分类标准结合起来，采用综合的标准对固定资产进行分类。例如，综合考虑固定资产的经济用途、使用情况及所有权等，可将固定资产分为经营用固定资产、非经营用固定资产、经营出租固定资产、未使用固定资产、不需用固定资产、融资租入固定资产等。企业应当根据固定资产的定义，结合本企业的具体情况，制定适合本企业的固定资产目录、分类方法、每类或每项固定资产的折旧年限、折旧方法，为进行固定资产的实物管理和价值核算提供依据。

6.1.3 固定资产的计价

为了正确反映固定资产价值的增减变动，应按一定的标准对固定资产进行计价。固定资产的计价标准一般有以下 3 种。

1. 原始价值

固定资产的计价一般应以原始价值为标准。原始价值简称原价或原值，也称实际成本、历史成本等，是指取得某项固定资产时和直至该项固定资产达到预定可使用状态前所支付的各项必要的、合理的支出，一般包括买价、进口关税、运输费、场地整理费、装卸费、安装费、专业人员服务费和其他税费等。固定资产的来源渠道不同，原始价值的具体内容就会有所不同。在确定固定资产的原始价值时，有一个很重要的问题需要注意，即企业为购建固定资产而借入款项所发生的借款费用资本化的会计处理问题。关于这个问题，国际上通行的做法是，只有固定资产建造期间实际发生的利息成本才能予以资本化。我国基本上依照国际惯例。我国会计准则规定，在固定资产达到预定可使用状态之前发生的借款费用，按规定计算应予资本化的金额，计入购建资产的价值，不能资本化的部分，计入当期费用；在固定资产达到预定可使用状态之后发生的，计入当期费用，不能资本化。另外，有些企业的部分固定资产在确定其原始价值时还应该考虑弃置费用问题。弃置费用通常是指根据国家法律、国际公约等规定，企业承担的环境保护和生态恢复等义务所确定的支出，如核电站设施等的弃置和恢复环境义务等。固定资产弃置费用的发生是一未来事项，如果符合预计负债确认条件的，在确定固定资产原始价值时，应当将弃置费用未来发生额的现值体现在原始价值中，同时以相应的金额确认企业的预计负债。如果不符合预计负债的确认条件，弃置费用在实际发生时，应当计入当期损益。

固定资产的原始价值由于具有客观性和可验证性的特点，因而它是固定资产的基本计价标准，但是，采用原始价值计价也有明显的局限性，当社会经济环境和物价水平发生变化时，由于原始价值不能反映固定资产的现时价值，也就不能真实地揭示企业当前的生产经营规模和盈利水平，以此为依据编制的会计报表的真实性和相关性必然会受到影响。此外，由于固定资产的取得渠道是多种多样的，在有些情况下企业可能根本无法取得原始价值资料。因此，除了采用原始价值对固定资产进行计价外，会计上还有必要辅之以其他计价标准，如重置价值。

2. 重置价值

重置价值是指企业在当前的条件下，重新购置同样的固定资产所需的全部耗费的货币表现。重置价值的构成内容与原值的构成内容相同。重置价值反映的是固定资产的现时价值，从理论上讲，比采用原始价值计价更为合理。但由于重置价值本身是经常变化的，如果将其作为基本计价标准，势必会引起一系列复杂的会计问题，在会计实务中不具有可操作性。因此，重置价值只能作为固定资产的一个辅助计价标准来使用。通常用于对会计报表进行必要的补充、附注说明，以弥补原始价值计价的不足。此外，在取得无法确定原始价值的固定资产时，如盘盈固定资产、接受捐赠固定资产等，应以重置价值为计价标准，对固定资产进行计价。

3. 折余价值

折余价值也称净值，是指固定资产原值减去已提折旧后的余额。它是计算固定资产盘盈、盘亏、出售、报废、毁损等溢余或损失的依据，将其与原始价值或重置价值相比较，还可以大致了解固定资产的新旧程度。例如，企业的一项固定资产原始价值 10 000 元，已提折旧 2 000 元，可以说该项固定资产八成新。企业根据这个计价标准可以合理制定固定资产的更新计划，适时进行固定资产的更新。

6.1.4 固定资产核算科目的设置

为了反映固定资产的增减变动，应设置“固定资产”、“累计折旧”、“工程物资”和“在建工程”等科目。

1. “固定资产”科目

“固定资产”总账科目总括反映固定资产原值的增减变动和结存情况。该科目借方登记增加固定资产的原值，贷方登记减少固定资产的原值，借方余额表示实有固定资产的原值。

2. “累计折旧”科目

“累计折旧”科目属于“固定资产”科目的抵减科目。该科目贷方登记计提的固定资产折旧，借方登记减少的旧固定资产的已提折旧，贷方余额表示全部固定资产已提折旧的累计数。

3. “工程物资”科目

“工程物资”科目反映各项工程物资实际成本的增减变动和结存情况，借方登记验收入库的工程物资的实际成本，贷方登记出库的工程物资的实际成本，借方余额表示库存的工程物资的实际成本。“工程物资”科目应按工程物资的品种设置明细账。

4. “在建工程”科目

“在建工程”科目反映各项工程的实际成本，借方登记各项工程发生的实际成本，贷方登记已完工程的实际成本，借方余额表示未完工程的实际成本。“在建工程”科目应按工程项目设置明细账。

知识链接

我国的《企业会计准则第4号——固定资产》给固定资产做了较为明确的定义，指出“固定资产，是指同时具有下列特征的有形资产：①为生产商品、提供劳务、出租或者经营管理而持有的；②使用寿命超过一个会计年度”。可以看出，对于作为有形资产的固定资产来说，应从有形性、持有目的及使用寿命等方面来把握其概念特征。

6.2 固定资产取得

企业取得的固定资产主要包括外购的固定资产、自行建造的固定资产和投资转入的固定资产等。

6.2.1 固定资产的购置

企业购入的固定资产，有些不需要安装即可投入使用，有些则需要安装后才能使用；可能采用现购结算方式，也可能采用赊购结算方式。企业应根据不同情况，分别采用不同的核算方法。

1. 购入不需安装的固定资产

企业购入不需安装的固定资产，原始价值应根据实际支付的买价和包装运杂费计算，借记“固定资产”科目，可以抵扣的增值税进项税额，借记“应交税费——应交增值税(进项税额)”科目，贷记“银行存款”等科目。

企业采用赊购方式购入的固定资产，一般来说，其价格要高于现购价格，这部分差额属于购买日至付款日之间企业应付的利息。这部分利息原则上不应计入固定资产成本，而应作为购买日至付款日之间的利息费用处理。但是，由于赊购的时间一般不长，利息费用不多，因此按照重要性原则，赊购固定资产的价格一般按照其发票价格计算。企业采用赊购方式购入的不需安装的固定资产，应按其发票价格和支付(或应付)的包装运杂费，借记“固定资产”、“应交税费——应交增值税(进项税额)”等科目，贷记“应付账款”、“银行存款”等科目。

企业采用赊购方式购入的固定资产如果含有现金折扣，根据前述重要性原则，其价格也应按照发票价格计算(即采用总价法)，当实际取得现金折扣时，将其视为提前付款而收取的利息，冲减财务费用。

企业如果一揽子买进若干项可独立使用的固定资产，支付的全部价款应按合理的分配标准，在各项固定资产之间进行分配。

【例 6-1】 20×2 年，牡丹公司购入不需安装的机器设备一台，用银行存款支付买价 20 000 元，增值税 3 400 元，包装费 100 元，运输费 200 元(其中 7%可作为增值税进项税额抵扣)，机器设备投入使用。根据以上资料，编制会计分录如下：

固定资产原始价值＝20 000＋100＋200×(1－7%)＝20 286(元)

增值税进项税额＝3 400＋200×7%＝3 414(元)

借：固定资产	20 286
应交税费——应交增值税(进项税额)	3 414
贷：银行存款	23 700

2. 购入需要安装的固定资产

企业购入需要安装的固定资产，在安装过程中发生的实际安装费，应计入固定资产原值。固定资产安装工程可以采用自营安装方式，也可以采用出包安装方式。采用自营安装方式，安装费包括安装工程耗用的材料、人工及其他支出；采用出包安装方式，安装费为向承租单位支付的安装价款。不论采用何种安装方式，固定资产的全部安装工程成本(包括固定资产买价及包装运杂费和安装费)均应通过“在建工程”科目进行核算。

企业购入需要安装的固定资产，应根据实际支付的买价、包装运杂费和安装费，借记“在建工程”科目，贷记“银行存款”等科目；安装工程完工后，根据其全部安装工程成本，借记“固定资产”科目，贷记“在建工程”科目。

【例 6-2】 20×2 年，牡丹公司购入需要安装的机器设备一台，用银行存款支付买价 10 000 元，增值税 1 700 元，包装费 200 元，运输费 100 元(其中 7%可作为增值税进项税额抵扣)；机器设备出包安装，用银行存款支付安装费 500 元。该机器设备安装完工后交付使用。根据以上资料，编制会计分录如下。

(1) 购入固定资产：

固定资产原始价值＝10 000＋200＋100×(1－7%)＝10 293(元)

增值税进项税额＝1 700＋100×7%＝1 707(元)

借：在建工程　　10 293
　　应交税费——应交增值税(进项税额)　　1 707
　　贷：银行存款　　12 000

(2) 支付安装费：

借：在建工程　　500
　　贷：银行存款　　500

(3) 工程完工：

借：固定资产　　10 793
　　贷：在建工程　　10 793

6.2.2 固定资产的自行建造

自行建造的固定资产是指企业利用自己的力量建造及出包给他人建造的固定资产。企业自营建造的固定资产原值，原则上应包括建造期间的全部支出，如直接材料、直接人工、其他与自营建造固定资产相关的支出，以及在固定资产达到使用状态前发生的长期负债利息等。企业出包建造的固定资产，以实际支付的全部工程价款及应负担的长期负债利息等作为原值。企业自行建造的固定资产如房屋及建筑物，则购进货物或接受劳务支付的增值税进项税额不得抵扣，应计入自行建造房屋及建筑物成本。企业不论采用何种方式自行建造固定资产，均应通过“在建工程”科目进行核算。

1. 采用自营方式建造固定资产

企业自营工程耗用的材料物资，一般应单独进行核算。企业购入自营工程所需材料物资时，应根据实际支付的全部价款的买价和应计入工程物资成本的包装运杂费等，借记“工程物资”科目；根据可以抵扣的增值税进项税额，借记“应交税费”科目；贷记“银行存款”等科目。

企业自营工程领用材料物资时，应根据实际成本，借记“在建工程”科目，贷记“工程物资”科目。

企业自营工程领用本企业存货时，应将该存货的实际成本计入自营工程成本，借记“在建工程”科目，贷记“库存商品”科目。

企业自营工程应负担的职工工资和职工福利费等，应借记“在建工程”科目，贷记“应付职工薪酬”科目。

企业的辅助生产经营部门为自营工程提供的水、电、设备安装、运输等产品或劳务，应根据实际成本和应负担的税金，借记“在建工程”科目，贷记“生产成本”科目。

企业自营工程发生的其他支出，应借记“在建工程”科目，贷记“银行存款”等科目。

企业自营建造的固定资产在交付使用前应负担的长期负债利息，应计入自营工程成本，借记“在建工程”科目，贷记“长期借款”等科目。

企业自营工程中发生的报废损失，应计入工程成本；发生的残料收入，应冲减工程成本，借记“原材料”科目，贷记“在建工程”科目。

工程物资盘点时，如发现盘亏，应将盘亏物资的实际成本计入工程成本，借记“在建工程”科目，贷记“工程物资”科目。盘盈的工程物资，作相反的处理。

企业自营建造的固定资产在交付使用时，应根据自营工程的实际成本，借记“固定资产”科目，贷记“在建工程”科目。

已交付使用的固定资产办理竣工结算时，如该项固定资产的实际原值大于原入账价值，应对原入账价值进行调整，借记“固定资产”科目，贷记“在建工程”科目(实际原值小于原入账价值的差额作相反处理)。

【例 6-3】20×2 年，牡丹公司根据自营方式建造生产流水线发生的经济业务，编制会计分录如下。

(1) 购入工程用材料一批，价款 200 000 元，增值税 34 000 元，共计 234 000 元，用银行存款支付，材料入库。

借：工程物资	200 000	
应交税费——应交增值税(进项税额)	34 000	
贷：银行存款		234 000

(2) 自营工程领用材料 200 000 元：

借：在建工程	200 000	
贷：工程物资		200 000

(3) 自营工程应负担的职工薪酬 11 400 元：

借：在建工程	11 400	
贷：应付职工薪酬		11 400

(4) 用银行存款支付自营工程应负担的其他支出 30 000 元：

借：在建工程	30 000	
贷：银行存款		30 000

(5) 自营工程应负担的长期借款利息 9 000 元：

借：在建工程	9 000	
贷：长期借款		9 000

(6) 自营工程某一部件报废，残料计价 200 元作为生产废料入库，应收有关责任者赔款 1 000 元：

借：原材料	200	
其他应收款	1 000	
贷：在建工程		1 200

(7) 该项工程完工交付使用，按实际工程成本 249 200 元(200 000＋11 400＋30 000＋9 000－1 200)结转该项固定资产原值：

借：固定资产	249 200	
贷：在建工程		249 200

2. 采用出包方式建造固定资产

企业采用出包方式建造固定资产，预付工程价款时，应借记“在建工程”科目，贷记“银行存款”等科目；工程完工补付工程价款时，也应借记“在建工程”科目，贷记“银行存款”等科目；出包工程在竣工结算之前应负担的长期负债利息等，也应计入工程成本，借记“在建工程”科目，贷记“长期借款”等科目。出包工程完工后，应根据工程实际成本，借记“固定资产”科目，贷记“在建工程”科目。

【例 6-4】 20×2 年，牡丹公司根据出包方式建造房屋发生的经济业务，编制会计分录如下。

(1) 用银行存款预付工程款 150 000 元：

借：在建工程　　150 000
　　贷：银行存款　　150 000

(2) 出包工程应负担长期借款利息 20 000 元：

借：在建工程　　20 000
　　贷：长期借款　　20 000

(3) 工程完工，用银行存款补付工程款 300 000 元：

借：在建工程　　300 000
　　贷：银行存款　　300 000

(4) 固定资产交付使用，结转固定资产原值 470 000 元：

借：固定资产　　470 000
　　贷：在建工程　　470 000

6.2.3 接受投资取得的固定资产

企业接受固定资产投资时，应按双方协商确认的价值计价，借记“固定资产”科目，贷记“实收资本”或“股本”科目。如果固定资产的价值大于投资方在企业注册资本中占有的份额，其差额应贷记“资本公积”科目。

【例 6-5】 20×2 年，牡丹公司根据投资各方达成的协议，按资产评估确认的价值作为投资各方投入资本价值确认的标准。在各方的投资中 A 股东以一座厂房作为投资投入该公司，该厂房经评估确认价值为 1 200 000 元，按协议可折换成每股面值为 1 元、数量为 1 000 000 股股票的股权。B 股东以一台设备作为投资投入该公司，该设备经评估确认价值为 192 000 元，按协议可折换成每股面值为 1 元、数量为 160 000 股股票的股权。此项设备需要安装才能使用，公司支付设备安装成本 3 000 元。其账务处理如下。

(1) A 股东投入厂房：

借：固定资产　　1 200 000
　　贷：股本——A 股东　　1 000 000
　　　　资本公积　　200 000

(2) B 股东投入设备，设备运抵企业，等待安装：

借：工程物资　　192 000
　　贷：股本——B 股东　　160 000
　　　　资本公积　　32 000

(3) 设备投入安装，用银行存款支付安装成本：

借：在建工程　　195 000
　　贷：工程物资　　192 000
　　　　银行存款　　3 000

(4) 设备安装完毕，计算并结转工程成本：

借：固定资产　　195 000
　　贷：在建工程　　195 000

6.2.4 取得附有弃置义务的固定资产

对于特殊行业的特殊固定资产，在确定其原始价值时，还应考虑弃置费用。弃置费用通常是指根据国家有关规定，企业承担的环境保护、生态恢复等义务而在未来弃置固定资产时预计发生的支出。例如，核电站的核设施，在未来弃置时，为恢复良好环境，企业应对其产生的核辐射等进行治理，预计发生的大额支出即为弃置费用。该项固定资产预计发生的弃置费用应计入固定资产的原始价值，通过折旧方式予以补偿。但是，由于弃置费用的数额一般较大，且支出的时间也较久远，因此，弃置费用应按照取得固定资产时的实际利率进行折现，将其现值计入固定资产的原始价值，借记“固定资产”、“在建工程”等科目，贷记“预计负债”科目。

预计未来将发生的弃置费用与其现值之间的差额，应在固定资产使用期间内，分期确认为财务费用。企业应根据预计负债的账面价值和取得固定资产时的实际利率，确认各期应负担的财务费用，借记“财务费用”科目，贷记“预计负债”科目。

6.3 固定资产折旧

6.3.1 折旧的性质

固定资产折旧是指固定资产由于损耗而减少的价值。固定资产损耗分为有形损耗和无形损耗两种。有形损耗是指固定资产在使用过程中由于使用和自然力的影响在使用价值和价值上的损耗；无形损耗是指由于技术进步而引起的固定资产价值上的损耗。固定资产与存货不同，它的价值不是一次转移计入产品成本或费用，而是在长期使用过程中，随着损耗程度，以折旧费项目分期计入产品成本或费用，并通过取得相应的收入而得到补偿。

6.3.2 计提折旧应考虑的因素

企业分期计算提取折旧时，应考虑的因素有固定资产应计提折旧总额、预计使用年限和预计工作总量。

1. 固定资产应计提折旧总额

固定资产应计提折旧总额是指单项固定资产从开始使用至报废清理的全部使用年限内应计提的折旧总额。从理论上讲，某项固定资产应计提折旧总额并不等于该项固定资产原值。这是因为固定资产在报废清理时会取得残值收入，这部分残值收入不需要通过计提折旧的方式予以补偿，应在计提折旧时预先估计，从原值中扣除；此外，固定资产在报废清理时还会发生清理费用，这部分清理费用应视为使用固定资产的必要支出，在计提折旧时应予以考虑，预计清理费用一般从预计残值收入中扣除。预计残值收入减去预计清理费用后的余额，称为预计净残值。某项固定资产的原值减去预计净残值，即为该项固定资产的应计提折旧总额。

在我国，预计净残值一般根据固定资产原值乘以预计净残值率计算。预计净残值率是指预计净残值与固定资产原值的比率。

2. 固定资产预计使用年限

固定资产预计使用年限是指固定资产预计的经济使用年限，应考虑固定资产的有形损耗和无形损耗。

3. 固定资产预计工作总量

固定资产预计工作总量是指固定资产从开始使用至报废清理的全部使用年限内预计完成的工作总量。固定资产预计工作总量由各企业根据本企业各项固定资产的具体情况自行确定。

以上3项因素中，固定资产应计提折旧总额是不论采用何种计提折旧的方法均应考虑的因素。如果企业按时间计提折旧，还应考虑固定资产预计使用年限；如果按完成的工作量计提折旧，则还应考虑固定资产预计工作总量。

6.3.3 折旧的计算方法

常用的固定资产折旧计算方法可以分为两类：直线法和加速折旧法。

1. 直线法

直线法是指按照时间或完成的工作量平均计提折旧的方法，主要包括平均年限法和工作量法。

1) 平均年限法

平均年限法是指按照固定资产的预计使用年限平均计提折旧的方法，其累计折旧额为使用时间的线性函数。采用这种方法，假定固定资产的服务潜力随着时间的推移而逐渐递减，其效能与固定资产的新旧程度无关。因此，固定资产的应计提折旧总额可以均匀摊配于预计使用年限内的各个会计期间。其计算公式为

$$\text{年折旧额}=\frac{\text{固定资产原值}-(\text{预计残值收入}-\text{预计清理费用})}{\text{预计使用年限}}$$

$$=\frac{\text{固定资产应计提折旧总额}}{\text{预计使用年限}}$$

$$\text{月折旧总额}=\frac{\text{年折旧额}}{12}$$

上述公式为固定资产折旧平均年限法的一般原理。在实际工作中，固定资产折旧额一般根据固定资产原值乘以折旧率计算。在平均年限法下，固定资产折旧率是固定资产折旧额与固定资产原值的比率，其计算公式为

$$\text{年折旧率}=\frac{1-\text{预计净残值}}{\text{预计使用年限}}$$

$$\text{月折旧率}=\frac{\text{年折旧率}}{12}$$

$$\text{月折旧额}=\text{固定资产原值}\times\text{月折旧率}$$

【例6-6】 20×2年，牡丹公司某项固定资产原值为700 000元，预计净残值率为4%，预计使用年限为10年。其个别折旧率和月折旧额计算如下：

$$\text{该项固定资产年折旧率}=\frac{1-4\%}{10}=9.6\%$$

$$\text{该项固定资产月折旧率}=\frac{9.6\%}{12}=0.8\%$$

$$\text{该项固定资产月折旧额}=700\,000\times0.8\%=5\,600(\text{元})$$

2) 工作量法

工作量法是指按照固定资产预计完成的工作总量平均计提折旧的方法，其累计折旧额

为完成工作量的线性函数。采用这种方法，假定固定资产的服务潜力随着完成工作量的增加而逐渐递减，其效能与固定资产的新旧程度无关。因此，固定资产的应计提折旧总额可以均匀摊配于预计的每一单位工作量。采用工作量法计提折旧，也应首先确定固定资产应计提折旧总额；然后根据固定资产应计提折旧总额和预计完成的工作总量，确定单位工作量折旧额；最后根据单位工作量折旧额和某月实际完成的工作量，就可以计算出该月折旧额。计算公式如下：

$$某项固定资产单位工作量折旧额=\frac{该项固定资产应计提折旧总额}{该项固定资产预计完成的工作总量}$$

$$某项固定资产月折旧额=该项固定资产单位工作量折旧额\times 该项固定资产该月实际完成的工作总量$$

不同的固定资产，其工作量有不同的表现形式。对于运输设备来说，其工作量表现为运输里程；对于机器设备来说，其工作量表现为机器工时和机器台班。

【例 6-7】20×2 年，牡丹公司运输汽车一辆，原值为 300 000 元，预计净残值率为 4%，预计行驶总里程为 800 000 公里。该汽车采用工作量法计提折旧。某月该汽车行驶 6 000 公里。该汽车的单位工作量折旧额和该月折旧额计算如下：

$$单位工作量折旧额=\frac{300\,000\times(1-4\%)}{800\,000}=0.36(元/公里)$$

$$该月折旧额=0.36\times 6\,000=2\,160(元)$$

工作量法一般适用于价值较高的大型精密机床及运输设备等固定资产的折旧计算。这些固定资产的价值较高，各月的工作量一般不很均衡，采用平均年限法计提折旧，会使各月成本费用的负担不够合理。

2. 加速折旧法

加速折旧法也称递减费用法，是指在固定资产使用初期计提折旧较多而在后期计提折旧较少，从而相对加速折旧的方法。采用加速折旧法，各年的折旧额呈递减趋势。加速折旧法一般只采用个别折旧方式。为了简化折旧计算工作，月折旧额一般按年折旧额除以 12 计算。如果某项固定资产开始计提折旧的时间不是年初(1 月)，则该年度各月的折旧额及下一年度前几个月的折旧额(即开始计提折旧 1 年之内各月的折旧额)，均按年折旧额的月平均数计算。较常用的加速折旧法有双倍余额递减法和年数总和法两种。

1) 双倍余额递减法

双倍余额递减法是指按固定资产净值和双倍直线折旧率计提折旧的方法。其计算公式如下：

$$双倍直线折旧率=\frac{2}{预计使用年限}\times 100\%$$

$$固定资产年折旧额=固定资产期初净值\times 双倍直线折旧率$$

$$固定资产月折旧额=\frac{固定资产年折旧额}{12}$$

采用双倍余额递减法计提折旧，一般不考虑固定资产预计净残值。但是，必须注意下面两个问题。

(1) 在预计使用年限结束时，应避免固定资产净值大于预计净残值。如果固定资产净值大于预计净残值，意味着该项固定资产在预计使用年限内少提了折旧。为此，在固定资产使用期间内，某一年按双倍余额递减法计提的折旧额小于该年在剩余年限内按平均年限法计提的折旧额，则该年应改按平均年限法计提折旧。上述条件具体表述如下：

$$\text{固定资产期初净值} \times \text{双倍直线折旧率} < \frac{\text{固定资产期初净值} - \text{预计净残值}}{\text{剩余使用年限}}$$

【例 6-8】牡丹公司某项固定资产原值为 60 000 元，预计净残值为 2 000 元，预计使用年限为 5 年。该项固定资产采用双倍余额递减法计提折旧。年折旧率及各年折旧额计算如表 6-1 所示。

表 6-1　折旧计算表(双倍余额递减法)

年份	期初净值/元	年折旧率	年折旧额/元	累计折旧/元	期末净值/元
1	60 000	40%	24 000	24 000	36 000
2	36 000	40%	14 400	38 400	21 600
3	21 600	40%	8 640	47 040	12 960
4	12 960	40%	5 480	52 520	7 480
5	7 480	40%	5 480	58 000	2 000

从表 6-1 中可以看出，该项固定资产第 4 年如果仍按双倍余额递减法计提折旧，年折旧额应为 5 184 元(12 980×40%)；如果改按平均年限法计提折旧，年折旧额应为 5 480 元[(12 960－2 000)/2]。由于该项固定资产第 4 年按双倍余额递减法计提的折旧额小于按平均年限法计提的折旧额，因此从第 4 年开始，该项固定资产改按平均年限法计提折旧。

我国《企业会计准则》规定，采用双倍余额递减法计提折旧，应在预计使用年限的最后两年改按平均年限法计提折旧。

假定该项固定资产于 20×2 年 8 月开始计提折旧，则 20×2 年 8 月～20×3 年 7 月，各月的折旧额为 2 000 元(24 000/12)；20×3 年 8 月～20×4 年 7 月，各月的折旧额为 1 200 元(14 400/12)，依此类推。

(2) 在预计使用年限内，应避免固定资产期末净值小于预计净残值。如果固定资产期末净值小于预计净残值，意味着该项固定资产多提了折旧。为此，当某期按双倍余额递减法计提的折旧额大于剩余应计提折旧额(即期初净值减去预计净残值)时，从理论上讲，应从该期开始，改按平均年限法计提折旧；但在实务中，由于采用加速折旧法会使折旧额逐年递减，该期的剩余应计提折旧额一定小于上年折旧额，按照重要性原则，可以将该期剩余应计提折旧额全部列作当期的折旧额，以后使用期间不再计提折旧。

【例 6-9】承例 6-8，假定预计净残值为 10 000 元，其他条件不变。

该项固定资产第 4 年如按双倍余额递减法计提折旧 5 184 元，则第 4 年年末净值为 7 776 元(12 960－5 184)，小于预计净残值 10 000 元。因此，该项固定资产第 4 年应提折旧 2 960 元(12 960－10 000)；第 5 年不再提取折旧。

2) 年数总和法

年数总和法是指按固定资产应计提折旧总额和某年尚可使用年数占各年尚可使用年数总和的比重(即年折旧率)计提折旧的方法。各年尚可使用年数总和(简称年数总和)，是一个以预计使用年限为 n 项和初项、通项为 1 的等差数列。其年折旧率和年折旧额的计算公式如下：

$$年折旧率=\frac{该年尚可使用年数}{各年尚可使用年数总和}=\frac{预计使用年限-已使用年限}{预计使用年限\times\frac{预计使用年限+1}{2}}$$

$$年折旧额=应计提折旧总额\times年折旧率$$

【例 6-10】牡丹公司某项固定资产原值为 60 000 元，预计净残值为 3 000 元，预计使用年限为 5 年。该项固定资产按年数总和法计提折旧。该项固定资产的年数总和为

$$年数总和=5+4+3+2+1=15$$

或

$$年数总和=5\times(5+1)/2=15$$

各年折旧率和折旧额计算如表 6-2 所示。

表 6-2　折旧计算表

(年数总和法)

年份	应计提折旧总额/元	年折旧率	年折旧额/元	累计折旧/元
1	60 000－3 000=57 000	5/15	19 000	19 000
2	57 000	4/15	15 200	34 200
3	57 000	3/15	11 400	45 600
4	57 000	2/15	7 600	53 200
5	57 000	1/15	3 800	57 000

3. 直线法与加速折旧法的比较

采用直线法计提折旧，固定资产的转移价值平均摊配于其使用的各个会计期间或完成的工作量，优点是使用方便，易于理解。但是，这种方法没有考虑固定资产使用过程中相关支出摊配于各个会计期间或完成的工作量的均衡性。因为随着固定资产使用时间的推移，其磨损程度也会逐渐增加，使用后期的维修费支出将会高于使用前期的维修费支出，即使各个会计期间或单位工作量负担的折旧费相同，但各个会计期间或单位工作量负担的固定资产使用成本(折旧费与维修费之和)将会不同。

采用加速折旧法计提折旧，克服了直线法的不足。因为这种方法前期计提的折旧费较多而维修费较少，后期计提的折旧费较少而维修费较多，从而保持了各个会计期间负担的固定资产使用成本的均衡性。此外，由于这种方法前期计提的折旧费较多，能够使固定资产投资在前期较多地收回，在税法允许将各种方法计提的折旧费作为税前费用扣除的前提下，还能够减少前期的所得税额，符合谨慎原则。但是，在固定资产各期工作量不均衡的情况下，这种方法可能导致单位工作量负担的固定资产使用成本不够均衡。

企业在计提折旧时，可以根据具体情况，选择各种折旧计算方法。但是，需要指出的是，按照可比性原则，某种折旧方法一经选定，不应随意改变，以保证会计核算方法的前后期一致，便于进行比较分析。如果企业根据具体情况的变化决定改变折旧方法，其变更时间一般应为年初，以保持年度内折旧方法的一致，并将变更理由及折旧方法改变后对损益的影响在会计报表附注中予以揭示。

4. 计提折旧的范围

采用工作量法，应于月末根据该月固定资产完成的工作量计提折旧。

采用其他方法，除了已经提足折旧继续使用的固定资产及过去单独估价入账的土地不提折旧以外，其他固定资产均应计提折旧。此外，提前报废的固定资产不补提折旧，其未提足折旧的净损失应计入营业外支出。

5. 计提折旧的总分类核算

为了进行计提折旧的总分类核算，企业应按月根据固定资产计提折旧的范围和采用的折旧计算方法，编制固定资产折旧计算表。固定资产折旧计算表应反映各个使用单位各类固定资产当月应计提的折旧额。

企业计提的固定资产折旧，应按用途进行分配，借记“制造费用”、“管理费用”、“销售费用”、“其他业务成本”及“在建工程”等科目，贷记“累计折旧”科目。

知识链接

我国《企业会计准则第4号——固定资产》对固定资产折旧定义的表述是，固定资产折旧是指在固定资产使用寿命内，按照确定的方法对应计折旧额进行系统分摊。一般来说，要正确理解固定资产折旧的定义，应注意这样两个问题：一是固定资产的成本转入营业成本或费用的原因与目的；二是固定资产的成本如何转入营业成本或费用中。

6.4 固定资产后续支出

固定资产的后续支出是指固定资产投入使用以后发生的修理和改扩建等支出。

6.4.1 固定资产的修理

固定资产在长期使用过程中，由于自然损耗或使用磨损等原因，往往发生部分零部件的损坏。为了保证固定资产的正常运转及使用，企业需要对固定资产进行必要的修理。

1. 固定资产修理的特点

固定资产修理的主要目的是恢复其使用价值。一般来说，固定资产的各个零部件，按其作用和结构的复杂程度，分别标明了复杂系数。固定资产的修理，按每次修理的零部件的复杂系数分类，可以分为日常修理和大修理两类。日常修理也称中小修理，一般是指每次修理的零部件的复杂系数之和在规定的复杂系数以下的修理；大修理一般是指每次修理的零部件的复杂系数之和在规定的复杂系数以上的修理。不同的固定资产对划分日常修理和大修理的复杂系数的规定有所不同。

日常修理的特点是，修理范围小，成本支出少，修理次数多，间隔时间短。但是，需要指出的是，日常修理的间隔时间短，不一定意味着其受益期限短。这是因为日常修理的范围小，这次修理这一部分，下次修理另一部分，每次修理的零部件不一定是同一零部件，对于某一零部件来说，修理后的受益期也可能较长。

大修理的特点是，修理范围大，成本支出多，修理次数少，间隔时间长。但是也需要指出，大修理的成本支出多，是指某项固定资产的大修理成本支出相对每次日常修理成本支出而言较多，其支出数额在企业全部成本费用中的比重则不一定较大。

2. 固定资产修理的核算方法

固定资产日常修理和大修理虽然各有特点，但界限的划分比较困难。因为有些固定资产并未标明各个零部件的复杂系数；有些虽标明了复杂系数，但各个零部件的修理程度又不一致。此外，固定资产修理间隔时间长短与受益期限的关系不很明确，成本支出数额多少又是相对而言，因此在实际工作中，日常修理和大修理往往一并核算，将实际发生的修理成本支出，计入产品成本或定期损益，按用途进行分配，借记“制造费用”、“管理费用”、“销售费用”和“其他业务成本”等科目；按支付的增值税进项税额，借记“应交税费——应交增值税(进项税额)”科目；按发生的全部价款，贷记“银行存款”等科目。

6.4.2 固定资产的改扩建

1. 固定资产改扩建的特点

固定资产的改扩建是指对原有固定资产进行的改良和扩充。固定资产改良(即改建)是指为了提高固定资产的质量而采取的措施，如以自动装置代替非自动装置等。固定资产扩充(即扩建)是指为了提高固定资产的生产能力而采取的措施，如房屋增加楼层等。由于固定资产改扩建后，可以使固定资产的质量有所提高，或在实物量上有所增加，因而其原值也会有所增加。固定资产改扩建后，有些会延长使用年限从而增加生产能力，有些则仅仅会提高产品质量或增加生产能力而不延长使用年限。

2. 固定资产改扩建的核算

企业在固定资产进行改扩建的期间，由于停止使用，工期又比较长，因而应在改扩建之前，将其账面价值转作在建工程，借记“在建工程”、“累计折旧”、“固定资产减值准备”科目，贷记“固定资产”科目。

固定资产改扩建工程支出的核算与自建工程支出的核算方法相同，应通过“在建工程”科目核算。固定资产改扩建过程中拆除的原有部件，其残值计价回收时，应冲减改扩建工程支出，借记“原材料”等科目，贷记“在建工程”科目。固定资产改扩建工程完工后，应将改扩建工程的全部成本转为改扩建后的固定资产原值，借记“固定资产”科目，贷记“在建工程”科目。

固定资产改扩建后，应对改扩建后各期的固定资产折旧额进行调整。

【例 6-11】20×2 年，牡丹公司改建机器设备一台，改建前的原值为 100 000 元，预计使用年限为 10 年，预计净残值为 5 000 元，已使用 8 年，采用平均年限法以个别折旧方式计提折旧；该项机器设备采用出包方式进行改建，用银行存款支付改建工程款 30 000 元，支付增值税 5 100 元；改建机器设备拆除部件的残值计价 2 000 元入库；工程完工后，延长使用年限 2 年，预计净残值提高到 6 000 元。根据以上资料，编制会计分录如下。

(1) 将改建前的固定资产原值及累计折旧注销，将其净值转作在建工程：

原值＝100 000(元)

$$累计折旧＝(100\ 000-5\ 000)\times\frac{8}{10}＝76\ 000(元)$$

净值＝100 000－76 000＝24 000(元)

借：在建工程　　24 000
　　累计折旧　　76 000
　　贷：固定资产　　100 000

(2) 用银行存款支付改建工程款 30 000 元，支付增值税 5 100 元：

借：在建工程　　30 000
　　应交税费——应交增值税(进项税额)　　5 100
　　贷：银行存款　　35 100

(3) 拆除部件的残料计价 2 000 元入库：

借：原材料　　2 000
　　贷：在建工程　　2 000

(4) 改建工程完工，全部工程成本 52 000 元(24 000＋30 000－2 000)计入固定资产原值：

借：固定资产　　52 000
　　贷：在建工程　　52 000

(5) 改建后第 9～第 12 年的各年折旧额计算：

$$改建后的年折旧额=\frac{52000-6000}{4}=11\ 500(元)$$

6.4.3 固定资产的装修

企业对固定资产进行装修，如果装修的受益期限与固定资产整体的受益期限不同，则其装修支出在满足固定资产确认条件的情况下，应单独作为一类固定资产进行核算，单独计提折旧。

【例 6-12】20×2 年，牡丹公司购入一栋房屋，支付价款 10 000 000 元。购入后对房屋进行装修，支付装修费 3 000 000 元，装修完成后该房屋交付使用。编制会计分录如下。

(1) 购入固定资产：

借：在建工程——房屋　　10 000 000
　　贷：银行存款　　10 000 000

(2) 支付装修费：

借：在建工程——装修　　3 000 000
　　贷：银行存款　　3 000 000

(3) 房屋交付使用：

借：固定资产——房屋　　10 000 000
　　　　　　——装修　　3 000 000
　　贷：在建工程——房屋　　10 000 000
　　　　　　　　——装修　　3 000 000

6.5 固定资产清理

固定资产的清理是指在固定资产出售或不能继续使用而报废时对固定资产进行的处置。为了反映转入清理过程的固定资产账面价值、清理费支出、变价收入和其他收入的取得及清理净损益的情况，应设置“固定资产清理”科目。该科目借方登记清理过程中发生的各项费用，包括转入清理过程的固定资产账面价值、清理过程中发生的清理费用及销售不动产等应缴纳的税金；贷方登记清理过程中发生的各项收入，包括转让收入、残料收入及应向保险公司或有关责任者收取的赔款等。该科目贷方发生额大于借方发生额的差额，为清理过程中发生的净收益，应作为营业外收入从该科目借方转出；反之，则为清理过程中发生的净损失，应作为营业外支出从该科目的贷方转出。经过上述结转后，该科目应无余额。

6.5.1 固定资产的出售

1. 出售固定资产账面价值的计算与结转

企业的固定资产出售时，首先应计算其账面价值。固定资产账面价值应根据固定资产原值减去累计折旧和固定资产减值准备计算。由于累计折旧可以不进行明细核算，因而固定资产明细账中可能不能提供累计折旧及账面价值资料。为此，计算固定资产账面价值，主要是计算其累计折旧。

固定资产累计折旧应根据采用的不同折旧方法和已折旧年限计算。

【例 6-13】牡丹公司某项固定资产的原值为 10 000 元，预计净残值为 400 元，预计使用年限为 10 年，采用平均年限法计提折旧。该项固定资产 20×2 年 1 月 31 日投入使用，20×5 年 8 月 31 日停止使用并出售。根据以上资料，计算该项固定资产出售时的累计折旧及净值。

$$月折旧额=\frac{10\,000-400}{10\times12}=80(元)$$

$$\begin{aligned}已提折旧月数&=11(20\times2\text{ 年，因 1 月开始使用当月不提折旧})+12(20\times5\text{ 年})\\&\quad+12(20\times6\text{ 年})+8(20\times7\text{ 年，8 月停止使用当月照提折旧})\\&=43(月)\end{aligned}$$

$$累计折旧=80\times43=3\,440(元)$$

$$净值=10\,000-3\,440=6\,560(元)$$

企业出售固定资产后，其原值和累计折旧应予以注销(如已计提固定资产减值准备，则计提的减值准备也应一并注销)，账面价值转入“固定资产清理”科目。结转出售固定资产账面价值、累计折旧和固定资产减值准备时，应按其账面价值借记“固定资产清理”科目，按累计折旧借记“累计折旧”科目，按已提固定资产减值准备，借记“固定资产减值准备”科目，按原值贷记“固定资产”科目。

2. 出售固定资产的清理费用

企业出售的固定资产，有些不发生清理费用，有些则需要拆除，会发生清理费用。在固定资产清理过程中，应按实际发生的清理费用，借记“固定资产清理”科目，贷记“银行存款”等科目。

3. 出售固定资产的收入

企业出售固定资产实际收取的价款和增值税额，应借记“银行存款”等科目，贷记“固定资产清理”、“应交税费”科目。

4. 结转出售不动产等应缴纳的税费

企业出售不动产后，应按收入的一定比例计算缴纳营业税、城市维护建设税和教育费附加等，借记“固定资产清理”科目，贷记“应交税费”科目。

5. 结转出售固定资产的净损益

企业出售固定资产的收入大于固定资产净值、清理费用与应交税费之和的差额，为清理净收益，借记“固定资产清理”科目，贷记“营业外收入”科目；出售固定资产的收入小于固定资产账面价值、清理费用与应交税费之和的差额，为清理净损失，借记“营业外支出”科目，贷记“固定资产清理”科目。经过上述结转后，“固定资产清理”科目没有余额。

【例6-14】20×2年，牡丹公司某项机器设备出售，原值为50 000元，累计折旧为25 000元，已提固定资产减值准备5 000元，清理过程中用现金支付清理费用150元，取得出售价款22 000元，增值税3 740元，存入银行。根据以上资料，编制会计分录如下。

(1) 注销机器设备原值和累计折旧：

借：固定资产清理	20 000	
累计折旧	25 000	
固定资产减值准备	5 000	
贷：固定资产		50 000

(2) 支付清理费用：

借：固定资产清理	150	
贷：库存现金		150

(3) 收取价款和增值税额：

借：银行存款	25 740	
贷：固定资产清理		22 000
应交税费——应交增值税(销项税额)		3 740

(4) 结转机器设备清理净损益：

机器设备清理净收益＝22 000－20 000－150＝1 850(元)

借：固定资产清理	1 850	
贷：营业外收入		1 850

6.5.2 固定资产的报废

固定资产报废的原因一般有两类：一类是由于使用期限已满不再继续使用而形成的正常报废；另一类是由于对折旧年限估计不准确或非正常原因造成的提前报废，如确定预计使用年限时未考虑无形损耗而在技术进步时必须淘汰的固定资产，以及由于管理不善或自然灾害造成的固定资产毁损等。

正常报废的固定资产已提足折旧，其账面价值应为预计净残值。但由于实际净残值与预计净残值可能有所不同，因而在清理过程中也可能发生净损益。这部分净损益也应计入营业外收入或营业外支出。正常报废固定资产的核算方法，与出售固定资产的核算方法相同。

提前报废的固定资产未提足折旧，为了简化核算工作，未提足的折旧也不再补提，而是在计算清理净损益时一并考虑。此外，毁损的固定资产根据其毁损原因，有可能收回一部分赔偿款，如自然灾害造成的毁损有可能取得保险公司的赔款，管理不善造成的毁损有可能取得有关责任者的赔款。企业取得的赔款也视为清理过程中的一项收入，借记“其他应收款”等科目，贷记“固定资产清理”科目，在计算清理净损益时也应一并考虑。

【例 6-15】20×2 年，牡丹公司某项固定资产的原值为 80 000 元，预计净残值为 2 500 元，预计使用年限为 10 年，现已使用 11 年(超龄使用 1 年)，由于不能继续使用而报废。报废时残料计价 2 600 元入库，用银行存款支付清理费用 300 元。根据以上资料，编制会计分录如下。

(1) 注销固定资产原值和累计折旧：

由于超龄使用不再计提折旧，因而累计折旧为 77 500 元(80 000－2 500)，

借：固定资产清理	2 500	
累计折旧	77 500	
贷：固定资产		80 000

(2) 支付清理费用：

借：固定资产清理	300	
贷：银行存款		300

(3) 残料计价入库：

借：原材料	2 600	
贷：固定资产清理		2 600

(4) 结转固定资产清理净损益：

固定资产清理净损失＝2 500＋300－2 600＝200(元)

借：营业外支出	200	
贷：固定资产清理		200

【例 6-16】20×2 年，牡丹公司某项固定资产的原值为 30 000 元，累计折旧为 13 000 元，因自然灾害造成毁损。清理过程中残料出售，收取价款 1 500 元；用银行存款支付清理费用 500 元；应收保险公司赔偿款 14 000 元。根据以上资料，编制会计分录如下。

(1) 注销固定资产原值和累计折旧：

借：固定资产清理	17 000	
累计折旧	13 000	
贷：固定资产		30 000

(2) 支付清理费用：

借：固定资产清理	500	
贷：银行存款		500

(3) 收取残料价款：

借：银行存款	1 500	
贷：固定资产清理		1 500

(4) 结转应收保险公司赔偿款：

借：其他应收款	14 000	
贷：固定资产清理		14 000

(5) 结转固定资产清理净损益：

固定资产清理净损失＝(17 000＋500)－(1 500＋14 000)＝2 000(元)

借：营业外支出　　2 000

　　贷：固定资产清理　　2 000

6.6　固定资产的期末计价及报表列示

6.6.1　固定资产的减值迹象

每年年末，企业应对固定资产的账面价值进行检查。如果出现下列情况之一，表明该固定资产已出现减值迹象，应对固定资产的可收回金额进行估计。

(1) 固定资产的市价当期大幅度下跌，其跌幅明显高于因时间的推移或者正常使用而预计的下跌。

(2) 企业经营所处的经济、技术或者法律等环境，以及固定资产所处的市场在当期或者将在近期发生重大变化，从而对企业产生不利影响。

(3) 市场利率或者其他市场投资报酬率在当期已经提高，从而影响企业计算固定资产预计未来现金流量现值的折现率，导致固定资产可收回金额大幅度降低。

(4) 有证据表明固定资产已经陈旧过时。

(5) 固定资产已经或者将被闲置、终止使用或者计划提前处置。

(6) 企业内部报告的证据表明固定资产的经济绩效已经低于或者将低于预期，如固定资产所创造的净现金流量或者实现的营业利润(或者亏损)远远低于(或者高于)预计金额等。

(7) 其他表明固定资产可能已经发生减值的迹象。

6.6.2　固定资产可收回金额的计量

固定资产可收回金额应当根据固定资产的公允价值减去处置费用后的净额与固定资产预计未来现金流量的现值两者之间较高者确定。

固定资产的公允价值，应当根据公平交易中销售协议价格确定。不存在销售协议但存在资产活跃市场的，应当按照该固定资产的市场价格确定。固定资产的市场价格通常应当根据资产的买方出价确定。在不存在销售协议和固定资产活跃市场的情况下，应当以可获取的最佳信息为基础，估计固定资产的公允价值。

企业按照上述规定仍然无法可靠估计固定资产的公允价值减去处置费用后的净额的，应当以该固定资产预计未来现金流量的现值作为其可收回金额。

6.6.3　固定资产减值损失的确定

固定资产可收回金额的计量结果表明，固定资产可收回金额低于其账面价值的，应当将固定资产的账面价值减记至可收回金额，借记“资产减值损失”科目，贷记“固定资产减值准备”科目。固定资产减值损失确认后，减值固定资产的折旧费用应当在未来期间作相应调整，以使该固定资产在剩余使用寿命内，系统地分摊调整后的固定资产账面价值。固定资产减值损失一经确认，在以后会计期间不得转回。

【例 6-17】牡丹公司 20×2 年 1 月 31 日购入一台机器设备，原值为 200 000 元，预计净残值为 8 000 元，预计使用年限为 5 年，采用平均年限法计提折旧。20×3 年 12 月 31 日，该机器设备发生减值，公允价值减去处置费用后的金额为 100 000 元，未来现金流量的现值为 110 000 元。计提减值准备后，该机器设备的剩余使用年限预计为 2 年，预计净残值为 2 000 元。

(1) 计算该机器设备 20×2 年 1 月～20×3 年 12 月的累计折旧：

$$月折旧额=\frac{200\,000-80\,00}{12\times5}=3\,200(元)$$

$$累计折旧=3\,200\times(11+12)=73\,600(元)$$

(2) 计算该机器设备 20×3 年 12 月 31 日的净值：

$$200\,000-73\,600=126\,400(元)$$

(3) 计提减值准备：

可收回金额为公允价值减去处置费用后的金额与未来现金流量的现值两者中较高者，即 110 000 元。

$$126\,400-110\,000=16\,400(元)$$

借：资产减值损失　　　　16 400

　　贷：固定资产减值准备　　　　16 400

(4) 20×4 年 1 月起的月折旧额：

$$\frac{110\,000-2\,000}{12\times2}=4\,500(元)$$

6.6.4 报表列示

1. “固定资产”项目

在资产负债表中，“固定资产”项目反映全部固定资产的账面价值，即以原始价值扣除累计折旧和固定资产减值准备后的净额列示。

2. “在建工程”项目

在资产负债表中，“在建工程”项目反映全部在建工程的账面价值，即以在建工程的账面余额扣除在建工程减值准备后的净额列示。

3. “工程物资”项目

在资产负债表中，“工程物资”项目反映全部工程物资的账面价值，即以工程物资的账面余额扣除工程物资减值准备后的净额列示。

4. “固定资产清理”项目

在资产负债表中，“固定资产清理”项目反映尚未清理完毕的固定资产净额，以“固定资产清理”科目的余额直接列示。年度资产负债表日，应将尚未清理完毕的全部清理完毕，一般没有余额。

本章小结

固定资产是企业生产经营过程中的重要劳动资料。一般来说，生产经营用的劳动资料，使用年限在1年以上，单位价值较高，就应列为固定资产；否则，应列为低值易耗品。固定资产按经济用途进行分类，可以分为经营用固定资产和非经营用固定资产两大类。按使用情况分类，可以分为使用中固定资产、未使用固定资产、出租固定资产和不需用固定资产四大类。

固定资产的计价标准一般有以下3种：原始价值、重置价值和折余价值。为了反映固定资产的增减变动，应设置“固定资产”、“累计折旧”、“工程物资”和“在建工程”等科目进行核算。

企业取得的固定资产，主要包括外购的固定资产、自行建造的固定资产和投资转入的固定资产等。企业购入的固定资产，有些不需要安装即可投入使用，有些则需要安装后才能使用。购入不需安装的固定资产，原始价值应根据实际支付的买价和包装运杂费计算。购入需要安装的固定资产，在安装过程中发生的实际安装费，应计入固定资产原值。自行建造的固定资产是指企业利用自己的力量建造及出包给他人建造的固定资产。企业自营建造的固定资产原值应包括建造期间的全部支出。企业接受固定资产投资时，应按双方协商确认的价值计价。

固定资产折旧是指固定资产由于损耗而减少的价值。固定资产损耗分为有形损耗和无形损耗两种。有形损耗是指固定资产在使用过程中由于使用和自然力的影响在使用价值和价值上的损耗；无形损耗是指由于技术进步而引起的固定资产价值上的损耗。企业分期计算提取折旧时，应考虑的因素有固定资产应计提折旧总额和预计使用年限或预计工作总量。常用的固定资产折旧计算方法主要有直线法和加速折旧法两类。

固定资产的后续支出是指固定资产投入使用以后发生的修理和改扩建等支出。

固定资产的清理是指在固定资产出售或不能继续使用而报废时对固定资产进行的处置。在进行固定资产清理时，应将固定资产出售或报废时取得的收入与该固定资产的账面价值的差额转入当期损益，同时注销固定资产的账面价值并确定资产处置利得或损失。

每年年末，企业应对固定资产的账面价值进行检查，并对固定资产的可收回金额进行估计。固定资产可收回金额应当根据固定资产的公允价值减去处置费用后的净额与固定资产预计未来现金流量的现值两者之间较高者确定。固定资产可收回金额的计量结果表明，固定资产可收回金额低于其账面价值的，应当将固定资产的账面价值减记至可收回金额。

在资产负债表中，“固定资产”项目反映全部固定资产的账面价值；“在建工程”项目反映全部在建工程的账面价值；“工程物资”项目反映全部工程物资的账面价值；“固定资产清理”项目反映尚未清理完毕的固定资产净额。

习　题

一、名词解释

1．固定资产
2．折旧
3．固定资产减值

二、单项选择题

1．企业采用出包方式建造固定资产，按合同规定预付的工程款，应通过(　　)科目核算。
A．应付账款　B．预付账款　C．在建工程　D．其他应付款

2．理论上，计算固定资产折旧过程中暂不考虑其预计净残值的方法是(　　)。
A．工作量法　B．双倍余额递减法
C．年数总和法　D．平均年限法

3．以一个逐期递减的折旧率乘以一个固定基数计算各期固定资产应提折旧额的方法是(　　)。
A．工作量法　B．双倍余额递减法
C．平均年限法　D．年数总和法

4．设备的安装费应列为(　　)。
A．设备成本　B．开办费用　C．管理费用　D．制造费用

5．非正常报废的固定资产应通过(　　)核算。
A．营业外支出　B．待处理财产损溢
C．在建工程　D．固定资产清理

6．某项固定资产原值 302 000 元，预计使用 5 年，净残值为 2 000 元，按年数总和法第三年的折旧额为(　　)元。
A．60 000　B．80 000　C．72 000　D．65 000

7．下列不应计入固定资产价值的项目是(　　)。
A．购置固定资产发生的运杂费　B．购置固定资产发生的出差人员差旅费
C．购置固定资产发生的包装费　D．购置固定资产发生的应分摊的借款利息

8．某企业购置一台需要安装的设备，取得的增值税专用发票上注明的设备买价 1 000 000 元，增值税 170 000 元，支付的运费 2 000 元。设备安装时领用工程用材料物资 2 000 元，购进该批物资时支付的增值税额为 340 元，设备安装时支付有关人员工资费用 3 000 元，该固定资产的入账价值为(　　)元。
A．1 175 000　B．1 177 340　C．1 205 000　D．1 180 075

9．下列计算固定资产折旧方法的年折旧率是不一致且递减的是(　　)。
A．工作量法　B．平均年限法
C．年数总和法　D．双倍余额递减法

10．企业融资租入固定资产交付使用时，应(　　)。
A．计入固定资产　B．进行备查登记
C．计入融资租赁资产　D．计入其他长期资产

11．下列固定资产中，当月应计提折旧的有(　　)。

A．当月购入并投入使用的机器

B．以经营租赁方式租入的生产用设备

C．已提足折旧额的厂房

D．季节性停用的设备

12．甲公司的注册资本为 150 万元。2003 年 6 月 25 日，甲公司接受乙公司以一台设备进行投资。该台设备的原价为 84 万元，已计提折旧 24.93 万元，投资各方经协商确认的价值为 63.57 万元，占甲公司注册资本的 30%。假定不考虑其他相关税费。甲公司的固定资产入账价值为(　　)万元。

A．63.57　　B．59.07　　C．84　　D．45

三、多项选择题

1．下列固定资产中应计提折旧的有(　　)。

A．专用机器设备　　B．房屋及建筑物

C．接受投资转入的固定资产　　D．未提足折旧提前报废的固定资产

2．“固定资产清理”科目借方核算的内容包括(　　)。

A．转入清理的固定资产净值　　B．发生的清理费用

C．结转的固定资产清理净损失　　D．结转的固定资产清理净收益

3．我国规定可以采用固定资产折旧方法，且折旧率是固定的是(　　)。

A．递减折旧率法　　B．平均年限法

C．双倍余额递减法　　D．余额递减法

4．下列可能作为融资租入固定资产入账价值的有(　　)。

A．最低租赁付款额现值　　B．租赁资产的公允价值

C．租赁协议确定的设备价款　　D．租赁资产的原账面价值

5．资产负债表中，固定资产项目包括(　　)。

A．固定资产清理和在建工程　　B．固定资产原价

C．累计折旧　　D．固定资产减值准备

6．有关固定资产的下列费用中，属于收益性支出的有(　　)。

A．融资租入固定资产所发生的租赁费

B．经营性租入固定资产所支付的租金

C．固定资产清理费用

D．固定资产经常修理所发生的修理费用

7．企业计算固定资产折旧要考虑的因素主要有(　　)。

A．固定资产原价　　B．固定资产预计使用年限

C．固定资产预计清理费用　　D．固定资产预计残值

8．下列构成一般纳税企业固定资产价值的有(　　)。

A．支付的增值税　　B．支付的耕地占用税

C．支付的关税　　D．建造期间发生的借款利息

9．按照企业会计准则规定，下列固定资产中应计提折旧的有(　　)。

A．经营性租入的固定资产

B．季节性停用的固定资产

C．按规定单独估价作为固定资产入账的土地

D．未使用的机器设备

E．未使用的房屋及建筑物

10．采用自营方式建造固定资产的情况下，下列项目中应计入固定资产取得成本的有(　　)。

A．工程耗用原材料时发生的增值税

B．工程人员的工资及福利费用

C．工程领用本企业商品产品的实际成本

D．生产车间为工程提供水电等费用

E．工程在达到预定可使用状态前进行试运转时发生的支出

四、判断题

1. 固定资产采用年限平均法计提折旧的，每个完整的会计年度提取的折旧额一定相等。(　　)

2．自行建造固定资产的成本，由建造该项资产达到预定可使用状态前所发生的必要支出构成，包括工程用物资成本、人工成本、交纳的相关税费、应予资本化的借款费用及应分摊的间接费用等。(　　)

3．固定资产减值损失一经确认，在以后期间不得转回。(　　)

4．企业外购固定资产的成本，应当包括购买价款、相关税费、使固定资产达到预定可使用状态前所发生的可归属于该项资产的运输费、装卸费、安装费、专业人员服务费和职工培训费等。(　　)

5．固定资产出售计算的销项税计入固定资产清理，影响出售的净损益。(　　)

6．企业在计提固定资产折旧时，当月增加的固定资产当月不提折旧，当月减少的固定资产当月照提折旧。(　　)

7．双倍余额递减法下每期计提的折旧额都是递减的。(　　)

8. 更新改造完成的固定资产仍然按照原折旧方法、使用寿命和预计使用年限计提折旧。(　　)

9．企业应当根据与固定资产有关的经济利益的预期实现方式，合理选择固定资产的折旧方法，固定资产折旧方法一经确定，不得随意变更。(　　)

10．房屋等建筑物一定可以确认为企业固定资产。(　　)

五、简答题

1．固定资产具有哪些特征？

2．什么是固定资产的有形损耗，什么是无形损耗？

3．固定资产折旧的范围是什么？

4．加速折旧法有哪些特点？

5．不同形式的固定资产后续支出，会计处理有何区别？

6．固定资产修理的特点有哪些？

7．如何进行固定资产清查的核算？

六、业务题

1. 牡丹公司准备自建一座仓库，发生下列各项经济业务。

(1) 以银行存款购买建造仓库所需物资 226 000 元。

(2) 开工后领用了全部所购工程物资。

(3) 该仓库建造过程中领用本企业生产的产品实际成本 15 000 元，估计售价 20 000 元，增值税 3 400 元。

(4) 结算工程应负担的长期借款利息 6 000 元。

(5) 结算工程应负担的职工工资 24 000 元，应负担的职工福利费 3 360 元。

(6) 以银行存款支付工程应负担的其他支出 10 000 元。

(7) 该仓库建造完工，经验收合格投入使用，结转工程成本。

要求：为上述业务编制会计分录。

2. 牡丹公司接受 A 投资者投入办公用房一座，该办公用房原值为 320 000 元，已提折旧 96 000 元，经资产评估机构评估确认价值为 250 000 元，办公用房已投入使用。

要求：为此事项作会计处理。

3. 牡丹公司采用出包方式建造一幢厂部办公楼，发生如下经济业务。

(1) 由于资金不足，向银行借入 500 000 元，期限为 3 年，年利率为 8%。

(2) 按合同规定，预付承包单位工程款 600 000 元。

(3) 按年预计长期借款利息。

(4) 一年后，工程完工，验收合格，补付工程款 400 000 元，已通过银行结算。

(5) 结转工程成本。

要求：为上述业务编制会计分录。

4. 牡丹公司有一台设备，原值 200 000 元，预计净残值率为 4%，估计使用年限为 8 年。要求：分别采用平均年限法、双倍余额递减法、年数总和法计算各年折旧额。

5. 牡丹公司有一机床使用期已满，经批准予以报废，该机床原值为 260 000 元，已提折旧额为 257 000 元，发生清理费用 1 000 元，报废机床残料估价 200 元已入库，机床已清理完毕。

要求：为上述业务编制会计分录。

第 7 章 无形资产

教学目的与要求

通过对本章的学习，学生应掌握购入、自行研究开发无形资产的会计处理，无形资产摊销的会计处理，无形资产出租的会计处理，无形资产出售的会计处理；熟悉接受投资、接受捐赠无形资产的会计处理，无形资产减值的会计处理；了解无形资产的性质、分类。

案例导读

2007 年 12 月 16 日迪康药业发布公告称，将花近 3 000 万元从四川迪康产业控股集团股份有限公司(简称迪康控股)购买两项新药技术。迪康控股是迪康药业的第一大股东，但是这两项专利证书的最终取得可能要等到 2008 年年底，也就是说这两项技术能否成为专利还存在不确定因素，但迪康药业却愿意提前交易。假如你是该上市公司的财务部经理，你认为迪康药业对两项专利提前交易的意图是什么？你将如何处理？

7.1 无形资产概述

7.1.1 无形资产的性质

无形资产是指企业拥有或者控制的没有实物形态，且为企业带来多少经济利益具有较大不确定性的可辨认经济资源。一般来说，只有同时具有以下特征的经济资源才能确认为无形资产。

1. 无实体性

无形资产没有实物形态。这一特征主要是与固定资产等具有实物形态的资产相对而言的。但是，需要指出的是，没有实物形态并不是无形资产独有的特性，还有许多资产也不具有实物形态，如应收账款、对外投资等。

2. 长期性

无形资产应能在较长时期内供企业使用，一般来说，使用年限应在 1 年以上。这一特征，主要是与应收账款等没有实物形态的流动资产相对而言的。但是，需要指出的是，能在较长时期内供企业使用也不是无形资产的独有特征，还有一些无实物形态的资产也能在较长时期内供企业使用，如持有至到期投资、长期股权投资等。

3. 不确定性

无形资产能为企业带来多少未来的经济利益具有较大的不确定性。当代科学技术的迅猛发展，使得许多无形资产的经济寿命难以准确地预计，因而也使得无形资产能为企业带来多少未来的经济利益难以准确的预计。这一特征主要是与持有至到期投资等既没有实物形态又能在较长时期内供企业使用的资产相对而言的。

4. 可辨认性

无形资产能够从企业中分离或者划分出来，并能单独或者与相关合同、资产或负债一起，用于出售、转移、授予许可、租赁或者交换。这一特征主要是与商誉等不可辨认经济资源相对而言的。

7.1.2 无形资产的分类

无形资产按照不同的标准，可以分为不同的类别。

1. 按经济内容分类

无形资产按其反映的经济内容，可以分为专利权、商标权、非专利技术、著作权、土地使用权和特许权等。

1) 专利权

专利权是指经国家专利管理机关审定并授予发明者在一定年限内对其成果的制造、使用和出售的专门权利。专利权一般包括发明专利权、实用新型专利权和外观设计专利权等。专利权受法律保护。在某项专利权的有效期间内，该项专利权的非持有者如需使用与之相同的原理、结构和技术用于生产经营，应向该专利权的持有者支付专利使用费，否则就视为侵犯了专利权。

2) 非专利技术

非专利技术是指发明者未申请专利或不够申请专利的条件而未经公开的先进技术，包括先进的生产经验、技术设计资料与原料配方等。非专利技术不需到有关管理机关注册登记，只靠少数技术持有者采用保密方式维持其独占性。只要非专利技术不泄露于外界，就可以由其持有者长期享用，因而非专利技术没有固定的有效期。

3) 商标权

商标是指企业拥有的在某类指定的商品上使用特定名称或图案的权利。商标经管理机关核准后，成为注册商标，受法律保护。

4) 著作权

著作权也称版权，是指著作者或文艺作品创作者及出版商依法享有的在一定年限内发表、制作、出版和发行其作品的专有权利。著作权受法律保护，未经著作权所有者许可或转让，他人不得占有和行使。

5) 土地使用权

土地使用权是指企业经国家土地管理机关批准享有的在一定期间内对国有土地开发、

利用和经营的权利。在我国，土地归国家所有，任何单位或个人只能拥有土地使用权，没有土地所有权。

6) 特许权

特许权是指企业经批准在一定区域内，以一定的形式生产经营某种特定商品的权利。特许权可以是政府授予的，也可以是某单位或个人授予的。

2. 按来源途径分类

无形资产按其来源途径，可以分为外来无形资产和自创无形资产。

1) 外来无形资产

外来无形资产是指企业通过从国内外科研单位及其他企业购进、接受投资等方式从企业外部取得的无形资产。

2) 自创无形资产

自创无形资产是指企业自行开发、研制的无形资产。

3. 按经济寿命期限分类

无形资产按是否具备确定的经济寿命期限，可以分为期限确定的无形资产和期限不确定的无形资产。

1) 期限确定的无形资产

期限确定的无形资产是指在有关法律中规定有最长有效期限的无形资产，如专利权、商标权、著作权、土地使用权和特许权等。这些无形资产，在法律规定的有效期限内受法律保护；有效期满时，如果企业未继续办理有关手续，将不再受法律保护。

2) 期限不确定的无形资产

期限不确定的无形资产是指没有相应法律规定其有效期限，其经济寿命难以预先准确估计的无形资产，如非专利技术。这些无形资产的经济寿命取决于技术进步的快慢及技术保密工作的好坏等因素。当新的可替代技术成果出现时，旧的非专利技术自然贬值；当技术不再是秘密时，也就无价值可言。

知识链接

我国《企业会计准则第6号——无形资产》对无形资产所下的定义如下：无形资产是指企业拥有或者控制的没有实物形态的可辨认非货币性资产。无形资产属于非货币性资产。无形资产由于没有发达的交易市场，一般不容易转化成现金，在持有过程中为企业带来未来经济利益的情况不确定，不属于以固定金额或可确定的金额收取的资产，属于非货币性资产。

7.2 无形资产的取得

企业取得的无形资产，只有在其产生的经济利益很可能流入企业且其成本能够可靠地计量的情况下，才能加以确认。企业取得的无形资产，主要有以下几种形式。

7.2.1 购入的无形资产

企业购入无形资产的实际成本，包括购买价款、相关税费，以及直接归属于使该项资产达到预定用途所发生的如律师费、咨询费、公证费、鉴定费、注册登记费等其他支出。企业应根据购入无形资产的实际成本，借记“无形资产”科目，贷记“银行存款”等科目。

如果企业购买无形资产的价款超过正常信用条件延期支付，实质上具有融资性质，无形资产的成本应以购买价款的现值为基础确定。实际支付的价款与购买价款的现值之间的差额，除按照会计准则规定应予资本化的以外，应当在信用期间内计入当期财务费用。

【例 7-1】 20×2 年，牡丹公司购入一项专利权，双方协商确认的价值为 600 000 元，以银行存款支付。根据以上资料，编制会计分录如下：

借：无形资产——专利权　　600 000

　　贷：银行存款　　600 000

7.2.2　接受投资取得的无形资产

企业接受无形资产投资时，应按双方协商确认的价值计价，借记“无形资产”科目，贷记“实收资本”科目。如果无形资产的价值大于投资方在企业注册资本中占有的份额，其差额应贷记“资本公积”科目。

【例 7-2】 20×2 年，牡丹公司接受投资者土地使用权投资，经资产评估机构评估，土地使用权作价 550 000 元。根据以上资料，编制会计分录如下：

借：无形资产——土地使用权　　550 000

　　贷：实收资本　　550 000

7.2.3　自行研究开发的无形资产

企业自行研究开发项目的支出，应当区分研究阶段支出与开发阶段支出。研究是指为获取并理解新的科学或技术知识而进行的独创性的有计划调查。开发是指在进行商业性生产或使用前，将研究成果或其他知识应用于某项计划或设计，以生产出新的或具有实质性改进的材料、装置、产品等。

研究阶段的特点在于其属于探索性的过程，是为了进一步的开发活动进行资料及相关方面的准备。从已经进行的研究活动看，将来是否能够转入开发、开发后是否会形成无形资产等具有较大的不确定性。为此，企业研究阶段发生的支出，应予以费用化。企业应根据自行研究开发项目在研究阶段发生的支出，借记“研发支出——费用化支出”科目，贷记有关科目；期末应根据发生的全部研究支出，借记“管理费用”科目，贷记“研发支出——费用化支出”科目。

开发阶段相对研究阶段而言，应当是完成了研究阶段的工作，在很大程度上形成一项新产品或新技术的基本条件已经具备。企业自行研究开发项目在开发阶段发生的支出，同时满足下列条件的，应当予以资本化。

(1) 完成该无形资产以使其能够使用或出售在技术上具有可行性。

(2) 具有完成该无形资产并使用或出售的意图。

(3) 无形资产产生经济利益的方式，包括能够证明运用该无形资产生产的产品存在市场或无形资产自身存在市场，无形资产将在内部使用的，应当证明其有用性。

(4) 有足够的技术、财务资源和其他资源支持，以完成该无形资产的开发，并有能力使用或出售该无形资产。

(5) 归属于该无形资产开发阶段的支出能够可靠地计量。

企业开发阶段发生的直接用于新产品、新技术、新工艺的原材料、职工薪酬等支出，应予以资本化；发生的用于管理、培训等方面的支出，不应资本化，而应予以费用化。企业开发阶段发生的资本化支出，应借记“研发支出——资本化支出”科目，贷记有关科目；在确认无形资产时，应根据发生的全部开发支出，借记“无形资产”科目，贷记“研发支出——资本化支出”科目。企业开发阶段发生的费用化支出，其核算方法与研究阶段发生支出的核算方法相同。

企业取得的仍处于研究阶段的无形资产，在取得后发生的支出也应当按照上述规定处理。

【例 7-3】20×2 年，牡丹公司自行开发某项专利技术，研究和开发阶段发生的应予以费用化的支出 100 000 元，开发阶段发生符合资本化条件的支出 300 000 元，开发成功后发生注册登记费 10 000 元，均以银行存款支付。根据以上资料，编制会计分录如下。

(1) 发生各项支出：

借：研发支出——费用化支出	100 000	
——资本化支出	300 000	
贷：银行存款等		400 000

(2) 期未结算费用化支出：

借：管理费用	100 000	
贷：研发支出——费用化支出		100 000

(3) 登记注册后：

借：无形资产——专利权	310 000	
贷：研发支出——资本化支出		300 000
银行存款		10 000

无法区分研究阶段支出和开发阶段支出的，应当将其所发生的研发支出全部费用化。

7.3 无形资产的摊销

7.3.1 无形资产的摊销期限

企业应当于取得无形资产时分析判断其使用寿命。如果无形资产的使用寿命是有限的，则应估计该使用寿命的年限或者构成使用寿命的产量等类似计量单位数量；无法预见无形资产为企业带来经济利益期限的，应当视为使用寿命不确定的无形资产。

使用寿命有限的无形资产，其应摊销金额应当在使用寿命内系统合理摊销。如果预计使用寿命超过了相关合同规定的受益年限或法律规定的有效年限，无形资产的摊销期限，一般按下列原则确定。

(1) 合同规定了受益年限，而法律未规定有效年限，摊销年限以合同规定的受益期限为上限。

(2) 合同未规定受益年限，而法律规定了有效年限，摊销年限以法定有效年限为上限。

(3) 合同规定了受益年限，法律也规定了有效年限，摊销年限以受益年限与有效年限中较短者为上限。

使用寿命不确定的无形资产不应摊销。

7.3.2 无形资产的摊销方法

无形资产的摊销方法，应当反映与该项无形资产有关的经济利益的预期实现方式，可以采用直线法、生产总量法等，无法可靠确定预期实现方式的，应当采用直线法摊销。

无形资产的应摊销金额为其成本扣除预计残值后的金额。已计提减值准备的无形资产，还应扣除已计提的无形资产减值准备累计金额。使用寿命有限的无形资产，如果有第三方承诺在无形资产使用寿命结束时购买该无形资产，或可以根据活跃市场得到预计残值信息，并且该市场在无形资产使用寿命结束时很可能存在，则可以预计其净残值；否则，其残值应当视为零。

为了分别反映无形资产的原始价值和累计摊销额，应设置“累计摊销”这一备抵科目。摊销无形资产价值时，应借记“管理费用”、“制造费用”、“其他业务成本”等科目，贷记“累计摊销”科目。

【例 7-4】承例 7-1，该项专利法律规定的有效年限为 20 年，合同规定的受益年限为 30 年，采用平均年限法摊销，无预计净残值。根据以上资料，编制会计分录如下：

$$年摊销额=\frac{600\ 000}{20}=30\ 000(元)$$

$$月摊销额=\frac{30\ 000}{12}=2\ 500(元)$$

借：制造费用　　2 500
　　贷：累计摊销　　2 500

7.4 无形资产的处置

7.4.1 无形资产的出租

无形资产的出租是指将无形资产的使用权让渡给他人，企业仍保留对该无形资产的所有权。

企业出租无形资产取得的收入，应作为其他业务收入处理。取得收入时，应借记“银行存款”等科目，贷记“其他业务收入”科目。

企业取得无形资产出租收入以后，还应缴纳营业税、城市维护建设税和教育费附加等。这些税费应由取得的收入来补偿。结转应缴纳的相关税费时，应借记“营业税金及附加”科目，贷记“应交税费”科目。

企业在出租无形资产的过程中，还可能支付律师费、咨询费等费用。这些费用也应由取得的收入来补偿。支付费用时，应借记“其他业务成本”科目，贷记“银行存款”等科目。

企业出租无形资产以后，无形资产价值的摊销，一般有以下几种方法。

(1) 全部计入其他业务成本，由取得的收入来补偿。如果企业在出租无形资产以后，自己不再使用该项无形资产，则其摊销价值应全部计入其他业务成本，而不应再计入管理费用。摊销时，应借记“其他业务成本”科目，贷记“累计摊销”科目。

(2) 一部分计入其他业务成本，由取得的收入来补偿；另一部分计入管理费用或制造费用等。如果企业在出租无形资产以后，自己仍在使用该项无形资产，则按照配比原则，其摊销价值应按照一定标准进行分配，一部分计入其他业务成本，由出租收入来补偿，另一部分计入管理费用或制造费用。摊销时，应借记“其他业务成本”、“管理费用”、“制造费用”等科目，贷记“累计摊销”科目。

(3) 全部计入管理费用或制造费用。如果企业出租无形资产取得的收入所占比例不大，按照重要性原则，也可以将无形资产的摊销价值全部计入管理费用或制造费用。

7.4.2 无形资产的出售

无形资产的出售是指将无形资产的所有权让渡给他人。即在出售以后，企业不再对该项无形资产拥有占有、使用、收益、处置的权利。

企业出售无形资产时，应将出售所得的价款扣除相关税费和该项无形资产账面价值后的差额，确认为当期损益。企业应按出售无形资产所得价款，借记“银行存款”等科目；按应缴纳的税费，贷记“应交税费”科目；按无形资产的累计摊销额，借记“累计摊销”科目；按无形资产的原始价值，贷记“无形资产”科目(如果计提了减值准备，还应借记“无形资产减值准备”科目)；并按其差额，贷记“营业外收入”(盈利)或借记“营业外支出”(亏损)科目。

【例 7-5】20×2 年，牡丹公司出售一项无形资产，收取价款 100 000 元，应交营业税 5 000 元，应交城市维护建设税 350 元，应交教育费附加 150 元，用银行存款支付律师费 2 500 元，该项无形资产的原始价值为 150 000 元，累计摊销额为 40 000 元，计提减值准备 20 000 元。编制会计分录如下：

借：银行存款	100 000	
无形资产减值准备	20 000	
累计摊销	40 000	
贷：应交税费——应交营业税		5 000
——应交城市维护建设税		350
——应交教育费附加		150
无形资产		150 000
银行存款		2 500
营业外收入		2 000

7.4.3 无形资产的报废

无形资产报废是指无形资产由于已被其他新技术所代替或不再受法律保护等原因，预期不能为企业带来经济利益而进行的处置。无形资产报废时，应按照累计摊销额，借记“累计摊销”科目；按照计提的减值准备，借记“无形资产减值准备”科目；按照原始价值，贷记“无形资产”科目；按照账面价值，借记“营业外支出”科目。

7.5 无形资产的期末计价及报表列示

7.5.1 无形资产的期末计价

期末对无形资产进行摊销之后，还应对其进行减值测试。如果无形资产已经发生减值，应对其计提减值准备。衡量无形资产是否发生减值的标准是其可收回金额。

1) 无形资产的可收回金额

每年年末，企业应对无形资产的账面价值进行检查。如果出现减值迹象，应对无形资产的可收回金额进行估计。可收回金额应当根据无形资产的公允价值减去处置费用后的净额与无形资产预计未来现金流量的现值两者之间较高者确定。

2) 无形资产的减值损失

无形资产可收回金额的计量结果表明，资产的可收回金额低于其账面价值的，应当将资产的账面价值减记至可收回金额，借记“资产减值损失”科目，贷记“无形资产减值准备”科目。

无形资产减值损失确认后，减值无形资产的摊销费用应当在未来期间做相应调整，以使该无形资产在剩余使用寿命内，系统地分摊调整后的无形资产账面价值。

无形资产减值损失一经确认，在以后会计期间不得转回。

【例 7-6】牡丹公司 20×2 年 1 月 1 日购入一项专利权，实际支付价款 300 000 元，预计使用年限为 10 年，20×5 年 12 月 31 日，该项专利权发生减值，预计未来现金流量的现值为 120 000 元，无公允价值。该项专利权发生减值以后，预计剩余使用年限为 5 年。根据以上资料，编制会计分录如下。

(1) 计算该项专利权在计提减值准备前的账面余额：

$$\text{账面余额}=300\,000-\frac{300\,000}{10}\times 4=180\,000(\text{元})$$

(2) 计提减值准备：

$$\text{应计提的减值准备}=180\,000-120\,000=60\,000(\text{元})$$

借：资产减值损失　　60 000

　贷：无形资产减值准备　　60 000

(3) 计算剩余使用年限内年摊销额：

$$\text{剩余使用年限内年摊销额}=\frac{120\,000}{5}=24\,000(\text{元})$$

7.5.2 报表列示

1) “无形资产”项目

在资产负债表中，“无形资产”项目反映全部无形资产的账面价值，即以无形资产的原始价值扣除累计摊销和无形资产减值准备后的净额列示。

2) “研发支出”项目

在资产负债表中，“研发支出”项目反映全部处于开发阶段的无形资产符合资本化条件的支出，可以按照“研发支出”科目的余额直接列示。

本章小结

无形资产是指企业拥有或者控制的没有实物形态，且为企业带来多少经济利益具有较大不确定性的可辨认经济资源。无形资产具有无实体性、长期性、不确定性和可辨认性等特征。按经济内容分类，无形资产可分为专利权、商标权、非专利技术、著作权、土地使用权和特许权等。按其来源途径，可以分为外来无形资产和自创无形资产。按是否具备确定的经济寿命期限，可以分为期限确定的无形资产和期限不确定的无形资产。

企业取得的无形资产，主要有以下几种形式：购入无形资产、接受无形资产投资、自行研究开发的无形资产等。企业购入无形资产的实际成本，包括购买价款、相关税费，以及直接归属于使该项资产达到预定用途所发生的如律师费、咨询费、公证费、鉴定费、注册登记费等其他支出。企业应根据购入无形资产的实际成本确认无形资产的成本。接受无形资产投资时，应按双方协商确认的价值计价。企业自行研究开发项目的支出，应当区分研究阶段支出与开发阶段支出。企业研究阶段发生的支出，应予以费用化；开发阶段发生的支出，满足资本化条件的，可以予以资本化。

无形资产的价值摊销应区分使用寿命有限的无形资产和使用寿命不确定的无形资产。使用寿命有限的无形资产应当在其寿命期内采用系统合理的方法进行摊销。摊销方法有平均年限法、工作量法、双倍余额递减法和年数总和法等。对于使用寿命不确定的无形资产则不需要摊销。

无形资产的处置主要是指无形资产的出售、出租和报废。出售无形资产时，应将所取得的价款与该无形资产账面价值的差额计入当期损益，同时注销无形资产的账面价值并确定资产处置利得或损失。出租无形资产转让的是使用权，收取的租金收入属于让渡资产使用权取得的收入，属于其他业务收入。无形资产的报废是指无形资产由于已被其他新技术所代替或不再受法律保护等原因，预期不能为企业带来经济利益而进行的处置。

期末对无形资产进行摊销之后，还应对其进行减值测试。如果无形资产已经发生减值，应对其计提减值准备。在资产负债表中，“无形资产”项目反映全部无形资产的账面价值，“研发支出”项目反映全部处于开发阶段的无形资产符合资本化条件的支出。

习　题

一、名词解释

1. 无形资产
2. 无形资产摊销
3. 无形资产减值

二、单项选择题

1．下列有关无形资产会计处理的表述中，错误的是(　　)。

A．无形资产后续支出应在发生时计入当期损益

B．购入但尚未使用的无形资产的价值不应进行摊销

C．不能为企业带来经济利益的无形资产的账面价值应全部转入当期损益

D．只有很可能为企业带来经济利益且成本能够可靠计量的无形资产才能予以确认

2．甲公司2003年1月1日购入一项无形资产。该无形资产的实际成本为500万元，摊销年限为10年，采用直线法摊销。2007年12月31日，该无形资产发生减值，预计可收回金额为180万元。计提减值准备后，该无形资产原摊销年限不变。2008年12月31日，该无形资产的账面价值为(　　)万元。

A．500　　B．214　　C．200　　D．144

3．企业出售无形资产发生的净损失，应当计入(　　)。

A．主营业务成本　　B．其他业务成本

C．管理费用　　D．营业外支出

4．2007年3月，甲股份有限公司提出一项新专利技术构想，经充分研究，认为研制成功的可能性极大，于2007年5月开始研制工作。2008年4月研发成功，企业申请了专利技术。研究阶段，企业为研究成果或其他知识的应用研究、评价和最终选择支付了相关费用800万元；开发阶段，企业将研究成果或其他知识应用于该项专利技术的设计，发生了相关费用2 000万元，其中包含满足无形资产确认条件的支出1 000万元。企业该项专利权的入账价值为(　　)万元。

A．800　　B．1 000　　C．2 000　　D．2 800

5．无形资产预期不能为企业带来经济利益的，应当将该无形资产的账面价值予以转销，计入(　　)。

A．管理费用　　B．营业外支出

C．资产减值损失　　D．公允价值变动损益

6．下列有关土地使用权的说法中，不正确的是(　　)。

A．企业取得的土地使用权用于出租或增值目的时应将其转为投资性房地产

B．房地产开发企业取得土地用于建造对外出售的房屋建筑物，相关的土地使用权应当计入所建造的房屋建筑物成本

C．房地产开发企业取得土地用于建造对外出售的房屋建筑物，土地使用权与地上建筑物应当分别进行摊销和提取折旧

D．企业外购房屋建筑物支付的价款，应当在地上建筑物与土地使用权之间进行分配

7．A上市公司2007年1月8日，从B公司购买一项商标权，由于A公司资金周转比较紧张，经与B公司协议采用分期付款方式支付款项。合同规定，该项商标权总计6 000 000元，每年年末付款3 000 000元，两年付清。假定银行同期贷款利率为6%，则A上市公司购买的商标权的入账价值为(　　)万元

A．600　　B．550.02　　C．300　　D．566.04

8．某企业自创一项专利，并经过有关部门审核注册，获得其专利权。该项专利权的研究开发费为15万元，其中开发阶段符合资本化条件的支出8万元；发生的注册登记费用2万元，律师费用1万元。该项专利权的入账价值为(　　)万元。

A．15　　B．21　　C．11　　D．18

9．企业在进行研究与开发无形资产过程中发生的各项支出，应记入的会计科目是“(　　)”。

A．研发支出　　B．管理费用　　C．无形资产　　D．销售费用

10．企业购入或支付土地出让金取得的土地使用权，在开发或建造自用固定资产项目后，作为核算的会计科目是“(　　)”。

A．固定资产　　B．在建工程　　C．无形资产　　D. 长期待摊费用

三、多项选择题

1．下列说法中，符合《企业会计准则》规定的有(　　)。

A．研究过程发生的费用应在发生时直接计入当期损益

B．开发过程中发生的费用均应计入无形资产价值

C．若预计某项无形资产已经不能给企业带来未来经济利益，应将该项无形资产的账面价值全部转入当期损益

D．广告费作为无形资产商标权的后续支出，虽然能提高商标的价值，但一般不计入商标权的成本

2．下列可以确认为无形资产的有(　　)。

A．企业自创的商誉

B．有偿取得的经营特许权

C．有偿取得的高速公路 15 年的收费权

D．国家无偿划拨给企业的土地使用权

3．企业发生的下列无形资产项目的支出，应于发生时计入当期损益的有(　　)。

A．培训活动支出

B．广告和营销活动支出

C．符合无形资产准则规定的确认条件、构成无形资产成本的部分

D．非同一控制下企业合并中取得的、不能单独确认为无形资产、构成购买日确认的商誉的部分

4．关于无形资产的摊销，下列说法中正确的有(　　)。

A．使用寿命有限的无形资产，其应摊销金额应当在使用寿命内系统合理摊销

B．企业摊销无形资产，应当自无形资产可供使用时起至不再作为无形资产确认时止

C．无形资产摊销年限不超过 10 年

D．使用寿命有限的无形资产一定无残值

5．下列有关无形资产的说法中正确的有(　　)。

A．投资者投入无形资产的成本，应当按照投资合同或协议约定的价值确定，即使合同或协议约定价值不公允

B．购买无形资产的价款超过正常信用条件延期支付，实质上具有融资性质的、无形资产的成本以购买价款为基础确定

C．无形资产的应摊销金额为其成本扣除预计残值后的金额，已计提减值准备的无形资产，还应扣除已计提的无形资产减值准备累计金额

D．无形资产的使用寿命及摊销方法与以前估计不同的，应当改变摊销期限和摊销方法

6．下列有关无形资产的会计处理中不正确的是(　　)。

A．转让无形资产使用权所取得的收入应计入其他业务收入

B．使用寿命确定的无形资产摊销只能采用直线法

C．转让无形资产所有权所发生的净支出应计入营业外支出

D．使用寿命不确定的无形资产不应摊销

E．使用寿命不确定的无形资产既不应摊销又不考虑减值

7．下列有关无形资产会计核算的表述中，符合《企业会计准则第6号——无形资产》规定的有(　　)。

A．无形资产后续支出，应在发生时确认为当期费用

B．自用的无形资产，其摊销的价值应计入当期管理费用

C．出租的无形资产，其摊销的价值应计入其他业务成本

D．出售无形资产所得价款与其账面价值之间的差额，应计入当期损益

E．无形资产的取得成本，应自取得次月起在预计使用年限内分期平均摊销

8．企业内部研究开发项目开发阶段的支出，同时满足下列(　　)条件的，才能确认为无形资产。

A．归属于该无形资产开发阶段的支出能够可靠地计量

B．有足够的技术、财务资源和其他资源支持，以完成该无形资产的开发，并有能力使用或出售该无形资产

C．具有完成该无形资产并使用或出售的意图

D．完成该无形资产以使其能够使用或出售在技术上具有可行性

E．无形资产产生经济利益的方式，包括能够证明运用该无形资产生产的产品存在市场或无形资产自身存在市场，无形资产将在内部使用的，应当证明其有用性

9．按《企业会计准则第6号——无形资产》，下列各种提法中正确的有(　　)。

A．无形资产可以采用直线法以外的方法进行摊销

B．无形资产应自取得次月起进行摊销

C．所有无形资产都应该进行摊销

D．无形资产应采用账面价值与可收回金额孰低法进行期末计价

E．无形资产摊销时应假定残值为零

10．“研发支出”科目核算企业进行研究与开发无形资产过程中发生的各项支出，其正确的表述方法是(　　)。

A．本科目应当按照研究开发项目，分别按“费用化支出”与“资本化支出”进行明细核算

B．企业自行开发无形资产发生的研发支出，不满足资本化条件的，借记“研发支出——费用化支出”科目，满足资本化条件的，借记“研发支出——资本化支出”科目

C．企业以其他方式取得的正在进行中的研究开发项目，应按确定的金额，借记“研发支出——资本化支出”科目

D．期末，企业应将该科目归集的费用化支出金额，借记“管理费用”科目，贷记“研发支出——费用化支出”科目

E．研究开发项目达到预定用途形成无形资产的，应按“研发支出——资本化支出”的余额，借记“无形资产”科目，贷记“研发支出——资本化支出”科目

11. 企业有关土地使用权正确的会计处理方法是(　　)。

A. 企业取得的土地使用权通常应确认为无形资产

B. 土地使用权用于自行开发建造厂房等地上建筑物时，相关的土地使用权应当计入所建造的厂房建筑物成本

C. 房地产开发企业取得的土地使用权用于建造对外出售的房屋建筑物，土地使用权与地上建筑物分别进行摊销和提取折旧

D. 企业外购的房屋建筑物支付的价款无法在地上建筑物与土地使用权之间分配的，应当按照《企业会计准则第4号——固定资产》规定，确认为固定资产原价

E. 企业改变土地使用权的用途，将其作为用于出租或增值目的时，应将其账面价值转为投资性房地产

12. 企业确定无形资产的使用寿命，应当考虑的因素有(　　)。

A. 该资产通常的产品寿命周期、可获得的类似资产使用寿命的信息

B. 技术、工艺等方面的现实情况及对未来发展的估计

C. 以该资产生产的产品或服务的市场需求情况

D. 现在或潜在的竞争者预期采取的行动

E. 为维持该资产产生未来经济利益的能力预期的维护支出，以及企业预计支付有关支出的能力

13. 企业至少应当于每年年度终了，对使用寿命有限、使用寿命不确定的无形资产进行复核，其中不正确的会计处理方法有(　　)。

A. 使用寿命有限的无形资产，其使用寿命与以前估计不同的，应当改变摊销期限，按照会计估价变更方法进行处理

B. 使用寿命有限的无形资产，其使用寿命与以前估计不同的，应当改变摊销期限，按照会计政策变更方法进行处理

C. 使用寿命有限的无形资产，其摊销方法与以前估计不同的，应当改变摊销方法，按照会计估价变更方法进行处理

D. 使用寿命有限的无形资产，其摊销方法不得变更，只能采用直线法摊销

E. 对使用寿命不确定的无形资产，如果有证据表明无形资产的使用寿命是有限的，应当估计其使用寿命

四、判断题

1. 企业取得的无形资产，无论是否使用该项资产，均应自其可供使用时开始摊销至终止确认时停止摊销。　　(　　)

2. 购买无形资产的价款超过正常信用条件延期支付，实质上具有融资性质的，无形资产的成本以购买价款的现值为基础确定。　　(　　)

3. 投资者投入的无形资产的成本，都应当按照投资合同或协议约定的价值确定入账价值。　　(　　)

4. 无法预见无形资产为企业带来经济利益期限的，应当视为使用寿命不确定的无形资产，不予计提减值准备。　　(　　)

5. 对于企业无法可靠确定与无形资产有关的经济利益的预期实现方式的，应当采用直线法摊销。　　(　　)

6．不论是使用寿命确定的无形资产，还是使用寿命不确定的无形资产，企业都应当对其使用寿命进行复核。 ( )

7．企业应将土地使用权作为无形资产核算，待实际开发时一次性地将账面价值结转到自建项目的工程成本。 ( )

8．已计入各项费用的研究开发费用，在该项无形资产获得成功并依法申请专利时，再将原已计入费用的研究开发费予以资本化。 ( )

9．房地产开发企业取得的土地使用权用于建造对外出售的房屋建筑物，相关的土地使用权应当计入所建造的房屋建筑物成本。 ( )

10．企业外购的房屋建筑物支付的价款无法在地上建筑物与土地使用权之间分配的，应当按照《企业会计准则第4号——固定资产》规定，确认为固定资产原价。 ( )

11．企业自行开发无形资产发生的研发支出，在研究开发项目达到预定用途形成无形资产的，应按“研发支出—资本化支出”科目的余额，转入无形资产。 ( )

12．企业自行开发无形资产发生的研发支出，期末应将“研发支出—费用化支出”科目的余额转入“待摊费用”科目，按期摊销。 ( )

五、简答题

1．无形资产具有哪些特征?

2．无形资产应怎样计量?

3．如何确定自行开发无形资产的成本?

4．无形资产出租与出售的核算有哪些区别?

5．无形资产减值如何确认和核算?

六、业务题

1．牡丹公司20×2年1月1日从B公司购入一项专利的所有权，以银行存款支付买价和相关费用共计100万元。该专利自可供使用时起至不再作为无形资产确认时止的年限为10年，假定牡丹公司于年末一次计提全年无形资产摊销。20×4年1月1日，牡丹公司将上述专利权出售给C公司，取得收入80万元存入银行，该项收入适用的营业税税率为5%(不考虑其他税费)。

要求：(1) 编制牡丹公司购入专利权的会计分录。

(2) 计算该项专利权的年摊销额，并编制有关会计分录。

(3) 编制与该项专利转让有关的会计分录并计算转让该项专利的净收入。(金额单位用万元表示)

2．牡丹公司有关无形资产业务如下。

(1) 20×2年1月1日，购入一项无形资产，价值850万元，另发生相关税费50万元。该无形资产的有效使用年限为8年，该公司估计使用年限为6年，预计净残值为零。

(2) 20×3年12月31日，由于与该无形资产相关的经济因素发生不利变化，致使其发生减值，牡丹公司估计可收回金额为395万元。计提减值准备后原预计使用年限不变。

(3) 20×5年12月31日，由于与该无形资产相关的经济因素继续发生不利变化，致使其发生继续减值，牡丹公司估计可收回金额为210万元。计提减值准备后原预计使用年限不变。

(4) 20×6 年 3 月 1 日，牡丹公司与 A 公司签订协议，牡丹公司向 A 公司出售该无形资产，价款为 250 万元已收到，营业税税率为 5%。

(5) 假定不考虑其他税费。该公司按年进行无形资产摊销。

要求：(1) 编制无形资产购入时的会计分录。

(2) 计算并编制 20×2 年 12 月 31 日摊销无形资产的会计分录。

(3) 计算并编制 20×3 年 12 月 31 日计提无形资产减值准备的会计分录。

(4) 计算并编制 20×4 年 12 月 31 日和 20×5 年 12 月 31 日摊销无形资产的会计分录。

3．20×2 年 1 月 1 日，牡丹公司外购 A 无形资产，实际支付的价款为 100 万元，该无形资产的预计使用年限为 5 年，20×3 年 12 月 31 日，由于与 A 无形资产相关的经济因素发生了不利变化，致使 A 无形资产发生价值减值，牡丹公司估计其可收回金额为 18 万元。

20×5 年 12 月 31 日，牡丹公司发现，导致 A 无形资产减值损失的不利经济因素已全部消失，且此时估计 A 无形资产的可收回金额为 22 万元，假定不考虑所得税及其他相关税费的影响。

要求：编制从无形资产购入到无形资产使用期满相关业务的会计分录。(金额单位用万元表示)

第 8 章　投资性房地产

教学目的与要求

通过对本章的学习，学生应掌握投资性房地产的性质和范围，投资性房地产的确认及初始计量，投资性房地产成本后续计量模式和公允价值后续计量模式的会计处理，投资性房地产转换及处置的会计处理；熟悉不同计量模式的区别及对企业财务报告的影响；了解投资性房地产的概念。

案例导读

牡丹公司 2006 年 12 月 31 日在自有土地上建成一座厂房，此工程的账面成本为 1 000 万元(折旧期限为 20 年，按年限平均法计提折旧，预计无残值)，公司建造厂房的目的是作为车间自用的，此时厂房在企业是作为大家非常熟知的固定资产来核算的。但由于产品销售不畅，公司于 2008 年 1 月 1 日将厂房出租，租期为 10 年。这里需要大家考虑一个问题，同样是厂房资产，自用和出租还都属于企业的固定资产吗？需要进行资产类别的重新划分吗？核算方法要改变吗？这些正是本章所要讨论的问题。

8.1　投资性房地产概述

8.1.1　投资性房地产的概念及特征

房地产是土地和房屋及其权属的总称。在我国，土地归国家和集体所有，企业只能取得土地使用权。因此，房地产中的土地是指土地使用权；房屋是指土地上的建筑物及构筑物。投资性房地产是指为赚取租金或资本增值，或两者兼有而持有的房地产，投资性房地产应当能够单独计量和出售。随着我国经济的发展和完善，房地产市场日益活跃，企业持有的房地产除了自身使用外，还可以赚取租金或者谋求增值收益。投资性房地产的主要形式是出租建筑物、出租土地使用权，这实质上属于一种让渡资产使用权的行为，房地产的租金就是让渡资产使用权取得的使用费收入。

根据税法规定，企业出租房地产、转让土地使用权均视为一种经营活动，其取得的房地产租金收入或土地使用权转让收益应当缴纳营业税，如土地使用权转让增值额达到法定标准的，还需缴纳土地增值税。

对某些企业来说，投资性房地产属于日常经常性活动，形成的租金收入或转让增值收益确认为主营业务收入；但对大部分企业来说，是与经营活动相关的其他经营活动，形成的租金收入或转让增值收益确认为其他业务收入。

8.1.2 投资性房地产的范围

1. 属于投资性房地产的项目

投资性房地产项目主要包括已出租的土地使用权、持有并准备增值后转让的土地使用权和已出租的建筑物。

1) 已出租的土地使用权

已出租的土地使用权是指企业通过出让或转让方式取得并以经营租赁方式出租的土地使用权。企业计划用于出租但尚未出租的土地使用权，不属于此类。

【例 8-1】牡丹公司与 B 公司签订一项经营租赁合同，B 公司将其持有的一块土地使用权出租给牡丹公司，时间为 8 年。

在本例中，对于 B 公司而言，自租赁期开始日，这项土地使用权属于 B 公司的投资性房地产。

2) 持有并准备增值后转让的土地使用权

持有并准备增值后转让的土地使用权是指企业取得的、准备增值后转让的土地使用权。但是，按照国家有关规定认定的闲置土地，不属于持有并准备增值后转让的土地使用权。例如，企业因厂址搬迁，部分土地使用权停止自用，管理层决定继续持有这部分土地使用权，待其增值后再转让，以赚取增值收益，该工地使用权就属于投资性房地产。

3) 已出租的建筑物

已出租的建筑物是指企业拥有产权并以经营租赁方式出租的建筑物。企业计划用于出租但尚未出租的建筑物，不属于此类。

企业将建筑物出租，按租赁协议向承租人提供的相关辅助服务在整个协议中不重大的，如企业将办公楼出租并向承租人提供保安、维修等辅助服务，应当将该建筑物确认为投资性房地产。

【例 8-2】牡丹公司与 B 公司签订一项经营租赁合同，B 公司将其持有产权的两间门面房出租给牡丹公司，时间为 8 年。牡丹公司一开始将这两间门面房用于自行经营业务，3 年后，牡丹公司将这两间门面房转租给 C 公司，以赚取差价。

在本例中，对于牡丹公司而言，它没有这两间门面房的产权，不属于投资性房地产；对于 B 公司来说，自租赁期开始日，这两间门面房属于它的投资性房地产。

2. 不属于投资性房地产的项目

下列各项不属于投资性房地产。

1) 自用房地产

自用房地产即为生产商品、提供劳务或者经营管理而持有的房地产，包括自用的建筑物和自用的土地使用权。例如，企业出租给本企业职工居住的宿舍，虽然也收取租金，但间接为企业自身的生产经营服务，因此，具有自用房地产的性质。又如，企业拥有并自行经营的旅馆，其经营目的主要是通过提供客房服务赚取服务收入，该旅馆饭店不确认为投资性房地产。

2) 作为存货的房地产

作为存货的房地产通常指房地产开发企业在正常经营过程中销售的或为销售而正在开发的商品房和土地。

某项房地产，部分用于赚取租金或资本增值，部分用于生产商品、提供劳务或经营管理，能够单独计量和出售的、用于赚取租金或资本增值的部分，应当确认为投资性房地产；不能够单独计量和出售的、用于赚取租金或资本增值的部分，不确认为投资性房地产，而确认为固定资产或无形资产。

知识链接

随着社会经济的发展和投资观念的改变，投资性房地产作为一种新兴的投资方式，已备受企业的青睐，近年来将房地产作为投资手段的投资行为逐渐在我国的一些企业中流行，甚至成为一些企业新的经济增长方式。投资性房地产的提出，是 2006 年新旧会计准则的一个区别所在。它不仅要求企业对其资产进行重分类，而且也给会计实务带来了挑战，因此如何对投资性房地产进行确认、计量、转换就成为会计准则需要规范的一个新的领域。企业应按照 2006 年《企业会计准则第 3 号——投资性房地产》的规定，结合自身实际情况，对固定资产、无形资产等进行重新分类，并对符合确认条件的投资性房地产进行恰当的会计处理。

8.2 投资性房地产的确认和初始计量

8.2.1 投资性房地产的确认

某个项目若要被确认为投资性房地产，首先应当符合投资性房地产的概念，其次要同时满足以下两个确认条件：

第一，与该投资性房地产相关的经济利益很可能流入企业。

第二，该投资性房地产的成本能够可靠地计量。

8.2.2 投资性房地产的初始计量

投资性房地产应当按照成本进行初始计量。

1. 外购的投资性房地产

对于企业外购的房地产，只有在购入房地产的同时开始对外出租(自租赁期开始日起，下同)或用于资本增值，才能称之为外购的投资性房地产。外购投资性房地产的成本，包括购买价款、相关税费和可直接归属于该资产的其他支出。

【例 8-3】 20×2 年 1 月 1 日，牡丹公司外购一幢建筑物用于出租，取得发票上注明价款为 100 万元，以银行存款支付。购入该建筑物时，发生谈判费用 0.2 万元，差旅费 0.3 万元。

本例中，外购房地产的成本为 100 万元，谈判费和差旅费计入当期的管理费用。

借：投资性房地产　　1 000 000

　　贷：银行存款　　1 000 000

企业购入房地产，自用一段时间之后再改为出租或用于资本增值的，应当先将外购的房地产确认为固定资产或无形资产，自租赁期开始日或用于资本增值之日开始，才能从固定资产或无形资产转换为投资性房地产。(具体账务处理参考本章后面的投资性房地产的转换)

2. 自行建造的投资性房地产

企业自行建造(或开发，下同)的房地产，只有在自行建造或开发活动完成(即达到预定可使用状态)的同时开始用于对外出租或用于资本增值的，才能将自行建造的房地产确认为投资性房地产。自行建造投资性房地产的成本，由建造该项房地产达到预定可使用状态前发生的必要支出构成。

【例 8-4】牡丹公司 20×2 年 1 月 1 日沿临街的位置自建一幢建筑物用于对外出租。购入工程物资一批，专用发票注明价款 500 万元，税金 85 万元，全部被工程领用；支付工程人员工资 45 万元，支付其他费用 70 万元。20×2 年 6 月 30 日，达到可使用状态之后，立即用于对外出租。会计处理如下：

借：工程物资	5 850 000	
贷：银行存款		5 850 000
借：在建工程	5 850 000	
贷：工程物资		5 850 000
借：在建工程	1 150 000	
贷：应付职工薪酬		450 000
银行存款		700 000
借：投资性房地产	7 000 000	
贷：在建工程		7 000 000

企业自行建造房地产达到预定可使用状态后一段时间才用于对外出租或用于资本增值的，应当先将自行建造的房地产确认为固定资产或无形资产，自租赁期开始日或用于资本增值之日开始，从固定资产或无形资产转换为投资性房地产。(具体账务处理参考本章后面的投资性房地产的转换)

3. 其他

以其他方式取得的投资性房地产，其成本参照本书“固定资产”和“无形资产”的相关内容确定。

8.3 投资性房地产的后续计量

企业既可采用成本模式对投资性房地产进行后续计量，也可以采用公允价值模式对投资性房地产进行后续计量。但是，同一企业只能采用一种模式对所有投资性房地产进行后续计量，不得同时采用两种计量模式。

8.3.1 采用成本模式进行后续计量的投资性房地产

在成本模式下，应当按照固定资产或无形资产的有关规定，对投资性房地产进行后续计量，计提折旧或摊销；存在减值迹象的，还应当按照《企业会计准则第 8 号——资产减值》的有关规定进行处理。有关会计处理如下。

(1) 取得投资性房地产时，按照其实际成本，借记“投资性房地产”科目，贷记“银行存款”、“在建工程”等科目。

(2) 按照固定资产或无形资产的有关规定，按期(月)对投资性房地产计提折旧或进行摊销时，借记“其他业务成本”等科目，贷记“投资性房地产累计折旧(摊销)”科目。

(3) 取得的租金收入，借记“银行存款”等科目，贷记“其他业务收入” 等科目。

(4) 投资性房地产存在减值迹象的，应当按照资产减值的有关规定，经减值测试后确定发生减值的，应当计提减值准备，借记“资产减值损失”科目，贷记“投资性房地产减值准备”科目。

8.3.2 采用公允价值模式进行后续计量的投资性房地产

1. 采用公允价值模式的前提条件

企业只有存在确凿证据表明投资性房地产的公允价值能够持续可靠取得，才可以采用公允价值模式对投资性房地产进行后续计量。企业一旦选择采用公允价值计量模式，就应当对其所有投资性房地产均采用公允价值模式进行后续计量。采用公允价值模式进行后续计量的投资性房地产，应当同时满足下列条件：

(1) 投资性房地产所在地有活跃的房地产交易市场。所在地通常是指投资性房地产所在的城市。对于大中城市，应当为投资性房地产所在的城区。

(2) 企业能够从活跃的房地产交易市场上取得同类或类似房地产的市场价格及其他相关信息，从而对投资性房地产的公允价值做出合理的估计。同类或类似的房地产，对建筑物而言，是指所处地理位置和地理环境相同、性质相同、结构类型相同或相近、新旧程度相同或相近、可使用状况相同或相近的建筑物；对土地使用权而言，是指同一城区、同一位置区域、所处地理环境相同或相近、可使用状况相同或相近的土地。

2. 采用公允价值模式进行后续计量的会计处理

企业采用公允价值模式进行后续计量的，和成本计量模式相比，不对投资性房地产计提折旧或进行摊销，应当以资产负债表日投资性房地产的公允价值为基础调整其账面价值，公允价值与原账面价值之间的差额计入当期损益(公允价值变动损益)。投资性房地产取得的租金收入，确认为其他业务收入。采用公允价值模式计量的投资性房地产，应当在“投资性房地产”科目下设置“成本”和“公允价值变动”两个明细科目。外购时应按确定的实际成本借记“投资性房地产——成本”科目。

资产负债表日，投资性房地产的公允价值高于其账面价值的差额，借记“投资性房地产——公允价值变动”科目，贷记“公允价值变动损益”科目；公允价值低于其账面价值的差额作相反的会计分录。

【例 8-5】牡丹公司为从事房地产经营开发的企业。20×1 年 6 月，牡丹公司与 B 公司签订租赁协议，约定将牡丹公司开发的一栋精装修的写字楼于开发完成的同时开始租赁给 B 公司使用，租赁期为 10 年。20×1 年 10 月 1 日，该写字楼开发完成并开始起租，写字楼的造价为 8 000 万元。由于该栋写字楼地处商业繁华区，所在城区有活跃的房地产交易市场，而且能够从房地产交易市场上取得同类房地产的市场报价，牡丹公司决定采用公允价值模式对该项出租的房地产进行后续计量。20×2 年 12 月 31 日，该写字楼的公允价值为 8 800 万元。20×3 年 12 月 31 日，该写字楼的公允价值为 8 900 万元。

牡丹公司的账务处理如下。

(1) 20×1 年 10 月 1 日，牡丹公司开发完成写字楼并出租：

借：投资性房地产——写字楼(成本)	80 000 000	
贷：开发产品		80 000 000

(2) 20×2 年 12 月 31 日，以公允价值为基础调整其账面价值，公允价值与原账面价值之间的差额计入当期损益：

借：投资性房地产——写字楼(公允价值变动)　　8 000 000

　　贷：公允价值变动损益　　8 000 000

(3) 20×3 年 12 月 31 日，公允价值又发生变动：

借：投资性房地产——写字楼(公允价值变动)　　1 000 000

　　贷：公允价值变动损益　　1 000 000

8.3.3 投资性房地产后续计量模式的变更

企业对投资性房地产的计量模式一经确定，不得随意变更。

(1) 以成本模式转为公允价值模式的，应当作为会计政策变更处理，将计量模式变更时公允价值与账面价值的差额，调整期初留存收益(未分配利润)。企业变更投资性房地产计量模式时，应当按照计量模式变更日投资性房地产的公允价值，借记“投资性房地产——成本”科目，按照已计提的折旧或摊销，借记“投资性房地产累计折旧(摊销)”科目，按照已计提的减值准备，借记“投资性房地产减值准备”科目，按照原账面余额，贷记“投资性房地产”科目，借贷双方的差额，借记或贷记“利润分配——未分配利润”、“盈余公积”等科目。

(2) 已采用公允价值模式计量的投资性房地产，不得从公允价值模式转为成本模式。

【例 8-6】牡丹公司将某一栋写字楼租赁给 B 公司使用，并一直采用成本模式进行后续计量。20×2 年 1 月 1 日，牡丹公司认为，出租给 B 公司使用的写字楼，其所在地的房地产交易市场比较成熟，具备了采用公允价值模式计量的条件，决定对该项投资性房地产从成本模式转换为公允价值模式计量。该写字楼的原造价为 8 000 万元，已计提折旧 270 万元，账面价值为 7 730 万元。20×2 年 1 月 1 日，该写字楼的公允价值为 9 500 万元。假设牡丹公司按净利润的 10%计提盈余公积。

牡丹公司的账务处理如下：

借：投资性房地产——写字楼(成本)　　95 000 000

　　投资性房地产累计折旧　　2 700 000

　　贷：投资性房地产——写字楼　　80 000 000

　　　　利润分配——未分配利润　　15 930 000

　　　　盈余公积　　1 770 000

知识链接

2006 年财政部发布了一套会计准则体系，共 39 项企业会计准则，这标志着适应中国市场经济发展要求、与国际惯例趋同的企业会计准则体系正式建立。我国新的《企业会计准则——基本准则》明确地将公允价值作为会计计量属性之一，并在 17 个具体会计准则中不同程度地运用了这一计量属性，这表明我国会计向国际趋同迈出了实质性的一步。公允价值作为计量属性，第一次被正式写入对具体准则具有统驭作用的基本准则。然而，公允价值在实务中的应用遭遇了不少的困难。1998 年，我国曾在非货币性交易和债务重组两个具体准则中短暂地运用过公允价值；这次新准则中公允价值的引入是否又会如同上次的短暂运用后消失，也成了学界颇有争议的话题。

8.4 投资性房地产的转换和处置

8.4.1 房地产的转换

1. *房地产的转换形式及转换日*

房地产的转换，实质上是因房地产用途发生改变而对房地产进行的重新分类。企业有确凿证据表明房地产用途发生改变，且满足下列条件之一的，应当将投资性房地产转换为其他资产或者将其他资产转换为投资性房地产。

(1) 投资性房地产开始自用，即投资性房地产转为自用房地产。在此种情况下，转换日为房地产达到自用状态，企业开始将房地产用于生产商品、提供劳务或者经营管理的日期。

(2) 作为存货的房地产改为出租。通常指房地产开发企业将其持有的开发产品以经营租赁的方式出租，存货相应地转换为投资性房地产。在此种情况下，转换日为房地产的租赁期开始日。租赁期开始日是指承租人有权行使其使用租赁资产权利的日期。

(3) 自用建筑物或土地使用权停止自用，改为出租。即企业将原本用于生产商品、提供劳务或者经营管理的房地产改用于出租，固定资产或土地使用权相应地转换为投资性房地产。在此种情况下，转换日为租赁期开始日。

(4) 自用土地使用权停止自用改用于资本增值。即企业将原本用于生产商品、提供劳务或者经营管理的土地使用权改用于资本增值，土地使用权相应地转换为投资性房地产。在此种情况下，转换日为自用土地使用权停止自用后确定用于资本增值的日期。

2. *房地产转换的会计处理*

1) 成本模式下的转换

成本模式下的转换，具体会计处理如下。

(1) 将采用成本模式计量的投资性房地产转为自用时，应按其在转换日的账面余额、累计折旧(摊销)、减值准备等，分别转入“固定资产”、“累计折旧”、“累计摊销”、“固定资产减值准备”等科目。

【例 8-7】20×2 年 7 月末，牡丹公司将出租在外的厂房收回，8 月 1 日开始用于本企业的商品生产，该厂房相应由投资性房地产转换为自用房地产。该项房地产在转换前采用成本模式计量，截至 20×2 年 7 月 31 日，账面价值为 3 765 万元，其中，原价 5 000 万元，已计提累计折旧 1 235 万元。

牡丹公司 20×2 年 8 月 1 日的账务处理如下：

借：固定资产	50 000 000	
投资性房地产累计折旧	12 350 000	
贷：投资性房地产——厂房		50 000 000
累计折旧		12 350 000

(2) 作为存货的房地产转换为采用成本模式计量的投资性房地产。企业将作为存货的房地产转换为采用成本模式计量的投资性房地产时，应当按该项存货在转换日的账面价值，借记“投资性房地产”科目，原已计提跌价准备的，借记“存货跌价准备”科目，按其账面余额，贷记“开发产品”等科目。

【例 8-8】牡丹公司是从事房地产开发业务的企业，20×2 年 3 月 10 日，牡丹公司与 B 公司签订租赁协议，将其开发的一栋写字楼整体出租给 B 公司使用，租赁期开始日为 20×2 年 5 月 20 日。20×2 年 5 月 20 日，该写字楼的账面余额为 4 500 万元，未计提存货跌价准备，转换后采用成本模式计量。

牡丹公司 20×2 年 5 月 20 日的账务处理如下：

借：投资性房地产——写字楼　　45 000 000

　　贷：开发产品　　45 000 000

(3) 自用土地使用权或建筑物转换为以成本模式计量的投资性房地产。企业将自用土地使用权或建筑物转换为以成本模式计量的投资性房地产时，应当按该项土地使用权或建筑物在转换日的原价、累计折旧、减值准备等，分别转入“投资性房地产”、“投资性房地产累计折旧(摊销)”、“投资性房地产减值准备”科目。分别按各账户账面余额，借记“投资性房地产”科目，贷记“固定资产”或“无形资产”科目；按已计提的折旧或摊销，借记“累计折旧”或“累计摊销”科目，贷记“投资性房地产累计折旧(摊销)”科目；原已计提减值准备的，借记“固定资产减值准备”或“无形资产减值准备”科目，贷记“投资性房地产减值准备”科目。

【例 8-9】牡丹公司拥有一栋办公楼，用于本公司总部办公。20×2 年 3 月 10 日，牡丹公司与 B 公司签订了经营租赁协议，将这栋办公楼整体出租给 B 公司使用，租赁期开始日为 20×2 年 4 月 15 日，为期 5 年。20×2 年 4 月 15 日，这栋办公楼的账面余额 4 500 万元。已计提折旧 30 万元。假设牡丹公司所在城市没有活跃的房地产交易市场。牡丹公司 20×2 年 4 月 15 日的账务处理如下：

借：投资性房地产——写字楼　　45 000 000

　　累计折旧　　300 000

　　贷：固定资产　　45 000 000

　　　　投资性房地产累计折旧　　300 000

2) 公允价值模式下的转换

(1) 采用公允价值模式计量的投资性房地产转换为自用房地产时，应当以其转换当日的公允价值作为自用房地产的账面价值，公允价值与原账面价值的差额计入当期损益(公允价值变动损益)。

【例 8-10】20×2 年 12 月 5 日，牡丹公司因租赁期满，将出租的写字楼收回，准备作为本公司的办公楼。20×2 年 12 月 20 日，办公楼正式使用，相应地由投资性房地产转换为自用房地产。当日，该房地产的公允价值为 4 750 万元。该房地产在转换前采用公允价值模式计量，原账面成本为 4 700 万元，公允价值变动为增值 5 万元。

牡丹公司的会计处理如下：

借：固定资产　　47 500 000

　　贷：投资性房地产——写字楼(成本)　　47 000 000

　　　　投资性房地产——写字楼(公允价值变动)　　50 000

　　　　公允价值变动损益　　450 000

(2) 作为存货的房地产转换为采用公允价值模式计量的投资性房地产。企业将作为存货的房地产转换为采用公允价值模式计量的投资性房地产时，投资性房地产应当按照转换当日的公允价值计量。转换当日的公允价值小于原账面价值的，其差额计入当期损益(公允价值变动损益)；转换当日的公允价值大于原账面价值的，其差额作为资本公积(其他资本公积)，计入所有者权益。处置该项投资性房地产时，原计入资本公积和公允价值变动损益的部分应当转入处置当期损益(其他业务收入)。

【例 8-11】沿用例 8-8 的资料，假设转换后采用公允价值模式计量，5 月 20 日该写字楼的公允价值为 4 100 万元，20×2 年 12 月 31 日，该项投资性房地产的公允价值为 4 300 万元。20×4 年 5 月租赁期届满，牡丹公司收回该项投资性房地产，并于 20×4 年 6 月以 4 600 万元出售，出售款项已收讫。

牡丹公司的账务处理如下。

(1) 20×2 年 5 月 20 日：

借：投资性房地产——写字楼(成本)	41 000 000	
公允价值变动损益	4 000 000	
贷：开发产品		45 000 000

(2) 20×2 年 12 月 31 日：

借：投资性房地产——写字楼(公允价值变动)	2 000 000	
贷：公允价值变动损益		2 000 000

(3) 20×4 年 6 月，出售时：

借：银行存款	46 000 000	
贷：其他业务收入		46 000 000
借：其他业务成本	43 000 000	
贷：投资性房地产——写字楼(成本)		41 000 000
——写字楼(公允价值变动)		2 000 000

同时，将投资性房地产累计公允价值变动损益转入其他业务收入，

借：其他业务收入	2 000 000	
贷：公允价值变动损益		2 000 000

【例 8-12】沿用例 8-8 的资料，假设转换后采用公允价值模式计量，5 月 20 日该写字楼的公允价值为 4 700 万元。20×2 年 12 月 31 日，该项投资性房地产的公允价值为 4 800 万元。20×4 年 5 月租赁期届满，牡丹公司收回该项投资性房地产，并于 20×4 年 6 月以 5 500 万元出售，出售款项已收讫。

牡丹公司的账务处理如下。

(1) 20×2 年 5 月 20 日：

借：投资性房地产——写字楼(成本)	47 000 000	
贷：开发产品		45 000 000
资本公积——其他资本公积		2 000 000

(2) 20×2 年 12 月 31 日：

借：投资性房地产——写字楼(公允价值变动)	1 000 000	
贷：公允价值变动损益		1 000 000

(3) 20×4 年 6 月，出售时：

借：银行存款	55 000 000	
贷：其他业务收入		55 000 000

借：其他业务成本　48 000 000
　　贷：投资性房地产——写字楼(成本)　47 000 000
　　　　　　　　　——写字楼(公允价值变动)　1 000 000

同时，将投资性房地产累计公允价值变动损益转入其他业务收入：

借：公允价值变动损益　1 000 000
　　贷：其他业务收入　1 000 000

将转换时原计入资本公积的部分转入其他业务收入：

借：资本公积——其他资本公积　2 000 000
　　贷：其他业务收入　2 000 000

(3) 自用土地使用权或建筑物转换为采用公允价值模式计量的投资性房地产。企业将自用的土地使用权或建筑物转换为采用公允价值模式计量的投资性房地产时，投资性房地产应当按照转换当日的公允价值计量。转换当日的公允价值小于原账面价值的，其差额计入当期损益(公允价值变动损益)；转换当日的公允价值大于原账面价值的，其差额作为资本公积(其他资本公积)，计入所有者权益。处置该项投资性房地产时，原计入资本公积和公允价值变动损益的部分应当转入处置当期损益(其他业务收入)。

【例 8-13】20×2 年 6 月，牡丹公司打算搬迁至新建办公楼，由于原办公楼处于商业繁华地段，牡丹公司准备将其出租，以赚取租金收入。20×2 年 10 月，牡丹公司完成了搬迁工作，原办公楼停止自用。20×2 年 12 月，牡丹公司与 B 公司签订了租赁协议，将其原办公楼租赁给 B 公司使用，租赁期开始日为 20×3 年 1 月 1 日，租赁期限为 3 年。在本例中，牡丹公司应当于租赁期开始日(20×3 年 1 月 1 日)，将自用房地产转换为投资性房地产。由于该办公楼处于商业区，房地产交易活跃，该企业能够从市场上取得同类或类似房地产的市场价格及其他相关信息，假设牡丹公司对出租的办公楼采用公允价值模式计量。假设 20×3 年 1 月 1 日，该办公楼的公允价值为 350 万元，其原价为 500 万元，已提折旧 140 万元。

牡丹公司 20×3 年 1 月 1 日的账务处理如下：

借：投资性房地产——办公楼(成本)　3 500 000
　　公允价值变动损益　100 000
　　累计折旧　1 400 000
　　贷：固定资产　5 000 000

8.4.2 投资性房地产的处置

当投资性房地产被处置，或者永久退出使用且预计不能从其处置中取得经济利益时，应当终止确认该项投资性房地产。

企业出售、转让、报废投资性房地产或者发生投资性房地产毁损时，应当将处置收入扣除其账面价值和相关税费后的金额计入当期损益(将实际收到的处置收入计入其他业务收入，所处置投资性房地产的账面价值计入其他业务成本)。

1. 成本模式计量的投资性房地产

处置投资性房地产时，应按实际收到的金额，借记“银行存款”等科目，贷记“其他业务收入”科目。按该项投资性房地产的累计折旧或累计摊销，借记“投资性房地产累计折旧(摊销)”科目，按该项投资性房地产的账面余额，贷记“投资性房地产”科目，按其差额，借记“其他业务成本”科目。已计提减值准备的，还应同时结转减值准备。

2. 公允价值模式计量的投资性房地产

处置投资性房地产时，应按实际收到的金额，借记“银行存款”等科目，贷记“其他业务收入”科目。按该项投资性房地产的账面余额，借记“其他业务成本”科目，贷记“投资性房地产——成本”科目、贷记或借记“投资性房地产——公允价值变动”科目；同时，按该项投资性房地产的公允价值变动，借记或贷记“公允价值变动损益”科目，贷记或借记“其他业务收入”科目。按该项投资性房地产在转换日记入资本公积的金额，借记“资本公积——其他资本公积”科目，贷记“其他业务收入”科目。

【例 8-14】牡丹公司将其出租的一栋写字楼确认为投资性房地产。租赁期满后，牡丹公司将该栋写字楼出售给乙公司，合同价款为4 000万元，乙公司已用银行存款付清。

(1) 假设这栋写字楼原采用成本模式计量。出售时，该栋写字楼的成本为3 000 万元，已计提折旧2 000 万元。

牡丹公司的账务处理如下：

借：银行存款	40 000 000	
贷：其他业务收入		40 000 000
借：其他业务成本	10 000 000	
投资性房地产累计折旧	20 000 000	
贷：投资性房地产——写字楼		30 000 000

(2) 假设这栋写字楼原采用公允价值模式计量。出售时，该栋写字楼的成本为3 000 万元，公允价值变动为借方余额40万元。

牡丹公司的账务处理如下：

借：银行存款	40 000 000	
贷：其他业务收入		40 000 000
借：其他业务成本	30 400 000	
贷：投资性房地产——写字楼(成本)		30 000 000
——写字楼(公允价值变动)		400 000

同时，将投资性房地产累计公允价值变动损益转入其他业务收入：

借：公允价值变动损益	400 000	
贷：其他业务收入		400 000

本章小结

本章主要学习了投资性房地产的概念、特征和范围，投资性房地产是指为赚取租金或资本增值，或两者兼有而持有的房地产；投资性房地产的确认条件及初始计量，投资性房地产的确认要满足定义及两个确认条件，投资性房地产应当按照成本进行初始计量；投资性房地产后续计量模式：成本模式计量和公允价值模式计量的会计处理；投资性房地产转换及处置的会计处理。

习　题

一、名词解释

1. 投资性房地产
2. 公允价值模式计量
3. 成本模式计量

二、单项选择题

1. 甲公司将一办公楼转换为采用公允价值模式计量的投资性房地产，该办公楼的账面原值为 5 000 万元，已计提的累计折旧为 100 万元，已计提的固定资产减值准备为 200 万元，转换日的公允价值为 6 000 万元，则记入“资本公积——其他资本公积”科目的金额为(　　)万元。

A. 6 000　　B. 4 700　　C. 5 000　　D. 1 300

2. 自用房地产转换为采用公允价值模式计量的投资性房地产，投资性房地产应当按照转换当日的公允价值计量。转换当日的公允价值小于原账面价值的其差额通过(　　)科目核算。

A. 营业外收入　　B. 资本公积
C. 公允价值变动损益　　D. 其他业务支出

3. 关于对投资性房地产进行后续计量，下列说法中正确的是(　　)。

A. 企业通常应当采用公允价值模式对投资性房地产进行后续计量，也可采用成本模式对投资性房地产进行后续计量
B. 企业通常应当采用成本模式对投资性房地产进行后续计量，也可采用公允价值模式对投资性房地产进行后续计量
C. 同一企业对不同的投资性房地产可以采用不同的计量模式
D. 企业只能采用成本价值模式对投资性房地产进行后续计量

4. 某企业采用成本模式对投资性房地产进行后续计量，20×2 年 9 月 20 日达到预定可使用状态的自行建造的办公楼对外出租，该办公楼建造成本为 2 600 万元，预计使用年限为 25 年，预计净残值为 100 万元。在采用年限平均法计提折旧的情况下，20×2 年该办公楼应计提的折旧额为(　　)万元。

A. 0　　B. 25　　C. 100　　D. 50

5. 甲企业 20×2 年 1 月 1 日外购一建筑物，成本为 1 000 万元，该建筑用于出租，年租金 40 万元，每年年初收取。该企业采用公允价值模式对其进行后续计量。20×2 年 12 月 31 日该建筑物的公允价值为 1 040 万元，20×3 年 12 月 31 日该建筑物的公允价值为 1 020 万元，20×4 年 1 月 1 日甲企业出售该建筑物，售价 1 020 万元，不考虑相关税费，处置时影响损益的金额是(　　)万元。

A. 60　　B. 20　　C. 40　　D. 0

三、多项选择题

1. 下列项目中，属于投资性房地产的有(　　)。
   A. 已出租的建筑物
   B. 已出租的土地使用权
   C. 持有并准备增值后转让的土地使用权
   D. 按照国家有关规定认定的闲置土地
2. 关于投资性房地产，下列说法中正确的有(　　)。
   A. 投资性房地产是指为赚取租金或资本增值，或者两者兼有而持有的房地产，不包括机器设备
   B. 已出租的建筑物是指从租赁期开始日以经营租赁方式出租的建筑物，包括自行建造完成后用于出租的房地产
   C. 用于出租的建筑物是指企业拥有产权的建筑物
   D. 一项房地产，部分用于赚取租金或资本增值，部分用于生产商品、提供劳务或经营管理，即使用于赚取租金或资本增值的部分能够单独计量和出售的，也不可以确认为投资性房地产
3. 关于投资性房地产的后续计量，下列说法中错误的有(　　)。
   A. 采用公允价值模式计量的，不对投资性房产计提折旧
   B. 采用公允价值模式计量的，应对投资性房产计提折旧
   C. 已采用公允价值模式计量的投资性房地产，不得从公允价值模式转为成本模式
   D. 已采用成本模式计量的投资性房地产，不得从成本模式转为公允价值模式
4. 企业采用公允价值模式对投资性房地产进行后续计量，下列说法中错误的有(　　)。
   A. 企业应对已出租的建筑物计提折旧
   B. 企业不应对已出租的建筑物计提折旧
   C. 企业不应对已出租的土地使用权进行摊销
   D. 企业应当以资产负债表日投资性房地产的公允价值为基础调整其账面价值，公允价值与原账面价值之间的差额计入当期损益
5. 关于投资性房地产的确认和计量，下列说法中正确的有(　　)。
   A. 外购投资性房地产的成本，包括购买价款、相关税费和可直接归属于该资产的其他支出
   B. 自行建造投资性房地产的成本，由建造该项资产达到预定可使用状态前所发生的必要支出构成
   C. 只要与投资性房地产有关的经济利益很可能流入企业，就应确认投资性房地产
   D. 与投资性房地产有关的后续支出，满足投资性房地产准则规定的确认条件的，应当计入投资性房地产成本；不满足准则规定的确认条件的，应当在发生时计入当期损益

四、判断题

1. 投资性房地产是一种投资性活动，其出租或出售取得的收益应通过“投资收益”科目核算。　　(　　)

2. 某项房地产部分用于赚取租金或资本增值、部分自用，不管是否能够单独计量和出售，应全部作为自用资产确认为固定资产或无形资产。　　(　　)

3．投资性房地产初始计量时，应当按照实际取得成本进行计量。（ ）

4．投资性房地产改扩建或装修支出满足确认条件的，应当将其资本化，计入投资性房地产的成本。（ ）

5．企业采用成本模式计量投资性房地产时，对投资性房地产计提的减值准备，一经计提，其减值损失在以后会计期间不得转回。（ ）

6．采用成本模式进行后续计量的投资性房地产，应当按期(月)计提折旧或摊销，借记“其他业务成本”等科目，贷记“投资性房地产累计折旧(摊销)”科目。（ ）

7．采用公允价值模式计量的投资性房地产，资产负债表日确认的公允价值变动金额应当计入所有者权益，即资本公积——其他资本公积。（ ）

8．已采用公允价值模式计量的投资性房地产，不得从公允价值模式转为成本模式。（ ）

9．作为存货的房地产转换为公允价值模式计量的投资性房地产时，转换日该房地产公允价值大于原账面价值的差额计入公允价值变动损益。（ ）

10．企业处置投资性房地产属于非日常活动，发生的相关营业税应计入营业外支出。（ ）

五、简答题

1．举例说明投资性房地产的范围。

2．投资性房地产采用成本模式计量和采用公允价值模式计量有何不同？

3．投资性房地产采用公允价值模式计量的条件是什么？

六、业务题

1．甲公司为从事房地产经营开发的企业。20×2 年 9 月，甲公司与 B 公司签订租赁协议，约定将甲公司开发的一栋精装修的写字楼于开发完成的同时开始租赁给 B 公司使用，租赁期为 10 年。当年 12 月 5 日，该写字楼开发完成并开始起租，写字楼的造价为 7 500 万元。由于该栋写字楼能够从房地产交易市场上取得同类房地产的市场报价，甲公司决定采用公允价值模式对该项出租的房地产进行后续计量。20×2 年 12 月 31 日，该写字楼的公允价值为 8 000 万元。20×3 年 12 月 31 日，该写字楼的公允价值为 8 600 万元。

要求：编制与上述业务有关的会计分录。

2．甲企业的投资性房地产采用成本计量模式。20×2 年 3 月 11 日，企业购买一幢建筑物用于出租。该建筑物的成本为 280 万元，预计使用 20 年，预计净残值为 30 万元，采用直线法计提折旧。

要求：编制与上述业务有关的会计分录。

3．甲企业的投资性房地产采用公允价值计量模式。20×2 年 1 月 1 日，该企业将一幢建筑物转换为投资性房地产。该固定资产的账面余额为 100 万元，已提折旧 20 万元，计提的减值准备为 10 万元，该项投资性房地产的公允价值为 75 万元。

要求：编制房地产转换的会计分录。

4．20×2 年 6 月月末，牡丹公司将出租在外的写字楼收回，7 月 1 日开始作为本企业的办公楼使用，该写字楼相应由投资性房地产转换为自用房地产。该项房地产在转换前采用成本模式计量，截至 20×2 年 6 月 30 日，账面价值为 2 500 万元，其中，原价 4 000 万元，已计提累计折旧 1 300 万元。

要求：编制房地产转换的会计分录。

第9章 负　　债

教学目的与要求

通过对本章的学习，学生应掌握短期借款、应付票据、应付账款 、应交税费、应付职工薪酬等流动负债项目具体的会计处理；长期借款、应付债券等非流动负债项目具体的会计处理；熟悉应付债券溢折价和摊余成本的经济实质；了解负债的含义特征，负债的的确认条件，负债的入账价值，长期应付款、专项应付款、预计负债等的含义。

案例导读

大发工厂是增值税一般纳税人。2012 年 11 月 20 日某市税务二分局对该厂进行纳税检查，发现下列事项：

该厂正在施工建设一幢职工宿舍楼。“在建工程”账户中记录的一笔业务为，2012 年 3 月 12 日，从恒大物资公司购进螺纹钢 600 000 元。在核对会计凭证时，该企业在记账凭证中所作的会计分录为

借：在建工程——职工宿舍楼(螺纹钢)　　600 000

　贷：库存商品——水泥　　600 000

所附原始凭证有 3 张：一是水泥销售普通发票；二是购进螺纹钢普通发票；三是工程物资仓库收料单。金额均为 600 000 元。

大发工厂当时所产水泥的成本为每吨 102 元，不含税售价为 150 元。

大发工厂对该事项的处理存在哪些问题？对大发工厂的错误做法，会计上如何更正，税务局如何处置？通过学习本章内容，你将会解答这些问题。

9.1 负债概述

9.1.1 负债的含义及特征

《企业会计准则——基本准则》中对负债的定义：负债是指企业过去的交易或者事项形成的，预期会导致经济利益流出企业的现时义务。根据负债的定义，负债具有以下特征。

1. 负债是企业承担的现时义务

负债必须是企业承担的现时义务，这是负债的一个基本特征。其中，现时义务是指企业在现行条件下已承担的义务。未来发生的交易或者事项形成的义务，不属于现时义务，不应当确认为负债。

这里所指的义务可以是法定义务，也可以是推定义务。其中法定义务是指具有约束力的合同或者法律法规规定的义务，通常必须依法执行。例如，企业购买原材料形成的应付账款、企业向银行贷入款项形成的借款、企业按照税法规定应当交纳的税款等，均属于企业承担的法定义务，需要依法予以偿还。推定义务是指根据企业多年来的习惯做法、公开的承诺或者公开宣布的政策而导致企业将承担的责任，这些责任也使有关各方形成了企业将履行义务、解脱责任的合理预期。例如，某企业多年来制定一项销售政策，对于售出商品提供一定期限内的售后保修服务，预期将为售出商品提供的保修服务就属于推定义务，应当将其确认为一项负债。

2. 负债预期会导致经济利益流出企业

预期会导致经济利益流出企业也是负债的一个本质特征，只有企业在履行义务时会导致经济利益流出企业的，才符合负债的定义，如果不会导致企业经济利益的流出，就不符合负债的定义。在履行现时义务清偿负债时，导致经济利益流出企业的形式多样，如用现金偿还或以实物资产形式偿还，以提供劳务形式偿还，以部分转移资产、部分提供劳务形式偿还，将负债转为资本等。

3. 负债是由企业过去的交易或者事项形成的

负债应当由企业过去的交易或者事项所形成。换句话说，只有过去的交易或事项才形成负债，企业将在未来发生的承诺、签订的合同等交易或者事项，不形成负债。例如，某企业与银行达成了一项借款合同，借入200万款项，同时又达成2个月之后再借款300万元的一项意向书，前者属于企业的负债，因为是由过去交易和事项引发的；后者不属于企业的负债了，因为该交易不属于过去的交易或事项。

9.1.2 负债的确认条件

将一项现时义务确认为负债，需要符合负债的定义，还应当同时满足以下两个条件:

1. 与该义务有关的经济利益很可能流出企业

从负债的定义可以看到，预期会导致经济利益流出企业是负债的一个本质特征。在实务中，履行义务所需流出的经济利益带有不确定性，尤其是与推定义务相关的经济利益通常需要依赖大量的估计。因此，负债的确认应当与经济利益流出的不确定性程度的判断结合起来。如果有确凿证据表明，与现时义务有关的经济利益很可能流出企业，就应当将其作为负债予以确认；反之，如果企业承担了现时义务，但是导致经济利益流出企业的可能性若已不复存在，就不符合负债的确认条件，不应将其作为负债予以确认。

2. 未来流出的经济利益金额能够可靠地计量

负债的确认在考虑经济利益流出企业的同时，对于未来流出的经济利益的金额应当能够可靠计量。对于与法定义务有关的经济利益流出金额，通常可以根据合同或者法律规定的金额予以确定，考虑到经济利益流出的金额通常在未来期间较长，有关金额的计量要考虑货币资金时间价值等因素的影响。对于与推定义务有关的经济利益流出金额，企业应当根据履行相关义务所需支出的最佳估计数进行估计，并综合考虑有关货币资金时间价值、风险等因素的影响。

9.1.3　负债的分类

负债通常按照流动性进行分类和列报，可以分为流动负债和非流动负债。

1. 流动负债

流动负债主要是为筹集生产经营活动所需资金发生的、期限在 1 年以内(含 1 年)或在一个正常营业周期中清偿的负债，具体内容包括短期借款、应付票据、应付账款、预收账款、应付职工薪酬、应交税费、应付利息、应付股利、其他应付款等。

2. 非流动负债

非流动负债是指流动负债以外的负债，主要包括长期借款、应付债券、长期应付款等。非流动负债主要是为企业筹集长期投资项目所需资金发生的，如企业为购买大型设备、购建厂房等发生的中长期贷款等。

9.2　流 动 负 债

9.2.1　短期借款

短期借款是指企业向银行或其他金融机构借入的，偿还期限在 1 年以内(含 1 年)的各种借款。企业通过银行取得短期借款主要是为了满足日常生产经营的需要。例如，企业可以根据协议在一定的信用额度内取得银行贷款，用以满足日常生产经营对流动性资金的需要。短期借款的主要优点是筹资效率高、筹资弹性大，主要缺点是实际利率较高。

企业应设置“短期借款”科目来核算短期借款的取得及偿还情况。该科目贷方登记取得借款的本金数额，借方登记偿还借款的本金数额，期末余额在贷方，表示尚未偿还的短期借款本金部分。本科目可按借款种类、贷款人和币种进行明细核算。短期借款的核算内容主要包括三个部分：一是取得借款时；二是确认利息费用；三是偿还利息和本金。

企业从银行或其他金融机构取得短期借款时，按实际借款金额，借记“银行存款”科目，贷记“短期借款”科目。短期借款利息可以在资产负债表日采用预提的方式进行确认，如果短期借款的利息金额比较小，也可以于归还时一次性确认。短期借款利息属于筹资费用，应记入“财务费用”科目。企业在资产负债表日按照计算确定的短期借款利息费用，借记“财务费用”科目，贷记“应付利息”科目；实际支付利息时，根据已经确认的利息，借记“应付利息”科目，根据应付利息总额，贷记“银行存款”科目，两者之间的差额借记“财务费用”科目。企业短期借款到期偿还本金时，按短期借款的本金借记“短期借款”科目，贷记“银行存款”科目。

【例 9-1】牡丹公司于 20×2 年 1 月 1 日向银行借入一笔生产经营用短期借款，共计 300 000 元，期限为 5 个月，年利率为 8%。根据与银行签署的借款协议，该项借款的本金到期后一次归还，利息按季支付。牡丹公司按月预提利息，有关会计处理如下：

(1) 1 月 1 日借入短期借款时：

借：银行存款　　300 000

　　贷：短期借款　　300 000

(2) 1 月 31 日，确认当月利息：

本月应确认的利息费用＝300 000×8%÷12＝2 000(元)

借：财务费用　　2 000

　　贷：应付利息　　2 000

确认 2 月份利息费用的会计处理与 1 月份相同。

(3) 3 月份月末支付第一季度银行借款利息时：

借：财务费用　　2 000

　　应付利息　　4 000

　　贷：银行存款　　6 000

本例中，1～2 月份已经确认的利息费用为 4 000 元，支付利息时应通过“应付利息”科目借方结转 4 000 元，借记“应付利息”科目，3 月份的利息费用为 2 000 元，尚未确认，应借记“财务费用”科目；实际支付利息 6 000 元，贷记“银行存款”科目。

4 月份和 5 月份利息费用的会计处理同 1 月份。

(4) 6 月 1 日，借款到期，偿还短期借款本金和 4、5 月份的利息：

借：短期借款　　300 000

　　应付利息　　4 000

　　贷：银行存款　　304 000

9.2.2 应付票据

应付票据是指企业购买商品和接受劳务等开出或承兑的商业汇票，具体包括商业承兑汇票和银行承兑汇票。企业应当设置应付票据备查簿，详细登记商业汇票的种类、号数和出票日期、到期日、票面金额、交易合同号和收款人姓名或单位名称，以及付款日期和金额等资料。应付票据到期结清时，应当在备查簿内予以注销。

企业应设置“应付票据”科目，核算应付票据的发生、偿付等情况。该科目贷方登记开出、承兑汇票的面值，借方登记支付票据的金额，余额在贷方，表示企业尚未到期的商业汇票的票面金额，本科目可按债权人进行明细核算。应付票据的核算内容主要包括两部分：一是开出商业汇票业务；二是商业汇票到期业务。

企业在购买商品或者接受劳务开出商业汇票时，借记“原材料”、“应交税费——应交增值税(进项税额)”等科目，按照商业汇票的票面金额贷记“应付票据”科目。对于企业因签发银行承兑汇票而应支付给银行的手续费，直接计入当期财务费用。商业汇票到期时，如果是不带息商业汇票，按照票面金额借记“应付票据”科目，贷记“银行存款”科目；如果是带息的商业汇票还应支付相应的利息，借记“应付票据”和“财务费用”科目，贷记“银行存款”科目。商业汇票到期时，如果企业无法支付商业汇票的款项，应分别进行如下处理：如果是商业承兑汇票，则将应付金额转入应付账款，借记“应付票据”科目(和“财务费用”科目)，贷记“应付账款”科目；如果是银行承兑汇票，则将应付银行的金额视同短期借款，借记“应付票据”科目(和“财务费用”科目)，贷记“短期借款”科目。

【例 9-2】牡丹公司为增值税一般纳税人，该公司于20×2年1月6日开出一张面值为58 500元、期限为5个月的不带息商业承兑汇票，用以采购一批原材料。增值税专用发票上注明的材料价款为50 000元，增值税税额为8 500元。该公司编制有关会计分录如下：

借：材料采购　　50 000
　　应交税费——应交增值税(进项税额)　　8 500
　　贷：应付票据　　58 500

【例 9-3】承例 9-2，假设上例中的商业汇票为银行承兑汇票，牡丹公司需交纳承兑手续费30元。该企业的有关会计分录如下：

借：财务费用　　30
　　贷：银行存款　　30

【例 9-4】承例 9-2，20×2年6月6日，牡丹公司于1月6日开出的商业汇票到期，牡丹公司通知其开户银行以银行存款支付票款。该公司有关会计分录如下：

借：应付票据　　58 500
　　贷：银行存款　　58 500

【例 9-5】承例 9-2，假设上述商业承兑汇票到期时牡丹公司无力支付票款，该公司有关会计分录如下：

借：应付票据　　58 500
　　贷：应付账款　　58 500

【例 9-6】承例 9-2，假设上述商业汇票为银行承兑汇票，该汇票到期时牡丹公司无力支付票款，该公司有关会计分录如下：

借：应付票据　　58 500
　　贷：短期借款　　58 500

9.2.3 应付账款

应付账款是指企业因购买商品或接受劳务供应等经营活动应支付的款项。

企业应设置“应付账款”科目，核算应付账款的发生、偿还、转销等情况。该科目贷方登记发生的应付账款，借方登记转销的应付账款，余额一般在贷方，表示企业尚未支付的应付账款余额。本科目一般应按照债权人设置明细科目进行明细核算。

企业材料、商品等验收入库，但货款尚未支付，根据有关凭证(发票账单、随货同行发票上记载的实际价款或暂估价值)，借记“材料采购”、“在途物资”等科目，按可抵扣的增值税额，借记“应交税费——应交增值税(进项税额)”科目，按应付的价款，贷记“应付账款”科目。企业接受供应单位提供劳务而发生的应付未付款项，根据供应单位的发票账单，借记“制造费用”、“管理费用”等科目，按可抵扣的增值税额，借记“应交税费——应交增值税(进项税额)”科目，贷记“应付账款”科目。应付账款附有现金折扣的，应按照扣除现金折扣前的应付款总额入账。企业偿还应付账款或开出商业汇票抵付应付账款时，借记“应付账款”科目，贷记“银行存款”、“应付票据”等科目。因在折扣期限内付款而获得的现金折扣，还应该在偿付应付账款时冲减财务费用。企业确实无法支付的应付账款(如因债权人撤销等原因而产生无法支付的应付账款)，应予以转销，按其账面余额计入营业外收入，借记“应付账款”科目，贷记“营业外收入”科目。

【例 9-7】20×2年4月10日，牡丹公司从甲公司购买一批材料。收到的增值税专用发票上注明货款 10 000 元，增值税进项税额 1 700 元，应由牡丹公司负担的运杂费为 800 元(假设运杂费不考虑增值税)。材料已经收到，款项尚未支付。牡丹公司编制会计分录如下：

借：原材料　　10 800
　　应交税费——应交增值税(进项税额)　　1 700
　　贷：应付账款——甲公司　　12 500

【例 9-8】牡丹公司于 20×2 日年 1 月 1 日，从乙公司购入一批材料并已验收入库。增值税专用发票上列明，该批材料价款为 10 000 元，增值税税款为 1 700 元。按照购货协议的规定，乙公司给出的现金折扣条件为“2/10，1/20，*N*/30”(假定计算现金折扣时不需要考虑增值税)。牡丹公司编制有关会计分录如下：

借：原材料　　10 000
　　应交税费——应交增值税(进项税额)　　1 700
　　贷：应付账款——乙公司　　11 700

【例 9-9】根据供电部门通知，牡丹公司本月应支付电费 58 500 元(含税)。其中生产车间电费 42 120 元，企业行政管理部门电费 16 380 元，款项尚未支付。牡丹公司编制的有关会计分录如下：

借：制造费用　　36 000
　　管理费用　　14 000
　　应交税费——应交增值税(进项税额)　　8 500
　　贷：应付账款——供电部门　　58 500

【例 9-10】承例 9-7，4 月 24 日，牡丹公司用银行存款支付所欠甲公司的货款。该公司编制有关会计分录如下：

借：应付账款——甲公司　　12 500
　　贷：银行存款　　12 500

【例 9-11】承例 9-8，牡丹公司于 20×2 年 1 月 8 日，用银行存款付清了所欠乙公司货款。该公司编制有关会计分录如下：

借：应付账款——A 公司　　11 700
　　贷：银行存款　　11 500
　　　　财务费用　　200

本例中，牡丹公司在 1 月 8 日付清所欠乙公司的货款，按照购货协议可以获得 2%的现金折扣：

牡丹公司获得的现金折扣＝10 000×2%＝200(元)

实际支付的货款＝11 700－200 ＝11 500(元)

【例 9-12】20×2 年 12 月 31 日，牡丹公司确定一笔应付账款 4 000 元为无法支付的款项，应予转销。该公司编制有关会计分录如下：

借：应付账款　　4 000
　　贷：营业外收入　　4 000

9.2.4　预收账款

预收账款是指企业按照合同规定向购货单位预收的款项。与应付账款不同，预收账款所形成的负债不是以货币偿付，而是以货物偿付。有些购销合同规定，销货企业可向购货企业预先收取一部分货款，待向对方发货后再收取其余货款。企业在发货前收取的货款，表明了企业承担了会在未来导致经济利益流出企业的应履行的义务，就构成了企业的一项负债。

企业应设置“预收账款”科目，该科目属于负债类，核算预收账款的取得、偿付等情况。该科目贷方登记产生预收账款的数额和购货单位补付账款的数额，借方登记企业向购货方发货后实际应结算的数额和退回购货方多付的数额，余额一般在贷方，反映企业向购货单位预收但尚未向购货方发货的金额，如为借方余额，反映企业销售商品应收回的款项，在期末编制资产负债表时应并入应收账款项目进行列报。企业应当按照购货单位设置明细科目进行明细核算。

企业收到购货单位支付的预收款项时，由于此时款项所有权仍属于购货方，形成企业的负债，应借记“银行存款”科目，贷记“预收账款”科目。销售实现时，按实现的收入和应交的增值税销项税额，借记“预收账款”科目，按照实现的营业收入，贷记“主营业务收入”科目和“应交税费——应交增值税(销项税额)”科目。企业收到购货单位补付的款项，借记“银行存款”科目，贷记“预收账款”科目；向购货单位退回其多付的款项时，借记“预收账款”科目，贷记“银行存款”科目。

如果企业的预收账款业务不多，也可不设“预收账款”科目，直接通过“应收账款”科目来核算。

【例 9-13】牡丹公司为增值税一般纳税人，20×2 年 6 月 3 日，牡丹公司与甲企业签订供货合同，向其出售一批产品，货款共计 10 000 元，增值税 1 700 元。根据购货合同规定，甲企业在购货合同签订一周内，应当向牡丹公司预付货款 6 000 元，剩余货款在交货后付清。20×2 年 6 月 8 日，牡丹公司收到甲企业交来的预付款 6 000 元并存入银行，6 月 18 日牡丹公司将货物发到甲企业并开出增值税发票，甲企业验收合格后付清了剩余货款。牡丹公司的有关会计处理如下。

(1) 6 月 8 日收到甲企业交来的预付款 6 000 元：

借：银行存款	6 000	
贷：预收账款——甲企业		6 000

(2) 6 月 18 日牡丹公司发货后：

借：预收账款——甲企业	11 700	
贷：主营业务收入		10 000
应交税费——应交增值税(销项税额)		1 700

此时“预收账款”科目借方有 5 700 元的余额，虽然这 5 700 元反映在“预收账款”科目余额里，但实质上它属于企业销货时应收但尚未收回的账款，如果期末仍未转销，则期末编制资产负债表时，要把这 5 700 元列入应收账款项目进行列报。

(3) 甲企业补付货款 5 700 元时：

借：银行存款	5 700	
贷：预收账款——甲企业		5 700

本例中，假若牡丹公司向甲企业供货款共计为 4 680 元，则牡丹公司应退回预收款 1 320 元，该公司退回 1 320 元货款时：

借：预收账款——甲企业	1 320	
贷：银行存款		1 320

9.2.5 应付职工薪酬

1. 应付职工薪酬的内容

应付职工薪酬是指企业为获得职工提供的服务而应付给职工的各种形式的报酬及其他相关支出。根据《企业会计准则第 9 号——职工薪酬》的规定，企业因职工提供服务而产生的义务应全部纳入职工薪酬的范围，包括职工在职期间和离职后提供给职工的全部货币性薪酬和非货币性薪酬，既包括提供给职工本人的薪酬，也包括提供给职工配偶、子女等人的福利等。职工薪酬既是职工对企业投入劳动获得的报酬，也是企业的成本费用。

1) 职工的范围

职工薪酬中所指的职工是广义的职工概念，其具体范围包括以下人员：

(1) 与企业订立正式劳动合同的所有人员，含全职、兼职和临时职工。

(2) 未与企业订立正式劳动合同，但由企业正式任命的人员，如股份有限公司的董事和监事。

(3) 在企业的计划和控制下，虽未与企业订立劳动合同或未由其正式任命，但为其提供与职工类似服务的人员，也纳入职工范畴，如劳务用工合同人员。

2) 职工薪酬的内容

薪酬包括支付给职工及为职工支付的各种货币性的薪酬和非货币性的福利及社会保险，具体内容包括以下几个方面。

(1) 职工工资、奖金、津贴和补贴。这是指按照国家有关规定构成职工工资总额的计时工资、计件工资、各种奖金和为补偿职工特殊贡献或额外劳动的津贴，以及为了保证职工工资水平不受物价影响而支付给职工的物价补贴等。企业按规定支付给职工的加班加点工资，以及根据法律、法规按一定比例支付给职工因病、工伤、产假、婚假、带薪休假、带薪进修等特殊情况下的工资，也属于职工工资范畴。

(2) 职工福利费。这是指尚未实行分离办社会或主辅分离、辅业改制的企业，其内设的医务室、职工浴室、托儿所等集体福利机构人员的工资、医务经费，职工因工负伤赴外地就医路费，职工生活困难补助，以及其他按照国家规定开支的其他职工福利支出。

(3) 社会保险费。这是指企业按照国家规定的基准和比例计算，并向社会保险经办机构缴纳的医疗保险金、养老保险金、失业保险金、工伤保险费和生育保险费。其中，养老保险金包括基本养老保险和补充养老保险(在我国，补充养老保险也称企业年金)。个人储蓄性养老保险属于职工个人的行为，与企业无关，因而不属于职工薪酬核算的范围。

(4) 住房公积金。这是指企业按照国务院《住房公积金管理条例》有关规定的基准和比例计算，并向住房公积金管理机构缴存的住房公积金。

(5) 工会经费和职工教育经费。工会经费是指为了改善职工文化生活，用于开展工会活动，而按照国家规定的基准和比例，从成本费用中提取的金额(提取比例一般不超过工资、薪金总额的 2%。职工教育经费是指为了提高职工业务素质，用于开展职工教育及职业技能培训，而根据国家规定的基准和比例，从成本费用中提取的金额。一般企业的职工教育经费按照职工工资总额的 1.5%提取。对从业人员技术要求高、培训任务重、经济效益较好的企业可按 2.5%的比例提取)。

(6) 非货币性福利。这是指企业以自产产品或外购商品发放给职工作为福利，将自己拥有的资产无偿提供给职工使用，为职工无偿提供医疗保健服务或向职工提供企业支付了一定补贴的商品或劳务等。

(7) 辞退福利。这是指企业由于各种原因，在职工劳动合同到期之前解除与职工的劳动关系，或者鼓励职工自愿接受裁减而提出的补偿建议计划中给予的经济补偿。

(8) 其他与获得职工提供的服务相关的支出。

2. 科目设置

企业应当设置“应付职工薪酬”科目，核算应付职工薪酬的提取、结算、使用等情况。该科目贷方登记已分配计入有关成本费用项目的职工薪酬的数额，借方登记实际发放职工薪酬的数额；该科目期末为贷方余额，反映企业应付未付的职工薪酬。“应付职工薪酬”科目应当按照“工资”、“职工福利费”、“社会保险费”、“住房公积金”、“工会经费”、“职工教育经费”、“非货币性福利”等应付职工薪酬项目设置明细科目，进行明细核算。

3. 应付职工薪酬的会计处理

企业的职工薪酬可以分为两大类：货币性职工薪酬和非货币性职工薪酬。

1) 货币性职工薪酬

货币性职工薪酬包括企业以货币形式支付给职工或为职工支付的各种工资、职工福利、社会保险、住房公积金、工会经费及职工教育经费等。

(1) 货币性职工薪酬的确认。

企业应当在职工为其提供服务的会计期间，根据职工提供服务的受益对象，将应确认的职工薪酬计入相关资产成本或当期损益，同时确认为应付职工薪酬。具体分别以下情况进行处理：①生产部门人员的职工薪酬，借记“生产成本”、“制造费用”、“劳务成本”等科目，贷记“应付职工薪酬”科目；②管理部门人员的职工薪酬，借记“管理费用”科目，贷记“应付职工薪酬”科目；③销售人员的职工薪酬，借记“销售费用”科目，贷记“应付职工薪酬”科目；④在建工程人员负担的职工薪酬，借记“在建工程”科目，贷记“应付职工薪酬”科目；⑤为无形资产开发提供服务的职工薪酬，符合资本化条件的，借记“研发支出”科目，贷记“应付职工薪酬”科目；⑥无法分清服务对象的职工薪酬，借记“管理费用”科目，贷记“应付职工薪酬”科目。

【例 9-14】牡丹公司本月应付工资总额 500 000 元，工资费用分配汇总表中列示的产品生产人员工资为 320 000 元，车间管理人员工资为 70 000 元，公司行政管理人员工资为 60 000 元，销售人员工资为 50 000 元。该公司有关的会计分录如下：

借：生产成本	320 000	
制造费用	70 000	
管理费用	60 000	
销售费用	50 000	
贷：应付职工薪酬——工资		500 000

企业在计量应付职工薪酬时，应当注意是否国家有相关的明确计提标准加以区别处理：一般而言，企业应向社会保险经办机构(或企业年金基金账户管理人)缴纳的医疗保险费、养老保险费、失业保险费、工伤保险费、生育保险费等社会保险费，应向住房公积金管理中心缴存的住房公积金及应向工会部门缴纳的工会经费等，国家(或企业年金计划)统一规

定了计提基础和计提比例，应当按照国家规定的标准计提；而职工福利费等职工薪酬，国家(或企业年金计划)没有明确规定计提基础和计提比例，企业应当根据历史经验数据和实际情况，合理预计当期应付职工薪酬。当期实际发生金额大于预计金额的，应当补提应付职工薪酬；当期实际发生金额小于预计金额的，应当冲回多提的应付职工薪酬。

【例 9-15】甲公司下设一所职工食堂，每月根据在岗职工数量及岗位分布情况、相关历史经验数据等计算需要补贴食堂的金额，从而确定公司每期因职工食堂而需要承担的福利费金额。20×2 年 11 月，公司在岗职工共计 100 人，其中管理部门 20 人，生产车间 80 人，公司的历史经验数据表明，对于每个职工公司每月需补贴食堂 120 元。该公司有关会计分录如下：

借：制造费用	9 600	
管理费用	2 400	
贷：应付职工薪酬——职工福利费		12 000

【例 9-16】根据国家规定的计提标准计算，甲企业本月应向社会保险经办机构缴纳职工基本养老保险费共计 64 680 元，其中，应计入生产车间生产成本的金额为 44 800 元，应计入制造费用的金额为 9 800 元，应计入管理费用的金额为 10 080 元。甲企业有关会计分录如下：

借：生产成本	44 800	
制造费用	9 800	
管理费用	10 080	
贷：应付职工薪酬——社会保险费(基本养老保险)		64 680

(2) 货币性职工薪酬的支付。

企业在实际支付货币性职工薪酬时，应按照实际支付职工薪酬金额，借记“应付职工薪酬——工资”等科目，贷记“银行存款”、“库存现金”等科目；企业从应付职工薪酬中扣除的各种款项(代垫的家属药费、个人所得税等)，借记“应付职工薪酬”科目，贷记“其他应收款”、“应交税费——应交个人所得税”等科目。

【例 9-17】牡丹公司根据工资结算汇总表结算本月应付职工工资总额 500 000 元，代扣职工房租 40 000 元，公司代垫职工家属医药费 20 000 元，实发工资 440 000 元。该公司有关会计处理如下。

(1) 从银行提取现金：

借：库存现金	440 000	
贷：银行存款		440 000

(2) 发放工资，支付现金：

借：应付职工薪酬——工资	440 000	
贷：库存现金		440 000

(3) 代扣相关款项：

借：应付职工薪酬——工资	60 000	
贷：其他应收款——职工房租		40 000
——代垫医药费		20 000

【例 9-18】20×2 年 9 月，牡丹公司以现金支付职工张某生活困难补助 800 元。该公司有关会计分录如下：

借：应付职工薪酬——职工福利费	800	
贷：库存现金		800

【例 9-19】20×2 年 11 月，牡丹公司共支付 12 000 元补贴给食堂。该公司有关会计分录如下：

借：应付职工薪酬——职工福利费　　12 000

　　贷：库存现金　　12 000

企业支付工会经费和职工教育经费用于工会运作和职工培训，或者按照国家有关规定缴纳社会保险费或住房公积金时，借记“应付职工薪酬——工会经费(或职工教育经费、社会保险费、住房公积金)”科目，贷记“银行存款”、“库存现金”等科目。

【例 9-20】牡丹公司以银行存款缴纳参加职工医疗保险的医疗保险费 40 000 元。该公司有关会计分录如下：

借：应付职工薪酬——社会保险费　　40 000

　　贷：银行存款　　40 000

2) 非货币性职工薪酬

(1) 非货币性职工薪酬的确认。

企业非货币性职工薪酬有各种各样的形式。企业以其自产产品作为非货币性福利发放给职工的，应当根据受益对象，按照该产品的公允价值，计入相关资产成本或当期损益，同时确认应付职工薪酬，借记“管理费用”、“生产成本”、“制造费用”等科目，贷记“应付职工薪酬——非货币性福利”科目。将企业拥有的房屋等资产无偿提供给职工使用的，应当根据受益对象，将该住房每期应计提的折旧计入相关资产成本或当期损益，同时确认应付职工薪酬，借记“管理费用”、“制造费用”等科目，贷记“应付职工薪酬——非货币性福利”科目。租赁住房等资产供职工无偿使用的，应当根据受益对象，将每期应付租金计入相关资产成本或当期损益，并确认应付职工薪酬，借记“管理费用”、“制造费用 ”等科目，贷记“应付职工薪酬——非货币性福利”科目。难以认定受益对象的非货币性福利，直接计入当期损益，借记“管理费用”科目，贷记“应付职工薪酬——非货币性福利”科目。

【例 9-21】甲公司为小家电生产企业，共有职工 200 名，其中 170 名为直接参加生产的职工，30 名为总部管理人员。20×2 年 2 月，甲公司以其生产的每台成本为 900 元的电暖器作为春节福利发放给公司每名职工。该型号的电暖器市场售价为每台 1 000 元，甲公司适用的增值税税率为 17%。

计算过程如下：

应记入“生产成本”的福利金额＝170×1 000＋170×1 000×17%＝198 900(元)

应记入“管理费用”的福利金额＝30×1 000＋30×1 000×17%＝35 100(元)

这里需要注意的是要按产品的公允价值计算，而不是产品成本，并考虑相关税金。

甲公司的会计处理如下：

借：生产成本　　198 900

　　管理费用　　35 100

　　贷：应付职工薪酬——非货币性福利　　234 000

【例 9-22】乙公司为总部各部门经理级别以上职工提供汽车免费使用，同时为副总裁以上高级管理人员每人租赁一套住房。乙公司总部共有部门经理以上职工 20 名，每人提供一辆桑塔纳汽车免费使用，假定每辆桑塔纳汽车每月计提折旧 1 000 元；该公司共有副总裁以上高级管理人员 5 名，公司为其每人租赁一套面积为 200 平方米带有家具和电器的公寓，月租金为每套 8 000 元。

应确认的应付职工薪酬＝20×1 000＋5×8 000＝60 000(元)

根据受益对象，确认的应付职工薪酬应当计入管理费用，乙公司有关会计处理如下：

借：管理费用　　60 000
　　贷：应付职工薪酬——非货币性福利　　60 000

(2) 非货币性应付职工薪酬的发放。

企业以自产产品作为职工薪酬发放给职工时，应视同销售，确认主营业务收入，借记“应付职工薪酬——非货币性福利”科目，贷记“主营业务收入”和“应交税费——应交增值税(销项税额)”科目，同时结转相关成本。企业支付租赁住房等资产供职工无偿使用所发生的租金，借记“应付职工薪酬——非货币性福利”科目，贷记“银行存款”等科目。企业将其拥有的汽车等资产无偿提供给职工使用的，借记“应付职工薪酬——非货币性福利”科目，贷记“累计折旧”科目。

【例 9-23】承例 9-21，甲公司向职工发放电暖器作为福利，要视同销售确认主营业务收入，同时结转主营业务成本，涉及增值税，要根据相关税收规定进行增值税的会计处理。

应确认的主营业务收入＝200×1 000＝200 000(元)

应确认的增值税销项税额＝200×1 000×17%＝34 000(元)

应结转的销售成本＝200×900＝180 000(元)

甲公司编制有关会计处理如下：

借：应付职工薪酬——非货币性福利　　234 000
　　贷：主营业务收入　　200 000
　　　　应交税费——应交增值税(销项税额)　　34 000

借：主营业务成本　　180 000
　　贷：库存商品——电暖器　　180 000

【例 9-24】承例 9-22，乙公司每月支付副总裁以上高级管理人员住房租金时，应编制如下会计分录：

借：应付职工薪酬——非货币性福利　　40 000
　　贷：银行存款　　40 000

乙公司为总部各部门经理级别以上职工提供汽车免费使用，应编制行如下会计分录：

借：应付职工薪酬——非货币性福利　　20 000
　　贷：累计折旧　　20 000

9.2.6　应交税费

企业根据税法规定应交纳的各种税费包括增值税、消费税、营业税、城市维护建设税、资源税、所得税、土地增值税、房产税、车船使用税、土地使用税、教育费附加、印花税、耕地占用税等。关于这些税的计算方法在《税法》一书中有详细介绍，本书在此主要介绍这些税种的会计处理。

企业应设置“应交税费”科目，总括反映各种税费的交纳情况，并按照应交税费项目进行明细核算。该科目贷方登记应交纳的各种税费，借方登记实际交纳的税费；期末余额一般在贷方，反映企业尚未交纳的税费，期末余额如在借方，反映企业多交或尚未抵扣的税费。值得注意的是，企业并不是所有的税都通过“应交税费”科目核算，如企业交纳的印花税、耕地占用税等直接交纳的税，不通过“应交税费”核算。

1. 应交增值税

增值税是指对我国境内销售货物、进口货物，或提供加工、修理修配劳务的增值额征收的一种流转税。增值税的纳税人是在我国境内销售货物、进口货物，或者提供加工、修理修配劳务的单位和个人。按照纳税人的经营规模及会计核算的健全程度，增值税纳税人分为一般纳税人和小规模纳税人。一般纳税人应纳增值税额，根据当期销项税额减去当期进项税额计算确定；小规模纳税人应纳增值税额，按照销售额和规定的征收率计算确定。

1) 一般纳税人增值税的会计处理

为了核算企业应交增值税的发生、抵扣、缴纳、退税及转出等情况，应在“应交税费”科目下设置“应交增值税”和“未交增值税”两个明细科目，并在“应交增值税”明细账内设置“进项税额”、“已交税金”、“销项税额”、“出口退税”、“进项税额转出”等专栏。

(1) 进项税额。企业从国内采购物资或接受应税劳务等，根据增值税专用发票上注明的应计入采购成本或应计入加工、修理修配等物资成本的金额，借记“材料采购”、“在途物资”、“原材料”、“库存商品”或“生产成本”、“制造费用”、“委托加工物资”、“管理费用”等科目，根据增值税专用发票上注明的可抵扣的增值税税额，借记“应交税费——应交增值税(进项税额)”科目，按照应付或实际支付的总额，贷记“应付账款”、“应付票据”、“银行存款”等科目。从国外采购货物时可以根据海关开具的关税完税凭证上注明的增值税额核算进项税。按照《中华人民共和国增值税暂行条例》(以下简称《增值税暂行条例》)，企业购入免征增值税货物，一般不能够抵扣增值税销项税额。但是对于购入的免税农产品，可以按照买价和规定的扣除率 13%计算进项税额，并准予从企业的销项税额中抵扣。企业购入免税农产品，按照买价和规定的扣除率计算进项税额，借记“应交税费——应交增值税(进项税额)”科目，按买价扣除进项税额后的差额，借记“材料采购”、“原材料”、“库存商品”等科目，按照应付或实际支付的价款，贷记“应付账款”、“银行存款”等科目。企业在购销货物支付运费时，如果取得运输部门开具的运费发票，也可以按照运费的 7%计算进项税，即运费的 93%计入相关的成本费用，运费的 7%计入进项税额。

【例 9-25】牡丹公司购入原材料一批，增值税专用发票上注明货款 10 000 元，增值税 1 700 元，支付运费 800 元。货物尚未到达，款项已用银行存款支付。该企业采用计划成本对原材料进行核算。

进项税额＝1 700＋800×7%＝1 756(元)

原材料成本＝10 000＋800×(1－7%)＝10 744(元)

牡丹公司编制有关会计分录如下：

借：材料采购	10 744	
应交税费——应交增值税(进项税额)	1 756	
贷：银行存款		12 500

【例 9-26】某商场购入免税农产品一批，价款 100 000 元，规定的扣除率为 13%，货物尚未到达，货款已用银行存款支付。有关会计分录如下：

借：材料采购	87 000	
应交税费——应交增值税(进项税额)	13 000	
贷：银行存款		100 000

【例 9-27】牡丹公司购入一台不需要安装设备，价款及运输保险等费用合计 300 000 元，增值税专用发票上注明的增值税税额为 51 000 元，款项尚未支付。编制有关会计分录如下：

借：固定资产 300 000
　　应交税费——应交增值税(进项税额) 51 000
　　贷：应付账款 351 000

【例 9-28】牡丹公司生产车间委托外单位修理机器设备，对方开来的增值税专用发票上注明修理费用 10 000 元，增值税 1 700 元，款项已用银行存款支付。有关会计分录如下：

借：管理费用 10 000
　　应交税费——应交增值税(进项税额) 1 700
　　贷：银行存款 11 700

【例 9-29】牡丹公司购入基建工程所用物资一批，价款及运输保险等费用合计 100 000 元，增值税专用发票上注明的增值税税额为 17 000 元，物资已验收入库，款项尚未支付。

本例中，由于企业购进的货物用于非应税项目，所以支付的增值税税额为 17 000 元，应计入购入货物的成本，不得计入进项税用于以后抵扣。编制有关会计分录如下：

借：工程物资 117 000
　　贷：应付账款 117 000

(2) 进项税额转出。一般纳税人在购进货物时如果不能直接认定其进项税能否抵扣，支付的进项税可以先计入进项税予以抵扣，待购进的货物发生非常损失或改变用途(如用于非应税项目、集体福利或个人消费等)，或用该货物生产的在产品、产成品发生非常损失时，其进项税额应通过“应交税费——应交增值税(进项税额转出)”科目转入有关科目，借记“待处理财产损溢”、“在建工程”、“应付职工薪酬”等科目，贷记“应交税费——应交增值税(进项税额转出)”科目。

【例 9-30】牡丹公司因自建房屋领用库存材料一批，有关增值税专用发票确认的成本为 10 000 元，增值税税额为 1 700 元。有关会计分录如下：

借：在建工程 11 700
　　贷：原材料 10 000
　　　　应交税费——应交增值税(进项税额转出) 1 700

【例 9-31】牡丹公司因管理不善毁损库存商品一批，其实际成本为 80 000 元，经确认损失外购材料应负担的增值税为 13 600 元。有关会计分录如下：

借：待处理财产损溢——待处理流动资产损溢 93 600
　　贷：库存商品 80 000
　　　　应交税费——应交增值税(进项税额转出) 13 600

【例 9-32】牡丹公司所属的职工医院维修领用原材料 1 000 元，其购入时反映的进项税为 170 元。有关会计分录如下：

借：应付职工薪酬——职工福利 1 170
　　贷：原材料 1 000
　　　　应交税费——应交增值税(进项税额转出) 170

(3) 销项税额。企业销售货物或者提供应税劳务，按照营业收入和应收取的增值税税额，借记“应收账款”、“应收票据”、“银行存款”等科目，按专用发票上注明的增值税税额，贷记“应交税费——应交增值税(销项税额)”科目，按照实现的营业收入，贷记“主营业务收入”、“其他业务收入”等科目。发生的销售退回，作相反的会计分录。

【例 9-33】牡丹公司销售产品一批，价款 30 000 元，增值税 5 100 元，提货单和增值税专用发票已交给买方，款项尚未收到。编制有关会计分录如下：

借：应收账款　35 100
　贷：主营业务收入　30 000
　　应交税费——应交增值税(销项税额)　5 100

【例 9-34】某公司为外单位代加工电脑桌 400 个，每个收取加工费 100 元，适用的增值税税率为 17%，加工完成，款项已收到并存入银行。有关会计分录如下：

借：银行存款　46 800
　贷：主营业务收入　40 000
　　应交税费——应交增值税(销项税额)　6 800

(4) 视同销售行为。企业的有些交易和事项从会计角度看不属于销售行为，不能确认销售收入，但是按照税法规定，应视同对外销售处理，计算应交增值税。视同销售需要交纳增值税的事项包括企业将自产或委托加工的货物用于非应税项目、集体福利或个人消费，将自产、委托加工或购买的货物作为投资、分配给股东或投资者、无偿赠送他人等。在这些情况下，企业应当借记“在建工程”、“长期股权投资”、“营业外支出”等科目，贷记“应交税费——应交增值税(销项税额)”科目等。

【例 9-35】某企业将自己生产的产品用于自行建造职工俱乐部。该批产品的成本为 200 000 元，计税价格为 300 000 元。增值税税率为 17%。

企业在建工程领用自己生产的产品的销项税额＝300 000×17%＝51 000(元)

编制会计分录如下：

借：在建工程　251 000
　贷：库存商品　200 000
　　应交税费——应交增值税(销项税额)　51 000

(5) 上缴增值税和期末结转。企业在向税务部门实际缴纳本期应交增值税时，按照实际缴纳的金额，借记“应交税费——应交增值税(已交税金)”科目，贷记“银行存款”科目。企业向税务部门缴纳上期应交增值税时，借记“应交税费——未交增值税”科目，贷记“银行存款”等科目。期末，应将本期欠交或多交的增值税转到“应交税费——未交增值税”科目。具体来说，对于企业期末应交未交的增值税，应借记“应交税费——应交增值税(转出未交增值税)”科目，贷记“应交税费——未交增值税”科目；对于企业期末多交的增值税，应借记“应交税费——未交增值税”科目，贷记“应交税费——应交增值税(转出多交增值税)”科目。“应交税费——未交增值税”科目余额如果在贷方，代表企业尚未缴纳的增值税；余额如果在借方，代表企业本期多交的增值税。“应交税费——应交增值税”如果有借方余额，表示本期尚未抵扣完毕留到下期继续抵扣的进项税额。

【例 9-36】牡丹公司以银行存款交纳本月增值税 100 000 元。有关会计分录如下：

借：应交税费——应交增值税(已交税金)　100 000
　贷：银行存款　100 000

【例 9-37】20×2 年 6 月 30 日，牡丹公司“应交税费——应交增值税”科目期初无余额。本月发生的增值税进项税额为 20 000 元，发生的销项税额为 50 000 元，发生的进项税额转出为 8 000 元，本月已交增值税 10 000 元。

本月应交增值税＝50 000－20 000＋8 000＝38 000(元)

因为本月已交增值税 10 000 元，所以公司还有 28 000 尚未缴纳，需要结转到下期继续缴纳。编制会计分录如下：

借：应交税费——应交增值税(转出未交增值税)　　28 000
　　贷：应交税费——未交增值税　　28 000

下月该公司在规定的纳税期限内上缴税金 28 000 元，编制会计分录如下：

借：应交税费——未交增值税　　28 000
　　贷：银行存款　　28 000

2) 小规模纳税人增值税的会计处理

小规模纳税人增值税采用简化征收的办法，涉及的增值税会计处理与一般纳税人不相同。小规模纳税人应当按照不含税销售额和规定的增值税征收率计算交纳增值税，销售货物或提供应税劳务时只能开具普通发票，不能开具增值税专用发票。

小规模纳税人不享有进项税额的抵扣权，其购进货物或接受应税劳务支付的增值税直接计入有关货物或劳务的成本。因此，小规模纳税人只需在“应交税费”科目下设置“应交增值税”明细科目，不需要在“应交增值税”明细科目中设置专栏。“应交税费——应交增值税”科目贷方登记应交纳的增值税，借方登记已交纳的增值税；期末贷方余额为尚未交纳的增值税。

小规模纳税人购进货物和接受应税劳务时支付的增值税，直接计入有关货物和劳务的成本，借记“材料采购”、“在途物资”等科目，贷记“应交税费——应交增值税”科目。

【例 9-38】某小规模纳税企业购入材料一批，取得的专用发票中注明货款 20 000 元，增值税 3 400 元，款项以银行存款支付，材料已验收入库(该企业按实际成本计价核算)。该企业的有关会计分录如下：

借：原材料　　23 400
　　贷：银行存款　　23 400

【例 9-39】某小规模纳税企业销售产品一批，所开出的普通发票中注明的货款(含税)为 20 600 元，增值税征收率为 3%，款项已存入银行。该企业的有关会计分录如下：

不含税销售额＝含税销售额÷(1＋征收率)＝20 600÷(1＋3%)＝20 000(元)

应纳增值税＝不含税销售额×征收率＝20 000×3%＝600(元)

借：银行存款　　20 600
　　贷：主营业务收入　　20 000
　　　　应交税费——应交增值税　　600

【例 9-40】承例 9-39，该小规模纳税企业下月初以银行存款上交增值税 600 元。编制会计分录如下：

借：应交税费——应交增值税　　600
　　贷：银行存款　　600

2. 应交消费税

消费税是指在我国境内生产、委托加工和进口应税消费品的单位和个人，按其流转额交纳的一种税。消费税有从价定率、从量定额和复合计征法 3 种计税征收方法。采取从价定率方法征收的消费税，以不含增值税的销售额为税基，按照税法规定的税率计算。企业的销售收入包含增值税的，应将其换算为不含增值税的销售额。采取从量定额计征的消费税，根据按税法确定的企业应税消费品的数量和单位应税消费品应缴纳的消费税计算确定。采取复合计征消费税的，既规定了比例税率，又规定了定额税率，其应纳税额实行从价定率和从量定额相结合的复合计征办法。企业应在“应交税费”科目下设置“应交消费税”明细科目，核算应交消费税的发生、交纳情况。该科目贷方登记应交纳的消费税，借方登记已交纳的消费税；期末贷方余额为尚未交纳的消费税。

1) 销售应税消费品

企业销售应税消费品应交的消费税，应借记“营业税金及附加”科目，贷记“应交税费——应交消费税”科目。

【例 9-41】某企业生产销售一批产品，价款 200 000 元(不含增值税)，适用的增值税税率为 17%，消费税税率为 30%。产品已经发出，货款已经收到。该批产品既要计算增值税，也要计算消费税。该企业编制有关会计分录如下：

借：银行存款	234 000	
贷：主营业务收入		200 000
应交税费——应交增值税(销项税额)		34 000
借：营业税金及附加	60 000	
贷：应交税费——应交消费税		60 000

2) 自产自用应税消费品

企业将生产的应税消费品用于在建工程等项目时，按规定应交纳的消费税，借记“在建工程”等科目，贷记“应交税费——应交消费税”科目。

【例 9-42】某企业在建工程领用自产应税消费品，成本 50 000 元，售价 80 000 元，适用的增值税税率为 17%，消费税税率为 10%该企业编制有关会计分录如下：

借：在建工程	71 600	
贷：库存商品		50 000
应交税费——应交增值税(销项税额)		13 600
——应交消费税		8 000

3) 委托加工应税消费品

委托加工物资应交消费税，一般应由受托方代收代交税款，受托方按照应交税款金额，借记“应收账款”、“银行存款”等科目，贷记“应交税费——应交消费税”科目。

对于委托方，委托加工物资收回后，直接用于销售的，应将受托方代收代交的消费税计入委托加工物资的成本，借记“委托加工物资”等科目，贷记“应付账款”、“银行存款”等科目；委托加工物资收回后用于连续生产应税消费品的，按规定委托加工环节支付的消费税可以用于抵扣，按已由受托方代收代交的消费税，借记“应交税费——应交消费税”科目，贷记“应付账款”、“银行存款”等科目。

【例 9-43】甲企业委托乙企业代为加工一批应交消费税的材料。甲企业发出的材料成本为 20 000 元，支付加工费 7 000 元，增值税 1 190 元，由乙企业代收代交的消费税为 3 000 元。材料已经加工完成，并由甲企业收回验收入库。

如果甲企业收回的委托加工物资用于继续生产应税消费品，甲企业的有关会计处理如下：

借：委托加工物资	20 000	
贷：原材料		20 000

借：委托加工物资　　7 000
　　应交税费——应交增值税(进项税额)　　1 190
　　应交税费——应交消费税　　3 000
　　贷：银行存款　　11 190
借：原材料　　27 000
　　贷：委托加工物资　　27 000

如果甲企业收回的委托加工物资直接用于对外销售，甲企业有关的会计处理如下：

借：委托加工物资　　20 000
　　贷：原材料　　20 000
借：委托加工物资　　10 000
　　应交税费——应交增值税(进项税额)　　1 190
　　贷：银行存款　　11 190
借：原材料　　30 000
　　贷：委托加工物资　　30 000

乙企业受托加工应交增值税和对应收取的代收代交消费税的会计处理如下：

借：银行存款　　11 190
　　贷：主营业务收入(或其他业务收入)　　7 000
　　　　应交税费——应交增值税(销项税额)　　1 190
　　　　应交税费——应交消费税　　3 000

4) 进口应税消费品

企业进口应税物资在进口环节应交的消费税，计入该项物资的成本，借记“材料采购”、“固定资产”等科目，贷记“银行存款”科目。

【例 9-44】甲企业从国外进口一批需要交纳消费税的商品，商品价值 200 000 元，进口环节需要交纳的消费税为 40 000 元(不考虑增值税)，采购的商品已经验收入库，货款尚未支付，税款已经用银行存款支付。甲企业的有关会计分录如下：

借：库存商品　　240 000
　　贷：应付账款　　200 000
　　　　银行存款　　40 000

3. 应交营业税

营业税是对在我国境内提供应税劳务、转让无形资产或销售不动产的单位和个人征收的流转税。其中，应税劳务是指属于交通运业、建筑业、金融保险业、邮电通信业、文化体育业、娱乐业、服务业税目征收范围的劳务，不包括加工、修理修配等劳务；转让无形资产是指转让无形资产的所有权或使用权的行为；销售不动产是指有偿转让不动产的所有权，转让不动产的有限产权或永久使用权以及单位将不动产无偿赠与他人等视同销售不动产的行为。营业税以营业额作为计税依据。营业额是指纳税人提供应税劳务、转让无形资产和销售不动产而向对方收取的全部价款和价外费用，税率从 3%到 20%不等。

企业应在“应交税费”科目下设置“应交营业税”明细科目，核算应交营业税的发生、交纳情况。该科目贷方登记应交纳的营业税，借方登记已交纳的营业税，期末贷方余额为尚未交纳的营业税。

企业对外提供应税劳务时，按照营业额及其适用的税率，计算应交的营业税，借记“营业税金及附加”科目，贷记“应交税费——应交营业税”科目；企业对外转让无形资产使用权时，按计算应交的营业税，借记“营业税金及附加”科目，贷记“应交税费——应交营业税”科目；企业对外转让无形资产所有权时，按计算应交的营业税，借记“银行存款”、“累计摊销”等科目，贷记“无形资产”、“应交税费——应交营业税”等科目，借方差额计入“营业外支出”科目，贷方差额计入“营业外支出”科目；企业出售不动产时，计算应交的营业税，借记“固定资产清理”等科目，贷记“应交税费——应交营业税”科目；实际交纳营业税时，借记“应交税费——应交营业税”科目，贷记“银行存款”科目。

【例 9-45】某运输公司某月运营收入为 500 000 元，适用的营业税税率为 3%。该公司应交营业税的有关会计分录如下：

借：营业税金及附加	15 000	
贷：应交税费——应交营业税		15 000

【例 9-46】某企业出售一栋办公楼，出售收入 320 000 元已存入银行。该办公楼的账原价为 400 000 元，已提折旧 100 000 元，未曾计提减值准备；出售过程中用银行存款支付清理费用 5 000 元。销售该项固定资产适用的营业税税率为 5%。该企业的有关会计处理如下。

(1) 该固定资产转入清理：

借：固定资产清理	300 000	
累计折旧	100 000	
贷：固定资产		400 000

(2) 收到出售收入 320 000 元：

借：银行存款	320 000	
贷：固定资产清理		320 000

(3) 支付清理费用 5 000 元：

借：固定资产清理	5 000	
贷：银行存款		5 000

(4) 计算应交营业税：

320 000×5%＝16 000(元)

借：固定资产清理	16 000	
贷：应交税费——应交营业税		16 000

(5) 结转销售该固定资产的净损失：

借：营业外支出	1 000	
贷：固定资产清理		1 000

4. 其他应交税费

其他应交税费是指除上述应交税费以外的其他税费，包括应交资源税、应交城市维护建设税、应交土地增值税、应交所得税、应交房产税、应交土地使用税、应交车船使用税、应交教育费附加、应交个人所得税等。企业应当在“应交税费”科目下设置相应的明细科目进行核算，贷方登记应交纳的有关税费，借方登记已交纳的有关税费，期末贷方余额表示尚未交纳的有关税费。

(1) 应交资源税。资源税是对在我国境内开采矿产品或者生产盐的单位和个人征收的税。资源税按照应税产品的课税数量和规定的单位税额计算。开采或生产应税产品对外销售的，以销售数量为课税数量；开采或生产应税产品自用的，以自用数量为课税数量。

对外销售应税产品应交纳的资源税应记入“营业税金及附加”科目，借记“营业税金及附加”科目，贷记“应交税费——应交资源税”科目；自产自用应税产品应交纳的资源税应记入“生产成本”、“制造费用”等科目，借记“生产成本”、“制造费用”等科目，贷记“应交税费——应交资源税”科目。

(2) 应交城市维护建设税。城市维护建设税是以增值税、消费税、营业税为计税依据征收的一种税。其纳税人为交纳增值税、消费税、营业税的单位和个人，税率因纳税人所在地不同从1%到7%不等。其计算公式为

应纳税额＝(应交增值税＋应交消费税＋应交营业税)×适用税率

企业应交的城市维护建设税，借记“营业税金及附加”等科目，贷记“应交税费——应交城市维护建设税”科目。

(3) 应交教育费附加。教育费附加是为了发展教育事业而向企业征收的附加费用，企业按应交流转税的一定比例计算交纳。企业应交的教育费附加，借记“营业税金及附加”等科目，贷记“应交税费——应交教育费附加”科目。

(4) 应交土地增值税。土地增值税是指在我国境内有偿转让土地使用权及地上建筑物和其他附着物产权的单位和个人，就其土地增值额征收的一种税。

企业上交的土地增值税视情况记入不同科目：企业转让的土地使用权连同地上建筑物及其附着物一并在“固定资产”等科目核算的，转让时应交的土地增值税，借记“固定资产清理”科目，贷记“应交税费——应交土地增值税”科目；土地使用权在“无形资产”科目核算的，按实际收到的金额，借记“银行存款”科目，按应交的土地增值税，贷记“应交税费——应交土地增值税”科目，同时冲销土地使用权的账面价值，贷记“无形资产”科目，按其差额，借记“营业外支出”科目或贷记“营业外收入”科目。

(5) 应交房产税、土地使用税、车船使用税、印花税。房产税是国家对在城市、县城、建制镇和工矿区征收的由产权所有人缴纳的一种税；土地使用税是国家为了合理利用城镇土地，调节土地级差收入，提高土地使用效益，加强土地管理而开征的一种税，以纳税人实际占用的土地面积为计税依据，依照规定税额计算征收；车船使用税由拥有并且使用车船的单位和个人交纳，车船使用税按照适用税额计算交纳；印花税是以经济活动中签立的各种合同、产权转移书据、营业账簿、权利许可证照等应税凭证文件为对象所征的税。

企业应交的房产税、土地使用税、车船使用税、印花税，记入“管理费用”科目，借记“管理费用”科目，贷记“应交税费——应交房产税(或应交土地使用税、应交车船使用税)”科目或“银行存款”科目。

(6) 应交个人所得税。企业按规定计算的代扣代交的职工个人所得税，借记“应付职工薪酬”科目，贷记“应交税费——应交个人所得税”科目；企业交纳个人所得税时，借记“应交税费——应交个人所得税”科目，贷记“银行存款”等科目。

9.2.7 应付利息

应付利息是指企业按照合同约定应支付的利息，包括分期付息到期还本的长期借款、企业债券等应支付的利息。企业应当设置“应付利息”科目，按照债权人设置明细科目进行明细核算，企业按合同约定的名义利率计算确定应付利息的金额，借记“财务费用”等科目，贷记“应付利息”科目；实际支付利息时，借记“应付利息”科目，贷记“银行存

款”等科目。

【例 9-47】牡丹公司借入 5 年期到期还本每年付息的长期借款 5 000 000 元，合同约定年利率为 7%，假定不符合资本化条件。该企业的有关会计处理如下。

(1) 每年计算确定利息费用时：

借：财务费用　　350 000

　贷：应付利息　　350 000

(2) 每年实际支付利息时：

借：应付利息　　350 000

　贷：银行存款　　350 000

9.2.8　应付股利

应付股利是指企业根据股东大会或类似机构审议批准的利润分配方案确定分配给投资者的现金股利或利润。企业应设置“应付股利”科目，核算企业确定或宣告支付但尚未实际支付的现金股利或利润。该科目贷方登记应支付的现金股利或利润，借方登记实际支付的现金股利或利润，期末贷方余额反映企业应付未付的现金股利或利润。该科目应按照投资者设置明细科目进行明细核算。

企业根据股东大会或类似机构审议批准的利润分配方案，确认应付给投资者的现金股利或利润时，借记“利润分配——应付现金股利或利润”科目，贷记“应付股利”科目；向投资者实际支付现金股利或利润时，借记“应付股利”科目，贷记“银行存款”等科目。

【例 9-48】牡丹公司 20×2 年度实现净利润，经过董事会批准，决定 20×2 年度分配现金股利 5 000 000 元。该公司有关会计处理如下：

借：利润分配——应付现金股利　　5 000 000

　贷：应付股利　　5 000 000

9.2.9　其他应付款

其他应付款是指企业除应付票据、应付账款、预收账款、应付职工薪酬、应交税费、应付股利等经营活动以外的其他各项应付、暂收的款项，如应付租入包装物租金、存入保证金等。

为了核算其他应付款，企业应设置“其他应付款”科目，核算其他应付款的增减变动及其结存情况，并按照其他应付款的项目和对方单位(或个人)设置明细科目进行明细核算。该科目贷方登记发生的各种应付、暂收款项，借方登记偿还或转销的各种应付、暂收款项；该科目期末贷方余额反映企业应付未付的其他应付款项。

企业发生其他各种应付、暂收款项时，借记相关科目，贷记“其他应付款”科目；支付或退回其他各种应付、暂收款项时，借记“其他应付款”科目，贷记相关科目。

【例 9-49】牡丹公司 20×2 年 1 月 1 日起，以经营租赁方式租入管理用办公设备一批，每月租金 5 000，按季支付。3 月 31 日，牡丹公司以银行存款支付应付租金。牡丹公司有关会计处理如下。

(1) 1 月 31 日，计提应付经营租入固定资产租金：

借：管理费用　　5 000

　贷：其他应付款　　5 000

2 月份月末计提应付经营租入固定资产租金的会计处理同上。

(2) 3 月 31 日支付租金：

借：其他应付款　　10 000

　　管理费用　　5 000

　　贷：银行存款　　15 000

9.3 非流动负债

非流动负债是指流动负债以外的负债，主要包括长期借款、应付债券、长期应付款等。

9.3.1 长期借款

1. 长期借款的内容

长期借款是指企业向银行或其他金融机构借入的期限在 1 年以上(不含 1 年)的各种借款，一般用于固定资产的购建、改扩建工程、大修理工程、对外投资等方面。长期借款有下列特点：

(1) 债务偿还的期限较长(长期借款的借款期限一般在 3 年以上)；

(2) 债务的金额较大(可以用于满足房屋建造、大型设备购买等项目的资金需要)；

(3) 债务利息是一笔长期的固定的支出；

(4) 与发行股票相比，长期借款不影响企业原有的资本结构，有利于保持股东的控制权；

(5) 一般需要企业向银行提供一定的资产作为抵押。

由于长期借款的使用关系到企业的生产经营规模和效益，因此企业除了要遵守有关的贷款规定、编制借款计划并要有不同形式的担保外，还应监督借款的使用、按期支付长期借款的利息及按规定的期限归还借款本金等。

2. 长期借款的会计处理

为了核算企业的长期借款业务，企业应设置“长期借款”科目，核算长期借款的借入、利息、归还等情况。该科目可按照贷款单位和贷款种类设置明细账，分别按“本金”、“利息调整”、“应计利息”等进行明细核算。该科目的贷方登记长期借款本息的增加额，借方登记本息的减少额，贷方余额表示企业尚未偿还的长期借款本息。长期借款的核算内容主要包括长期借款的借入、借款利息的结算和借款本息的归还情况等。

1) 取得长期借款

企业取得长期借款，形成负债，应按实际收到的金额，借记“银行存款”科目，贷记“长期借款——本金”科目；如果存在差额，还应借记“长期借款——利息调整”科目。

【例 9-50】牡丹公司于 20×2 年 1 月 1 日从银行借入资金 5 000 000 元，借款期限为 3 年，年利率为 8%(每年年末付息，到期还本)，所借款项已存入银行。牡丹公司的有关会计处理如下：

借：银行存款　　5 000 000

　　贷：长期借款——本金　　5 000 000

2) 确认利息费用

长期借款利息费用应当在资产负债表日按照实际利率法计算确定，实际利率与合同利率差异较小的，也可以采用合同利率计算确定利息费用。长期借款计算确定的利息费用，应当按以下原则计入有关成本、费用：符合资本化条件的部分借记“在建工程”、“制造费用”等科目，不符合资本化条件的部分借记“财务费用”等科目(详细内容见借款费用)；按照借款本金和合同利率计算确定的应支付的利息，贷记“应付利息”或“长期借款——应计利息”科目，实际利息和应付利息间的差额作为其调整额，贷记“长期借款——利息调整”科目。企业在付息日实际支付利息时，按照本期实际支付的利息金额，借记“应付利息”科目或“长期借款——应计利息”科目，贷记“银行存款”科目。

【例 9-51】 承例 9-50，牡丹公司于 20×2 年 12 月 31 日计提长期借款利息，假设利息费用均不符合资本化条件，牡丹公司编制有关会计分录如下：

借：财务费用	400 000	
贷：应付利息		400 000

用银行存款偿还利息时，

借：应付利息	400 000	
贷：银行存款		400 000

其他各年年末编制会计分录同上。

3) 长期借款到期

企业归还长期借款时，按照归还的长期借款本金借记“长期借款——本金” 科目，按实际归还的金额贷记“银行存款”科目，按借贷双方之间的差额借记“在建工程”、“财务费用”等科目，表示最后一期尚未确认的利息费用。

【例 9-52】 承例 9-50，20×4 年年末，牡丹公司偿还该笔银行借款本息。编制有关会计分录如下：

借：财务费用	400 000	
长期借款——本金	5 000 000	
贷：银行存款		5 400 000

本例中，最后一年的利息费用直接计入财务费用，不再单独计提。

9.3.2　应付债券

应付债券是企业发行的期限在 1 年以上的债券，构成企业的一项非流动负债。企业发行的债券存在两个利率：一个是债券合同中注明的票面利率(也称为名义利率)，一个是债券发行时的市场利率(在不考虑债券发行费用时，也称实际利率，本书暂不考虑债券发行费用)。由于票面利率和实际利率的不一致，导致企业债券的发行方式包括平价发行、溢价发行与折价发行三种：当债券票面利率等于实际利率时，债券按照票面金额发行(即平价发行)；当票面利率高于实际利率时，债券的发行价格高于票面金额(即溢价发行)；当票面利率低于实际利率时，债券的发行价格低于票面金额(即折价发行)。

企业应设置“应付债券”科目，并在该科目下设置“面值”、“利息调整”、“应计利息”等明细科目，核算应付债券发行、计提利息、还本付息等情况。该科目贷方登记确认的应付债券的本金和利息，借方登记归还的债券本金和利息，期末贷方余额表示企业尚未偿还的债券的本金和利息。

1. 债券发行时的会计处理

债券的发行价格由债券发行期间的现金流量的现值来确定，包括债券本金的现金流量现值和债券利息的现金流量现值两部分；实际利率就是计算债券未来现金流量现值时使用的折现率。

企业发行债券时，按实际收到的金额，借记“银行存款”科目，贷记“应付债券——面值”科目，中间的差额借记或贷记“应付债券——利息调整”科目。

【例 9-53】牡丹公司于 20×2 年 1 月 1 日发行公司债券，面值为 10 000 000 元，期限为 5 年，票面利率为 6%，每年 12 月 31 日付息一次，到期还本。假设债券发行时的实际利率为 6%，则债券的发行价格为 10 000 000 元，会计分录如下：

借：银行存款	10 000 000	
贷：应付债券——面值		10 000 000

【例 9-54】牡丹公司于 20×2 年 1 月 1 日发行公司债券，面值为 10 000 000 元，期限为 5 年，票面利率为 6%，每年 12 月 31 日付息一次，到期还本。假如发行债券时的实际利率为 7%，则债券的发行价格为 9 590 120 元，则会计分录如下：

借：银行存款	9 590 120	
应付债券——利息调整	409 880	
贷：应付债券——面值		10 000 000

【例 9-55】牡丹公司于 20×2 年 1 月 1 日发行公司债券，面值为 10 000 000 元，期限为 5 年，票面利率为 6%，每年 12 月 31 日付息一次，到期还本。假如发行债券时的实际利率为 5%，则债券的发行价格为 10 432 700 元。则会计分录如下：

借：银行存款	10 432 700	
贷：应付债券——面值		10 000 000
——利息调整		432 700

2. 债券利息费用的会计处理

债券利息费用应于期末按实际利率法计算确认。资产负债表日，对于分期付息、一次还本的债券，企业应按应付债券的摊余成本和实际利率计算确定债券利息费用，借记“在建工程”、“制造费用”、“财务费用”等科目(详细内容见借款费用)，按债券面值和票面利率计算确定应付未付利息，贷记“应付利息”科目，按其差额，借记或贷记“应付债券——利息调整”科目。对于一次还本付息的债券，应于资产负债表日按摊余成本和实际利率计算确定的债券利息费用，借记“在建工程”、“制造费用”、“财务费用”等科目(详细内容见借款费用)，按票面利率计算确定的应付未付利息，贷记“应付债券——应计利息”科目，按其差额，借记或贷记“应付债券——利息调整”科目。

【例 9-56】以例 9-53 资料为例，该债券筹措的资金全部用于大型设备组的购建，利息费用均符合资本化条件。

20×2 年 12 月 31 日～20×6 年 12 月 31 日，牡丹公司各年年末支付利息编制的会计分录如下：

借：在建工程	600 000	
贷：银行存款		600 000

【例 9-57】以例 9-54 资料为例，该债券筹措的资金全部用于大型设备组的购建，利息费用均符合资本化条件。牡丹公司根据上述资料，采用实际利率法和摊余成本计算确定各年年末的利息费用，如表 9-1 所示。

表 9-1　实际利息费用计算表

单位：元

日期	应付利息	利息费用	利息调整摊销	尚未摊销的利息调整	摊余成本
20×2 年 1 月 1 日				409 880	9 590 120
20×2 年 12 月 31 日	600 000	671 308	71 308	338 572	9 661 428
20×3 年 12 月 31 日	600 000	676 300	76 300	262 272	9 737 728
20×4 年 12 月 31 日	600 000	681 641	81 641	180 631	9 819 369
20×5 年 12 月 31 日	600 000	687 356	87 356	93 275	9 906 725
20×6 年 12 月 31 日	600 000	693 275*	93 275	0	10 000 000
合计	3 000 000	3 409 880	409 880	—	—

*：693 275＝600 000＋93 275，目的是为了消除小数误差。

20×2 年 12 月 31 日，牡丹公司确认当年的利息费用，该公司编制会计分录如下：

借：在建工程　671 308
　贷：银行存款　600 000
　　应付债券——利息调整　71 308

20×3 年 12 月 31 日～20×6 年 12 月 31 日各年年末确认利息费用的会计处理可以参考 20×2 年 12 月 31 日确认利息费用的会计分录。

【例 9-58】 以例 9-55 资料为例，该债券筹措的资金全部用于生产经营，利息费用不符合资本化条件。牡丹公司根据上述资料，采用实际利率法和摊余成本计算确定各年年末的利息费用，如表 9-2 所示。

表 9-2　实际利息费用计算表

单位：元

日期	应付利息	利息费用	利息调整摊销	尚未摊销的利息调整	摊余成本
20×2 年 1 月 1 日				432 700	10 432 700
20×2 年 12 月 31 日	600 000	521 635	78 365	354 335	10 354 335
20×3 年 12 月 31 日	600 000	517 717	82 283	272 052	10 272 052
20×4 年 12 月 31 日	600 000	513 603	86 397	185 655	10 185 655
20×5 年 12 月 31 日	600 000	509 283	90 717	94 938	10 094 938
20×6 年 12 月 31 日	600 000	505 062*	94 938	0	10 000 000
合计	3 000 000	3 409 880	432 700	—	—

*：505 062＝600 000－94 938，目的是为了消除小数误差。

20×2 年 12 月 31 日，牡丹公司确认当年的利息费用，该公司编制会计分录如下：

借：财务费用　521 635
　应付债券——利息调整　78 365
　贷：银行存款　600 000

20×3 年 12 月 31 日～20×6 年 12 月 31 日各年年末确认利息费用的会计处理可以参考 20×2 年 12 月 31 日确认利息费用的会计分录。

3. 债券到期的会计处理

债券到期时，利息调整已经全部摊销完毕。对于分期付息的债券，按债券面值借记“应付债券——面值”科目，贷记“银行存款”科目。对于到期一次付息的债券，按债券面值和应计利息，借记“应付债券——面值”和“应付债券——应计利息”科目，贷记“银行存款”科目。

【例 9-59】以例 9-53 资料为例，20×6 年 12 月 31 日，债券到期，牡丹公司偿付债券本金部分，编制会计分录如下：

借：应付债券——面值　　10 000 000

　　贷：银行存款　　10 000 000

【例 9-60】甲公司 20×2 年 1 月 1 日发行面值为 200 000 元，期限为 5 年，票面利率为 4%，到期一次还本付息的债券用于基础设施建设，发行时实际利率为 8%。借款费用全部符合资本化条件，债券的发行价格为 163 340 元。甲公司有关会计处理如下：

(1) 20×2 年 1 月 1 日发行债券时：

借：银行存款　　163 340

　　应付债券——利息调整　　36 660

　　贷：应付债券——面值　　200 000

各年年末实际利息费用计算表如表 9-3 所示。

表 9-3　实际利息费用计算表

单位：元

日期	应计利息	利息费用	利息调整摊销	尚未摊销的利息调整	摊余成本
20×2 年 1 月 1 日				36 660	163 340
20×2 年 12 月 31 日	8 000	13 067	5 067	31 593	176 407
20×3 年 12 月 31 日	8 000	14 113	6 113	25 480	190 520
20×4 年 12 月 31 日	8 000	15 242	7 242	18 238	205 762
20×5 年 12 月 31 日	8 000	16 461	8 461	9 777	222 223
20×6 年 12 月 31 日	8 000	17 777*	9 777	0	240 000
合计	40 000	76 660	36 660	—	—

*：17 777＝8 000＋9 777，采用倒挤的方法，目的是为了消除小数误差。

(2) 20×2 年年末确认实际利息费用：

借：在建工程　　13 067

　　贷：应付债券——应计利息　　8 000

　　　　　　　　——利息调整　　5 067

其他各年年末确认利息费用的会计处理参考 20×2 年末确认利息费用编制的会计分录。

(3) 20×7 年 1 月 1 日还本付息：

借：应付债券——面值　　200 000

　　　　　　——应计利息　　40 000

　　贷：银行存款　　240 000

知识链接

可转换公司债券，也称可转债，是指在发行时标明发行价格、利率、偿还或转换期限，持有人有权到期赎回或按规定的期限或价格将其转换为普通股票的债务性证券。一般来说，可转换公司债券是一种介于股票与债券之间的混合型金融工具。在金融产品极大丰富的欧美市场出现的时间也并不长，但它作为一种具有保证的回报和有限的下跌风险的股权投资，广受外国投资者的欢迎。我国发行可转换公司债券采取记名式无纸化发行方式，债券最短期限为3年，最长期限为5年。

9.3.3　长期应付款

长期应付款是指企业除长期借款和应付债券以外的其他各种长期应付款项，如应付融资租入固定资产的租赁费、具有融资性质的延期付款购买资产等。

1. 应付融资租入固定资产的租赁费

企业采用融资租赁方式租入的固定资产，应在租赁期开始日，将租赁开始日租赁资产公允价值与最低租赁付款额现值两者中较低者加上初始直接费用，作为租入资产的入账价值，借记“固定资产”等科目，按最低租赁付款额，贷记“长期应付款”科目，按发生的初始直接费用，贷记“银行存款”等科目，按其差额，借记“未确认融资费用”科目。

企业在计算最低租赁付款额的现值时，能够取得出租人租赁内含利率的，应当采用租赁内含利率作为折现率，否则，应当采用租赁合同规定的利率作为折现率。企业无法取得出租人的租赁内含利率且租赁合同没有规定利率的，应当采用同期银行贷款利率作为折现率。租赁内含利率是指在租赁开始日使最低租赁收款额的现值与未担保余值的现值之和等于租赁资产公允价值与出租人的初始直接费用之和的折现率。未确认融资费用应当在租赁期内各个期间进行分摊。企业应当采用实际利率法计算确认当期的融资费用。

2. 具有融资性质的延期付款购买资产

企业购买资产有可能延期支付有关价款。如果延期支付的购买价款超过正常信用条件，实质上具有融资性质的，所购资产的成本应当以延期支付购买价款的现值为基础确定。实际支付的价款与购买价款的现值之间的差额，应当在信用期间内采用实际利率法进行摊销，计入相关资产成本或当期损益。具体来说，企业购入资产超过正常信用条件延期付款实质上具有融资性质时，应按购买价款的现值，借记“固定资产”、“在建工程”等科目，按应支付的价款总额，贷记“长期应付款”科目，按其差额，借记“未确认融资费用”科目。

9.3.4　预计负债

预计负债是基于某些或有事项引发的义务而确认的负债。其主要特点是，相关义务的发生本身或发生的具体时间或金额等方面具有一定的不确定性，其计量需要某种程度的估计或预计。

1. 或有事项的特征

或有事项是指过去的交易或者事项形成的不确定事项，该事项的结果须由某些未来事项的发生或不发生才能决定。典型的或有事项有未决诉讼、未决仲裁、债务担保、产品质量保证、票据贴现和背书转让。经济越发展、业务越复杂，或有事项这种经济现象就会越来越多，并且会对企业的财务状况、经营成果产生较大影响。或有事项有如下特征：

(1) 或有事项是由过去的交易或事项形成的。或有事项的现存状况是过去交易或事项引起的客观存在。

(2) 或有事项的结果具有不确定性。或有事项的结果是否发生具有不确定性，或者或有事项的结果预计将会发生，但发生的具体时间或金额具有不确定性。

(3) 或有事项的结果须由未来事项决定。或有事项的结果只能由未来不确定事项的发生或不发生才能决定。

上述不确定事项可以分为有利事项和不利事项两种类型，在会计处理时，应采取稳健性原则进行处理。对有利事项(即形成或有资产的事项)不应确认、计量和披露，如果很可能导致未来经济利益流入企业，应当披露其形成原因、预计产生的财务影响，否则一般不作披露。对不利事项(即形成或有负债的事项)，有两种处理办法：一是确认为预计负债；二是作为或有负债披露。

2. 预计负债的确认

基于负债的定义和确认条件，我国现行会计准则规定，与或有事项相关的义务同时满足下列条件的，应当确认为预计负债。

(1) 该义务是企业承担的现时义务。

(2) 履行该义务很可能导致经济利益流出企业。如果履行与或有事项相关的现时义务导致经济利益流出企业的可能性超过 50%但小于或等于 95%，就可以认为履行该义务很可能导致经济利益流出企业。

(3) 该义务的金额能够可靠地计量。

与或有事项相关的义务，不能同时满足上述确认条件者，通常作为或有负债。或有负债不需要在表内反映，企业应根据具体情况决定是否应当在表外披露。

3. 预计负债的账务处理

企业的预计负债需要在资产负债表上以单独的项目列示。为正确核算和披露因或有事项而确认的预计负债，企业应设置“预计负债”科目，并在该科目下分别不同性质的或有事项，设置“产品质量保证”、“亏损合同”、“未决诉讼”等明细科目，进行明细核算。企业发生或有负债事项需要确认为预计负债时，借记“销售费用”、“营业外支出”等科目，贷记“预计负债”科目。

9.3.5 借款费用

1. 借款费用的内容

企业在生产经营的过程中，经常需要通过短期借款、长期借款或发行债券来筹措资金。企业对这些筹资行为都必须承担相应的借款费用。借款费用的内容主要包括以下几个方面。

(1) 借款利息。借款利息包括企业向银行或者其他金融机构等借入的资金发生的利息、发行公司债券发生的利息，以及其他带息债务所承担的利息等。

(2) 因借款产生的折价或者溢价的摊销。这是指发行债券等所发生的折价或者溢价在资产负债表日确认利息费用时的调整额。

(3) 因外币借款而发生的汇兑差额。这是指由于汇率变动对外币借款本金及其利息的记账本位币金额所产生的影响金额。由于汇率的变化往往和利率的变化相关，是外币借款所需承担的风险，因此，因外币借款相关汇率变化所导致的汇兑差额属于借款费用的有机组成部分。

(4) 辅助费用。这是指企业在借款过程中发生的诸如手续费、佣金等费用。由于这些费用是因安排借款而发生的，也属于借入资金所付出的代价，因而是借款费用的构成部分。

2. 借款费用资本化的条件

对于借款费用，可直接归属于符合资本化条件的资产的购建或者生产的，应当予以资本化，计入相关资产成本。其他借款费用，应当在发生时根据其发生额确认为费用，计入当期损益。

1) 符合资本化条件的资产

符合资本化条件的资产是指需要经过相当长时间(大于等于 1 年)的购建或生产活动才能达到预定可使用或者可销售状态的固定资产、无形资产、投资性房地产和存货等资产。需要注意的是，如果由于人为或者故意等非正常因素导致资产的购建或者生产时间相当长的，该资产不属于符合资本化条件的资产。

2) 资本化期间的确定

借款费用资本化需要直接归属于资产的购建或者生产，即必须是在资本化期间内的有关借款费用，才允许资本化，因而资本化期间的确定是借款费用确认和计量的重要前提。借款费用资本化期间是指从借款费用开始资本化时点到停止资本化时点的期间，但不包括借款费用暂停资本化的期间。

(1) 开始资本化的确定。

对于为符合资本化条件的资产的购建或生产而发生的借款费用，同时满足下列三个条件时可以开始资本化。

① 资产支出已经发生。资产支出通常包括支付现金、转移非现金资产或承担带息债务三种形式。

② 借款费用已经发生。这是指企业已经发生了因购建或者生产符合资本化条件的资产而专门借入款项的借款费用或者所占用的一般借款的借款费用。

③ 为使资产达到预定可使用或者可销售状态所必要的购建或者生产活动已经开始。这是指符合资本化条件的资产的实体建造或者生产工作已经开始，如主体设备的安装、厂房的实际开工建造等，不包括仅仅持有资产但没有发生为改变资产形态而进行的实质上的建造或者生产活动。

(2) 停止资本化的确定。

当企业购建或者生产符合资本化条件的资产达到预定可使用或者可销售状态时，应当停止借款费用的资本化。符合下列情形之一的，应当认为企业购建或生产的符合资本化条件的资产达到了预定可使用或可销售状态。

① 资产的实体建造全部完成或实质完成。

② 购建的固定资产与设计要求或合同要求基本相符。

③ 继续发生的支出很少或者几乎不再发生。

(3) 暂停资本化期间的确定。

对于符合资本化条件的资产在购建或生产期间，如果同时满足以下两个条件应当暂停借款费用的资本化。

① 属于非正常中断。非正常中断，通常是由于企业管理决策上的原因或者其他不可预见的原因等所导致的中断。例如，企业因与施工方发生了质量纠纷，工程、生产用料没有

及时供应，资金周转发生了困难，施工、生产发生了安全事故，或者发生了与资产购建、生产有关的劳动纠纷等原因，导致的资产购建或者生产活动发生中断，均属于非正常中断。非正常中断与正常中断显著不同。正常中断通常仅限于因购建或者生产符合资本化条件的资产达到预定可使用或者可销售状态所必要的程序，或者事先可预见的不可抗力因素导致的中断。例如，某些工程建造到一定阶段必须暂停下来进行质量或者安全检查，检查通过后才可继续下一阶段的建造工作。这类中断是在施工前可以预见的，而且是工程建造必须经过的程序，属于正常中断。某些地区的工程在建造过程中，由于可预见的不可抗力因素(如雨季或冰冻季节等原因)导致施工出现停顿，也属于正常中断。例如，某企业于20×2年1月1日利用专门借款开工兴建一幢办公楼，支出已经发生，因此借款费用从当日起开始资本化，工程预计于20×3年3月完工。20×2年5月15日，由于工程施工发生了安全事故，导致工程中断，直到9月10日才复工，该中断就属于非正常中断。因此，上述专门借款在5月15日～9月10日所发生的借款费用不应资本化，而应作为财务费用计入当期损益。

② 中断时间连续超过3个月。

3) 借款费用资本化金额的确定

(1) 借款利息资本化金额的确定。

借款利息是指按照实际利率法计算的各期实际利率，既包括按照合同利率计算的应付利息，也包括因实际利率与合同利率不同而产生的折价或溢价的摊销额。

① 专门借款资本化金额的确定。专门借款是指为购建或者生产符合资本化条件的资产而专门借入的款项。专门借款的使用目的明确，而且其使用受与银行签订的相关合同的限制。专门借款利息的资本化金额，应当以专门借款当期实际发生的利息费用，减去将尚未动用的借款资金存入银行取得的利息收入或进行暂时性投资取得的投资收益后的金额确定。

【例9-61】甲公司为建造厂房于20×2年4月1日从银行借入2 000万元专门借款，借款期限为2年，年利率为6%，暂不考虑借款手续费。该项专门借款在银行的存款利率为年利率3%，20×2年7月1日，甲公司采取出包方式委托乙公司为其建造该厂房，并预付了1 000万元工程款，厂房实体建造工作于当日开始。该工程因发生施工安全事故，在20×2年8月1日～11月30日中断施工，12月1日恢复正常施工，至年末工程尚未完工。求该项厂房建造工程在20×2年度应予资本化的利息金额。

本例中，资本化期间的开始时间应为7月1日，由于工程于2007年8月1日～11月30日发生停工，且超过3个月，借款利息费用不符合资本化条件，这样符合资本化条件的期间时间为2个月。

20×2年度应予资本化的利息金额＝2 000×6%/12×2－1 000×3%/12×2＝15(万元)

② 一般借款利息资本化金额的确定。一般借款是指除专门借款之外的借款。相对于专门借款而言，一般借款在借入时，其用途通常没有特指用于符合资本化条件的资产的购建或者生产。一般借款利息的资本化金额，应当根据累计资产支出超过专门借款部分的资产支出加权平均数乘以所占用一般借款的资本化率，计算确定一般借款应予资本化的利息金额。资本化率应当根据一般借款加权平均利率计算确定。

一般借款利息费用资本化金额＝累计资产支出超过专门借款部分的资产支出加权平均数×所占用一般借款的资本化率

其中，

资产支出加权平均数＝Σ(每笔资产支出金额×该笔资产支出在当期所占用的天数÷当期天数)

所占用一般借款的资本化率＝所占用一般借款当期实际发生的利息之和÷所占用一般借款本金加权平均数

所占用一般借款本金加权平均数＝Σ(所占用每笔一般借款本金×每笔一般借款在当期所占用的天数÷当期天数)

例如，某企业借入两笔一般借款：第一笔为20×2年1月1日借入的800万元，借款年利率为8%，期限为2年；第二笔为20×2年7月1日借入的500万元，借款年利率为6%，期限为3年。

20×2年一般借款的资本化率＝(800×8%＋500×6%/12×6)÷(800＋500×6/12)×100%
＝7.52%

(2) 借款辅助费用资本化金额的确定。

辅助费用是企业为了安排借款而发生的必要费用，包括借款手续费、佣金等。如果企业不发生这些费用，就无法取得借款。因此，辅助费用是企业借入款项所付出的一种代价，是借款费用的有机组成部分。

专门借款发生的辅助费用，在所购建或者生产的符合资本化条件的资产达到预定可使用或者可销售状态之前发生的，应当在发生时根据其发生额予以资本化，计入符合资本化条件的资产的成本；在所购建或者生产的符合资本化条件的资产达到预定可使用或者可销售状态之后发生的，应当在发生时根据其发生额确认为费用，计入当期损益。上述辅助费用的发生额，是指根据《企业会计准则第22号——金融工具确认和计量》，按照实际利率法所确定的金融负债交易费用对每期利息费用的调整额。借款实际利率与合同利率差异较小的，也可以采用合同利率计算确定利息费用。一般借款发生的辅助费用，也应当按照上述原则确定其发生额并进行处理。

考虑到借款辅助费用与金融负债交易费用是一致的，其会计处理也应当保持一致。根据《企业会计准则第22号——金融工具确认和计量》的规定，除以公允价值计量且其变动计入当期损益的金融负债之外，其他金融负债相关的交易费用应当计入金融负债的初始确认金额。为购建或者生产符合资本化条件的资产的专门借款或者一般借款，通常都属于除以公允价值计量且其变动计入当期损益的金融负债之外的其他金融负债。对于这些金融负债所发生的辅助费用需要计入借款的初始确认金额，即抵减相关借款的初始金额，从而影响以后各期实际利息的计算。换句话说，由于辅助费用的发生将导致相关借款实际利率的上升，从而需要对各期利息费用作相应调整，在确定借款辅助费用资本化金额时可以结合借款利息资本化金额一起计算。一般借款发生的辅助费用，也应当按照上述原则确定其发生额并进行处理。

(3) 外币专门借款汇兑差额资本化金额的确定。

当企业为购建或者生产符合资本化条件的资产所借入的专门借款为外币借款时，由于企业取得外币借款日、使用外币借款日和会计结算日往往并不一致，而外汇汇率又在随时发生变化。因此，外币借款会产生汇兑差额。相应地，在借款费用资本化期间内，为购建固定资产而专门借入的外币借款所产生的汇兑差额，是购建固定资产的一项代价，应当予以资本化，计入固定资产成本。出于简化核算的考虑，在资本化期间内，外币专门借款本金及其利息的汇兑差额，应当予以资本化，计入符合资本化条件的资产的成本。而除外币专门借款之外的其他外币借款本金及其利息所产生的汇兑差额应当作为财务费用计入当期损益。

本章小结

本章主要讲述了流动负债和非流动负债。流动负债主要包括短期借款、应付账款、应付票据、预收账款、应交税费、应付职工薪酬、应付股利、应付利息和其他应收款等。短期借款的主要内容是借款取得、利息费用和归还本息的会计处理；应付账款的主要内容是应付账款发生和归还的会计处理；应付票据的主要内容是应付票据产生和兑现的会计处理；预收账款的主要内容是款项预收、收货后款项的结算、预收款项差额的结算；应交税费的主要内容是增值税、消费税和营业税等流转税的会计处理；应付职工薪酬主要内容是货币性职工薪酬和非货币性职工薪酬的确认和支付的会计处理。非流动负债主要包括长期借款和应付债券。长期借款的主要内容是款项借入、确认利息费用和归还本息的会计处理；应付债券的主要内容是债券发行、采用实际利率法确认利息费用和归还本息的会计处理。

习　　题

一、名词解释

1. 负债
2. 流动负债
3. 非流动负债
4. 实际利率法
5. 摊余成本
6. 或有事项

二、单项选择题

1. 下列各项中，不属于职工薪酬核算内容的是(　　)。
   A. 养老保险金
   B. 工会经费和职工教育经费
   C. 职工因工出差的差旅费、业务招待费
   D. 因解除与职工的劳动关系给予的补偿
2. 从职工工资中代扣职工房租，应借记的会计科目是(　　)。
   A. 应付职工薪酬　　B. 银行存款
   C. 管理费用　　D. 应付账款
3. 企业为建造厂房项目而购进物资负担的增值税税额应当计入(　　)。
   A. 应交税费——应交增值税(进项税额)
   B. 工程物资

C．固定资产

D．营业外支出

4．企业出售固定资产应交的营业税，应借记的会计科目是“(　　)”。

A．营业税金及附加　　B．固定资产清理

C．营业外支出　　D．其他业务成本

5．甲公司开具的不带息的银行承兑汇票，20×2年11月30日到期时甲公司无力支付票款，则应将该应付票据的票面金额转作(　　)。

A．营业外收入　B．应付账款　C．其他应付款　D．短期借款

6．企业收取包装物押金及其他各种暂收款项时，应贷记(　　)科目。

A．营业外收入　B．其他业务收入　C．其他应付款　D．其他应收款

7．委托加工的应税消费品收回后直接出售的，由受托方代扣代缴的消费税，委托方应借记的会计科目是(　　)。

A．在途物资　　B．委托加工物资

C．应交税费——应交消费税　　D．营业税金及附加

8．预收账款情况不多的企业，可以不设“预收账款”科目，而将预收的款项直接计入的账户是(　　)。

A．应收账款　B．预付账款　C．其他应收款　D．应付账款

9．一般纳税企业交纳当期的增值税时，应借记的会计科目是“(　　)”。

A．应交税费——应交增值税(进项税额)

B．应交税费——应交增值税(进项税额转出)

C．应交税费——应交增值税(出口退税)

D．应交税费——应交增值税(已交税金)

10．企业发生的下列税金，应计入相关资产价值的是(　　)。

A．印花税　B．车船税　C．土地使用税　D．车辆购置税

11．如果企业的长期借款属于筹建期间的，且不符合资本化条件，则其利息费用应计入的科目是(　　)。

A．管理费用　B．长期待摊费用　C．财务费用　D．在建工程

12．企业对应付的商业承兑汇票，如果到期不能足额付款，在会计处理上应将其转作(　　)。

A．应付账款　B．其他应付款　C．预付账款　D．短期借款

13．下列各项中，应通过“其他应付款”科目核算的是(　　)。

A．应付现金股利　　B．应交教育费附加

C．收取包装物押金　　D．应付管理人员工资

14．一般纳税人企业销售商品时发生的下列各项税金中，不影响企业损益的是(　　)。

A．消费税　B．营业税　C．增值税销项税额　D．所得税

15．企业的应付账款确实无法支付，经确认后转作(　　)。

A．营业外收入　B．投资收益　C．其他业务收入　D．资本公积

16．短期借款在核算时，不会涉及的账户是(　　)。

A．短期借款　B．应付利息　C．财务费用　D．在建工程

17. 委托加工应纳消费税产品收回后用于连续加工应税消费品的，其由受托方代收代缴的消费税，应计入(　　)。

A. 管理费用　　B. “应交税费——应交消费税”科目的借方

C. 委托加工产品的成本　　D. 主营业务成本

18. 乙公司 20×2 年 1 月 1 日发行 5 年期一次还本的公司债券。该债券的实际发行价格为 2 000 万元(不考虑发行费用)，债券面值总额为 2 000 万元，票面利率为 6%。该债券于每年 6 月 30 日和 12 月 31 日支付利息。20×2 年 12 月 31 日“应付债券”科目的余额为(　　)万元。

A. 2 530　　B. 2 300　　C. 2 430　　D. 2 000

三、多项选择题

1. 企业设置的“应交税费——应交增值税”多栏式明细账设置的栏目有(　　)。

A. 销项税额　　B. 进项税额转出

C. 出口退税　　D. 已交税金

2. 下列各项中，属于企业应付职工薪酬的有(　　)。

A. 工会经费　　B. 企业医务人员的工资

C. 住房公积金　　D. 辞退福利

3. 企业不应记入“管理费用”的税金有(　　)。

A. 增值税　　B. 印花税　　C. 房产税　　D. 营业税

4. 企业交纳的下列税费中，不通过“应交税费”科目核算有(　　)。

A. 教育费附加　　B. 印花税　　C. 耕地占用税　　D. 契税

5. 下列对长期借款利息费用的会计处理，正确的有(　　)。

A. 筹建期间的借款利息一般应计入管理费用

B. 筹建期间的借款利息符合资本化条件时计入相关资产的成本

C. 日常生产经营活动的借款利息计入财务费用

D. 符合资本化条件的借款利息计入相关资产成本

6. 下列各项中，能作为当期进项税额的有(　　)。

A. 从销售方取得的增值税专用发票上注明的增值税税额

B. 从海关取得的完税凭证上注明的增值税税额

C. 购进免税农产品准予抵扣的进项税额

D. 企业外购货物时取得的有效运输凭证的运费的 7%

7. 下列各项职工薪酬中，不能直接在“管理费用”中列支的有(　　)。

A. 生产人员的薪酬　　B. 行政人员的薪酬

C. 车间管理人员的薪酬　　D. 研发人员的薪酬

8. 长期借款所发生的利息支出，可能借记的科目有(　　)。

A. 销售费用　　B. 财务费用　　C. 在建工程　　D. 管理费用

四、判断题

1. “长期借款”科目的期末账面余额，反映企业尚未偿还的各种长期借款的本金。(　　)

2. 企业对外销售应税产品应该交纳的资源税应计入“生产成本”科目。(　　)

3. 短期借款利息在预提或实际支付时均应通过“短期借款”科目核算。 ( )

4. 企业交纳的印花税一般直接计入管理费用核算。 ( )

5. 企业缴纳的房产税不通过“应交税费”科目核算。 ( )

6. 企业在职工离职后提供给职工的全部非货币性福利和企业应付给因解除与职工的劳务关系给予的补偿不应通过“应付职工薪酬”科目核算。 ( )

7. 负债是指过去的交易、事项形成的现时义务，履行该义务预期会导致经济利益流出企业。 ( )

8. 一般纳税人购入货物支付的增值税，均应通过“应交税费——应交增值税”科目进行核算。 ( )

9. 将于一年内到期的长期负债，按照规定，应在资产负债表中作为流动负债反映。( )

10. 企业只有在对外销售消费税应税产品时才应交纳消费税。 ( )

五、简答题

1. 负债有何特征？如何分类？

2. 流动负债与非流动负债应如何界定？各包括哪些内容？

3. 职工薪酬包括哪些内容？企业应如何核算非货币性职工薪酬？

4. 举例说明企业应如何核算应交增值税，做怎样的会计处理。

5. 借款费用核算包括哪些内容？如何进行账务处理？

六、业务题

1. 某企业20×2年4月发生如下经济业务。

(1) 根据供电部门通知，企业本月应付电费6万元。其中生产车间电费5万元，企业行政管理部门电费1万元。

(2) 购入不需要安装的设备一台，价款及价外费用100 000元，增值税专用发票上注明的增值税税额为17 000元，款项尚未支付。

(3) 生产车间委托外单位修理机器设备，对方开具的专用发票上注明修理费用2 000元，增值税税额340元，款项已用银行存款支付。

(4) 库存材料因意外火灾毁损一批，对方开来的专用发票上注明修理费用8 000元，增值税1 360元，款项已用银行存款支付。

(5) 建造厂房领用生产用原材料20 000元，其购入时支付的增值税为3 400元。

(6) 医务室维修领用原材料2 000元，其购入时支付的增值税为340元。

(7) 出售一栋办公楼，出售收入640 000元已存入银行。该办公楼的账面原价为800 000元，已提折旧200 000元；出售过程中用银行存款支付清理费用10 000元。销售该项固定资产适用的营业税税率为5%。

要求：编制上述业务会计分录。

2. 长江公司为家电生产企业，共有职工310人，其中生产工人200人，车间管理人员15人，行政管理人员20人，销售人员15人，在建工程人员60人。长江公司适用的增值税税率为17%。20×2年12月发生如下经济业务。

(1) 本月应付职工资产总额为380万元，工资费用分配汇总表中列示的产品生产工人工资为200万元，车间管理人员工资为30万元，企业行政管理人员工资为50万元，销售人员工资40万元，在建工程人员工资60万元。

(2) 下设的职工食堂享受企业提供的补贴，本月领用自产产品一批，该产品的账面价值为8万元，市场价格为10万元(不含增值税)，适用的消费税税率为10%。

(3) 以其自己生产的某种电暖气发放给公司每名职工，每台电暖气的成本为0.08万元，市场售价为每台0.1万元。

(4) 为总部部门经理以上职工提供汽车免费使用，为副总裁以上高级管理人员人每人租赁一套住房。长江公司现有总部部门经理以上职工共10人，假定所提供汽车每月计提折旧2万元；现有副总裁以上职工3人，所提供住房每月的租金2万元。

(5) 用银行存款支付副总裁以上职工住房租金2万元。

(6) 结算本月应付职工工资总额380万元，代扣职工房租10万元，企业代垫职工家属医药费2万元，代扣个人所得税20万元，余款用银行存款支付。

(7) 上交个人所得税20万元。

(8) 下设的职工食堂维修领用原材料5万元，其购入时支付增值税0.85万元。

要求：编制上述业务会计分录。

3．甲公司购置了一套需要安装的生产线，与该生产线相关的业务如下。

(1) 20×2年9月30日为购建该生产线向建设银行借入专门资金50万元并存入银行，该借款期限为两年，年利率为9.6%，到期一次还本付息，不计复利。

(2) 20×2年9月30日用上述借款购入待安装的生产线，增值税专用发票上注明的买价为40万，增值税税额为6.8万，另支付保险费及其他杂费3.2万，该生产线交付本公司安装部门安装。

(3) 安装生产线时领用本公司产品一批，该批产品实际成本5万元，税务部门核定的计税价为8万元，适用的增值税税率为17%。

(4) 安装生产人员应计工资1.8万，用银行存款支付其税安装费用0.64万元。

(5) 20×2年12月31日安装工程结束，并随即投入使用。该生产线预计使用年限为5年，采用双倍余额递减法计提折旧。(预计净残值率为5%)

要求：(1)编制甲公司20×2年度有关借款、购建安装生产线及年末计提利息的会计分录。

(2) 计算该生产线的入账价值。

(3) 计算甲公司20×3年度对该生产线应计提的折旧并编制相关会计分录。

(4) 计算并编制甲公司20×3年年末计提长期借款利息的会计分录。

4．甲公司以发行债券的方式为建造专用生产线筹集资金。20×2年12月31日委托证券公司以7 755万元的价格发行3年期债券，该债券面值为8 000万元，票面利率为4.5%，实际利率为5.64%，该债券每年付息一次，实际支付时间均为下年度的1月10日。到期支付最后一期利息并偿还本金。资金利息全部符合资本化条件。

要求：(1) 采用实际利率法计算该债券每年末的摊余成本、应付利息、利息费用和利息调整摊销。

(2) 编制债券发行、各年末确认利息、到期支付利息和本金业务的会计分录。

(“应付债券”账户要求写出明细账户，本题金额可以万元为单位，计算结果保留整数)

第10章 所有者权益

教学目的与要求

通过对本章的学习，学生应了解所有者权益的含义；熟悉所有者权益的特征和内容；掌握不同组织形式下投入资本的核算，掌握资本公积及库存股的核算，掌握盈余公积和未分配利润的核算。

案例导读

南方乳制品公司建于2002年，是一家中外合资经营企业。企业建立时，中外双方的持股比例为45:55，注册资本为8 000万元。双方均按照有关协议出资到位，企业运转正常。南方乳制品公司的产品在投放市场后，很快以其优良的质量及较高的价格形成了自己“高品位”的形象。

2011年7月，外方提议中外双方按各自的持股比例，继续为企业追加投资。但是，中方经过考虑，不准备追加投资。

外方在得知中方不准备继续追加投资后，提出由外方单独继续投资，并要求中方将自己持有的股份转让30个百分点给外方，转让后中外双方的持股比例为15:85。

中方同意了外方要求其转让股份的要求。但是，在股权转让金问题上，双方产生了分歧。

外方认为，企业尽管在市场中的形象不错，但几年来是在亏损状态下运转的。现在，企业已经累计亏损3 000万元。从设备的利用率来看，利用现有设施实现规模效益的可能性很小。如按现在的状况运行下去，企业将继续亏损。因此，外方准备按照现在账面上的所有者权益净值(5 000万元)的30%向中方支付。

中方认为，当时投入企业的是注册资本的45%。近10年来，由于亏损，中方并未从企业得到任何利润分配。如果同意外方的方案，中方只能得到账面上的所有者权益净值(5 000 万元)的 30%，损失太大，不能接受。中方认为企业的亏损原因是：①为保证产成品的高质量，购入了价格较高的原材料；②前期的高额广告投入，其中，在2003年年底以前，广告是为整个外方的品牌做的，2004年后，广告支付为本企业品牌；③在前期投入了高额促销费用，为主要商场赠送了写有本公司产品标识的设施；④企业设备的折旧年限仅为使用寿命的50%；⑤企业前期贷款利息偏高。

另外，①企业在市场中高品位的形象已经形成；②企业已经形成了运转正常、高效的内部管理体系；③企业已经形成了完备的销售体系；④企业已经形成了稳定的原材料供应基地。这一切都是在45:55的股份结构下形成的，因此，股权转让价格不能以所有者权益账面金额为基础。

(资料来源：http://www.chinaac.com/guanggao/ckxx/files/zxm1.htm.)

10.1 所有者权益概述

不同的企业组织形式，意味着企业的社会角色和义务也就各不相同，即企业所有者对企业所承担的义务、风险及应享有的权利等也会随之不同。这对于资产和负债的会计处理并无重大影响，但涉及所有者权益的会计处理却不大一样。因而这也正是所有者权益会计所要解决的主要问题。

企业的组织形式按照企业在出资、经营、承担权利和义务等方面的不同，大体可以分为独资企业、合伙企业和公司 3 种形式。其中，独资企业是指所有者权益归业主一人所独有的企业，具有个人出资、个人经营、不具备法人资格等特点。合伙企业是指由两人或两人以上订立合伙协议，共同出资经营、共同承担经营风险和义务，并且对合伙企业债务承担无限连带责任的营利性组织，因而合伙企业具有共同出资、合伙经营、共享利益、共担风险、不具有法人资格等特点。《公司法》规定公司分有限责任公司和股份有限公司两种组织形式。因此，公司组织尤其是股份有限公司，已经是当今世界上最广泛采用的企业组织形式，它具有独资企业和合伙企业所不具备的生命力和优越性，在资本结构和筹资方式上更具有灵活性。所以，在会计核算中应特别关注其特点。

10.1.1 企业组织形式

1. 有限责任公司

有限责任公司是指根据《中华人民共和国公司登记管理条例》(以下简称《公司登记管理条例》)规定登记注册，由 2 个以上、50 个以下的股东共同出资，每个股东以其所认缴的出资额对公司承担有限责任，公司以其全部资产对其债务承担责任的经济组织。有限责任公司包括国有独资公司及其他有限责任公司。国有独资公司是指国家授权的投资机构或者国家授权的部门单独投资设立的有限责任公司。其他有限责任公司是指国有独资公司以外的其他有限责任公司。有限责任公司有以下特点。

(1) 有限责任公司的股东，仅就其出资额为限对公司负责。有限公司是以股东出资为基础建立起来的法人组织，股东只对公司负以其出资额为限的责任，对公司的债权人不负直接责任。

(2) 有限责任公司的股东人数一般都有最高人数的限制。在我国，有限责任公司的股东人数不超过 50 人。

(3) 有限责任公司不能公开募集股份，不能发行投票。

(4) 有限责任公司股东出资的转让也有严格限制。股东出资的转让应由公司批准，并在公司登记。有限公司的股东人数有限，因此，有限责任公司经营情况不涉及社会上其他公众利益，其经营状况也没有必要公开。

(5) 有限责任公司的设立程序要比股份有限公司简便。只有发起设立，而无募股设立，程序上也较为简化。有限公司的成立可以由一个或几个人发起，股东的出资金额在公司成立时必须缴足。有限公司的组织也比较简单，可以由一个或几个董事管理，是否设监察人由公司自行决定，股东会的召集方法及决议方法也简便易行。

2. 股份有限公司

股份有限公司是指根据《公司登记管理条例》规定登记注册，其全部注册资本由等额股份构成并通过发行股票筹集资本，股东以其认购的股份对公司承担有限责任，公司以其全部资产对其债务承担责任的经济组织。其主要特点如下。

(1) 股份有限公司是最典型的法人组织。这不仅是因为现代意义上的完整的公司概念和法人概念起始于股份有限公司，而且更重要的是因为股份有限公司完备的组织机构、完全独立的财产及其责任最充分地表现了法人组织所具有的法律特征。

(2) 股份公司是最典型的合资公司。股份有限公司的信用基础在于其资本，而不在于股东个人。公司资本不仅是公司赖以经营的基本条件，而且是公司债权人的基本担保，由此决定了股东只能以现金或实物出资，而不能以信用或劳务出资。同时，由于股份有限公司股东个人的人身地位不甚重要，因此股份可以自由转让，任何合法持有股票的人都是公司的股东。

(3) 股份有限公司的股东必须达到法定的人数。股东的人数与公司的规模有关。由于股份有限公司的重要作用在于面向社会广泛集资，兴办较大的企业，因此在人数上应有一定的底限。

(4) 股份有限公司的资本划分为均等的股份。资本平均分为股份，每股金额相等，是股份有限公司区别于有限公司的重要特征之一。资本的股份化不仅适应股份有限公司公开发行股份、募集社会资金的需要，而且也便于公司的计算和股东权利的确定和行使。

(5) 股份有限公司的股东承担有限责任。股份有限公司全体股东对公司的债务，以其所认购的股份金额为限对公司负责，此外对公司及公司债权人不负任何责任，公司不得以章程或决议随意扩大股东的责任范围。

与独资企业、合伙企业组织形式相比，公司具有以下几个特征。

(1) 具有法人资格。凡是以营利为目的，有独立的经营场所、经营资本和其他经营条件的经济组织都是公司。凡是不以营利为目的的任何机构或组织都不是公司。凡是具有独立的民事权利能力和民事行为能力，并且依法独立享有民事权利和承担民事义务的组织就是法人，即具有法人资格。所以公司是具有法人资格的单位。

(2) 公司只负有限责任。根据《公司登记管理条例》规定，有限责任包括两个方面的含义：一是股东以其所认购的股份对公司承担有限责任；二是公司以其全部资产对公司债务承担责任。也就是说，公司债权人在任何情况下都不得向公司以外的财产包括股东个人财产在内的财产索取债权。

(3) 公司所有权的多元化。按照《公司法》规定：有限责任公司的发起人为 50 人以下；采用发起设立方式设立股份有限公司，及应当有 2 人以上 200 人以下，其中半数以上的发起人须在中国境内有住所。公司全体发起人的首次出资额不得低于注册资本的 20%，其余出资额由发起人自公司成立之日起 2 年内缴清，其中投资公司可以在 5 年内缴足。通过所有者权益的分散、流通、投资、共享乐而不共患难，有利于促进公司提高经营业绩。

(4) 股份有限公司的所有权和经营权的分离。公司的所有权以等额股份的形式分散在各股东手里，由股东大会选出董事会，代表并维护全体股东的权益。股东不直接参与企业的日常经营管理，由董事会聘请职业管理者经营公司，从而能有效地避免由于所有权、经营权不分而导致的种种弊病。

10.1.2 所有者权益

1. 定义和特征

所有者权益是指企业所有者对企业净资产的要求权。所谓净资产，在数量上等于企业全部资产减去全部负债后的余额，这可以通过对会计恒等式的变形来表示，即资产－负债＝所有者权益。对于不同的企业组织形式，会计上对所有者权益的名称也有所不同，如独资企业的所有者权益叫业主权益；合伙企业的所有者权益叫合伙人权益；有限责任公司的所有者权益叫所有者权益；股份有限公司的所有者权益叫股东权益。

企业的所有者和债权人均是企业资金的提供者，因而所有者权益和负债 (债权人权益) 二者均是对企业资产的要求权，但二者之间又存在着明显的区别。主要的区别有以下几点。

(1) 性质不同。所有者权益是一种产权，是所有者对投入资本及其运用所产生的结果所享有的权利，包括所有权、占有权、处置权和收益权。而债权人只有请求偿还债务的权利。同时，所有者权益也是一种留剩权益，即所有者享有的只是企业清偿全部负债后剩余资产的要求权。从法律的角度来看，债权人对企业财产的要求权要优先于投资人，尤其在企业进行清算时更是如此。

(2) 权利不同。企业所有者按其出资额及其在被投资企业所有者权益中的份额有权行使企业的经营管理权，或者授权管理人员行使经营管理权，但债权人并没有经营管理权。企业所有者凭其对企业投入的资本享受分配税后利润的权利。所有者权益是企业分配税后净利润的主要依据，而债权人除按规定取得利息外，无权分配企业的盈利。

(3) 偿还期限不同。所有者权益在企业经营期内可供企业长期、持续地使用。对于投资者投入的资本，在企业生产经营期间企业不必向投资人退还资本金。而负债则须按期足额返还给债权人，是企业必须定期承担的经济负担。

(4) 风险不同。企业的所有者对企业的债务和亏损负有无限的责任或有限的责任，而且投资者收益与企业的经营业绩息息相关，企业经营业绩好时，投资者可从企业盈利中获得丰厚的投资回报；企业经营失利或亏损时，投资者则要承担一定的投资损失。而债权人权益和企业的经营业绩没有关系，除企业破产清算以外，债权人有权按照事先约定的日期和利率收取本金和利息，且债权人与企业的其他债务不发生关系，一般也不承担企业的亏损。

(5) 计量不同。负债的计量一般可以采用历史成本或现值等计量模式直接计量。而所有者权益的计量除了投资者投入资本时可直接计量外，在企业存续期内任何一个时点上都需要借助于相关资产、负债、收入和费用的计量来间接计量。而且所有者权益的数额不是固定不变的，其数额取决于企业的经营业绩；而负债的本金是固定不变的，利息是稳定的。

2. 所有者权益的内容

不同组织形式的企业，其所有者权益的具体内容有所不同，但一般来说所有者权益的内容应包括所有者投入的资本、直接计入所有者权益的利得和损失及留存收益等。

投入资本是指所有者初始和追加到被投资企业的资本总额，以及其他集团或个人投入的不属于负债的资本。通常为了保证债权人的利益，法律上规定企业的注册资本不经申请核准不能办理减资手续，所以，投入资本实际上包含实收资本和资本公积，不然，不同时期所有者投入资本及其分配就没有一个法律上的依据了。

投入资本也是指所有者在企业注册资本的范围内实际投入到被投资企业的资本总额。所谓注册资本，是指企业在设立时向工商行政管理部门注册登记的资本总额，也就是全部出资者设定的出资额之和。企业对资本的筹集，应该按照法律、法规、合同和章程的规定及时进行组织。如果是一次筹集的，投入资本应该等于注册资本；如果是分期筹集的，则在所有者最后一次缴入资本以后，投入资本也应等于注册资本。注册资本是企业的法定资本，是企业承担民事责任的财力保证。

资本公积是指归所有者所共有的、非收益转化而形成的资本，是一种特殊的所有者权益。所有者权益产生于权益性投资，包括创建时的初始投资和经营后的利润积累。资本公积是投资人投入企业资金的另一种形式，是一种准资本或资本的储备形式。因其产权性质、日常管理上的特殊性，它既不同于实收资本，也不属于留存收益，会计上要单独反映。具体包括资本溢价、直接计入所有者权益的利得和损失。

利得是指由企业非日常活动所形成的、会导致所有者权益增加的、与所有者投入资本无关的经济利益的流入，分为：①直接计入所有者权益的利得；②直接计入当期利润的利得。

损失是指由企业非日常活动所发生的、会导致所有者权益减少的、与向所有者分配利润无关的经济利益的流出，分为：①直接计入所有者权益的损失；②直接计入当期利润的损失。直接计入所有者权益的利得和损失，是指不应计入当期损溢的、会导致所有者权益发生增减变动的、与所有者投入资本或者向所有者分配利润无关的利得或者损失，属于资本公积的构成内容。

留存收益是指归所有者所共有的、由收益转化而形成的所有者权益。主要包括法定盈余公积、任意盈余公积和未分配利润。盈余公积是指定用途的留存利润，而未分配利润是指尚未指定用途的税后利润，仍可以供以后各期分配股利时所用。

将所有者权益分为投入资本和留存收益，能够让会计信息使用者准确区分公司分给股东的款项是利润的分配还是投资的返还。同时，股东也可以通过累积利润与投入资本的比率来判断和评价公司管理当局的称职程度和经营管理业绩。

所以，在资产负债表里，所有者权益是通过实收资本或股本、资本公积、盈余公积和未分配利润等报表项目来列示的，如图 10.1 所示。

- 所有者权益
  - 投入资本
    - 实收资本(股本)
    - 资本公积
  - 留存收益
    - 盈余公积
    - 未分配利润

图 10.1　所有者权益结构示意

10.2 实 收 资 本

按照我国有关法律规定，投资者设立企业首先必须投入资本。实收资本是投资者投入资本形成法定资本的价值，所有者向企业投入的资本，在一般情况下无需偿还，可以长期使用。实收资本的构成比例，即投资者的出资比例或股东的股份比例，通常是确定所有者在企业所有者权益中所占的份额和参与企业财务经营决策的基础，也是企业进行利润分配或股利分配的依据，同时还是企业清算时确定所有者对净资产的要求权的依据。

1. 实收资本概述

实收资本是指投资者按照企业章程或合同、协议的约定，实际投入企业的资本。它是所有者权益的重要组成部分，是企业设立的必要条件，也是企业从事正常的生产经营活动所必需的资本和承担民事责任的财力保证。因此，实收资本具有两方面的含义。

(1) 代表企业资金的来源，表明企业创建初期的规模状态。

(2) 代表所有者对企业的初始要求权，是所有者投给企业的本钱，企业有责任对其保值和增值。

要准确理解实收资本，必须明确区分 3 个概念：注册资本、实收资本和投入资本。

注册资本是指企业在设立时向工商行政管理部门注册登记的资本总额，也就是全部出资者设定的出资额之和。注册资本是企业的法定资本，是企业承担民事责任的财力保证。我国设立企业采用注册资本金制度，即企业设立的先决条件是投资者出资必须达到法定注册资本的要求，而且根据注册资本金制度的要求，企业对资本的筹集应该按照法律、法规、合同和章程的规定及时进行组织。《中华人民共和国企业法人登记管理条例》(以下简称《企业法人登记管理条例》)规定，企业会计核算中的实收资本即为法定资本，应当与注册资本相一致，企业在其经营期内，注册资本只能增加、转让，不得减少，以保证债权人的合法权益。企业注册资本的增减金额超过注册资本的 20%时，应持资金使用证明或验资证明，向原登记机关申请变更登记。如擅自改变注册资本或抽逃资金等，要受到工商行政管理部门的处罚。

投入资本是指所有者初始和追加到被投资企业的资本总额，以及其他集团或个人投入的不属于负债的资本。一般情况下，投资者投入的资本即构成企业的实收资本，也正好等于其在登记机关的注册资本。例如，对于新成立的公司，投资人的投入资本一般全部作为实收资本入账，投资者按出资份额享有权利并承担责任。但是在一些特殊情况下，如改制为公司制的企业或者处于正常经营状态的公司接受新的投资者时，缴付的出资额通常都要大于作为实收资本的数额，多出来的部分就是资本溢价。

在不同类型的企业中，投入资本的表现形式有所不同。在股份有限公司，投入资本表现为实际发行股票的面值，即股本；在其他企业，投入资本表现为所有者在注册资本范围内的实际出资额，称为实收资本。

投入资本按照所有者的性质不同，可以分为国家投入资本、法人投入资本、个人投入资本和外商投入资本。国家投入资本是指有权代表国家投资的政府部门或者机构以国有资产投入到企业所形成的资本；法人投入资本是指我国具有法人资格的单位以其依法可以支配的资产投入到企业所形成的资本；个人投入资本是指我国公民以其合法财产投入到企业所形成的资本；外商投入资本是指外国投资者，以及我国香港、澳门和台湾地区的投资者将其合法财产投入到企业所形成的资本。

投入资本按照投入资产形式的不同，还可以分为货币投资、实物投资和无形资产投资等形式。

2. 实收资本的一般会计处理

由于企业组织形式的不同，所有者权益的会计核算方法也不尽相同。一般企业的投入资本叫做实收资本，会计核算时可通过“实收资本”账户核算，而股份有限公司的投入资本叫做股本，核算时要通过“股本”账户来反映。

“实收资本”账户属于所有者权益类账户，核算企业实际收到投资人投入的资本。该账户贷方登记实收资本的增加额；借方登记减少额；期末余额在贷方，反映企业期末实收资本的实有数额。该账户可以按照投资人的不同设置明细账户，进行明细分类核算。

“股本”账户也是所有者权益的账户，用来核算股份有限公司核定股本和股份总额内实际发行股票的数额。该账户贷方登记实际发行股票的面值、可转换债券调换成股票的面值、发行股票股利时增加的股票面值等；借方登记公司按照法定程序批准减少的股本数额；期末贷方余额表示股本的实有数额。该账户同样可以按照不同的股东进行明细分类核算，也可以按照股票的性质分别设置“普通股”和“优先股”进行明细核算。

1) 国有独资公司

根据《公司法》的规定，国有独资公司是由国家授权投资的机构或部门单独投资设立的有限责任公司。由于它的投资主体是国家授权的机构或部门，因此，这类企业组建时，所有者投入的资本全部作为实收资本入账。另外，国有独资公司不发行股票，也不会有股票溢价产生，所以也不会产生资本公积。

【例 10-1】企业接到开户银行通知，证实收到上级国有资产管理部门投入资金 500 000 元。

借：银行存款	500 000	
贷：实收资本		500 000

2) 有限责任公司

有限责任公司(简称有限公司)是指由 2 个以上股东共同出资，每个股东以其出资额对公司承担有限责任的经济组织。《公司法》将国有独资公司也划入有限责任公司的范围，但是由于它是单一的投资者(1 人公司)，和多人投资的企业在业务核算和处理上有所个同，故分述之。

(1) 接受现金资产投资的会计处理。

《公司法》规定，全体股东的货币出资金额不得低于注册资本的 30%。不按规定如期缴足出资额的，企业可依法追究投资者违约的责任。有限责任公司初建时，收到的各投资者按照章程和协议投入的资本，应全部记入“实收资本”账户，即实收资本等于注册资本。当有限责任公司在经营期间发生增资扩股时，如有新投资者加入，则新投资者缴付的出资额通常都要大于作为实收资本的数额，多出来的部分就是资本溢价。

【例 10-2】现有甲、乙、丙、丁 4 个人各出资 20 万元，共计 80 万元设立 A 有限责任公司。

借：银行存款	800 000	
贷：实收资本——甲		200 000
——乙		200 000
——丙		200 000
——丁		200 000

(2) 接受非现金资产的投资的会计处理。

《公司法》规定，股东的出资可以是现金出资；可以是以固定资产或存货等实物出资；也可以是以知识产权、土地使用权等可以用货币估价并可以依法转让的非货币资产出资，但法律、行政法规等规定不能作为出资资产的财产除外。

企业接受非现金资产投资时，应该按照投资合同或者协议事先约定的价值确定投入非现金资产的入账价值及投入价值在注册资本中应享有的份额，但约定价值不公允的除外。企业吸收无形资产投资的总额一般不得超过注册资本的 20%，如遇特殊情况需要超过 20%时，必须经过工商管理部门审查批准，但以无形资产投资的总额占注册资本比例最高不得超过 30%。

【例 10-3】某企业收到投资者投入原材料一批，合同约定不含税价值为 200 000 元，增值税专用发票注明税款为 34 000 元。企业收到投资时应做的计分录为

借：原材料	200 000	
应交税费——应交增值税(进项税额)	34 000	
贷：实收资本		234 000

【例 10-4】A 公司按出资协议由 B、C、D 三个公司共同出资设立，其中 B 公司以现金出资 200 万元；C 公司以一套全新设备出资，价值为 300 万元，增值税 51 万元；D 公司以一项专利权出资，协议价值 80 万元。A 公司收到投资时应作如下会计处理：

借：银行存款	2 000 000	
固定资产	3 510 000	
无形资产	800 000	
贷：实收资本——B		2 000 000
——C		3 510 000
——D		800 000

除了接受企业投资外，有限公司还可以以资本公积、盈余公积转增资本，其会计处理在随后的资本公积和盈余公积的核算中再做介绍。

(3) 企业实收资本减少的会计处理。

企业实收资本的减少的原因大体有两种：一是资本过剩；二是企业发生重大亏损而不得不减少资本。

有限责任公司返还投资者投入资本时，应借记“实收资本”科目，贷记“银行存款”科目等。

3) 股份有限公司

股份有限公司即股份公司，是指全部资本由等额股份构成并通过发行股票来筹集资金的经济组织。股东以其所持股份对公司承担有限责任，公司以其全部资产对公司债务承担责任。股份公司和有限公司的主要区别在于：资本是否等额划分；是否以发行股票的方式筹集资金；投资人的出资是否可以转让；股东数额是否有限等。

《公司法》第七十八条规定：股份有限公司的设立，可以采取发起设立或者募集设立的方式。发起设立是指由发起人认购公司应发行的全部股份而设立公司。募集设立是指由发起人认购公司应发行股份的一部分，其余股份向社会公开募集或者向特定对象募集而设立公司。这里所谓的“向特定对象募集”，即俗称的“定向募集”，是指募集资本有确定的对象。设立股份公司需要具备许多条件，如应当由 2 人以上 200 人以下为发起人；股份有限公司注册资本的最低限额为人民币 500 万元；法律、行政法规对股份有限公司注册资本的最低限额有较高规定的，从其规定等。

股份是股份公司核算的重要指标。股本就等于股票的面值乘以股份总数。股份公司发行

股票有 3 种方式：发行股票取得收入大于股本总额的叫做溢价发行；小于股本总额的叫做折价发行；等于股本总额的称为平价发行，又叫面值发行。我国规定企业不允许折价发行股票。

(1) 发行股票的会计处理。

【例 10-5】某公司发行普通股 4 000 万股，每股面值 1 元，按面值发行，全部股票款收妥入账。

借：银行存款	40 000 000	
贷：股本——普通股		40 000 000

(2) 可转换债券转为股本的会计处理。

对于公司发行的可转换债券，债权人有权依照条件将债券调换成股票。可转换债券持有人具有定期收回债券本金和利息的权利，同时还享有将可转换债券转换为股票的权利。这种转换，实质上是将债权转成了股权，但是这种转换不改变公司财产的状况，只是改变了公司的资本结构。核算时，应将债券的账面价按照股票面值转化为股本，两者之间的差额作为资本公积。

【例 10-6】某公司 2010 年 7 月 1 日同意债券持有人将 30 万张可转换公司债券调换成普通股，该债券为到期一次还本付息债券，每张债券面值 100 元，每股股票的面值 1 元，每张债券可转换 5 股普通股股票。债券的发行日为 2008 年 1 月 1 日，到期日为 2010 年 12 月 31 日，票面利率为 8%，债券当年发行价格为 110 元，溢价采用直线法每年摊销 2 次。

借：应付债券——债券面值	30 000 000	
——债券溢价	375 000	
——应计利息	8 400 000	
贷：股本——普通股		1 500 000
资本公积——股本溢价		37 275 000

(3) 发放股票股利的会计处理。

股份公司发放股票股利时，应按照股东原来的持股比例进行股利分配，如果股东所持股份不足一股的，可以发放现金股利或者由股东相互转让凑成整数，然后发放。发放时，可在办理完相关手续后做如下会计处理：借记“利润分配”账户，贷记“股本”账户。

(4) 股份有限公司库存股的会计处理。

库存股是指由公司购回而没有注销的并由该公司持有的已发行股份。根据《公司法》的规定，公司只有在减少公司注册资本等情形下才能回购本公司股份。

股份有限公司收购、转让或者注销本公司股份金额，应设置“库存股”科目进行核算。股份公司收购本公司股份时，由于库存股不是资产，是股东权益的减项，因此回购股票时不应确认利得或损失，而应当看作企业资产的减少和股东权益的减少。对于库存股的核算，取决于企业日后对库存股的处理和安排。我国目前采用成本法核算。

“库存股”账户用来核算企业收购、转让或者注销本公司股份的金额。借方登记收购的股份；贷方登记转让或者注销的股份；期末借方余额，表示企业持有的尚未转让或者注销的股份金额。

股份有限公司采用收购本公司股票方式减少资本时，应按照股票面值和注销股数计算并冲减股本，按注销库存股的账面余额与所冲减的股本的差额冲减股本溢价，股本溢价不足冲减的，再冲减盈余公积直至未分配利润。如果回购股票所支付价款低于面值的，所注销库存股的账面余额与所冲减的股本的差额作为增加的股本溢价处理。

【例 10-7】华都公司 2005 年 12 月 31 日股本为 20 000 万股，面值为 1 元，资本公积 3 000 万元，盈余公积 4 000 万元。经过股东大会决议并批准，公司以现金回购本公司股票 2 000 万股并注销，回购价每股 2 元，不考虑其他因素。所作的会计处理如下。

回购时：

借：库存股　　40 000 000

　　贷：银行存款　　40 000 000

注销时：

借：股本　　20 000 000

　　资本公积　　20 000 000

　　贷：库存股　　40 000 000

10.3 资本公积

10.3.1 资本公积概述

资本公积是企业收到的投资者投入资本中超过其在注册资本或者股本中所占份额的投资，以及直接计入所有者权益的利得和损失等。

资本公积和实收资本虽然都是投资者投入企业的资本，但两者又不完全一致：在法律上，实收资本属于投资者为了谋求投资利益而按照法定程序和要求投资到企业的法定资本，一般应与企业注册资本一致，实收资本的来源有严格的限制；而资本公积有着特定的来源，除了投资者投入的超过其在注册资本中所占份额的资本这个来源以外，还可以是直接计入所有者权益的利得或损失，而且资本公积的投入者并不一定是为了谋求投资利益才进行投资。

资本公积与净利润也有所不同。净利润是企业经营活动产生的收益，可以参与利润的分配；资本公积是资本属性，与企业净利润无关，所以既不能构成净利润，也不能参与利润的分配。

资本公积包括资本溢价和直接计入所有者权益的利得和损失等。资本溢价是企业收到投资者超过其在注册资本中所占份额的投资，股份公司溢价发行股票时收到的超过面值的价值即股本溢价也属于资本溢价。直接计入所有者权益的利得和损失是指不应计入当期损溢的、会导致所有者权益发生增减变动、与所有者投入资本或企业向投资者分配利润无关的利得或者损失。

《公司法》规定资本公积的用途主要是用来转增资本和股本。转增资本或股本时并不会改变企业投入资本总额，也不会改变企业所有者权益的总额。

10.3.2 资本公积的核算

企业应设置“资本公积”账户进行相关业务的核算。“资本公积”账户属于所有者权益性质账户，该账户贷方登记资本公积的增加数；借方登记资本公积的减少数；期末余额在贷方，表示企业现有的资本公积数额。该账户可以根据资本公积包括的内容分别设置“资本溢价”或“股本溢价”和“其他资本公积”等明细账户，进行明细分类核算。

1. 资本(股本)溢价的核算

1) 一般企业的资本溢价

除了股份公司以外的其他企业，在初创阶段投资者认缴的出资额应该与注册资本一致，一般不会产生资本溢价。主要是因为企业在初创阶段必须经历筹建、试营业、开辟和占领市场份额等一系列艰辛的创业过程，并要在此过程中完成投资收回并逐步取得回报的起步立身，因而投资风险大，资本利润率也很低，但是企业进入正常的生产经营阶段后，获得较为丰厚回报，企业的资本利润率远远高于初创阶段，所以必然会吸引新的投资者加入或者进行企业重组。对于新投资者的加入，由于资本在不同出资时间对企业影响的程度不同，因此要想取得和原始投资者同样比例的资本份额，就必须付出大于按照此比例计算的实收资本份额的出资额，超过部分就形成了资本公积。

【例 10-8】接例 10-2，A 公司经过两年经营，该企业留存收益为 40 万元，这时又有一家新公司戊公司有意加入，并且愿意出资 30 万元而仅占企业全部股份的 20%。A 收到戊公司的投入资金 30 万元时作如下核算：

借：银行存款	300 000	
贷：实收资本——戊公司		200 000
资本公积——资本溢价		100 000

【例 10-9】某有限责任公司是由 A、B、C、D 四方各出资 20 万元设立的，已经经营了 5 年，留存收益达 10 万元。为了扩大经营规模，决定企业重组，吸收 E 公司投资加入，E 同意投资现金 40 万元加入，投资后占该公司全部资本的 20%，同时公司的注册资本增加为 100 万元。账务处理如下：

E 公司享有的注册资本份额＝100×20%＝20(万元)

资本溢价＝40－20＝20(万元)

借：银行存款	400 000	
贷：实收资本		200 000
资本公积——资本溢价		200 000

2) 股份有限公司的资本溢价

股票溢价发行时，公司发行股票的收入中按照股票的面值登记“股本”账户，超过面值的部分就是股本溢价，要计入“资本公积”账户。有时候股票发行过程中冻结期间存在利息收入，在扣除了股票发行过程中的手续费、佣金等交易费用后，差额也应记入“资本公积”账户。

【例 10-10】甲公司委托证券公司发行股票 200 万股，每股面值 1 元，发行价为 1.2 元，发行时按照发行收入的 3%支付手续费，全部款项存入银行。

借：银行存款	2 328 000	
贷：股本		2 000 000
资本公积——资本溢价		328 000

2. 其他资本公积的核算

其他资本公积是指除了资本溢价(股本溢价)项目以外所形成的资本公积，其中主要是直接计入所有者权益的利得和损失。具体地说，主要包括企业采用权益法核算长期股权投资时产生的资本公积；企业发行可转换公司债券时按照权益份额确认的资本公积；以权益结算的股份支付确认的资本公积、可供出售金融资产公允价值变动产生的利得和损失等。

(1) 根据新颁布的《企业会计准则第 2 号——长期股权投资》，长期股权投资采用权益法核算时，长期股权投资的账面价将随着被投资单位的所有者权益的变化而增减变化，使得长期股权投资的账面价与应享有的被投资单位的所有者权益的份额保持一致。所以，当被投资单位由于除净损溢以外的增资扩股等原因而引起所有者权益的变化时，企业也应该按照持股比例计算并增减“长期股权投资——其他权益变动”的账面价，同时一并调整“资本公积——其他资本公积”。

【例 10-11】A 股份有限公司于 2005 年 1 月 1 日向 B 公司投资，拥有 B 公司股份的 30%，并对该公司有重大影响。2005 年 12 月 31 日，B 公司除净损溢以外所有者权益增加了 200 万元。假定除此以外 B 公司的所有者权益没有变化，A 公司持股比例也没有改变，B 公司的资产账面价与公允价完全一致。在不考虑其他因素的情况下，A 公司的账务处理如下。

分析：A 公司对 B 公司有重大影响，故 A 公司对 B 公司的长期股权投资应采用权益法核算。

A 公司应增加的资本公积＝200×30%＝60(万元)

借：长期股权投资——其他权益变动　　600 000

　　贷：资本公积——其他资本公积　　600 000

(2) 根据《企业会计准则第 11 号——股份支付》，以权益结算的股份支付换取职工或其他方提供服务的，应按权益工具授予日的公允价值，借记“管理费用”等科目，贷记“资本公积——其他资本公积”。在行权日，企业根据实际行权的权益工具数量，借记“资本公积——其他资本公积”，贷记“股本” (“实收资本”)或“库存股”，按其差额借记或贷记“资本公积——资本溢价 (或股本溢价)”。

【例 10-12】2006 年 3 月 1 日，甲公司决定向企业具有高级工程师以上职称的 40 名职工授予每人 1 000 股份，当日股份公允价值为每股 5 元，股票面值为每股 2 元，股份授予日即为职工行权日。会计处理如下。

授予日股份支付：

借：管理费用　　200 000

　　贷：资本公积——其他资本公积　　200 000

行权日：

借：资本公积——其他资本公积　　200 000

　　贷：股本　　80 000

　　　　资本公积——资本溢价　　120 000

3. 资本公积转增资本的核算

《公司法》规定，资本公积的用途主要是用来转增资本和股本。转增资本或股本时并不会改变企业投入资本总额和企业所有者权益的总额，也不会改变每位投资者在所有者权益总额中所占的份额，只是所有者权益内部结构的变化。核算时应借记“资本公积”，贷记“实收资本”或者“股本”。

【例 10-13】D 公司按照规定和法定程序将资本公积 50 万元转增资本，原来注册资本中 A、B、C 三个投资人的投资比例分别为 20%、30%、50%，则会计处理如下：

借：资本公积　　　　　　　　　　500 000
　　贷：实收资本——A　　　　　　　　100 000
　　　　　　　　——B　　　　　　　　150 000
　　　　　　　　——C　　　　　　　　250 000

10.4 留存收益

10.4.1 留存收益概述

投资者对企业进行投资，一方面是为了企业的生产经营，另一方面也是为了通过企业的经营活动实现投入资本的增值。而作为被投资企业，也应该根据董事会的建议和股东大会的决议，把企业实现的净利润在企业和投资者之间进行合理的分配，即弥补以前年度亏损、提取法定盈余公积金和向投资者分配利润。

留存收益就是指企业通过其生产经营活动而创造积累的及尚未分配给企业股东的净收益，具体包括盈余公积和未分配利润两部分。

1. 盈余公积

盈余公积是指企业按照规定从税后利润(即净利润)中提取的各种积累资金，包括法定盈余公积和任意盈余公积。

法定盈余公积是指按照国家规定必须提取的盈余公积，企业的法定盈余公积应按照税后利润的 10%提取，累计计提数达到注册资本的 50%时可不再提取。

任意盈余公积是指企业出于稳健经营的原则，为了应付将来可能发生的重大损失或者扩大企业经营规模的需要，按照董事会或者股东大会的决定自愿提取并留存于企业里的利润，任意盈余公积的提取比例可由企业自行决定。

法定盈余公积和任意盈余公积两者的根本区别在于计提的依据不同。前者计提的依据是国家法律或者法令，具有“明显的强制性”；后者计提的依据是企业董事会的决定，具有一定的自愿性。但是它们具有相同的用途，即它们都可以用来弥补亏损、转增资本或者股本和用来向投资者分配利润。

1) 弥补亏损

企业发生亏损，应由公司自行弥补。弥补亏损的经济来源主要是企业以后年度实现的利润。弥补方式分税前利润弥补和税后利润弥补。税前利润弥补是指按照国家税收规定，企业发生的亏损，可以用以后年度实现的税前利润弥补，但是弥补期限不得超过 5 年；税后利润弥补是指企业发生亏损后，超过税收规定的税前利润弥补期限仍然未能弥补的以前年度亏损可用税后利润继续弥补。企业发生的亏损，如果在董事会提议并经股东大会批准的情况下，也可以用提取的盈余公积弥补亏损。

2) 转增资本

股份有限公司经股东大会决议将盈余公积转为资本时，要办理增资手续，并要按照股东原有的持股比例派送新股或者增加每股面值。但是要注意的是，盈余公积转增资本时，转增资本后留存的盈余公积不得少于注册资本的 25%。

虽然资本公积和盈余公积都可以转增资本，但是两者的本质不同：资本公积属于资本范畴；而盈余公积属于利润范畴。所以，盈余公积除了以上两种用途外，还可以用来分配利润。但是用盈余公积分配利润的情况并不多见，只有在企业盈余公积累计较多而企业未分配利润较少的情况下，企业为了维持信誉并给投资者以合理的回报时才进行。

2. 未分配利润

未分配利润是企业未确定用途留待以后年度进行分配的结存利润，是企业所有者权益的一部分，是留存收益的组成部分。在数量上，未分配利润等于期初未分配利润加上本期实现的净利润减去本期提取的各种盈余公积和向投资者已经分配的利润以后剩余的那部分利润。未分配利润实际上包括两层含义：一是未分配利润没有分配给投资者，要留待以后年度进行处理；二是这部分利润尚未指定用途。正是如此，所以未分配利润相对于资本公积、盈余公积来说，在使用上企业有更大的自主权。

留存收益反映的是企业的累计盈余。如果企业经营不善，发生亏损，则表明所有者投入的资本被蚀耗，留存收益就会成为负数即出现赤字，企业则需要调整或改善经营机制，逐步扭亏为盈，用以后年度实现的利润弥补累计亏损，从而形成真正意义上的留存收益。

10.4.2 利润分配及其核算

利润分配是指企业根据国家有关规定和企业章程、投资者协议等，对企业可供分配利润所进行的分配过程。企业的可供分配利润的计算公式为

企业的可供分配利润＝年初未分配利润(或年初未弥补亏损)＋当年实现净利润

1. 利润分配程序

利润分配是指企业根据董事会的建议和股东大会的决议，对企业已经实现的净利润按照法律或相关规定在企业和投资者之间进行合理分配的过程。留给企业的部分为留存收益，分配给投资者的部分就是应付利润或者应付股利。

企业当年实现的净利润，如果存在以前年度尚未弥补的亏损的，首先就要按照税收制度的有关规定用于弥补亏损，弥补以后还有剩余的，一般应该按照以下顺序进行利润分配。

(1) 提取法定盈余公积金。

(2) 提取任意盈余公积金。

(3) 向投资者分配利润或者股利。

公司弥补亏损和提取了盈余公积金以后还有剩余利润时，公司应按照投资者的出资比例或者股东的持股比例向投资者和股东分配利润或者股利。

2. 利润分配的核算

1) 会计科目及账户设置

设置“利润分配”账户，核算企业利润的分配 (或者亏损的弥补)。该账户属于所有者权益类账户，贷方登记从“本年利润”账户中转入的未分配利润；借方登记企业按照规定顺序进行的利润分配数额；期末贷方余额表示企业历年来积存的未分配利润，期末借方余额表示企业历年来未弥补的亏损总额。该账户应根据利润分配的内容设置“提取法定盈余公积”、“提取任意盈余公积”、“应付利润”、“应付股利”、“盈余公积补亏”、“未分配利润”等明细账户，进行明细分类核算。

为了准确地反映企业盈余公积的提取和使用等情况，企业会计核算时应设置“盈余公积”账户，该账户属于所有者权益类账户，企业按照规定提取盈余公积时，登记在该账户

的贷方；使用盈余公积进行转增资本、弥补亏损或者分配利润时，登记在该账户的借方；期末余额在贷方，表示企业盈余公积的实有数额。该账户下可根据盈余公积的种类及其用途分别设置“法定盈余公积”、“任意盈余公积”等明细账，进行明细分类核算。

2) 利润分配的核算

企业年度终了，应将全年实现的净利润或者发生的净亏损从“本年利润”账户中转入“利润分配——未分配利润”账户，然后按照利润分配顺序进行利润分配的核算，登记并结转“利润分配”账户及其所属的其他明细账的借方发生额及其余额，最后再计算出“利润分配——未分配利润”账户的年末余额。

【例 10-14】某企业 2004 年实现的净利润为 100 万元，经股东大会批准，按照税后利润的 10%提取法定盈余公积，按照税后利润的 25%提取任意盈余公积金，同时宣告发放现金股利 50 万元，该企业年初“利润分配——未分配利润”账户贷方余额为 25 万元。如何进行账务处理？

由于企业年初没有未弥补亏损，故直接结转企业2004年全年已实现的净利润100万元：

借：本年利润　　1 000 000

　　贷：利润分配——未分配利润　　1 000 000

按照规定顺序进行利润分配：

借：利润分配——提取法定盈余公积　　100 000

　　　　　　——提取任意盈余公积　　250 000

　　　　　　——应付股利　　500 000

　　贷：盈余公积——法定盈余公积　　100 000

　　　　　　　　——任意盈余公积　　250 000

　　　　应付股利　　500 000

结转“利润分配”账户的其他明细账户所核算的已分配利润到“未分配利润”明细账户：

借：利润分配——未分配利润　　850 000

　　贷：利润分配——提取法定盈余公积　　100 000

　　　　　　　　——提取任意盈余公积　　250 000

　　　　　　　　——应付股利　　500 000

计算年末“利润分配——未分配利润”账户的余额：

$$年末余额=25+100-85=40(万元)$$

表示企业至 2004 年年底累计积存的未分配利润总额为 40 万元。

根据《公司法》有关规定，企业当年无利润时，不得向投资者分配利润。但是股份公司用盈余公积弥补亏损后，经过股东大会特别决议，可以按照不超过股票面值 6%的比率用盈余公积分配股利，但要注意分配股利后企业法定盈余公积的积存数不得少于注册资本的 25%。

企业如果以前年度发生了亏损，按照税收制度用利润弥补亏损时，则通过从“本年利润”账户向“利润分配——未分配利润”账户结转企业当年的未分配利润自然抵补了亏损，无需再做补亏的会计处理。当本年度未分配利润不够弥补规定损失时，则“利润分配——未分配利润”账户出现借方余额，表示未弥补的亏损，到第二年实现净利润以后，用同样的方法进行弥补亏损，直到亏损弥补完，即“利润分配”账户成了贷方余额。

10.4.3 盈余公积的核算

盈余公积的核算包括盈余公积的提取和使用两部分。有关盈余公积提取的核算，在前面利润分配的核算中已经讲述过了，这里不再赘述，在这里只讲述盈余公积的用途及其使用过程的核算方法。

1. 盈余公积转增资本

根据《公司法》规定，企业提取的盈余公积可以转增资本。核算时应根据转增数额借记“盈余公积”账户，贷记“实收资本”或者“股本”账户。

【例 10-15】公司为了扩大经营规模，经股东大会批准，将法定盈余公积 30 万元和任意盈余公积 20 万元转增资本。

借：盈余公积——法定盈余公积	300 000	
——任意盈余公积	200 000	
贷：实收资本		500 000

2. 用盈余公积发放股利或者利润

根据《公司法》有关规定，企业当年无利润时，不得向投资者分配利润。但是股份公司用盈余公积弥补亏损后，经过股东大会特别决议，可以按照不超过股票面值 6%的比率用盈余公积分配股利，但要注意分配股利后企业法定盈余公积的积存数不得少于注册资本的 25%。

企业经过股东大会或者类似机构的决议，用盈余公积分配股利或者利润时，应借记“盈余公积”账户，贷记“应付股利”或者“应付利润“账户。

【例 10-16】2006 年 12 月 31 日，某公司可供分配利润为 700 万元，盈余公积为 2 000 万元，2007 年 3 月，股东大会批准企业按每股 0.2 元发放现金股利 1 000 万元，其中动用可供分配利润 700 万元，盈余公积(任意盈余公积) 300 万元。不考虑其他因素，会计处理如下。

宣告发放时：

借：利润分配——未分配利润	7 000 000	
盈余公积——任意盈余公积	3 000 000	
贷：应付股利		10 000 000

支付股利时：

借：应付股利	10 000 000	
贷：银行存款		10 000 000

3. 用盈余公积弥补亏损

用盈余公积弥补亏损时，盈余公积自然减少，计入“盈余公积”账户的借方，原来企业的亏损也自然减少，反映在“利润分配——盈余公积补亏”账户的贷方。但是要注意的是，用盈余公积弥补亏损后，盈余公积账户的余额应不低于注册资本的 25%。借记“盈余公积”账户，贷记“利润分配——未分配利润”账户。

【例 10-17】经股东大会批准，公司用以前年度提取的法定盈余公积弥补当年亏损，当年亏损数额为 50 万元，弥补后法定盈余公积金的余额大于注册资本的 25%。

借：盈余公积——法定盈余公积	500 000	
贷：利润分配——盈余公积补亏		500 000

本章小结

本章主要学习了所有者权益的概念、特征、构成及相关的会计处理。所有者权益又称净权益，是指企业所有者对企业净资产的要求权，是企业全部资产减去负债后的余额。所有者权益按形成来源，分为投入资本和留存利润。投入资本可以进一步划分为实收资本和资本公积。留存利润可以进一步划分为盈余公积和未分配利润。投资者可以用现金投资、用实物资产投资、用无形资产投资等形式投入资本。对于除股份有限公司以外的企业，投入资本通过“实收资本”账户核算；股份有限公司将企业资本划分为等额股份，并通过发行股票的方式来筹集资本，其发行股票的会计核算主要通过“股本”账户进行，核算公司发行股票的面值部分。投入资本中包括的资本或股本产生的溢价，通过“资本公积”账户核算。除资本溢价(或股本溢价)项目以外所形成的资本公积，主要包括直接计入所有者权益的利得和损失。库存股是指由公司购回而没有注销、并由该公司持有的已发行股份。库存股在回购后并不注销，而由公司自己持有。企业应设置“库存股”账户。盈余公积的会计核算包括来源和用途两部分。未分配利润的核算，是通过“利润分配”账户下的“未分配利润”明细账户进行核算的。

习　　题

一、名词解释

1．实收资本
2．资本公积
3．留存收益
4．股票股利

二、单项选择题

1．按《公司法》规定，法定盈余公积可不再提取时，意味着法定盈余公积累计额已达到注册资本的(　　)。

A．20%　　B．25%　　C．10%　　D．50%

2．牡丹公司当年盈利300万元，以前年度未弥补亏损40万元(已超过规定的弥补期限)，企业用盈余公积弥补了30万元，另10万元，可用(　　)。

A．资本公积弥补　　B．投资收益弥补
C．所得税后利润弥补　　D．所得税前利润弥补

3．牡丹公司用盈余公积弥补亏损时，正确的处理是(　　)。

A．借记“本年利润”科目，贷记“利润分配——未分配利润”科目
B．借记“利润分配——未分配利润”科目，贷记“本年利润”科目
C．借记“盈余公积”科目，贷记“利润分配——盈余公积补亏”科目
D．无需专门作会计处理

4. 有限责任公司增资扩股时，新介入的投资者缴纳的投资额大于其按投资比例计算的其在注册资本中所占的份额部分，应记入的科目是“(　　)”。

A. 资本公积　　B. 实收资本　　C. 股本　　D. 盈余公积

5. 股利的主要来源是(　　)。

A. 主营业务利润　　B. 营业利润
C. 净利润　　D. 未分配利润

三、多项选择题

1. 所有者权益，是指企业所有者在企业资产中享有的经济利益，其内容包括(　　)。

A. 实收资本　　B. 资本公积　　C. 盈余公积
D. 接受捐赠资金　　E. 未分配利润

2. 下列事项中，可能引起资本公积变动的有(　　)。

A. 发放现金股利　　B. 发放股票股利
C. 接受捐赠资产　　D. 资产减值
E. 接受外币资本投资

3. 留存收益包括(　　)。

A. 法定盈余公积　　B. 法定公益金
C. 任意盈余公积　　D. 资本公积
E. 未分配利润

4. 下列项目中，不会引起股份有限公司所有者权益发生增减变动的项目有(　　)。

A. 用资本公积转增资本　　B. 用盈余公积弥补亏损
C. 用法定公益金建造职工浴室　　D. 用法定盈余公积分配现金股利
E. 接受股东投资

5. 下列项目中，可以直接用于转增资本的资本公积项目有(　　)。

A. 接受现金捐赠　　B. 资本溢价
C. 外币资本折算差额　　D. 接受非现金资产捐赠准备
E. 股本溢价

四、判断题

1. 用一般盈余公积转增资本或弥补亏损，均不影响所有者权益总额的变化。　(　　)

2. 股份有限公司“股本”账户的期末贷方余额就是股票的发行价与发行股数的乘积。　(　　)

3. 对于有限责任公司而言，相同数量的投资，由于出资时间不同，其在企业中所享有的权利也不同。　(　　)

4. 采用溢价方式发行股票筹集资本，其“股本”科目登记的金额为实际收到的款项。　(　　)

5. 企业提取盈余公积，会引起企业净资产发生增减变动。　(　　)

五、简答题

1. 股份有限公司的特征是什么？

2. 何谓普通股股票？有何权力？

3．何谓资本公积？其构成内容如何？

4．试述留存收益的构成内容。

六、业务题

1．诚信有限责任公司由甲、乙、丙 3 位股东出资 150 万元而设立。设立时的实收资本为 450 万元。经过 3 年的经营，该公司的留存收益为 225 万元。这时又有第四者有意参加该公司，并表示愿意出资 270 万元而仅占该公司股份的 25%。试计算第四者介入时，计入“实收资本”科目和计入“资本公积”科目的数额各为多少。

2．牡丹股份公司 2011 年度盈利 120 万元。该企业无纳税调整事项，按 25%计算交纳所得税，并分别按税后利润的 10%和 5%提取法定盈余公积金和公益金，未作其他分配。试计算公司年度内提取的法定盈余公积金和公益金及 2011 年年末未分配利润的数额。

3．牡丹公司于 2011 年发生下列经济业务。

(1) 公司委托中信证券公司代理发行普通股股票 40 万股，按面值发行，每股面值 1 元。公司与受托单位约定，按发行收入的 3%收取手续费，并从发行收入中扣除。

(2) 如果公司委托中信证券公司代理发行普通股股票 40 万股，每股面值 1 元，每股按 1.20 元的价格发行。公司与受托单位约定，按发行收入的 3%收取手续费，并从发行收入中扣除。

(3) 公司董事会于 2011 年 4 月 15 日提出公司 2010 年的利润分配方案如下：提取法定盈余公积 50 万元，提取法定公益金 25 万元，分配现金股利 200 万元。

(4) 公司用公益金购建职工住房，用银行存款支付购房款 36 万元。

(5) 公司董事会决议并通过股东大会批准，以盈余公积 85 万元弥补以前年度未弥补亏损。

(6) 公司经批准用盈余公积 50 万元转增股本。

(7) 公司接受现金捐赠 20 万元存入银行。

要求：编制上述业务的会计分录。

4．宇通股份有限公司于 2010 年实现净利润 2 500 万元。该公司董事会提出如下议案。

(1) 利润分配方案：

提取法定盈余公积　　　　250 万元
提取法定公益金　　　　　250 万元
分配现金股利　　　　　1 000 万元
分配股票股利(分配 1 000 万股，每股面值 1 元)1 000 万元

(2) 以 2010 年 12 月 31 日的总股本 10 000 万股为基数，使用资本公积中股票发行溢价转增股本，每 10 股转增 1.5 股，计 1 500 万股。

(3) 2011 年 3 月 5 日，该公司召开股东大会，审议董事会提出的议案，决定将全部现金股利改为股票股利(1 000 万股，每股面值 1 元)，其余利润分配方案及资本公积转增股本方案保持不变。

(4) 股东大会通过的利润分配方案及资本公积转增股本方案于 2011 年 3 月 10 日实施。

要求：

(1) 对董事会提出的议案进行账务处理。

(2) 对股东大会通过的利润分配方案及资本公积转增股本方案进行账务处理。

(3) 对实施股东大会通过的利润分配方案及资本公积转增股本的方案进行账务处理。

第11章 收入、费用和利润

教学目的与要求

通过对本章的学习，学生应掌握销售商品收入的确认条件及其运用，各种特定销售方式下收入的确认与计量，劳务收入的确认与计量，让渡资产使用权收入的确认与计量，营业外收入与营业外支出的主要内容，利润的构成，本年利润的计算与结转，净利润的分配程序与会计处理方法；熟悉费用、成本与资产的关系；了解收入的概念、特征与分类，费用的定义，利润的定义。

案例导读

华兴公司为境内上市公司，主要从事电子设备的生产、设计和安装业务。该公司系增值税一般纳税企业，适用的增值税税率为17%。注册会计师在对该公司2012年度会计报表进行审计过程中发现了以下事实。

2012年9月20日，该公司与甲企业签订产品委托代销合同，合同规定，采用视同买断方式进行代销。甲企业代销A电子设备100台，每台销售价格(不含增值税价格，以下同)为50万元。至12月31日，该公司向甲企业发出80台电子设备，收到甲企业寄来的代销清单上注明已销售40台A电子设备。该公司在2012年度确认销售80台A电子设备的销售收入，并结转了相应的成本。

华兴公司上述有关收入的确认是否正确？学习了本章，你将会解答这个问题。

11.1 收　　入

11.1.1 收入概述

在市场经济条件下，收入作为影响利润指标的重要因素，越来越受到企业和投资者等众多信息使用者的重视。《企业会计准则第14号——收入》规范了收入的确认、计量和相关信息的披露要求，有助于如实反映企业的生产经营成果，准确核算企业实现的损益。

1. 收入的概念与特征

收入是指企业在日常活动中形成的、会导致所有者权益增加的、与所有者投入资本无

关的经济利益的总流入。收入具有如下特征:

1) 收入是企业日常活动形成的经济利益流入

日常活动是指企业为完成其经营目标所从事的经常性活动及与之相关的活动，如工业企业制造并销售产品、商品流通企业销售商品等活动。企业处置固定资产、无形资产等活动，不是企业为完成其经营目标所从事的经常性活动，也不属于与经常性活动相关的活动，由此产生的经济利益的总流入不构成收入，应当确认为营业外收入。

2) 收入可以表现为资产增加或负债的减少，或者两者兼而有之

收入可以表现为资产增加，如企业在销售商品形成收入的同时，银行存款或应收账款等资产在增加；收入也可以表现为负债的减少，如企业在销售商品形成收入的同时，预收账款在减少；收入可以表现为资产增加的同时负债减少，如企业在销售商品预收账款不足时，负债减少的同时也增加了银行存款、应收账款等资产。

3) 收入必然导致所有者权益的增加

根据会计恒等式“资产＝负债＋所有者权益”，无论是资产增加还是负债减少，都必然导致所有者权益增加。不符合这一条件的经济利益流入，不属于企业收入。例如，企业代收代缴的税款，资产增加的同时负债也在增加，因此不能作为收入处理。

4) 收入不包括所有者向企业投入资本导致的经济利益流入

收入只包括企业自身活动取得的经济利益流入，而不包括所有者向企业投入资本导致的经济利益流入。所有者向企业投入的资本，在增加资产的同时，直接增加了企业的所有者权益，因此，不能作为企业收入。

2. 收入的分类

收入可以有不同的分类。根据企业日常活动的性质，可以将收入分为销售商品收入、提供劳务收入、让渡资产使用权收入和建造合同收入等；根据企业日常活动的重要性和对收入的贡献，可以将收入分为主营业务收入和其他业务收入。

1) 根据企业日常活动的性质对收入的划分

(1) 销售商品收入。销售商品收入是指企业销售商品、产品取得的收入，如工业企业制造并销售产品、商品流通企业销售商品等实现的收入等。工业企业销售的原材料、包装物等存货，也视同销售商品。

(2) 提供劳务收入。提供劳务收入是指企业通过提供劳务活动实现的销售收入，如运输公司提供运输服务、安装公司提供安装服务、咨询公司提供的咨询服务等实现的收入。

(3) 让渡资产使用权收入。让渡资产使用权收入是指企业通过让渡资产使用权实现的收入，如商业银行对外贷款、租赁公司出租资产等实现的收入,让渡资产使用权收入一般包括利息收入、使用费收入和现金股利收入等。

(4) 建造合同收入。建造合同收入是指企业承担建造合同所实现的收入，如企业建筑承包公路、桥梁等建筑物实现的收入。

2) 根据企业日常活动的重要性对收入的划分

(1) 主营业务收入。主营业务收入是指企业为实现经营目标所从事的经常性活动取得的收入，如工业企业制造并销售产品、商品流通企业销售商品、保险公司签发保单、咨询公司提供咨询服务、软件企业为客户开发软件、安装公司提供安装服务、商业银行对外贷款、租赁公司出租资产等，均属于企业为完成其经营目标所从事的经常性活动，由此产生的经济利益的总流入属于主营业务收入。

(2) 其他业务收入。其他业务收入是指与企业实现经营目标的经常性活动相关的活动所取得的收入，如工业企业转让无形资产使用权、出售不需用原材料等，属于与经常性活动相关的活动，由此产生的经济利益的总流入属于其他业务收入。

11.1.2 销售商品收入的确认与计量

1. 销售商品收入的确认条件

《企业会计准则第 14 号——收入》规定，销售商品收入同时满足下列条件的，才能予以确认。

1) 企业已将商品所有权上的主要风险和报酬转移给购货方

企业已将商品所有权上的主要风险和报酬转移给购货方是指与商品所有权有关的主要风险和报酬同时转移给了购货方。其中，与商品所有权有关的风险是指商品可发生减值或毁损等形成的损失；与商品所有权有关的报酬是指商品价值增值或通过使用商品等形成的经济利益。

判断企业是否已将商品所有权上的主要风险和报酬转移给购货方，应当关注交易的实质而不是形式，同时考虑所有权凭证的转移或实物的交付。如果与商品所有权有关的任何损失均不需要销货方承担，与商品所有权有关的任何经济利益也不归销货方所有，就意味着商品所有权上的主要风险和报酬转移给了购货方。

(1) 通常情况下，转移商品所有权凭证或交付实物后，商品所有权上的所有风险和报酬随之转移，大多数的商品销售都属于此种情况。

(2) 某些情况下，转移商品所有权凭证或交付实物后，商品所有权上的主要风险和报酬随之转移，企业只保留商品所有权上的次要风险和报酬，如交款提货方式销售商品、视同买断方式委托代销商品等。在这种情形下，应当视同商品所有权上的所有风险和报酬已经转移给购货方。

【例 11-1】牡丹公司销售一批商品给甲公司，甲公司已根据牡丹公司开出的发票账单支付了货款，取得了提货单，但牡丹公司尚未将商品移交甲公司。

根据本例的资料，牡丹公司采用交款提货的销售方式，即购买方已根据销售方开出的支票账单支付货款，并取得卖方开出的提货单。在这种情况下，购买方支付货款并取得提货单，说明商品所有权上的主要风险和报酬已转移给购买方，虽然商品未实际交付，牡丹公司仍可以认为商品所有权上的主要风险和报酬已经转移，应当确认收入。

【例 11-2】牡丹公司委托乙公司销售商品 100 件，协议价为 200 元/件，成本为 120 元/件。代销协议约定，乙企业在取得代销商品后，无论是否能够卖出、是否获利，均与牡丹公司无关。这批商品已经发出，货款尚未收到，牡丹公司开出的增值税专用发票上注明了增值税税额为 3 400 元。

在本例中，牡丹公司采用视同买断方式委托乙公司代销商品，在协议中约定，乙公司无论是否能够卖出、是否获利，均与委托方无关，说明与该批商品所有权有关的主要风险和报酬都已转移，符合售商品收入确认条件。本例中，牡丹公司应当确认 20 000 元的销售收入，并结转相应的成本。

(3) 某些情况下，转移商品所有权凭证或交付实物后，商品所有权上的主要风险和报酬也并未随之转移。

① 企业销售的商品在质量、品种、规格等方面不符合合同或协议要求，又未根据正常的保证条款予以弥补，因而仍负有责任。

【例 11-3】牡丹公司向乙公司销售一批商品，商品已经发出，乙公司已经预付部分货款，剩余货款由乙公司开出一张商业承兑汇票，发票账单已交付乙公司。乙公司收到商品后，发现商品质量没有达到合同约定的要求，立即根据合同有关条款与交涉，要求在价格上给予一定折让，否则要求退货。双方没有就此达成一致意见，甲公司也未采取任何补救措施。

在本例中，尽管商品已经发出，并将发票账单交付买方，同时收到部分货款，但是由于双方在商品质量的弥补方面未达成一致意见，说明购买方尚未正式接受商品，商品可能被退回，因此，商品所有权上的主要风险和报酬仍保留在牡丹公司，没有随商品所有权凭证的转移或实物的交付而转移，不能确认收入。

② 企业销售商品的收入是否能够取得，取决于购买方是否已将商品销售出去。

【例 11-4】牡丹公司委托丙公司代销一批商品，成本为 300 000 元，牡丹公司要求丙公司以 390 000 元的价格对外出售，双方还在协议中约定，销售完毕牡丹公司按收取的全部价款的 5%向丙公司支付佣金。

在本例中，牡丹公司采用支付手续费的方式委托丙公司代销商品，牡丹公司在发出商品后，商品所有权上的主要风险和报酬并未转移给丙公司，牡丹公司在发出商品时通常不确认销售商品收入，而应在收到丙公司开出的代销清单时确认销售商品收入。丙公司应在商品销售后，按协议约定的方法计算确定手续费收入。

③ 企业尚未完成售出商品的安装或检验工作，且安装或检验工作是销售合同或协议的重要组成部分。

【例 11-5】牡丹公司向乙公司销售一部电梯，电梯已经运抵乙公司，发票账单已经交付，同时收到部分货款。合同约定，甲公司应负责该电梯的安装工作，在安装工作结束并经乙公司验收合格后，乙公司应立即支付剩余货款。

在本例中，电梯安装调试工作通常是电梯销售合同的重要组成部分，在安装过程中可能会发生一些不确定因素，影响电梯销售收入的实现。因此，电梯实物的交付并不表明商品所有权上的主要风险和报酬随之转移，不能确认收入。

④ 销售合同或协议中规定了买方由于特定原因有权退货的条款，且企业又不能确定退货的可能性。

【例 11-6】牡丹公司为推销一种新产品，承诺凡购买新产品的客户均有一个月的试用期，在试用期内如果对产品使用效果不满意，牡丹公司无条件给予退货。生产的新产品已交付买方，货款已收讫。

在本例中，牡丹公司虽然已将产品售出，并已收到货款。但是由于是新产品，甲公司无法估计退货的可能性，这表明产品所有权上的主要风险和报酬并未随实物的交付而发生转移，不能确认收入。应等到退货期满再根据实际销售情况确认销售收入。

2) 企业既没有保留通常与所有权相联系的继续管理权，也没有对已售出的商品实施有效控制

通常情况下，企业售出商品后不再保留与商品所有权相联系的继续管理权，也不再对售出商品实施有效控制，此时应在发出商品时确认收入。如果商品售出后，企业仍保留与商品所有权相联系的继续管理权，则说明此项销售交易没有完成，销售不能成立，不应确

认销售商品收入。同样的道理，如果商品售出后，企业仍对商品可以实施有效控制，也说明销售不能成立，不应确认销售商品收入，如售后回购、售后租回等。

【例 11-7】甲公司属于房地产开发商。甲公司将住宅小区销售给客户后，接受客户委托代管住宅小区物业。

在本例中，甲公司接受客户委托代管住宅小区物业，是与住宅小区销售无关的另一项提供劳务的交易。甲公司虽然仍对住宅小区进行管理，但种管理与住宅小区的所有权无关，因此甲公司将住宅小区销售给客户后可以确认收入。

【例 11-8】乙公司属于软件咨询公司，乙公司销售某成套软件给客户后接受客户委托，对该成套软件进行日常管理。

在本例中，乙公司接受客户委托对成套软件进行日常管理，是与成套软件销售无关的另一项提供劳务的交易。乙公司虽然仍对该成套软件进行管理，但这种管理与成套软件所有权无关，因为成套软件的所有权属于客户。

3) 收入的金额能够可靠地计量

收入的金额能够可靠地计量是指收入的金额能够合理地估计。如果收入的金额不能够合理估计，就无法确认收入。企业在销售商品时，商品销售价格通常已经确定。但是，由于销售商品过程中某些不确定因素的影响，也有可能存在商品销售价格发生变动的情况。在这种情况下，新的商品销售价格未确定前通常不应确认销售商品收入。企业通常应按从购货方已收或应收的合同或协议价款确定收入金额；合同或协议价款延期收取具有融资性质时，企业应按应收的合同或协议价款的公允价值确定收入金额；已收或应收的价款不公允的，企业应按公允的交易价格确定收入金额。

4) 相关的经济利益很可能流入企业

相关的经济利益很可能流入企业是指销售商品价款收回的可能性大于不能收回的可能性，即销售商品价款收回的可能性超过 50%。企业在确定销售商品价款收回的可能性时，应当结合以前和买方交往的直接经验、政府有关政策、其他方面取得信息等因素进行分析。企业销售的商品符合合同或协议要求，已将发票账单交付买方，买方承诺付款，通常表明满足本确认条件(相关的经济利益很可能流入企业)。如果企业判断销售商品收入满足确认条件确认了一笔应收债权，以后由于购货方资金周转困难无法收回该债权时，不应调整原确认的收入，而应对该债权计提坏账准备、确认坏账损失。

5) 相关的已发生或将发生的成本能够可靠地计量

通常情况下，销售商品相关的已发生或将发生的成本能够合理地估计，如库存商品的成本、商品运输费用等。如果库存商品是本企业生产的，其生产成本能够可靠计量；如果是外购的，购买成本能够可靠计量。有时，销售商品相关的已发生或将发生的成本不能够合理地估计，此时企业不应确认收入，已收到的价款应确认为负债。

【例 11-9】甲公司与乙公司签订协议，约定甲公司生产并向乙公司销售一台大型设备。限于自身生产能力不足，甲公司委托丙公司生产该大型设备的一个主要部件。甲公司与丙公司签订的协议约定，丙公司生产该主要部件发生的成本经甲公司认定后，其金额的 108%即为甲公司应支付给丙公司的款项。假定甲公司本身负责的部件生产任务和丙公司负责的部件生产任务均已完成，并由甲公司组装后运抵乙公司，乙公司验收合格后及时支付了货款。但是，丙公司尚未将由其负责的部件相关的成本资料交付甲公司认定。

本例中，虽然甲公司已将大型设备交付乙公司，且已收到货款。但是，甲公司为该大型设备发生的相关成本因丙公司相关资料未送达而不能可靠地计量，也不能合理估计。因此，甲公司收到货款时不应确认为收入。如果甲公司为该大型设备发生的相关成本因丙公司相关资料未送达而不能可靠地计量，但是甲公司基于以往经验能够合理估计出该大型设备的成本，仍应认为满足本确认条件。

2. 销售商品收入的会计处理

1) 销售商品收入一般的会计处理

一般情况下，在同时满足销售商品收入确认的五个条件时，企业应按已收或应收的合同或协议价款和应收取的增值税税额，借记“银行存款”、“应收账款”、“应收票据”等科目，按确定的收入金额，贷记“主营业务收入”、“其他业务收入”等科目，按应收取的增值税额，贷记“应交税费——应交增值税(销项税额)”科目；同时在资产负债表日，按应交纳的消费税、资源税、城市维护建设税、教育费附加等税费金额，借记“营业税金及附加”科目，贷记“应交税费——应交消费税(应交资源税、应交城市维护建设税等)”科目。

如果企业在销售商品时，不能同时满足销售商品收入确认的五个条件，则企业不应确认销售商品收入，对已经发出的商品，根据销售方式，按照商品成本，从“库存商品”科目转入“发出商品”、“委托代销商品”等科目。期末，“发出商品”、“委托代销商品”等科目余额列入资产负债表的“存货”项目。

【例 11-10】20×2 年 1 月 20 日，牡丹公司向甲公司销售一批商品。该商品的生产成本为 100 000 元，合同约定的销售价格为 150 000 元，增值税销项税额为 25 500 元。牡丹公司开出发票账单并按合同约定的品种和质量发出商品，甲公司收到该批商品并验收入库。根据合同约定，甲公司须于 30 天内付款。

在这项交易中，牡丹公司已按照合同约定的品种和质量发出商品，甲公司也已将该批商品验收入库并未提出异议，表明商品所有权上的风险和报酬已经转移给了甲公司；华联公司既没有保留与所有权相联系的继续管理权，也没有对该批商品实施控制；虽然此时甲公司尚未付款，但并无证据表明甲公司不会按合同约定支付货款，应视为经济利益能够流入牡丹公司；销售商品的收入和成本也已确定。因此，该项商品销售已符合收入确认的全部条件，牡丹公司应于开出发票账单并发出商品时确认销售收入。牡丹公司的会计处理如下：

借：应收账款——甲公司	175 500	
贷：主营业务收入		150 000
应交税费——应交增值税(销项税额)		25 500
借：主营业务成本	100 000	
贷：库存商品		100 000

【例 11-11】接例 11-10，如果假定牡丹公司在向甲公司销售商品时，已知悉甲公司资金周转发生困难，近期内难以收回货款，但为了减少存货积压及考虑到与甲公司长期的业务往来关系，仍将商品发运给甲公司并开出发票账单。

本例中，牡丹公司在向甲公司销售产品时已知悉甲公资金周转发生困难，近期内几乎不可能收回货款，而能否收回货款及何时收回货款，存在重大不确定因素，因此不能满足“相关的经济利益很可能流入企业”这一条件。所以公司在发出商品时不能确认销售收入，而应待甲公司将来承诺付款后再确认销售收入。发出商品时，牡丹公司有关会计处理如下：

借：发出商品　　100 000
　　贷：库存商品　　100 000

由于牡丹公司已经开出发票，按照《增值税暂行条例》的规定，增值税纳税义务已经产生，因此，牡丹公司还要作出如下会计处理：

借：应收账款——甲公司(应收销项税额)　　25 500
　　贷：应交税费——应交增值税(销项税额)　　25 500

【例 11-12】 接例 11-11，假如甲公司于 20×2 年 10 月 11 日给牡丹公司开出并承兑一张面值 175 500 元、为期 5 个月的不带息商业汇票。

甲公司开出商业汇票，意味着经济利益能够流入牡丹公司，此时已经满足销售商品收入确认的五个条件。20×2 年 10 月 11 日牡丹公司作出如下会计处理：

借：应收票据　　175 500
　　贷：主营业务收入　　150 000
　　　　应收账款——甲公司(应收销项税额)　　25 500

借：主营业务成本　　100 000
　　贷：发出商品　　100 000

2) 商业折扣、现金折扣、销售折让、销售退回的会计处理

(1) 商业折扣。商业折扣是指在规定的商品价目单上根据批发、零售、特约经销等不同销售对象和销售数量，给予一定的销售价格优惠。在这种方式下，应收账款应从出售的价格中扣除折扣后的金额入账。商业折扣的目的主要是为了购货方多购货，是促销的一种形式。

【例 11-13】 牡丹公司销售某商品的价目单上的单位售价为 200 元，单位成本为 150 元。在不同的销货数量的情况下给予不同的折扣率，具体情况如下：

0～500 件	5%
501～1 000 件	10%
1 001～2 000 件	15%
2 001 件以上	20%

假定甲公司采购了 1 000 件该商品，则牡丹公司确认收入为

1 000×200×(1－10%)＝180 000(元)

借：应收账款　　210 600
　　贷：主营业务收入　　180 000
　　　　应交税费——应交增值税(销项税额)　　30 600

借：主营业务成本　　150 000
　　贷：库存商品　　150 000

(2) 现金折扣。现金折扣是指债权人为鼓励债务人在规定的期限内付款而向债务人提供的债务扣除。现金折扣在实际发生时计入当期损益。销售商品涉及现金折扣的，按照我国《企业会计准则》的规定，采用总价法核算，也就是按照扣除现金折扣前的金额来确认销售商品收入金额。

【例 11-14】 牡丹公司 20×2 年 1 月 1 日向甲公司销售一批商品，成本为 7 000 元，开出的增值税专用发票上注明的销售价款为 10 000 元，增值税税额为 1 700 元。为及早收回货款，牡丹公司和甲公司约定的现金折扣条件为 2/10，1/20，*N*/30。假定计算现金折扣时

不考虑增值税额。牡丹公司的会计处理如下。

① 1 月 1 日销售实现时，按销售总价确认收入：

借：应收账款　　11 700
　　贷：主营业务收入　　10 000
　　　　应交税费——应交增值税(销项税额)　　1 700

借：主营业务成本　　7 000
　　贷：库存商品　　7 000

② 如果甲公司在 1 月 9 日付清货款，则按不含税售价 10 000 元的 2%享受现金折扣 200 元：

借：银行存款　　11 500
　　财务费用　　200
　　贷：应收账款　　11 700

③ 如果甲公司在 1 月 19 日付清货款，则按不含税售价 10 000 元的 1%享受现金折扣 100 元：

借：银行存款　　11 600
　　财务费用　　100
　　贷：应收账款　　11 700

④ 如果甲公司在 1 月月底付清货款，则按全额付款：

借：银行存款　　11 700
　　贷：应收账款　　11 700

(3) 销售折让。销售折让是指企业因售出商品的质量不合格等原因而在售价上给予的减让。如果企业尚未确认销售收入，只是结转发出商品成本，发生销售折让时，直接按折让后的金额确认销售收入，并结转已售商品成本；如果是企业已经确认销售商品收入后发生销售折让的，应当在发生时冲减发生折让当期的销售商品收入；如果销售折让属于资产负债表日后事项的，按照资产负债表日后事项的规定处理(资产负债表日后事项这部分内容在《高级财务会计》课程里有详细讲解，此处就不再累述)。

【例 11-15】牡丹公司向甲公司销售一批商品，成本为 30 000 元，开出的增值税专用发票上注明的销售价款为 50 000 元，增值税税额为 8 500 元，款项尚未收到。甲公司在验收过程中发现商品质量不合格，要求在价格上给予 10%的销售折让。假定牡丹公司已确认销售收入，发生的销售折让允许扣减当期增值税销项税额。牡丹公司的会计处理如下。

① 确认销售收入时：

借：应收账款　　58 500
　　贷：主营业务收入　　50 000
　　　　应交税费——应交增值税(销项税额)　　8 500

借：主营业务成本　　30 000
　　贷：库存商品　　30 000

② 发生销售折让时冲减销售收入：

借：主营业务收入　　5 000
　　应交税费——应交增值税(销项税额)　　850

贷：应收账款 5 850

③ 实际收到款项时：

借：银行存款 52 650

贷：应收账款 52 650

④ 销售退回。销售退回是指企业售出的商品由于质量、品种等不符合要求原因而发生的退货。如果企业尚未确认销售收入，只是结转发出商品成本，发生销售退回时，只需转回发出商品成本；如果企业已经确认销售商品收入后发生销售退回的，应当在发生时冲减退回当期的销售商品收入和销售成本；如果销售退回属于资产负债表日后事项的，按照资产负债表日后事项的规定处理(资产负债表日后事项这部分内容在《高级财务会计》课程里有详细讲解，此处就不再累述)。

【例 11-16】牡丹公司 20×2 年 2 月 10 日向甲公司销售一批商品，成本为 140 000 元，开出的增值税专用发票上注明的销售价款为 200 000 元，增值税税额为 34 000 元，甲公司已全额付款。20×2 年 3 月 10 日甲公司在投入使用时发现商品质量不合格，要求予以退货，牡丹公司已经同意并退回相应的款项。牡丹公司的会计处理如下。

① 20×2 年 2 月 10 日，确认收入。

借：银行存款 234 000

贷：主营业务收入 200 000

应交税费——应交增值税(销项税额) 34 000

借：主营业务成本 140 000

贷：库存商品 140 000

② 20×2 年 3 月 10 日发生销售退回。

借：主营业务收入 200 000

应交税费——应交增值税(销项税额) 34 000

贷：银行存款 234 000

借：库存商品 140 000

贷：主营业务成本 140 000

3) 委托代销商品的会计处理

委托代销是指根据委托代销协议，委托方委托受托方代销商品的一种销售方式。委托代销具体又可分为视同买断方式和支付手续费方式两种。

视同买断方式是指委托方和受托方签订合同或协议，委托方按合同或协议价格收取代销商品的货款，实际售价可由受托方自定，实际售价与合同或协议价格之间的差额归受托方所有的销售方式。在视同买断方式下，如果委托方和受托方之间的协议明确标明，受托方在取得代销商品后，无论是否能够卖出、是否获利，均与委托方无关。严格地说，这种销售方式并不是真正意义上的委托代销，委托代销最主要的特点是代销，商品在没有最终实现销售之前，它所有权上的风险和报酬应属于委托方。如果委托方发出商品后，商品所有权上的风险和报酬属于受托方，委托方和受托方之间的代销商品交易，与委托方直接销售商品给受托方没有实质区别，作为正常销售商品业务处理即可。如果委托方和受托方之间的协议明确标明，将来受托方没有将商品售出时可以将商品退回给委托方，或受托方因代销商品出现亏损时可以要求委托方补偿，那么委托方在发出商品时不确认收入，应将发出商品的成本转入“委托代销商品”；受托方也不作为购进商品处理，应设置“受托代销商品”科目单独核算。受托方应于商品售出之后，按实际售价确认销售收入，并向委托方开具代销清单；委托方收到代销清单时，根据代销清单所列的已销商品确认本企业的销售收入。

【例 11-17】牡丹公司采用视同买断方式委托甲公司代销一批商品，该批商品的成本为 10 000 元。根据代销协议，商品协议价为 15 000 元，增值税税额为 2 550 元，代销商品的实际售价由甲公司自定，商品如果未售出，甲公司可以退回牡丹公司。甲公司将该批商品按 20 000 元的价格售出，收取增值税 3 400 元，并给牡丹公司开具代销清单。牡丹公司收到代销清单后给甲公司开具销售发票，双方按照协议结清款项。

牡丹公司的会计处理如下。

(1) 发出委托代销商品时：

借：委托代销商品	10 000	
贷：库存商品		10 000

(2) 收到代销清单，给甲公司开具发票：

借：应收账款——甲公司	17 550	
贷：主营业务收入		15 000
应交税费——应交增值税(销项税额)		2 550
借：主营业务成本	10 000	
贷：委托代销商品		10 000

(3) 双方结清款项：

借：银行存款	17 550	
贷：应收账款——甲公司		17 550

甲公司的会计处理如下。

(1) 收到受托代销商品：

借：受托代销商品	15 000	
贷：受托代销商品款		15 000

(2) 售出代销商品：

借：银行存款	23 400	
贷：主营业务收入		20 000
应交税费——应交增值税(销项税额)		3 400
借：主营业务成本	15 000	
贷：受托代销商品		15 000
借：受托代销商品款	15 000	
贷：应付账款——牡丹公司		15 000

(3) 收到牡丹公司开具的发票：

借：应交税费——应交增值税(进项税额)	2 550	
贷：应付账款——牡丹公司		2 550

(4) 双方结清款项：

借：应付账款——牡丹公司	17 550	
贷：银行存款		17 550

支付手续费方式是指委托方和受托方签订合同或协议，委托方根据代销商品的数量向受托方支付手续费的一种代销方式。与视同买断方式相比，支付手续费方式的主要特点是

受托方一般应按照委托方规定的价格销售商品，不得自行改变售价。在支付手续费方式下，委托方向受托方交付代销商品时，与代销商品所有权有关的主要风险和报酬并没有转移给受托方，等收到受托方开具的代销清单时确认销售收入。

【例 11-18】牡丹公司委托甲公司销售一批商品，成本为 15 000 元，售价为 20 000 元，合同约定牡丹公司按全部价款的 10%向甲公司支付手续费。半个月后，甲公司将商品售出，牡丹公司收到甲公司开具的代销清单，同时向甲公司开具一张增值税专用发票，双方结清款项。

牡丹公司的会计处理如下。

(1) 发出商品：

借：委托代销商品	15 000	
贷：库存商品		15 000

(2) 收到代销清单，开出发票：

借：应收账款——甲公司	23 400	
贷：主营业务收入		20 000
应交税费——应交增值税(销项税额)		3 400
借：主营业务成本	15 000	
贷：委托代销商品		15 000

(3) 双方结清款项：

借：银行存款	21 060	
销售费用	2 340	
贷：应收账款		23 400

甲公司的会计处理如下。

(1) 收到受托代销商品：

借：受托代销商品	15 000	
贷：受托代销商品款		15 000

(2) 售出后：

借：银行存款	23 400	
贷：应付账款——牡丹公司		20 000
应交税费——应交增值税(销项税额)		3 400
借：受托代销商品款	15 000	
贷：受托代销商品		15 000

(3) 收到牡丹开具的增值税专用发票：

借：应交税费——应交增值税(进项税额)	3 400	
贷：应付账款——牡丹公司		3 400

(4) 支付货款并计算确认代销手续费收入：

借：应付账款——牡丹公司	23 400	
贷：银行存款		21 060
其他业务收入		2 340

4) 附有售后退回条件的会计处理

附有销售退回条件的商品销售是指购买方依照有关协议有权退货的销售方式。在这种销售方式下，企业如果根据以往经验能够合理估计退货可能性的，可能发生退货的销售商品应在售出商品退货期满时确认收入，其余的通常在发出商品时确认收入；企业如果不能合理估计退货可能性的，通常在售出商品退货期满时确认收入。

【例 11-19】 20×2 年 1 月 1 日，牡丹公司向甲公司销售 5 000 件商品，单位销售价格为 500 元，单位成本为 400 元，开出的增值税专用发票上注明的销售价格为 2 500 000 元，增值税税额为 425 000 元。协议约定，甲公司应于 2 月 1 日之前支付货款，在 6 月 30 日之前有权退还商品。商品已经发出，款项尚未收到。假定牡丹公司根据过去的经验，估计该批商品退货率约为 20%。

在本例中，牡丹公司售出商品中估计退货率为 20%，因此 20%的售出商品可能不满足收入确认条件，应在退货期满时确认收入；另外 80%的售出商品在发出商品后确认收入。需要注意的是，开具增值税专用发票时纳税义务已经发生，按照税法的相关规定，应按专用发票注明的金额全额确认销项税额，实际发生销售退回时有关的销项税额允许冲减。牡丹公司的会计处理如下。

(1) 1 月 1 日发出商品时：

借：应收账款	2 425 000	
贷：主营业务收入		2 000 000
应交税费——应交增值税(销项税额)		425 000
借：主营业务成本	1 600 000	
发出商品	400 000	
贷：库存商品		2 000 000

(2) 假如甲公司于 1 月 28 日付款：

借：银行存款	2 925 000	
贷：应收账款		2 925 000

(3) 6 月 30 日，假如甲公司退回 20%的商品。牡丹公司收到商品后退回相关款项：

借：库存商品	400 000	
贷：发出商品		400 000
借：应收账款	500 000	
应交税费——应交增值税(销项税额)	85 000	
贷：银行存款		585 000

假如甲公司退回 30%的商品，牡丹公司收到商品后退回相关款项。在这种情况下，牡丹公司需要冲减 30%的销项税额，同时冲减 10%的销售收入和销售成本：

借：主营业务收入	250 000	
应交税费——应交增值税(销项税额)	127 500	
应收账款	500 000	
贷：银行存款		877 500
借：库存商品	600 000	
贷：发出商品		400 000
主营业务成本		200 000

假如甲公司退回 10%的商品，牡丹公司收到商品后退回相关款项。在这种情况下，牡丹公司需要冲减 10%的销项税额，同时再确认 10%的销售收入和销售成本：

借：应收账款 500 000
　　应交税费——应交增值税(销项税额) 42 500
　　贷：主营业务收入 250 000
　　　　银行存款 292 500
借：主营业务成本 200 000
　　库存商品 200 000
　　贷：发出商品 400 000

假如牡丹公司不能合理估计退货率，则不能确认收入，等退货期满再根据情况确认相关收入。

(1) 1月1日发出商品时：

借：发出商品 2 000 000
　　贷：库存商品 2 000 000
借：应收账款 425 000
　　贷：应交税费——应交增值税(销项税额) 425 000

(2) 假如甲公司于1月28日付款：

借：银行存款 2 925 000
　　贷：应收账款 2 925 000

(3) 6月30日，假如甲公司退回10%的商品：

借：主营业务成本 1 800 000
　　库存商品 200 000
　　贷：发出商品 2 000 000
　　借：应收账款 2 500 000
　　应交税费——应交增值税(销项税额) 42 500
　　贷：主营业务收入 2 250 000
　　　　银行存款 292 500

5) 具有融资性质的分期收款销售商品的会计处理

分期收款销售是指商品已经交付，但货款分期收回的一种销售方式。在分期收款销售方式下，销货方将商品交付给购货方，通常表明商品所有权上的主要风险和报酬已经转移给了购货方，款项虽然没有全部收回，但并不意味着经济利益不能流入企业，属于正常的赊销商品，因此销货方应当于发出商品时确认销售收入。但如果延期收取货款具有融资性质，其实质是企业向购货方提供的信贷，企业应当按照应收合同或协议价款的公允价值确定收入金额。应收的合同或协议价款的公允价值，通常应当按照其未来现金流量现值或商品现销价格计算确定，应收的合同或协议价款与其公允价值之间的差额，应当作为未确认融资收益，在合同或协议期间内，采用实际利率法分期摊销，冲减财务费用。

【例11-20】牡丹公司20×2年1月1日售出大型设备一套，协议约定采用分期收款方式，从销售当年分5年于每年的12月31日等额收款，每年1 000万元，合计5 000万元，成本为3 000万元。在现销方式下，该大型设备的销售价格是4 000万元。牡丹公司在发出商品时开出增值税专用发票，注明的增值税税额为850万元，并于当日收到增值税850万元。

销售成立时，牡丹公司应当确认主营业务收入4 000万元，未实现融资收益1 000万元。

牡丹公司未来 5 年收款额的现值＝现销方式下的收款金额，即：

1 000×(P/A，i，5)＝4 000

当 i＝7%时，4.100 2－4＝0.100 2＞0

当 i＝8%时，3.992 7－4＝－0.007 3＜0

运用插值法得折现率 i＝7.93%

牡丹公司每期确认融资收益计算如表 11-1 所示。

表 11-1　未实现融资收益计算表

单位：万元

年　份	应收款摊余成本 ①＝上期①－上期④	确认的融资收益 ②＝①×7.93%	分期收现金额 ③	应收款减少金额 ④＝③－②
20×2/01/01	4 000			
20×2 /12/31	4 000	317.20	1 000	682.80
20×3/12/31	3 317.20	263.05	1 000	736.95
20×4/12/31	2 580.25	204.61	1 000	795.39
20×5/12/31	1 784.86	141.54	1 000	858.46
20×6/12/31	926.40	73.60*	1 000	926.40
合计	——	1 000	5 000	4 000

*系尾数调整。

根据表的计算结果，牡丹公司编制各期的会计分录如下。

(1) 20×2 年 1 月 1 日，确认收入：

借：长期应收款　50 000 000
　　贷：主营业务收入　40 000 000
　　　　未实现融资收益　10 000 000
借：银行存款　8 500 000
　　贷：应交税费——应交增值税(销项税额)　8 500 000
借：主营业务成本　30 000 000
　　贷：库存商品　30 000 000

(2) 20×2 年 12 月 31 日，收款并确认融资收益：

借：银行存款　10 000 000
　　贷：长期应收款　10 000 000
借：未实现融资收益　3 172 000
　　贷：财务费用　3 172 000

(3) 20×3 年 12 月 31 日，收款并确认融资收益：

借：银行存款　10 000 000
　　贷：长期应收款　10 000 000
借：未实现融资收益　2 630 500
　　贷：财务费用　2 630 500

(4) 20×4 年 12 月 31 日，收款并确认融资收益：

借：银行存款　10 000 000

贷：长期应收款 10 000 000

借：未实现融资收益 2 046 100

贷：财务费用 2 046 100

(5) 20×5 年 12 月 31 日，收款并确认融资收益：

借：银行存款 10 000 000

贷：长期应收款 10 000 000

借：未实现融资收益 1 415 400

贷：财务费用 1 415 400

(6) 20×6 年 12 月 31 日，收款并确认融资收益：

借：银行存款 10 000 000

贷：长期应收款 10 000 000

借：未实现融资收益 736 000

贷：财务费用 736 000

6) 售后回购的会计处理

售后回购是指销售商品的同时，销售方同意日后再将同样或类似的商品购回的销售方式。这种方式下，销售方应根据合同协议条款判断销售商品是否满足收入确认条件。通常情况下，售后回购交易属于融资交易，商品所有权上的主要风险和报酬没有转移，收到的款项应确认为负债；回购价格大于原售价的，差额应在回购期间按期计提利息，计入财务费用。有确凿证据表明售后回购交易满足销售商品收入确认条件的，销售的商品按售价确认收入，回购的商品作为购进商品处理。

【例 11-21】牡丹公司于 20×2 年 2 月 1 日向甲公司销售商品，价格为 200 万元，增值税为 34 万元，成本为 100 万元，商品已发出。牡丹公司同意于 3 月 30 日以 210 万元购回上述商品。牡丹公司会计处理如下。

(1) 20×2 年 2 月 1 日发出商品：

借：银行存款 2 340 000

贷：其他应付款 2 000 000

应交税费——应交增值税(销项税额) 340 000

借：发出商品 1 000 000

贷：库存商品 1 000 000

(2) 20×2 年 2 月 28 日～3 月 30 日每月月末计提利息：

(2 100 000－2 000 000)÷2＝50 000(元)

借：财务费用 50 000

贷：其他应付款 50 000

(3) 20×2 年 3 月 30 日回购时：

借：其他应付款 2 100 000

应交税费——应交增值税(进项税额) 357 000

贷：银行存款 2 457 000

借：库存商品 1 000 000

贷：发出商品 1 000 000

11.1.3 提供劳务收入的确认与计量

非跨期完工的劳务在劳务完成时确认劳务收入并结转劳务成本；对于跨期完工的劳务，则需要在资产负债表日区分提供劳务交易的结果能够可靠估计和提供劳务交易的结果不能可靠估计两种情况分别处理。

1. 提供劳务交易的结果能够可靠估计

企业在资产负债表日提供劳务交易的结果能够可靠估计的，应当按照完工百分比法确认提供劳务收入。

1) 提供劳务交易结果能够可靠计量的条件

提供劳务交易的结果能够可靠估计，是指同时具备以下条件：

(1) 收入的金额能够可靠计量。

(2) 相关的经济利益很可能流入企业。

(3) 交易的完工进度能够可靠确定。企业确定提供劳务交易的完工进度，可以选用下列方法：①已完工作的测量；②已经提供的劳务占应提供的劳务总量的比例；③已发生的成本占估计总成本的比例。

(4) 交易中已发生的和将发生的成本能够可靠计量。

2) 完工百分比法的应用

完工百分比法是指按照提供劳务交易的完工进度确认收入与成本的方法。企业应当在资产负债表日，按照合同或协议价款确定提供劳务收入总额，乘以完工百分比，再扣除以前会计期间累计已经确认的劳务收入的金额，确认当期提供劳务收入；同时，按照劳务总成本乘以完工百分比，再扣除以前会计期间累计已经确认的劳务成本的金额，结转当期劳务成本。

在采用完工百分比法确认收入和相关成本应按以下公式计算：

本期确认的收入＝提供劳务收入总额×本期末止劳务的完工进度
　　　　　　　　－以前会计期间累计已确认的劳务收入

本期确认的成本＝提供劳务预计成本总额×本期末止劳务的完工进度
　　　　　　　　－以前会计期间累计已确认的劳务成本

【例 11-22】牡丹公司于 20×2 年 12 月 1 日接受一项设备安装任务，安装期为 3 个月，合同总收入 80 万元，至年底已预收安装费 30 万元，实际发生安装费用 15 万元(假定均为安装人员薪酬)，估计还会发生 35 万元。假定牡丹公司按实际发生的成本占估计总成本的比例确定劳务的完工进度。牡丹公司的会计处理如下。

完工进度＝15÷(15＋35)×100%＝30%

20×2 年 12 月 31 日确认劳务收入＝80×30%－0＝24(万元)

20×2 年 12 月 31 日结转劳务成本＝(15＋35)×30%－0＝15(万元)

(1) 实际发生劳务成本时：

借：劳务成本	150 000	
贷：应付职工薪酬		150 000

(2) 预收安装费时：

借：银行存款	300 000	
贷：预收账款		300 000

(3) 20×2 年 12 月 31 日确认劳务收入并结转劳务成本时：

借：预收账款 240 000

　　贷：主营业务收入 240 000

借：主营业务成本 150 000

　　贷：劳务成本 150 000

2. 提供劳务交易的结果不能可靠估计

在资产负债表日，如果不能同时满足提供劳务交易结果能够可靠估计的四个条件，即属于提供劳务交易的结果不能可靠估计。如果企业在资产负债表日提供劳务交易结果不能够可靠估计的，应当分别下列情况处理。

1) 已发生的劳务成本预计能够得到补偿

已发生的劳务成本预计能够得到补偿，应按已经发生的劳务成本金额确认收入，并按相同金额结转成本。

2) 已经发生的劳务成本预计只能部分得到补偿的

已经发生的劳务成本预计只能部分得到补偿的，应当按照能够得到补偿的劳务成本金额确认收入，并按已经发生的劳务成本结转劳务成本。

3) 已发生的劳务成本预计不能够得到补偿的

已发生的劳务成本预计不能够得到补偿的，应当将已经发生的劳务成本计入当期损益，不确认提供劳务收入。

【例 11-23】牡丹公司于 20×2 年 12 月 25 日接受甲公司委托，对其职工进行培训，培训期 3 个月，20×3 年 1 月 1 日开始培训。培训协议约定，由甲公司应向牡丹公司支付培训费 30 000 元，分 3 次等额支付，第一次在培训开始时支付，第二次在 2 月月末支付，第三次在培训结束时支付。

20×3 年 1 月 1 日，甲公司预付第一次培训费。至 20×3 年 1 月 31 日，牡丹公司发生培训成本 15 000 元(假定均为培训人员薪酬)。20×3 年 2 月 28 日，牡丹公司得知甲公司资金周转发生困难，后两次培训费能否收回难以确定。牡丹公司 2 月发生培训成本 12 000 元(假定均为培训人员薪酬)。

本例资料就属于资产负债表日劳务交易结果不能可靠估计，牡丹公司的会计处理如下。

(1) 20×3 年 1 月 1 日收到甲公司预付的培训费时：

借：银行存款 10 000

　　贷：预收账款 10 000

(2) 20×3 年 1 月实际发生培训支出 15 000 元时：

借：劳务成本 15 000

　　贷：应付职工薪酬 15 000

(3) 20×3 年 1 月 31 日，已发生的劳务成本部分能得到补偿，确认劳务收入并结转劳务成本：

借：预收账款 10 000

　　贷：主营业务收入 10 000

借：主营业务成本 15 000

　　贷：劳务成本 15 000

(4) 20×3 年 2 月发生培训费支出时：

借：劳务成本　　12 000
　　贷：应付职工薪酬　　12 000

(5) 20×3 年 2 月 28 日，已发生的劳务成本预计不能够得到补偿，将劳务成本转入当期损益：

借：管理费用　　12 000
　　贷：劳务成本　　12 000

4) 混合销售条件下劳务收入的确认与计量

企业与其他企业签订的合同或协议，有时既包括销售商品又包括提供劳务，如销售电梯的同时负责安装工作，销售软件后继续提供技术支持，设计产品同时负责生产等。此时，企业应区分不同情况进行会计处理。

(1) 如果销售商品部分和提供劳务部分能够区分且能够单独计量的，企业应当分别核算销售商品部分和提供劳务部分，将销售商品的部分作为销售商品处理，将提供劳务的部分作为提供劳务处理。

【例 11-24】 牡丹公司与甲公司签订合同，20×2 年 3 月 1 日向甲公司销售一生产设备并负责安装调试，安装调试工作是销售合同的重要组成部分。设备的成本为 56 万元，设备安装调试过程中发生安装调试费 2.5 万元，假定均为安装人员薪酬。20×2 年 5 月 20 日，设备已经安装调试完成并经验收合格，牡丹公司开出的增值税专用发票上注明的价款合计为 100 万元，其中设备销售价格为 96 万元，安装调试费为 4 万元，增值税税额为 17 万元，款项尚未收到。

本例中设备销售和安装劳务能区分并能单独计量，各自收入应分别核算。牡丹公司的会计处理如下。

① 20×2 年 3 月 1 日设备发出，结转成本：

借：发出商品　　560 000
　　贷：库存商品　　560 000

② 实际发生安装调试费用：

借：劳务成本　　25 000
　　贷：应付职工薪酬　　25 000

③ 20×2 年 5 月 20 日设备安装完毕，确认销售收入和劳务收入：

借：应收账款　　117 000
　　贷：主营业务收入——销售商品　　960 000
　　　　　　　　　　——安装劳务　　40 000
　　　　应交税费——应交增值税(销项税额)　　17 000

④ 确认销售商品成本和安装劳务成本：

借：主营业务成本　　560 000
　　贷：发出商品　　560 000
借：主营业务成本——安装劳务　　25 000
　　贷：劳务成本　　25 000

(2) 如果销售商品部分和提供劳务部分不能够区分，或虽能区分但不能够单独计量的，企业应当将销售商品部分和提供劳务部分全部作为销售商品进行会计处理。

【例 11-25】在例 11-24 中，如果设备销售和安装劳务无法区分，其他条件不变，则牡丹公司会计处理如下。

① 20×2 年 3 月 1 日设备发出，结转成本：

借：发出商品	560 000	
贷：库存商品		560 000

② 实际发生安装调试费用：

借：劳务成本	25 000	
贷：应付职工薪酬		25 000

③ 20×2 年 5 月 20 日设备安装完毕，确认销售收入和劳务收入：

借：应收账款	117 000	
贷：主营业务收入		100 000
应交税费——应交增值税(销项税额)		17 000

④ 确认销售商品成本和安装劳务成本：

借：主营业务成本	585 000	
贷：发出商品		560 000
劳务成本		25 000

11.1.4 让渡资产使用权产生的收入的确认和计量

1. 让渡资产使用权产生的收入种类

(1) 让渡现金使用权而收取的利息收入。这主要是指金融企业存、贷款形成的利息收入及同业之间发生往来形成的利息收入等。

(2) 转让无形资产(如商标权、专利权、专营权、软件、版权)等资产的使用权而形成的使用费收入。让渡资产使用权取得的收入还应包括出租固定资产取得的租金、因债权投资取得的利息收入及进行股权投资取得的股利收入等。

2. 让渡资产使用权收入确认的条件

让渡资产使用权收入包括利息收入、使用费收入等，其应在同时满足下列条件时，才能予以确认。

(1) 相关的经济利益很可能流入企业。

(2) 收入的金额能够可靠计量。

3. 让渡资产使用权收入的会计处理

1) 利息收入

利息收入金额，按照他人使用本企业货币资金的时间和实际利率计算确定。

【例 11-26】甲商业银行于 20×2 年 1 月 1 日向乙公司发放一笔贷款 500 万元，期限为 1 年，年利率为 8%，甲银行发放贷款时没有发生交易费用，该贷款合同利率与实际利率相同。假定甲商业银行按季度编制财务报表，不考虑其他因素。甲商业银行的账务处理如下。

(1) 20×2 年 1 月 1 日对外贷款时：

借：贷款	5 000 000	
贷：吸收存款		5 000 000

(2) 20×2年3月31日确认利息收入时：

利息收入＝5 000 000×8%÷4＝100 000(元)

借：应收利息　　100 000

　　贷：利息收入　　100 000

2) 使用费收入

使用费收入金额，按照有关合同或协议约定的收费时间和方法计算确定。

【例 11-27】甲公司与乙公司约定，由甲公司向乙公司转让其专利使用权，现就以下两种情况分别进行会计处理。

(1) 甲乙双方约定，甲方一次性收取200万元，不提供后续服务。

(2) 甲乙双方约定，甲方每年年末按乙方年销售收入的10%收取使用费，使用期20年。第一年，乙公司实现销售收入200万元；第二年，乙公司实现销售收入300万元。假定不考虑其他因素。

(1) 一次性收取使用费且不提供后续服务，应当视同销售该项资产一次性确认收入。甲公司会计处理如下：

借：银行存款　　2 000 000

　　贷：其他业务收入　　2 000 000

(2) 分期收取使用费且提供后续服务，应按合同或协议规定的收款时间和金额或规定的收费方法计算确定的金额分期确认收入。甲公司会计处理如下。

① 第一年年末收取使用费时：

借：银行存款　　200 000

　　贷：其他业务收入　　200 000

② 第二年年末收取使用费时：

借：银行存款　　300 000

　　贷：其他业务收入　　300 000

11.2 费　　用

11.2.1 费用概述

1. 费用的概念与特征

费用是企业在生产经营过程中发生的各项耗费，即企业在生产经营过程中为取得收入而支付或耗费的各项资产。费用的发生意味着资产的减少或负债的增加。收入表示企业经济利益的增加，而费用表示企业经济利益的减少。我国的《企业会计准则——基本准则》将费用表述为：“费用是指企业在日常活动中发生的、会导致所有者权益减少的、与向所有者分配的利润无关的经济利益的总流出。”费用具有以下特征：

(1) 费用是在日常活动中形成的。

(2) 费用是与向所有者分配利润无关的经济利益的总流出。

(3) 费用会导致企业所有者权益的减少。

2. 费用的分类

企业发生的各项费用根据其性质，可以按照不同的标准进行分类。其中最基本的是按照费用的经济内容分类和按照费用的经济用途分类。此外，还有一些其他的分类方法。下面加以具体说明。

1) 费用按其经济内容分类

费用按照经济内容(或性质)进行分类，不外乎劳动对象方面的费用、劳动手段方面的费用和活劳动方面的费用三大类，一般可细分为以下 9 类。

(1) 外购材料，指企业为进行生产而耗用的一切从外部购入的原材料及主要材料、半成品、辅助材料、包装物、修理用备件和低值易耗品等。

(2) 外购燃料，指企业为进行生产而耗用的从外部购进的各种燃料。

(3) 外购动力，指企业为进行生产而耗用的从外部购进的各种动力。

(4) 工资，指企业应计入成本费用的职工工资。

(5) 提取的职工福利费用，指按照一定比例从成本费用中提取的职工福利费用。

(6) 折旧费，指企业按照核定的固定资产折旧率计算提取的折旧基金。

(7) 利息支出，指企业应计入成本费用的利息支出减去利息收入后的净额。

(8) 税金，指企业应计入成本费用的各种税金。

(9) 其他支出，指不属于以上各要素的费用支出。

2) 费用按其经济用途分类

费用按照经济用途分类，可分为直接材料、直接工资、其他直接支出、制造费用和期间费用。

(1) 直接材料，指构成产品实体，或有助于产品形成的各项原料及主要材料、辅助材料、燃料、备品备件、外购半成品和其他直接材料。

(2) 直接工资，指直接从事产品生产人员的工资、奖金、津贴和补贴等。

(3) 制造费用，指企业各生产单位为组织和管理生产所发生的各项费用。

(4) 期间费用，指企业在生产经营过程中发生的销售费用、管理费用和财务费用。

3) 费用按其同产量之间的关系分类

按照费用同产量之间的关系，可以把费用分为固定费用和变动费用。所谓固定费用，是指产量在一定范围内，费用总额不随着产品产量的变动而变动的费用，如固定资产折旧费、管理人员工资、办公费等。所谓变动费用，是指费用总额随着产品产量的变动而变动的费用，如原材料费用和生产工人计件工资等。

11.2.2 费用的确认与计量

1. 费用的确认条件

费用的确认除了应当符合定义外，也应当满足严格的条件，即费用只有在经济利益很可能流出从而导致企业资产减少或者负债增加、且经济利益的流出额能够可靠计量时才能予以确认。

企业为生产产品、提供劳务等发生的可归属于产品成本、劳务成本等的费用，应当在确认产品销售收入、劳务收入等时，将已销售产品、已提供劳务的成本等计入当期损益。

企业发生的支出不产生经济利益的，或者即使能够产生经济利益但不符合或者不再符合资产确认条件的，应当在发生时确认为费用，计入当期损益。

企业发生的交易或者事项导致其承担了一项负债而又不确认为一项资产的，应当在发生时确认为费用，计入当期损益。

2. 期间费用的确认和计量

由于上一节已经介绍了主营业务成本、其他业务成本等的确认和计量，生产成本等费用将在《成本会计》里有详细介绍，本章节只重点介绍期间费用。

1) 管理费用

管理费用是指企业为组织和管理企业生产经营所发生的管理费用，包括企业在筹建期间内发生的开办费、董事会和行政管理部门在企业的经营管理中发生的或者应由企业统一负担的公司经费(包括行政管理部门职工工资及福利费、物料消耗、低值易耗品摊销、办公费和差旅费等)、工会经费、董事会费(包括董事会成员津贴、会议费和差旅费等)、聘请中介机构费、咨询费(含顾问费)、诉讼费、业务招待费、房产税、车船使用税、土地使用税、印花税、技术转让费、矿产资源补偿费、研究费用、排污费等。

企业应当设置“管理费用”科目，核算企业为组织和管理企业生产经营所发生的各种管理费用。企业在筹建期间内发生的开办费，包括人员工资、办公费、培训费、差旅费、印刷费、注册登记费及不计入固定资产成本的借款费用等在实际发生时，借记“管理费用”科目，贷记“银行存款”等科目；行政管理部门人员的职工薪酬，借记“管理费用”科目，贷记“应付职工薪酬”科目；行政管理部门计提的固定资产折旧，借记“管理费用”科目，贷记“累计折旧”科目；发生的办公费、水电费、业务招待费、聘请中介机构费、咨询费、诉讼费、技术转让费、研究费用，借记“管理费用”科目，贷记“银行存款”、“研发支出”等科目；按规定计算确定的应交矿产资源补偿费、房产税、车船使用税、土地使用税、印花税，借记“管理费用”科目，贷记“应交税费”科目。期末，应将“管理费用”科目的余额转入“本年利润”科目，结转后“管理费用”科目无余额。

2) 销售费用

销售费用是指企业销售商品和材料、提供劳务的过程中发生的各种费用，包括保险费、包装费、展览费和广告费、商品维修费、预计产品质量保证损失、运输费、装卸费等，以及为销售本企业商品而专设的销售机构(含销售网点、售后服务网点等)的职工薪酬、业务费、折旧费等经营费用。

企业应当设置“销售费用”科目，核算销售商品和材料、提供劳务的过程中发生的各种销售费用。企业在销售商品过程中发生的包装费、保险费、展览费和广告费、运输费、装卸费等费用，借记“销售费用”科目，贷记“库存现金”、“银行存款”等科目；发生的为销售本企业商品而专设的销售机构的职工薪酬、业务费等经营费用，借记“销售费用”科目，贷记“应付职工薪酬”、“银行存款”、“累计折旧”等科目。期末，应将“销售费用”科目余额转入“本年利润”科目，结转后“销售费用”科目无余额。

3) 财务费用

财务费用是指企业为筹集生产经营所需资金等而发生的筹资费用，包括利息支出(减利息收入)、汇兑损益，以及相关的手续费、企业发生的现金折扣或收到的现金折扣等。

企业应当设置“财务费用”科目，核算企业为筹集生产经营所需资金等而发生的筹资费用等各项财务费用。企业发生的财务费用，借记“财务费用”科目，贷记“银行存款”、“未确认融资费用”等科目；发生的应冲减财务费用的利息收入、汇兑损益、现金折扣，借记“银行存款”、“应付账款”等科目，贷记“财务费用”科目。期末，应将“财务费用”科目余额转入“本年利润”科目，结转后“财务费用”科目无余额。

11.3 利　　润

11.3.1 利润的概念与构成

1. 利润的概念

利润是指企业在一定会计期间的经营成果，利润包括收入减去费用后的净额、直接计入当期利润的利得和损失等。

直接计入当期利润的利得和损失是指应当计入当期损益、会导致所有者权益发生增减变动的、与所有者投入资本或者向所有者分配利润无关的利得或者损失。它包括营业外收入和营业外支出。

2. 利润构成

1) 营业利润

营业利润＝营业收入－营业成本－营业税金及附加－销售费用－管理费用
－财务费用－资产减值损失＋公允价值变动收益
(－公允价值变动损失)＋投资收益(－投资损失)

其中，营业收入包括主营业务收入和其他业务收入，营业成本包括主营业务成本和其他业务成本。

2) 利润总额

利润总额＝营业利润＋营业外收入－营业外支出

3) 净利润

净利润＝利润总额－所得税费用

3. 营业外收入和营业外支出的确认和计量

营业外收入与营业外支出虽然与企业日常生产经营活动无直接关系，但站在企业主体的角度来看，同样是其经济利益的流入或流出，从而构成利润的一部分，对企业的盈亏状况产生不可忽视的影响。

1) 营业外收入

营业外收入是指企业取得的与日常生产经营活动没有直接关系的各项利得。企业应当设置“营业外收入”科目，核算企业发生的各项营业外收入。主要包括以下内容。

(1) 非流动资产处置利得，主要包括固定资产处置利得和无形资产出售利得。

(2) 非货币性资产交换利得，是指在非货币性资产交换以公允价值为基础计量的情况下，换出固定资产或无形资产的公允价值高于其账面价值的差额，扣除相关费用后的净收益。

(3) 债务重组利得，是指企业在进行债务重组时，债务人因重组债务的账面价值高于用于偿债的现金及非现金资产公允价值、债权人放弃债权而享有股份的公允价值、重组后债务的入账价值的差额所形成的利得。

(4) 罚没利得，是指企业收取的滞纳金、违约金及其他形式的罚款，在弥补了由于对方违约而造成的经济损失后的净收益。

(5) 政府补助利得，是指企业从政府无偿取得货币性资产或非货币性资产形成的利得，具体包括企业取得的与资产相关的政府补助，在相关资产使用寿命内平均分配而计入当期损益的利得；企业取得的与收益相关的政府补助，用于补偿以后期间的相关费用或损失而于确认相关费用期间计入当期损益的利得；企业取得的与收益相关的政府补助，用于补偿已发生的相关费用或损失而直接计入当期损益的利得。

(6) 无法支付的应付款项。

(7) 捐赠利得，是指企业接受外部现金和非现金资产捐赠而获得的利得。

(8) 盘盈利得，是指企业在财产清查中发现的库存现金实存数额超过账面数额而获得的资产溢余利得。

2) 营业外支出

营业外支出是指企业发生的与日常生产经营活动没有直接关系的各项损失。企业应当设置“营业外支出”科目，核算企业发生的各项营业外支出。主要包括以下内容。

(1) 非流动资产处置损失，主要包括固定资产处置净损失和无形资产出售净损失。

(2) 非货币性资产交换损失，是指在非货币性资产交换以公允价值为基础计量的情况下，换出固定资产或无形资产的公允价值低于其账面价值的差额，扣除相关费用后的净损失。

(3) 债务重组损失，是指企业在进行债务重组时，债权人重组债权的账面价值高于接受抵债取得的现金及非现金资产公允价值、放弃债权而享有股份的公允价值、重组后债权的入账价值的差额所形成的损失。

(4) 罚款支出，是指企业由于违反合同、违法经营、偷税漏税、拖欠税款等而支付的违约金、罚款、滞纳金等支出。

(5) 捐赠支出，是指企业对外进行公益性和非公益性捐赠而付出资产的公允价值。

(6) 非常损失，是指企业由于自然灾害等客观原因造成的财产损失，在扣除保险公司赔款和残料价值后，应计入当期损益的净损失。

(7) 盘亏损失，是指企业在财产清查中发现的固定资产实存数量少于账面数量而发生的资产短缺损失。

营业外收入和营业外支出所包括的收支项目互不相关，不存在配比关系，因此，不得以营业外支出直接冲减营业外收入，也不得以营业外收入抵补营业外支出，二者的发生金额应当分别核算。会计期末，应将营业外收入和营业外支出的发生金额转入“本年利润”科目。

知识链接

收益有两种计量观，即收入费用计量观和资产负债计量观。收入费用观认为企业在确认收益时应该以一定时期内实现的收入和相关的成本、费用间的差额为基础，即收益＝收入－费用。企业在确认收益时，首先从交易事项所产生的收入和费用的计量入手，以收入费用的变化来确认收益。收入费用观强调以下几个方面：一是当期收入与当期成本费用的配比；二是会计的确认与计量以利润表为核心；三是它强调收益为交易或事项的实际发生所带来的收入费用间的差额，也就是说只有在资源转让给企业带来现金或类似现金的形式时，收益才够成实现。这种原则下的会计收益只包括已经实现的，未包括尚未实现的收益。在这种计量观，它不关注资产价值，资产的计价处于从属地位，因此，对资产的计价通常采用历史成本作为计量属性。

资产负债观是认为应该把一定时期内资产负债期初期末的净增量作为当期的收益，也就是说根据资产负债的变化来确定收益，即收益＝期末净资产－期初净资产－投资者投入＋对外分配。资产负债观在确认收益时，首先从交易事项所产生的资产、负债的计量入手，由资产、负债计量的变化来决定收入、费用的变化，从而确定收益，收益的计量只是伴随着资产负债计量的副产品。资产负债观强调以资产负债表为核心，净资产增加了，收益才能增加；只有资产负债表准确了，利润表才能计算准确。为了使资产负债表更准确地反映企业的财务状况，资产负债观下通常采用公允价值作为计量属性，因为它认为公允价值更能反映出资产的价值，当然，公允价值不可靠的除外。

多年来利润一直是考核企业经营管理业绩、衡量企业盈利能力的主要指标，利润表也在财务报告体系中占据主要位置；2006年我国财政部颁发的新会计准则体系凸显了资产负债表的核心地位，要求企业提高资产负债信息，确立了资产负债观的核心地位。这标志着我国在确认收益方面正从收入费用观向资产负债观转变。

11.3.2 利润的结转与分配

1. 利润的结转

企业应设置“本年利润”科目，用于核算企业当期实现的净利润或发生的净亏损。会计期末，企业应将各损益类科目的余额转入“本年利润”科目，结平各损益类科目。即将收入类科目贷方余额转入该科目贷方登记，借记“主营业务收入”、“其他业务收入”、“营业外收入”等科目，贷记“本年利润”科目；将支出类科目借方余额转入该科目借方登记，借记“本年利润”科目，贷记“主营业务成本”、“营业税金及附加”、“其他业务成本”、“销售费用”、“管理费用”、“财务费用”、“资产减值损失”、“营业外支出”、“所得税费用”等科目。“公允价值变动损益”、“投资收益”科目如为净收益，借记“公允价值变动损益”、“投资收益”科目，贷记“本年利润”科目；如为净损失，借记“本年利润”科目，贷记“公允价值变动损益”、“投资收益”科目。期末结转各损益类科目余额后，“本年利润”科目如为贷方余额，反映年初至本期末累计实现的净利润；如为借方余额，反映年初至本期末累计发生的净亏损。年度终了，企业应将收入和支出相抵后结出的本年实现的净利润，转入“利润分配——未分配利润”科目，借记“本年利润”科目，贷记“利润分配——未分配利润”科目；如果为净亏损，借记“利润分配——未分配利润”科目，贷记“本年利润”科目。结转后，“本年利润”科目应无余额。为了简化核算，企业在中期期末也可以不进行上述各损益类科目余额的结转，年内各期实现的利润直接通过利润表计算；年度终了时，再将各损益类科目全年累计余额一次转入“本年利润”科目。

【例 11-28】牡丹公司20×2年度取得主营业务收入6 000万元，其他业务收入2 000万元，投资净收益800万元，营业外收入200万元；发生主营业务成本3 500万元，其他业务成本1 500万元，营业税金及附加600万元，销售费用360万元，管理费用340万元，财务费用100万元，资产减值损失200万元，公允价值变动净损失100万元，营业外支出200万元；本年度确认的所得税费用为500万元。假定牡丹公司中期期末不进行利润结转，年末一次结转利润。牡丹公司结转利润的会计处理如下。

(1) 20×2年12月31日，结转本年损益类科目余额：

借：主营业务收入	60 000 000	
其他业务收入	20 000 000	
投资收益	8 000 000	
营业外收入	2 000 000	
贷：本年利润		90 000 000
借：本年利润	74 000 000	
贷：主营业务成本		35 000 000
其他业务成本		15 000 000
营业税金及附加		6 000 000
销售费用		3 600 000

管理费用 3 400 000
财务费用 1 000 000
资产减值损失 2 000 000
公允价值变动损益 1 000 000
营业外支出 2 000 000
所得税费用 5 000 000

(2) 结转本年净利润：

借：本年利润 16 000 000
贷：利润分配——未分配利润 16 000 000

2. 利润的分配

企业当期实现的净利润，加上年初未分配利润(或减去年初未弥补亏损)后的余额，为可供分配的利润。可供分配的利润，一般按下列顺序分配。

(1) 提取法定盈余公积，是指企业根据有关法律的规定，按照当年净利润的 10%提取的盈余公积。法定盈余公积累计金额超过企业注册资本的 50%以上时，可以不再提取。

(2) 提取任意盈余公积，是指企业按股东大会决议提取的盈余公积。

(3) 应付现金股利或利润，是指企业按照利润分配方案分配给股东的现金股利，也包括非股份有限公司分配给投资者的利润。

(4) 转作股本的股利，是指企业按照利润分配方案以分派股票股利的形式转作股本的股利，也包括非股份有限公司以利润转增的资本。

企业应当设置“利润分配”科目，核算利润的分配(或亏损的弥补)情况，以及历年积存的未分配利润(或未弥补亏损)。该科目还应当分别按“提取法定盈余公积”、“提取任意盈余公积”、“应付现金股利(或利润)”、“转作股本的股利”、“盈余公积补亏”和“未分配利润”等进行明细核算。

企业按有关法律规定提取的法定盈余公积，借记“利润分配——提取法定盈余公积”科目，贷记“盈余公积——法定盈余公积”科目；按股东大会或类似机构决议提取的任意盈余公积，借记“利润分配——提取任意盈余公积”科目，贷记“盈余公积——任意盈余公积”科目；按股东大会或类似机构决议分配给股东的现金股利，借记“利润分配——应付现金股利(或利润)”科目，贷记“应付股利”科目；按股东大会或类似机构决议分配给股东的股票股利，在办理增资手续后，借记“利润分配——转作股本的股利”科目，贷记“股本”或“实收资本”科目，如有差额，贷记“资本公积——股本溢价(或资本溢价)”科目；企业用盈余公积弥补亏损，借记“盈余公积——法定盈余公积(或任意盈余公积)”科目，贷记“利润分配——盈余公积补亏”科目。年度终了，企业应将“利润分配”科目所属其他明细科目余额转入“未分配利润”明细科目。结转后，除“未分配利润”明细科目外，其他明细科目应无余额。

【例 11-29】牡丹公司 20×2 年度实现净利润 1 600 万元，按净利润的 10%提取法定盈余公积，按净利润的 10%提取任意盈余公积，向股东分派现金股利 500 万元，同时分派每股面值 1 元的股票股利 250 万股。牡丹公司作如下会计处理。

(1) 提取盈余公积：

借：利润分配——提取法定盈余公积 1 600 000
——提取任意盈余公积 1 600 000

贷：盈余公积——法定盈余公积　　1 600 000

——任意盈余公积　　1 600 000

(2) 分配现金股利：

借：利润分配——应付现金股利　　5 000 000

贷：应付股利　　5 000 000

(3) 分配股票股利，已办妥增资手续：

借：利润分配——转作股本的股利　　2 500 000

贷：股本　　2 500 000

(4) 结转“利润分配”其他明细科目余额：

借：利润分配——未分配利润　　10 700 000

贷：利润分配——提取法定盈余公积　　1 600 000

——提取任意盈余公积　　1 600 000

——应付现金股利　　5 000 000

——转作股本的股利　　2 500 000

本章小结

本章主要讲述了收入、费用和利润等三个要素。收入包括销售商品收入、提供劳务收入和让渡资产使用权收入。销售商品收入的主要内容是收入的确认条件和各种销售方式下销售收入的会计处理；劳务收入的主要内容是资产负债表日劳务交易的结果能否可靠计量，从而采用不同的确认计量方式；让渡资产使用权主要包括利息收入和使用权收入。费用的主要内容是管理费用、销售费用和财务费用等各项期间费用包括的内容。利润的主要内容是利润的构成、利润结转和利润分配的会计处理。

习　　题

一、名词解释

1. 收入
2. 费用
3. 利润

二、单项选择题

1. 关于收入下列说法中错误的是(　　)。

A. 收入是企业日常活动中形成的经济利益的总流入

B. 收入的取得会导致资产的增加或负债的减少

C. 收入必然会导致所有者权益的增加

D. 收入不一定会导致所有者权益的增加

2．某工业企业 20×2 年度营业利润为 4 530 万元，主营业务收入为 5 000 万元，销售费用为 20 万元，管理费用 15 万元，投资收益为 20 万元，营业外收入为 120 万元，营业外支出为 100 万元，所得税税率为 25%。假定不考虑其他因素，该企业 20×2 年度的净利润应为(　　)万元。

A．3 397.5　　B．3 427.5　　C．3 412.5　　D．3 753.75

3．如果企业销售的商品已经发出但尚未完全满足收入确认的条件，应将发出商品的成本转入(　　)科目。

A．发出商品　　B．在途物资　　C．主营业务成本　　D. 其他业务成本

4．甲企业本期主营业务收入为 500 万元，主营业务成本为 300 万元，其他业务收入为 200 万元，其他业务成本为 100 万元，销售费用为 15 万元，资产减值损失为 45 万元，公允价值变动收益为 60 万元，投资收益为 20 万元，营业外收入 15 万元，假定不考虑其他因素该企业本期营业利润为(　　)万元。

A．300　　B．320　　C．365　　D．380

5．商品销售附有退回条件的，如果不能对退货的可能性作出合理估计时，则确认收入的时点为(　　)。

A．发出商品时　　B．购货方承认付款时

C．收到货款时　　D．售出商品退货期满时

6．企业提供劳务交易的结果如果能够可靠地估计，劳务收入应当(　　)。

A．在开始提供劳务时确认　　B．采用完工百分比法确认

C．在完成劳务时确认　　D．在收到劳务价款时确认

7．某工业企业 20×2 年 3 月发生的费用有：生产车间管理人员工资 80 万元，发生行政管理部门人员工资 60 万元，支付广告费用 40 万元，计提短期借款利息 40 万元，支付固定资产维修费 30 万元。则该企业当期的期间费用总额为(　　)万元。

A．100　　B．140　　C．170　　D．250

8．企业与其他企业签订的合同或协议如果既包括销售商品，也包括提供劳务，在销售商品部分与提供劳务部分不能够区分的情况下，应当(　　)。

A．分别核算销售商品部分和提供劳务部分

B．全部作为销售商品进行会计处理

C．全部作为提供劳务进行会计处理

D．暂不进行会计处理

9．甲企业于 20×2 年 9 月接受一项机器设备安装任务，安装期 6 个月，合同总收入 50 万元，年度预收款项 20 万元，余款在安装完成时收回，当年实际发生成本 25 万元，预计还将发生成本 15 万元。该项劳务 20×2 年度应确认的劳务收入为(　　)万元。

A．50　　B．31．25　　C．25　　D．20

10．销售折让发生在销货方确认收入之后，销货方给予购货方的销售折让应(　　)。

A．冲减销售收入　　B．冲减销售成本

C．计入财务费用　　D．计入管理费用

三、多项选择题

1．下列各项中，影响营业利润的项目有(　　)。

A．已销商品成本　　B．原材料销售收入

C．出售固定资产净收益　　D．转让股票所得收益

2．下列会计科目，年末应无余额的科目有(　　)。

A．主营业务收入　　B．营业外收入

C．本年利润　　D．利润分配

3．下列各科目的余额，期末应结转到“本年利润”科目的有“(　　)”。

A．营业外收入　　B．营业外支出

C．投资收益　　D．资产减值损失

4．下列各项业务中，应通过“营业外收入”科目核算的有(　　)。

A．存货盘盈　　B．转销无法偿付的应付账款

C．无法查明原因的现金溢余　　D．固定资产盘盈

5．企业发生的下列费用中，应计入管理费用的有(　　)。

A．计提的坏账准备　　B．超标的业务招待费

C．矿产资源补偿费　　D．管理用固定资产计提的折旧

6．下列有关销售商品收入的处理中，不正确的有(　　)。

A．在采用收取手续费的委托代销方式下销售商品，发出商品时就确认收入

B．售出的商品被退回时，直接冲减退回当期的收入、成本、税金等相关项目

C．当期售出的商品发生销售折让时，直接将发生的销售折让作为当期的销售费用处理

D．在采用分期收款方式下销售商品，按照合同约定的时间确认收入

7．下列各项中，属于让渡资产使用权的收入确认条件的是(　　)。

A．资产所有权上的风险已经转移

B．与交易相关的经济利益能够流入企业

C．收入的金额能够可靠地计量

D．对已售出的商品已经不能实施控制

8．企业发生的下列各项支出，计入财务费用的是(　　)。

A．发生的现金折扣　　B．短期借款的利息

C．企业财务部门的办公经费　　D．企业筹建期间的长期借款利息

9．下列各项中，不影响企业销售商品收入金额的是(　　)。

A．企业与购货方签订的销售合同或协议金额

B．预计可能发生的现金折扣

C．商业折扣

D．代垫购货方的运杂费

10．收入是企业在日常活动中产生的经济利益的总流入，下列各项中不属于收入的有(　　)。

A．对外销售原材料的收入

B．出售固定资产的收入

C．收取手续费方式下代销方取得的代销商品的收入

D．出租无形资产的收入

四、判断题

1．收入是企业在各种活动中形成的经济利益的总流入。　　(　　)

2．企业已计入管理费用的超标的业务招待费应调整增加企业的应纳税所得额。(　　)

3．在分期收款销售方式下销货方应按收款进度分期确认销售收入。（ ）

4．企业委托其他单位代销商品，在视同买断方式下，受托方在收到代销商品时通常应作为商品购进处理。（ ）

5．计提的长期借款的利息费用均计入到财务费用中。（ ）

6．制造费用与管理费用不同，本期发生的管理费用直接影响本期损益，而本期发生的制造费用不一定影响本期的损益。（ ）

7．企业在销售收入确认之后发生的销售折让，应在实际发生时冲减发生当期的收入，并同时冲减已结转的成本。（ ）

8．对于一次就完成的劳务，或在同一个会计期间开始并完成的劳务，应在开始提供时确认收入。（ ）

9．如果提供劳务交易的结果不能可靠地估计，应当按已经收回或预计将要收回的款项确认提供劳务收入，并按已发生劳务成本结转劳务成本。（ ）

10．企业在销售商品时，如果估计价款收回可能性不大，尽管收入确认的其他条件满足，也不应确认收入。（ ）

五、简答题

1．什么是收入?有何主要特征?如何分类?

2．销售商品收入的确认应同时满足哪些条件?

3．如何对具有融资性质的分期收款销售进行会计处理?

4．如何确认附有销售退回条件的销售商品收入?

5．委托代销采用视同买断方式应如何进行会计处理?

6．委托代销采用支付手续费方式应如何进行会计处理?

7．销售折让与销售退回的会计处理有何不同?

8．什么是营业利润?营业利润由哪些损益项目构成?

9．营业外收入和营业外支出包括哪些主要内容?

10．如何进行利润结转和利润分配的会计处理？

六、业务题

1．20×2 年 8 月 1 日，牡丹公司将一批不需用的库存原材料销售给甲公司。原材料采购成本为 90 000 元，已计提跌价准备 35 000 元，销售价格为 50 000 元，增值税税额为 8 500 元，牡丹公司开出发票账单并发出原材料。牡丹公司在销售原材料时已知悉甲公司目前面临资金周转困难，近期内难以收回货款，但考虑到与甲公司以往的业务关系以及处理积压库存原材料，仍将原材料发运给甲公司。20×3 年 4 月 6 日，甲公司给牡丹公司开出并承兑一张期限为 3 个月的商业汇票，用以结算货款。

要求：编制牡丹公司销售原材料的下列会计分录。

(1) 20×2 年 8 月 1 日，发出原材料。

(2) 20×3 年 4 月 6 日，收到甲公司开来的商业汇票。

2．牡丹公司为增值税一般纳税企业，增值税税率为 17%。销售商品时同时结转成本。20×2 年 3 月发生下列销售业务。

(1) 3 日，向 A 公司销售商品 1 000 件，每件商品的标价为 80 元。为了鼓励对方多购商品牡丹公司同意给予A公司10%的商业折扣。开出的增值税专用发票上注明的售价总额为72 000元，增值税税额为12 240元。该商品成本为55元/件。商品已发出，货款已收存银行。

(2) 5日，向B公司销售商品一批，开出的增值税专用发票上注明的售价总额为60 000元，增值税税额为10 200元，销售成本为40 000元。牡丹公司为了及早收回货款，在合同中规定的现金折扣件为2/10，1/20，*N*/30。

(3) 13日，收到B公司的扣除享受现金折扣后的全部款项，并存入银行。假定计算金折扣时不考虑增值税。

(4) 20日，A公司发现所购商品不符合合同规定的质量标准，要求牡丹公司在价格上再给予5%的销售折让。牡丹公司经查明后，同意给予折让并取得了索取折让证明单，开具了增值税专用发票(红字)。

要求：编制牡丹公司上述销售业务的会计分录。(“应交税费”科目要求写出明细科目；本题不要求编制结转销售成本的会计分录)

3．牡丹公司采用支付手续费方式委托甲公司代销一批商品，商品成本为36 000元。根据代销协议，商品售价为40 000元，增值税税额为6 800元，牡丹公司按全部销售价款的3%支付手续费。甲公司将该批商品售出后，给牡丹公司开来代销清单，牡丹公司根据代销清单所列的已销商品金额给甲公司开具增值税专用发票。

要求：分别编制牡丹公司委托代销商品和甲公司受托代销商品的会计分录。

(1) 牡丹公司委托代销商品的会计分录。

① 发出委托代销商品。

② 甲公司开来代销清单。

③ 确认应付的代销手续费。

④ 收到甲公司支付的货款。

(2) 甲公司受托代销商品的会计分录。

① 收到受托代销商品。

② 将受托代销商品售出。

③ 收到增值税专用发票。

④ 结清代销商品款并计算代销手续费。

4．20×2年3月1日，牡丹公司向甲公司赊销A商品1 000件。A商品单位生产成本为400元，单位售价为500元，增值税专用发票上列明的增值税税额为85 000元。根据协议约定，商品赊销期为1个月，3月31日之前甲公司应结清全部价款；8月31日之前，甲公司有权将未售出的商品退回牡丹公司，牡丹公司根据实际退货数量退还相应的价款。

要求：根据下列不同情况，编制牡丹公司赊销商品的有关会计分录。

(1) 假定牡丹公司根据以往的经验，可以合理地估计退货率为20%。

① 20×2年3月1日，牡丹公司发出商品并开出增值税专用发票。

② 20×2年3月31日，收到甲公司支付的货款。

③ 20×2年8月31日，退货期届满：

A．假定甲公司实际退回商品200件

B．假定甲公司实际退回商品250件

C．假定甲公司实际退回商品150件

(2) 假定牡丹公司发出商品时，无法合理估计退货的可能性。

① 20×2 年 3 月 1 日，牡丹公司发出商品并开出增值税专用发票。

② 20×2 年 3 月 31 日，收到货款。

③ 20×3 年 8 月 31 日，退货期届满：

A．假定甲公司没有退货

B．假定甲公司退货 250 件，牡丹公司退回相应的价款

5．甲咨询公司于 20×2 年 7 月 1 日与客户签订了一项咨询合同，合同规定，咨询期为 2 年，咨询费为 40 万元。客户分两次等额付款，第一次是在项目开始时支付，第二次是在项目结束时支付。估计总成本为 36 万元(假定均为咨询人员的薪酬)。成本估计比较准确，咨询费也很可能收回，该公司按照已经提供的劳务占应提供劳务总量的比例(按时间比例)确定该项劳务的完工程度。其他有关资料如下。

(1) 20×2 年 7 月 1 日，甲公司预收乙公司支付的项目款 20 万元存入银行。

(2) 20×2 年甲公司为该项目实际发生劳务成本 9 万元。

(3) 至 20×3 年 12 月 31 日，甲公司为该项目累计实际发生劳务成本 27 万元。

要求：(1) 计算甲公司 20×2 年、20×3 年该项目的完成程度。

(2) 计算甲公司 20×2 年、20×3 年该项目确认的收入和费用。

(3) 编制甲公司 20×2 年收到项目款、发生劳务成本、确认收入和费用的会计分录。(单位用万元表示)

6．甲股份公司(以下简称甲公司)为增值税一般纳税人企业，适用的增值税税率为 17%，产品销售价款中均不含增值税额。甲公司适用的所得税税率为 25%。产品销售成本按经济业务逐项结转。20×2 年度，甲公司发生如下经济业务事项。

(1) 销售 A 产品一批，产品销售价款为 800 000 元，产品销售成本为 350 000 元，产品已经发出，并开具了增值税专用发票，同时向银行办妥了托收手续。

(2) 收到乙公司因产品质量问题退回的 B 产品一批，并验收入库。甲公司用银行存款支付了退货款，并按规定向乙公司开具了红字增值税专用发票。该退货系甲公司 20×1 年 12 月 20 日出售给乙公司的，产品销售价款为 40 000 元，产品销售成本为 22 000 元。销售款项于 12 月 29 日收到并存入银行。

(3) 委托丙公司代销 C 产品一批，并将该批产品交付丙公司。代销合同规定甲公司按全部售价的 10%向丙公司支付手续费，该批产品的销售价款为 120 000 元，产品销售成本为 66 000 元。

(4) 甲公司收到了丙公司的代销清单。丙公司已将代销的 C 产品全部售出，甲公司在收到代销清单后向丙公司开具了增值税专用发票，并按合同规定确认应向丙公司支付的代销手续费。

(5) 用银行存款支付发生的管理费用 67 800 元，计提坏账准备 4 000 元。

(6) 销售产品应交的城市维护建设税为 2 100 元，应交的教育费附加为 900 元。

(7) 计算应交所得税(假定甲公司不存在纳税调整因素)。

(8) 结转本年利润(甲公司年末一次性结转损益类科目)。

要求：(1) 编制甲公司 20×2 年度经济业务事项的会计分录(“应交税金”要求写出明细科目)。

(2) 计算甲公司 20×2 年度的营业收入、营业成本、营业利润和净利润。

第12章 财务报告

教学目的与要求

通过对本章的学习，学生应掌握资产负债表的基本结构和编制方法；掌握利润表的基本结构和编制方法，掌握现金流量表的基本结构和编制方法，掌握所有者权益变动表的基本结构和编制方法；熟悉财务报告的构成内容；了解财务报表列报的基本要求，概念和作用。

案例导读

黎明股份，上市代码600617，总股本19 000万股，流通股7 000万股，1998年发行股票，1999年1月28日上市。在1999年度报告中，该公司为了掩饰其经营业绩，虚增资产8 996万元，虚增负债1 956万元，虚增所有者权益7 413万元，虚增营业收入1.5亿元，虚增利润总额8 679万元。负责对该公司进行审计的事务所是沈阳华伦会计师事务所，审计报告中说：该公司"在所有重大方面公允地反映了该公司1999年12月31日的财务状况、1999年度经营成果和1999年度现金流量情况"。这是一份典型的无保留意见的审计报告。粗略地看一下黎明股份资产负债表和利润表，可以发现以下几个问题。

(1) 该企业的主营业务收入为40 942.56万元，但主营业务税金却只有82.43万元，税率只有2‰，这是一组非常不协调的数字。按常规，按增值税额的17%计算，该企业的主营业务税金应当是百分数。再看看期初数，期初的主营业务税率却在6‰以上。

(2) 该企业的财务费用是负值，与资产负债表中短期借款8 015.34万元明显矛盾。同比期初数，同样有短期借款，但财务费用却为正值。

(3) 从所得税看，企业的所得税率为25%，而期初的所得税率为35.2%，显然这是重大问题，必须作出说明。

(4) 该企业可供股东分配的利润是5 269.75万元，按规定应提取法定盈余公积金10%，应为527万元，但只提取了345万元，只占可分配利润的6.55%，期初数却达到了10%。

(5) 利润分配表中有应付普通股股利1 900万元，但在资产负债表中的应付股利项目中却无此数，两表相互矛盾。

(6) 按常理，利润分配表中提取的盈余公积金，都应当在资产负债表中反映出来，但只要细看一下，便不难发现，该企业的盈余公积提取了690万元，而资产负债表中盈余公积却增加了862.66万元，两者相差173万元。

(7) 利润分配表中的未分配利润为 2 507 万元，而资产负债表中的未分配利润为 2 417 万元，两者相差 90 万元，属于明显的会计错误。

就以上报告中反映出的问题，可断定不能对黎明股份出无保留意见报告。

(资料来源：http://www.doc88.com/p_074412311340.html.)

12.1 财务报告概述

财务报告是指企业对外提供的反映企业某一特定日期财务状况和某一会计期间经营成果、现金流量等会计信息的文件。财务会计报告包括财务报表和其他应当在财务报告中披露的相关信息和资料。

12.1.1 财务报表的概念与作用

财务报表是对企业财务状况、经营成果和现金流量的结构性表述。财务报表至少应当包括下列组成部分：资产负债表、利润表、现金流量表、所有者权益(或股东权益)变动表、附注等。财务报表是企业财务报告的重要内容。

财务报表使用者包括现有和潜在的投资者、债权人、职工、业务关联企业、有关政府部门和社会公众等，不同的使用者对财务报表所提供的信息有不同的要求。财务报表为满足不同的信息使用者，具有以下作用。

1. 反映企业管理层受托责任的履行情况

现代企业制度的基本特征就是产权分离，使股东与企业管理者之间出现委托与受托的关系。股东把资金投入公司，委托管理人员进行经营管理。他们为了确保自己的切身利益，保证其投入资本的完整与增值，就需要了解管理者对受托经济资源的经营管理情况。为此，就需要通过财务报表所提供的信息，来了解企业资产的保管、使用情况，监督企业的生产经营管理，以保护自身的合法权益。

2. 有助于投资者和债权人等会计信息使用者进行合理的决策

随着经济的发展，企业筹资、投资活动的日益频繁，企业与社会上各方面的经济联系越来越密切，在企业的外部形成了投资者、债权人组成的与企业有着经济利益关系的集团。投资者和债权人可以通过对企业财务报表的分析，了解企业的财务状况及生产经营情况，分析企业的偿债能力和盈利能力，预测企业未来的发展趋势。从而对企业的财务状况做出准确的判断，作为进行投资、信贷、融资等方面决策的依据。

3. 财务报表是诸多经济合同制定与执行的依据

从某种意义上说，现代企业是在市场经济条件下以法律章程为规范而由若干合同或契约组成的经济实体。企业与股东、债权人、职工、政府、业务关联企业等都存在多种契约关系，其中很多契约的条款都涉及会计数据，如报酬合同、借款合同、政府课税的依据等。财务报表数据已成为这些契约制定与执行的重要依据。

4. 财务报表能帮助企业管理层改善经营管理，协调企业与相关利益集团的关系

在现代企业中，相关利益集团是企业各种资源的提供者，任何企业的生存与发展都必须依赖他们的贡献、配合与协作。企业管理层的主要职能就是鼓励和激发各种集团保持或扩大对企业的贡献，协调企业与相关利益集团，以及各利益集团之间的关系。企业管理层通过财务报表，可以全面、系统、总括地了解企业生产经营运作情况，检查、分析财务成本计划和有关方针政策的执行情况，及时发现经营活动中存在的问题，迅速做出决策，使企业计划和经营方针更为科学、合理，进而最大限度地调动各相关利益集团的积极性。

5. 财务报表能够帮助国家有关部门实现其经济与社会目标

企业是国民经济的细胞，通过对企业财务报表提供的资料进行汇总分析，国家有关部门可以考核国民经济总体的运行情况，从中发现国民经济运行中存在的问题，对宏观经济运行做出准确的决策，通过各种经济杠杆和政策倾斜，发挥市场经济在优化资源配置中的基础性作用。

12.1.2 财务报表的分类

1. 按编报期间的不同划分

财务报表按编报期间的不同，可以分为中期财务报表和年度财务报表。

中期财务报表是以短于一个完整会计年度的报告期间为基础编制的财务报表，包括月报、季报和半年报等。中期财务报表至少应当包括资产负债表、利润表、现金流量表和附注，其中，中期资产负债表、利润表和现金流量表应当是完整报表，其格式和内容应当与年度财务报表相一致。与年度财务报表相比，中期财务报表中的附注披露可适当简略。

2. 按编报主体的不同划分

财务报表按编报主体的不同，可以分为个别财务报表和合并财务报表。

个别财务报表是由企业在自身会计核算基础上对账簿记录进行加工而编制的财务报表，它主要用以反映企业自身的财务状况、经营成果和现金流量情况；合并财务报表是以母公司和子公司组成的企业集团为会计主体，根据母公司和所属子公司的财务报表，由母公司编制的综合反映企业集团财务状况、经营成果及现金流量的财务报表。

为反映企业各地区、各业务群的经营情况及经营成果，还应编制分部报告。

12.1.3 财务报表列报的基本要求

会计信息质量是财务工作的灵魂，企业在编制财务报表时，必须遵循以下要求。

1. 遵循各项会计准则进行确认和计量

企业应当根据实际发生的交易和事项，遵循各项具体会计准则的规定进行确认和计量，并在此基础上编制财务报表。企业应当在附注中对遵循《企业会计准则》编制的财务报表做出声明，只有遵循了《企业会计准则》的所有规定时，财务报表才应当被称为“遵循了《企业会计准则》”。

企业不应以在附注中披露代替对交易和事项的确认和计量，也就是说，企业如果采用不恰当的会计政策，不得通过在附注中披露等其他形式予以更正，企业应当对交易和事项进行正确的确认和计量。

2. 列报基础

持续经营是会计的基本前提之一，是会计确认、计量及编制财务报表的基础。企业会计准则规范的是持续经营条件下企业对所发生交易和事项的确认、计量及报表列报；相反，如果企业出现了非持续经营，致使以持续经营为基础编制的财务报表不再合理，财务报表的编制应当采用其他基础，并在附注中声明财务报表未以持续经营为基础列报，同时，披露未以持续经营为基础的原因和财务报表的编制基础。

企业在编制财务报表过程中，管理层应当对企业持续经营的能力进行评价，需要考虑的因素包括市场经营风险、企业目前或长期的盈利能力、偿债能力、财务弹性及企业管理层改变经营政策的意向等。评价后对企业持续经营的能力产生严重怀疑的，应当在附注中披露导致对持续经营能力产生重大怀疑的重要不确定因素。

非持续经营是企业在极端情况下出现的一种情况，非持续经营往往取决于企业所处的环境及企业管理部门的判断。一般而言，企业如果存在以下情况之一，则通常表明其处于非持续经营状态：①企业已在当期进行清算或停止营业；②企业已经正式决定在下一个会计期间进行清算或停止营业；③企业已确定在当期或下一个会计期间没有其他可供选择的方案而将被迫进行清算或停止营业。企业处于非持续经营状态时，应当采用其他基础编制财务报表，如破产企业的资产采用可变现净值计量、负债按照其预计的结算金额计量等。由于企业在持续经营和非持续经营环境下采用的会计计量基础不同，产生的经营成果和财务状况不同，因此，在附注中披露非持续经营信息对财务报表使用者而言非常重要。

3. 重要性和项目列报

重要性是判断项目是否单独列报的重要标准。所谓重要性，是指如果财务报表某项目的省略或错报会影响使用者据此做出经济决策的，则该项目具有重要性。企业在进行重要性判断时，应当根据所处环境，从项目的性质和金额大小两方面予以判断：一方面，应当考虑该项目的性质是否属于企业日常活动、是否对企业的财务状况和经营成果具有较大影响等因素；另一方面，判断项目金额大小的重要性，应当通过单项金额占资产总额、负债总额、所有者权益总额、营业收入总额、净利润等直接相关项目金额的比重加以确定。

财务报表是通过对大量的交易或其他事项进行处理而生成的，这些交易或其他事项按其性质或功能汇总归类而形成财务报表中的项目。关于项目在财务报表中是单独列报还是合并列报，应当依据重要性原则来判断。总的原则是，如果某项目单个看不具有重要性，则可将其与其他项目合并列报；如具有重要性，则应当单独列报。

4. 列报的可比性

可比性是会计信息质量的一项重要质量要求，目的是使同一企业不同期间和同一期间不同企业的财务报表相互可比。为此，财务报表项目的列报应当在各个会计期间保持一致，不得随意变更，这一要求不仅只针对财务报表中的项目名称，还包括财务报表项目的分类、排列顺序等方面。

在以下规定的特殊情况下，财务报表项目的列报是可以改变的：①会计准则要求改变；②企业经营业务的性质发生重大变化后，变更财务报表项目的列报能够提供更可靠、更相关的会计信息。

5. 财务报表项目金额间的相互抵消

财务报表项目应当以总额列报，资产和负债、收入和费用不能相互抵消，即不得以净额列报，但《企业会计准则》另有规定的除外。这是因为，如果相互抵消，所提供的信息就不完整，信息的可比性大为降低，难以在同一企业不同期间及同一期间不同企业的财务报表之间实现相互可比，报表使用者难以据以做出判断。例如，应付款不得与应收款相抵消，如果相互抵消就掩盖了交易的实质。再如，收入和费用反映了企业投入和产出之间的关系，是企业经营成果的两个方面，为了更好地反映经济交易的实质、考核企业经营管理水平及预测企业未来现金流量，收入和费用不得相互抵消。

以下两种情况不属于抵消：①资产计提的减值准备，实质上意味着资产的价值确实发生了减损，资产项目应当按扣除减值准备后的净额列示，这样才反映了资产当时的真实价值，并不属于上面所述的抵消；②非日常活动并非企业主要的业务，且具有偶然性，从重要性来讲，非日常活动产生的损益以收入和费用抵消后的净额列示，对公允反映企业财务状况和经营成果影响不大，抵消后反而更能有利于报表使用者理解。因此，非日常活动产生的损益应当以同一交易形成的收入扣减费用后的净额列示，并不属于抵消，如非流动资产处置形成的利得和损失，应按处置收入扣除该资产的账面金额和相关销售费用后的余额列示。

6. 比较信息的列报

企业在列报当期财务报表时，至少应当提供所有列报项目上一个可比会计期间的比较数据，以及与理解当期财务报表相关的说明，目的是向报表使用者提供对比数据，提高信息在会计期间的可比性，以反映企业财务状况、经营成果和现金流量的发展趋势，提高报表使用者的判断与决策能力。

在财务报表项目的列报确需发生变更的情况下，企业应当对上期比较数据按照当期的列报要求进行调整，并在附注中披露调整的原因和性质，以及调整的各项目金额。但是，在某些情况下，对上期比较数据进行调整是不可行的，则应当在附注中披露不能调整的原因。

7. 会计报表表首的列报要求

财务报表一般分为表首、正表两部分。其中，在表首部分企业应当概括地说明下列基本信息：①编报企业的名称，如企业名称在所属当期发生了变更的，还应明确标明；②对资产负债表而言，须披露资产负债表日，而对利润表、现金流量表、所有者权益变动表而言，须披露报表涵盖的会计期间；③货币名称和单位，按照我国《企业会计准则》的规定，企业应当以人民币作为记账本位币列报，并标明金额单位，如人民币元、人民币万元等；④财务报表是合并财务报表的，应当予以标明。

8. 报告期间

企业至少应当编制年度财务报表。根据《会计法》的规定，会计年度自公历 1 月 1 日起至 12 月 31 日止。因此，在编制年度财务报表时，可能存在年度财务报表涵盖的期间短于一年的情况，如企业在年度中间(如 3 月 1 日)开始设立等，在这种情况下，企业应当披露年度财务报表的实际涵盖期间及其短于一年的原因，并应当说明由此引起财务报表项目与比较数据不具可比性这一事实。

12.2 资产负债表

12.2.1 资产负债表概述

1. 资产负债表的定义与作用

资产负债表是指反映企业在某一特定日期财务状况的会计报表。它反映企业在某一特定日期所拥有或控制的经济资源、所承担的现时义务和所有者对净资产的要求权。通过资产负债表，可以提供某一日期资产的总额及其结构，表明企业拥有或控制的资源及其分布情况，使用者可以一目了然地从资产负债表上了解企业在某一特定日期所拥有的资产总量及其结构；可以提供某一日期的负债总额及其结构，表明企业未来需要用多少资产或劳务清偿债务及清偿时间；可以反映所有者所拥有的权益，据以判断资本保值、增值的情况及对负债的保障程度。此外，资产负债表还可以提供财务分析的基本资料，如将流动资产与流动负债进行比较，计算出流动比率；将速动资产与流动负债进行比较，计算出速动比率等。可以表明企业的变现能力、偿债能力和资金周转能力，从而有助于报表使用者做出经济决策。

2. 资产负债表的结构

在我国，资产负债表采用账户式结构，报表分为左右两方，左方列示资产各项目，反映全部资产的分布及存在形态；右方列示负债和所有者权益各项目，反映全部负债和所有者权益的内容及构成情况。资产负债表左右双方平衡，资产总计等于负债和所有者权益总计，即“资产＝负债＋所有者权益”。此外，为了使使用者通过比较不同时点资产负债表的数据，掌握企业财务状况的变动情况及发展趋势，企业需要提供比较资产负债表，资产负债表还就各项目再分为“年初余额”和“期末余额”两栏分别填列。

12.2.2 资产负债表的列报要求

1. 分类别列报

资产负债表列报，最根本的目标就是如实反映企业在资产负债表日所拥有的资源、所承担的负债及所有者所拥有的权益。因此，资产负债表应当按照资产、负债和所有者权益三大类别分类列报。

2. 资产和负债按流动性列报

资产和负债应当按照流动性分别分为流动资产和非流动资产、流动负债和非流动负债列示。流动性，通常按资产的变现及耗用时间长短或者负债的偿还时间长短来确定。按照《企业会计准则第30号财务报表列报》的规定，应先列报流动性强的资产或负债，再列报流动性弱的资产或负债。

判断流动资产、流动负债一般以一个正常营业周期为界限，一个正常营业周期是指企业从购买用于加工的资产起至实现现金或现金等价物的期间。正常营业周期通常短于一年，在一年内有几个营业周期。但是，也存在正常营业周期长于一年的情况，如房地产开发企业开发用于出售的房地产开发产品，造船企业制造的用于出售的大型船只等，从购买原材料进入生产，到制造出产品出售并收回现金或现金等价物的过程，往往超过一年，在这种情况下，与生产循环相关的产成品、应收账款、原材料尽管是超过一年才变现、出售或耗用，但仍应作为流动资产列示。当正常营业周期不能确定时，应当以一年(12 个月)作为正常营业周期。

3. 列报相关的合计、总计项目

资产负债表中的资产类至少应当列示流动资产、非流动资产的合计项目；负债类至少应当列示流动负债、非流动负债的合计项目；所有者权益类应当列示所有者权益的合计项目。

资产负债表遵循了“资产＝负债＋所有者权益”这一会计恒等式，把企业在特定时日所拥有的经济资源和与之相对应的企业所承担的债务及所有者的权益充分反映出来。因此，资产负债表应当分别列示资产总计项目和负债与所有者权益之和的总计项目，并且这二者的金额应当相等。

12.2.3 资产负债表的编制方法

根据《企业会计准则第 30 号——财务报表列报》的规定，企业需要提供比较资产负债表，以便报表使用者通过比较不同时点资产负债表的数据，掌握企业财务状况的变动情况及发展趋势。所以，资产负债表还就各项目再分为“年初余额”和“期末余额”两栏分别填列。

1. “年初余额”栏的填列方法

资产负债表“年初余额”栏内各项数字，应根据上年年末资产负债表的“期末余额”栏内所列数字填列。如果上年度资产负债表规定的各个项目的名称和内容同本年度不相一致，应对上年年末资产负债表各项目的名称和数字按照本年度的规定进行调整，填入表中“年初余额”栏内。

2. “期末余额栏”的填列方法

资产负债表的“期末余额”栏内各项数字，一般应根据资产、负债和所有者权益类账户的期末余额填列。其填列方法如下。

1) 根据总账账户的余额直接填列

资产负债表中的有些项目，可直接根据有关总账账户的余额填列。例如，交易性金融资产、固定资产清理、长期待摊费用、递延所得税资产、短期借款、交易性金融负债、应付票据、应付职工薪酬、应交税费、应付利息、应付股利、其他应付款、递延所得税负债、实收资本、资本公积、库存股、盈余公积等项目，应当根据相关总账账户的余额直接填列。

2) 根据几个总账账户的余额计算填列

例如，“货币资金”项目，应当根据“库存现金”、“银行存款”、“其他货币资金”等账户期末余额合计填列。

3) 根据有关明细账户的余额计算填列

例如，“应付账款”项目，需要根据“应付账款”和“预付账款”两个账户所属的相关明细账户的期末贷方余额计算填列；“应收账款”项目，需要根据“应收账款”和“预收账款”两个账户所属的相关明细账户的期末借方余额计算填列。

4) 根据总账账户和明细账户的余额分析计算填列

资产负债表的有些项目，需要依据总账账户和明细账户两者的余额分析填列，如“长期借款”项目，应根据“长期借款”总账账户余额扣除“长期借款”账户所属的明细账户中将在资产负债表日起一年内到期、且企业不能自主地将清偿义务展期的长期借款后的金额填列。

5) 根据总账账户与其备抵账户抵消后的净额填列

例如，“存货”项目，应当根据“原材料”、“库存商品”、“发出商品”、“周转材料”等账户期末余额，减去“存货跌价准备”账户期末余额后的金额填列；“持有至到期投资”项目，应当根据“持有至到期投资”账户期末余额，减去“持有至到期投资减值准备”账户期末余额后的金额填列；“固定资产”项目，应当根据“固定资产”账户期末余额，减去“累计折旧”、“固定资产减值准备”等账户期末余额后的金额填列。“无形资产”项目，应当根据“无形资产”账户的期末余额，减去“累计摊销”、“无形资产减值准备”等账户余额后的净额填列。

12.2.4 资产负债表的编制实例

【例 12-1】牡丹股份有限公司属于增值税一般纳税企业，适用的增值税税率为 17%，材料按实际成本计价进行日常核算。适用的所得税税率为 25%。2008 年 12 月 31 日资产负债表和 2009 年 12 月 31 日科目余额表如表 12-1、表 12-2 所示。

表 12-1 资产负债表

会企 01 表

编制单位：牡丹股份有限公司　　2008 年 12 月 31 日　　单位：元

行次	资产	年初余额	期末余额	行次	负债及所有者权益	年初余额	期末余额
001	流动资产：			001	流动负债：		
002	货币资金		1 406 300	002	短期借款		300 000
003	交易性金融资产		15 000	003	交易性金融负债		0
004	应收票据		246 000	004	应付票据		200 000
005	应收账款		299 100	005	应付账款		953 800
006	预付账款		100 000	006	预收账款		0
007	应收利息		0	007	应付职工薪酬		110 000
008	应收股利		0	008	应交税费		36 600
009	其他应收款		5 000	009	应付利息		1 000
010	存货		2 580 000	010	应付股利		0
011	一年内到期的非流动资产		0	011	其他应付款		50 000
012	其他流动资产		100 000	012	一年内到期的非流动负债		1 000 000
013	流动资产合计		4 751 400	013	其他流动负债		0
014	非流动资产：			014	流动负债合计		2 651 400
015	可供出售金融资产		0	015	非流动负债：		
016	持有至到期投资		0	016	长期借款		0
017	长期应收款		0	017	应付债券		0
018	长期股权投资		250 000	018	长期应付款		0
019	投资性房地产		0	019	专项应负债		0
020	固定资产		1 100 000	020	预计负债		0

续表

行次	资产	年初余额	期末余额	行次	负债及所有者权益	年初余额	期末余额
021	在建工程		1 500 000	021	递延所得税负债		0
022	工程物资		0	022	其他非流动负债		0
023	固定资产清理		0	023	非流动负债合计		600 000
024	生产性生物资产		0	024	负债合计		3 251 400
025	油气资产		0	025	所有者权益:		
026	无形资产		600 000	026	实收资本(或股本)		5 000 000
027	开发支出		0	027	资本公积		0
028	商誉		0	028	减：库存股		0
029	长期待摊费用		0	029	盈余公积		100 000
030	递延所得税资产		0	030	未分配利润		50 000
031	其他非流动资产		200 000	031	所有者权益合计		5 150 000
032	非流动资产合计		3 650 000	032			
033	资产总计		8 401 400	033	负债及股东权益总计		8 401 400

企业法人：(签章)　　　　财务总监：(签章)　　　　制表：(签章)

表 12-2　科目余额表

编制单位：牡丹股份有限公司　　　　2009 年 12 月 31 日　　　　单位：元

会计科目名称	借方余额	贷方余额
库存现金	2 000	
银行存款	805 831	
其他货币资金	7 300	
交易性金融资产	0	
应收票据	66 000	
应收账款	600 000	
坏账准备		1 800
预付账款	100 000	
其他应收款	5 000	
在途物资	275 000	
原材料	49 250	
周转材料	38 050	
库存商品	2 122 400	
其他流动资产	100 000	
长期股权投资	250 000	
固定资产	2 401 000	
累计折旧		170 000
固定资产减值准备		30 000
工程物资	300 000	
无形资产	600 000	
累计摊销		60 000
在建工程	428 000	
递延所得税资产	7 500	

续表

会计科目名称	借方余额	贷方余额
其他长期资产	200 000	
短期借款		50 000
应付票据		100 000
应付账款		953 800
其他应付款		50 000
预收账款		0
应付职工薪酬		180 000
应交税费		226 731
应付股利		32 215.85
长期借款		1 160 000
应付债券		6 739 800.00
股本		5 000 000
资本公积		0
盈余公积		124 770.4
利润分配(未分配利润)		218 013.75

根据上述资料，编制牡丹股份有限公司 2009 年 12 月 31 日的资产负债表，如表 12-3 所示。

表 12-3 资产负债表

会企 01 表

编制单位：牡丹股份有限公司　　2009 年 12 月 31 日　　单位：元

行次	资产	年初余额	期末余额	行次	负债及所有者权益科目	年初余额	期末余额
001	流动资产：			001	流动负债：		
002	货币资金	1 406 300	815 131	002	短期借款	300 000	50 000
003	交易性金融资产	15 000	0	003	交易性金融负债	0	0
004	应收票据	246 000	66 000	004	应付票据	200 000	100 000
005	应收账款	299 100	598 200	005	应付账款	953 800	953 800
006	预付账款	100 000	100 000	006	预收账款	0	0
007	应收利息	0	0	007	应付职工薪酬	110 000	180 000
008	应收股利	0	0	008	应交税费	36 600	226 731
009	其他应收款	5 000	5 000	009	应付利息	1 000	0
010	存货	2 580 000	2 484 700	010	应付股利	0	32 215.85
011	一年内到期的非流动资产	0	0	011	其他应付款	50 000	50 000
012	其他流动资产	100 000	100 000	012	一年内到期的非流动负债	1 000 000	0
013	流动资产合计	4 751 400	4 169 031	013	其他流动负债	0	0
014	非流动资产：			014	流动负债合计	2 651 400	1 592 746.85
015	可供出售金融资产	0	0	015	非流动负债		
016	持有至到期投资	0	0	016	长期借款	0	0

续表

行次		年初余额	期末余额	行次	负债及所有者权益科目	年初余额	期末余额
017	长期应收款	0	0	017	应付债券	0	0
018	长期股权投资	250 000	250 000	018	长期应付款	0	0
019	投资性房地产	0	0	019	专项应负债	0	0
020	固定资产	1 100 000	2 201 000	020	预计负债	0	0
021	在建工程	1 500 000	428 000	021	递延所得税负债	0	0
022	工程物资	0	300 000	022	其他非流动负债	0	0
023	固定资产清理	0	0	023	非流动负债合计	600 000	1 160 000
024	生产性生物资产	0	0	024	负债合计	3 251 400	2 752 746.85
025	油气资产	0	0	025	所有者权益：		
026	无形资产	600 000	540 000	026	实收资本(或股本)	5 000 000	5 000 000
027	开发支出	0	0	027	资本公积	0	0
028	商誉	0	0	028	减：库存股	0	0
029	长期待摊费用	0	0	029	盈余公积	100 000	124 770.4
030	递延所得税资产	0	7 500	030	未分配利润	50 000	218 013.75
031	其他非流动资产	200 000	200 000	031	所有者权益合计	5 150 000	5 342 784.15
032	非流动资产合计	3 650 000	3 926 500	032			
033	资产总计	8 401 400	8 095 531	033	负债及股东权益总计	8 401 400	8 095 531

企业法人：(签章)　　　　财务总监：(签章)　　　　制表：(签章)

12.3 利润表

12.3.1 利润表概述

1. 利润表的定义与作用

利润表是反映企业在一定会计期间经营成果的会计报表。

利润表的列报必须充分反映企业经营业绩的主要来源和构成，有助于使用者判断净利润的质量及风险，有助于使用者预测净利润的持续性，做出正确的决策。通过利润表，可以反映企业一定会计期间的收入实现情况，如实现的营业收入、投资收益、营业外收入等；可以反映一定会计期间的费用耗费情况，如耗费的营业成本、营业税费、销售费用、管理费用、财务费用、营业外支出有多少等；可以反映企业生产经营活动的成果，即净利润的实现情况，据以判断资本保值、增值情况。将利润表中的信息与资产负债表中的信息相结合，还可以提供进行财务分析的基本资料，如将赊销收入净额与应收账款平均余额进行比较，计算出应收账款周转率；将销货成本与存货平均余额进行比较，计算出存货周转率；将净利润与资产总额进行比较，计算出资产收益率等，可以表现企业资金周转情况以及企业的盈利能力和水平，便于报表使用者判断企业未来的发展趋势，做出经济决策。

2. 利润表编制的两种观点

利润表是基于收入、费用和利润 3 个会计要素设置的，并通过一定时期的收入和相关费用的配比来确定特定会计期间的利润。但在利润表的编制过程中，不可避免地会涉及一些特殊问题，如非经常性损益、前期损益调整等。对上述特殊事项的不同处理方法体现了利润表编制的两种观点。

1) 本期营业观

本期营业观是指利润表中所反映的净利润仅包括本期由营业活动所产生的各项成果，即只反映本期正常的业务经营成果，而不包括其他所得、以前年度损益调整及非经常性损益等项目，其理由是：①利润表的编制目的主要在于反映企业一定时期的经营成果，据以解释、评价和预测企业的获利能力，因此，营业外收支和非常损益等项目不应包括在利润表中；②投资者对利润表最关心的指标应当是企业本期正常生产经营活动所产生的净利润，采用本方法编制的利润表，可以提高其可预测性，也便于投资者将各期利润表与同行业中其他企业的利润表进行相互比较；③如果利润表中包括非经常性损益和以前年度损益调整等内容，会使利润表信息失真，误导投资者。

2) 损益满计观

损益满计观是指本期利润表应包括所有在本期确认的业务活动所引起的损益项目。即所有由当期营业活动引起的收入、费用等项目，以及非经常性损益和以前年度损益调整等项目，均包括在净利润中。其理由是：①营业与非营业项目、本期确认与非本期确认的收支项目有时很难划分，由于不同企业的业务性质不同，从而会产生不同的划分标准，另外，同一个企业在不同年度的业务性质可能也会发生变化，使得不同企业的利润表及同一企业不同年度的利润表会失去可比性；②由于前述原因，使得企业管理部门有了操纵各年损益信息的机会；③采用损益满计观编制利润表比较简单，也容易理解；④由于各种损益项目均在利润表中得到了充分披露，因此，投资者可以根据自己的需要对损益项目进行分类，再据以进行合理的判断。

我国现行的利润表基本上采用了损益满计观的编制方法。在利润表中，将利得和损失分为直接计入当期利润的利得和损失及直接计入所有者权益的利得和损失，并将前者计入净利润，后者以“其他综合收益”项目列示。

3. 利润表的结构

常见的利润表结构主要有单步式和多步式两种。在我国，企业利润表采用多步式结构，按利润形成的主要环节列示一些中间性利润指标，分步计算当期损益。具体分3步编制。

第一步，以营业收入为基础，减去营业成本、营业税金及附加、销售费用、管理费用、财务费用、资产减值损失，加上公允价值变动收益(减去公允价值变动损失)和投资收益(减去投资损失)，计算出营业利润。

第二步，以营业利润为基础，加上营业外收入，减去营业外支出，计算出利润总额。

第三步，以利润总额为基础，减去所得税费用，计算出净利润(或净亏损)。

此外，为了使报表使用者通过比较不同期间利润的实现情况，判断企业经营成果的未来发展趋势，企业需要提供比较利润表，利润表还就各项目再分为“本期金额”和“上期金额”两栏分别填列。

12.3.2 利润表的填列方法

1. “上期金额”栏的填列方法

利润表中的“上期金额”栏应根据上年该期利润表“本期金额”栏内所列数字填列。

如果上年该期利润表规定的各个项目的名称和内容同本期不相一致，应对上年该期利润表各项目的名称和数字按本期的规定进行调整，填入利润表“上期金额”栏内。

2. “本期金额”栏的填列方法

利润表“本期金额”栏内各项数字一般应根据损益类账户的发生额分析填列。

(1) “营业收入”项目，反映企业经营主要业务和其他业务所确认的收入总额，本项目应根据“主营业务收入”和“其他业务收入”账户的发生额分析填列。

(2) “营业成本”项目，反映企业经营主要业务和其他业务所发生的成本总额。本项目应根据“主营业务成本”和“其他业务成本”账户的发生额分析填列。

(3) “营业税金及附加”项目，反映企业经营业务应负担的消费税、营业税、城市建设维护税、资源税、土地增值税和教育费附加等。本项目应根据“营业税金及附加”账户的发生额分析填列。

(4) “销售费用”项目，反映企业在销售商品过程中发生的包装费、广告费等费用和为销售本企业商品而专设的销售机构的职工薪酬、业务费等经营费用。本项目应根据“销售费用”账户的发生额分析填列。

(5) “管理费用”项目，反映企业为组织和管理生产经营发生的管理费用。本项目应根据 “管理费用”账户的发生额分析填列。

(6) “财务费用”项目，反映企业筹集生产经营所需资金等而发生的筹资费用。本项目应根据“财务费用”账户的发生额分析填列。

(7) “资产减值损失”项目，反映企业各项资产发生的减值损失。本项目应根据“资产减值损失”账户发生额分析填列。

(8) “公允价值变动收益”项目，反映企业应当计入当期损益的资产或负债公允价值变动收益。本项目应根据“公允价值变动损益”账户的发生额分析填列，如为净损失，本项目以 “－”号填列。

(9) “投资收益”项目，反映企业以各种方式对外投资所取得的收益。本项目应根据“投资收益”账户的发生额分析填列。如为投资损失，本项目用“－”号填列。

(10) “营业利润”项目，反映企业实现的营业利润。如为亏损，本项目以“－”号填列。

(11) “营业外收入”项目，反映企业发生的与经营业务无直接关系的各项收入。本项目应根据“营业外收入”账户的发生额分析填列。

(12) “营业外支出”项目，反映企业发生的与经营业务无直接关系的各项支出。本项目应根据“营业外支出”账户的发生额分析填列。

(13) “利润总额”项目，反映企业实现的利润。如为亏损，本项目以“－”号填列。

(14) “所得税费用”项目，反映企业应从当期利润总额中扣除的所得税费用。本项目应根据“所得税费用”账户的发生额分析填列。

(15) “净利润”项目，反映企业实现的净利润。如为亏损，本项目以“－”号填列。

(16) “基本每股收益”和“稀释每股收益”项目，应当根据《企业会计准则第 34 号——每股收益》的规定计算的金额填列。

(17) “其他综合收益”项目，反映企业根据《企业会计准则》规定未在损益中确认的各项利得和损失扣除所得税影响后的净额；另外，企业应当在附注中详细披露其他综合收益各项目及其所得税影响，以及原计入其他综合收益、当期转入损益的金额等信息。

(18) “综合收益总额”项目，反映企业净利润与其他综合收益的合计金额。

12.3.3 利润表的编制实例

【例 12-2】牡丹股份有限公司 2009 年度有关损益类科目本年累计发生净额如表 12-4 所示。

表 12-4 牡丹股份有限公司损益类科目 2009 年度累计发生净额

单位：元

科目名称	借方发生额	贷方发生额
主营业务收入		1 250 000
主营业务成本	750 000	
营业税金及附加	2 000	
销售费用	20 000	
管理费用	157 100	
财务费用	41 500	
资产减值损失	30 900	
投资收益		31 500
营业外收入		50 000
营业外支出	19 700	
所得税费用	85 300	

根据上述资料，编制牡丹股份有限公司 2009 年度利润表，如表 12-5 所示。

表 12-5 利润表

会企 02 表

编制单位：牡丹股份有限公司　　2009 年度　　单位：元

行次	项目	本期金额	上期金额(略)
001	一、营业收入	1 250 000	
002	减：营业成本	750 000	
003	营业税金及附加	2 000	
004	销售费用	20 000	
005	管理费用	157 100	
006	财务费用	41 500	
007	资产减值损失	30 900	
008	加：公允价值变动损益	0	
009	投资收益	31 500	
010	其中：对联营企业和合营企业的投资收益	0	
011	二、营业利润	280 000	
012	加：营业外收入	50 000	
013	减：营业外支出	19 700	
014	其中：非流动资产处置损失	0	
015	三、利润总额	310 300	
016	减：所得税费用	85 300	
017	四、净利润	225 000	
018	五、每股收益		

续表

行次	项目	本期金额	上期金额(略)
019	(一) 基本每股收益	0.045	
020	(二) 稀释每股收益	0.042	
021	六、其他综合收益		
022	七、综合收益总额		

企业法人：(签章)　　　　　　　　财务总监：(签章)　　　　　　　　制表：(签章)

【例 12-3】牡丹股份有限公司 2009 年归属于普通股股东的净利润为 225 000 元，期初发行在外普通股股数 5 000 000 股，年内普通股股数未发生变化。2009 年 1 月 1 日，公司按面值发行 600 000 元的 3 年期可转换公司债券，债券每张面值 100 元，票面固定年利率为 2%，利息自发行之日起每年支付一次，即每年 12 月 31 日为付息日。该批可转换公司债券自发行结束后 12 个月以后即可转换为公司股票，即转股期为发行 12 个月后至债务到期日止的期间。转股价格为每股 10 元，即每 100 元债券可转换为 10 股面值为 1 元的普通股。债券利息不符合资本化条件，直接计入当期损益，所得税税率为 25%。

假设不考虑可转换公司债券在负债和权益成分的分拆，且债券票面利率等于实际利率。2009 年度每股收益计算如下：

基本每股收益＝225 000÷5 000 000＝0.045(元/股)

假设转换所增加的净利润＝600 000×2%×(1－25%)＝9 000(元)

假设转换所增加的普通股股数＝600 000÷1＝600 000(股)

增量股的每股收益＝9 000÷600 000＝0.015(元/股)

增量股的每股收益小于基本每股收益，可转换公司债券具有稀释作用。

稀释每股收益＝(225 000＋9 000)÷(5 000 000＋600 000)＝0.042(元/股)

12.4 现金流量表

12.4.1 现金流量表概述

1. 现金流量表的定义

现金流量表是指反映企业在一定会计期间的经营活动、投资活动和筹资活动的现金和现金等价物流入和流出情况的动态会计报表。从编制原则上看，现金流量表按照收付实现制编制，将利润表权责发生制下的盈利信息调整为收付实现制下的现金流量信息，便于信息使用者了解企业净利润的质量。从内容上看，现金流量表被划分为经营活动、投资活动和筹资活动 3 个部分，每类活动又分为各具体项目，这些项目从不同角度反映企业业务活动的现金流入与流出，弥补了资产负债表和利润表提供信息的不足。

2. 现金流量表的作用

企业现金充裕，就可以及时购入必要的材料物资和固定资产、及时支付工资、偿还债务、支付股利和利息等；反之，轻则影响企业的正常生产经营，重则危及企业的生存。因此，现金流量信息已经成为财务管理与企业战略的一个重要方面，受到企业管理者、投资者、债权人及政府监管部门的关注。具体来讲，现金流量表有以下作用。

1) 现金流量表有助于评价企业支付能力、偿债能力和周转能力

现金流量表所揭示的现金流量信息可以从现金角度对企业偿还长、短期债务和支付利息、股利或利润等支付能力做出进一步的分析，从而做出更可靠、更稳健的评价。一个企业创造了较多的利润，同时又产生了较多的现金流量净额，就具有了较强的偿债能力和支付能力。如果这个企业在创造了较多的利润的同时，继续扩大投资，包括用于购置固定资产或增加对外投资份额等，则现金流出量会大量增加，从而造成现金短缺，这就必然降低了偿债能力和支付能力。相反，如果企业创造利润不多，但由于处置和变卖固定资产、无形资产或加大了直接融资，增加了现金流量净额，从而就保持了较强的偿债能力和支付能力。因此，通过对 3 类活动所产生的现金流入信息和现金流出信息的分析，可以对企业的偿债能力、支付能力做出更准确、可靠的评价。

2) 现金流量表有助于预测企业未来现金流量

评价过去是为了预测未来。一个正常经营的企业，在创造利润的同时，还应创造现金收益。通过现金流量表所反映的企业过去一定期间的现金流量及其他生产经营指标，可以反映企业现金的来源和用途是否合理，了解经营活动产生的现金流量有多少，企业在多大程度上依赖外部资金，可据以预测企业未来现金流量，从而为企业编制现金流量预算、组织现金调度、合理节约地使用现金创造条件，为投资者和债权人评价企业未来的现金流量、做出投资和信贷决策提供必要信息。

3) 现金流量表有助于分析企业收益质量

利润表中列示的净利润指标，反映了一个企业的经营成果，这是体现企业经营业绩的最重要的一个指标。但是，利润表是按照权责发生制编制的，它不能反映企业经营活动产生了多少现金，并且没有反映投资活动和筹资活动对企业财务状况的影响。而现金流量表中的现金流量是以收付实现制为基础的。一般来说，净利润增加，现金流量净额也增加，但在某些情况下，如企业虽然大量销售了商品，但货款和劳务收入款项却未能及时收回，由此影响了企业资金周转，收益质量不佳。因此，通过现金流量表，可以掌握企业经营活动、投资活动和筹资活动的现金流量，将经营活动产生的现金流量与净利润相比较，就可以从现金流量的角度了解净利润的质量。

4) 现金流量表可以对企业投资活动和筹资活动做出评价

现金流量表将企业的业务活动按性质分为经营活动、投资活动和筹资活动。其中，投资活动是企业将一部分财力投入某一对象，以谋求更多收益的一种行为。现金流量表的投资活动包括对外投资(如长期股权投资)和对内投资(如扩建生产流水线)。筹资活动是企业根据财力的需求，而进行直接融资或间接融资的一种行为。一般来说，企业的投资和筹资活动都和经营活动密切相关，3 类活动都应以提高获利能力为目标。因此，对现金流量表中所揭示的投资活动所产生的现金流出信息和筹资活动所产生的现金流入和流出信息，可以结合经营活动所产生的现金流量信息和企业净收益进行具体分析，判断企业的投资活动和筹资活动所起的作用。例如，它对提高企业的整体获利能力有什么影响；是否有过度扩大企业经营规模，从而增加了企业的财务风险等做出判断和评价，并为未来的投资决策和筹资决策提供依据。

12.4.2 现金流量表的编制基础与结构

1. 现金流量表的编制基础

现金流量表以现金及现金等价物为基础编制，划分为经营活动、投资活动和筹资活动。

1) 现金

现金是指企业库存现金及可以随时用于支付的存款。不能随时用于支付的存款不属于现金。现金主要包括：①库存现金，指企业持有可随时用于支付的现金，与“库存现金”账户的核算内容一致；②银行存款，指企业存入金融机构、可以随时用于支取的存款，与“银行存款”账户核算内容基本一致，但不包括不能随时用于支取的存款，如不能随时支取的定期存款等不应作为现金，提前通知金融机构便可支取的定期存款则应包括在现金范围内；③其他货币资金，指存放在金融机构的外埠存款、银行汇票存款、银行本票存款、信用卡存款、信用证保证金存款和存出投资款，与“其他货币资金”账户核算内容一致。

2) 现金等价物

现金等价物是指企业持有的期限短、流动性强、易于转换为已知金额现金、价值变动风险很小的投资。判断一项投资属于现金等价物必须同时具备的 4 个条件：①期限短；②流动性强；③易于转换成已知金额的现金；④价值变动的风险较小。其中，期限短、流动性强所强调的是现金等价物的变现能力，期限短一般是指从购买之日起，3 个月内到期的短期债券投资等；而易于转换成已知金额的现金、价值变动风险小则强调了现金等价物的支付能力，如企业作为短期投资而购入的可流通的股票，尽管期限短，变现的能力也很强，但由于其变现的金额并不确定，其价值变动的风险较大，因而不属于现金等价物。总之，企业应当根据具体情况，确定现金等价物的范围，一经确定不得随意变更。

在现金流量表中，现金及现金等价物被视为一个整体，企业现金形式的转换不会产生现金的流入和流出。例如，企业从银行提取现金，是企业现金存放形式的转换，并未流出企业，不构成现金流量。同样，现金与现金等价物之间的转换也不属于现金流量，例如，企业用现金购买 3 个月到期的国库券。

2. 现金流量表的结构

现金流量表由正表和补充资料两部分组成。其中，正表按照现金流量的性质分为经营活动的现金流量、投资活动的现金流量、筹资活动的现金流量 3 部分。各部分又分别按收入项目和支出项目列示，以反映各类活动所产生的现金流入量和现金流出量，来展示各类现金流入和流出的原因。

补充资料包括 3 部分内容：一是将净利润调节为经营活动现金流量；二是对不涉及现金收支的重大投资和筹资活动的列示；三是现金及现金等价物净变动等信息。

12.4.3 现金流量的分类

现金流量是指现金及现金等价物的流入和流出的数量。根据企业业务活动的性质和现金流量的来源，现金流量表将企业一定期间产生的现金流量分为经营活动产生的现金流量、投资活动产生的现金流量、筹资活动产生的现金流量。

1. 经营活动产生的现金流量

经营活动是指企业投资活动和筹资活动以外的所有交易和事项。各类企业由于行业特点不同，对经营活动的认定存在一定差异。对于工商企业而言，经营活动主要包括销售商品、提供劳务、购买商品、接受劳务、支付税费等。对于商业银行而言，经营活动主要包括吸收存款、发放贷款、同业存放、同业拆借等。对于保险公司而言，经营活动主要包括原保险业务和再保险业务等。对于证券公司而言，经营活动主要包括自营证券、代理承销证券、代理兑付证券、代理买卖证券等。

2. 投资活动产生的现金流量

投资活动是指企业长期资产的购建和不包括在现金等价物范围内的投资及其处置活动。长期资产是指固定资产、无形资产、在建工程、其他资产等持有期限在一年或一个营业周期以上的资产。这里所讲的投资活动，既包括实物资产投资，也包括金融资产投资。这里之所以将“包括在现金等价物范围内的投资”排除在外，是因为已经将包括在现金等价物范围内的投资视同现金。不同企业由于行业特点不同，对投资活动的认定也存在差异。例如，交易性金融资产所产生的现金流量，对于工商业企业而言，属于投资活动现金流量，而对于证券公司而言，属于经营活动现金流量。

3. 筹资活动产生的现金流量

筹资活动是指导致企业资本及债务规模和构成发生变化的活动。这里所说的资本，既包括实收资本(股本)，也包括资本溢价(股本溢价)；这里所说的债务，指对外举债，包括向银行借款、发行债券等。通常情况下，应付账款、应付票据等商业应付款等属于经营活动，不属于筹资活动。

此外，对于企业日常活动之外特殊的、不经常发生的项目，如自然灾害损失、保险赔款、捐赠等，应当归并到相关类别中，并单独反映。例如，对于自然灾害损失和保险赔款，如果能够确指属于流动资产损失，应当列入经营活动产生的现金流量；属于固定资产损失，应当列入投资活动产生的现金流量。现金流量示意图如图 12.1 所示。

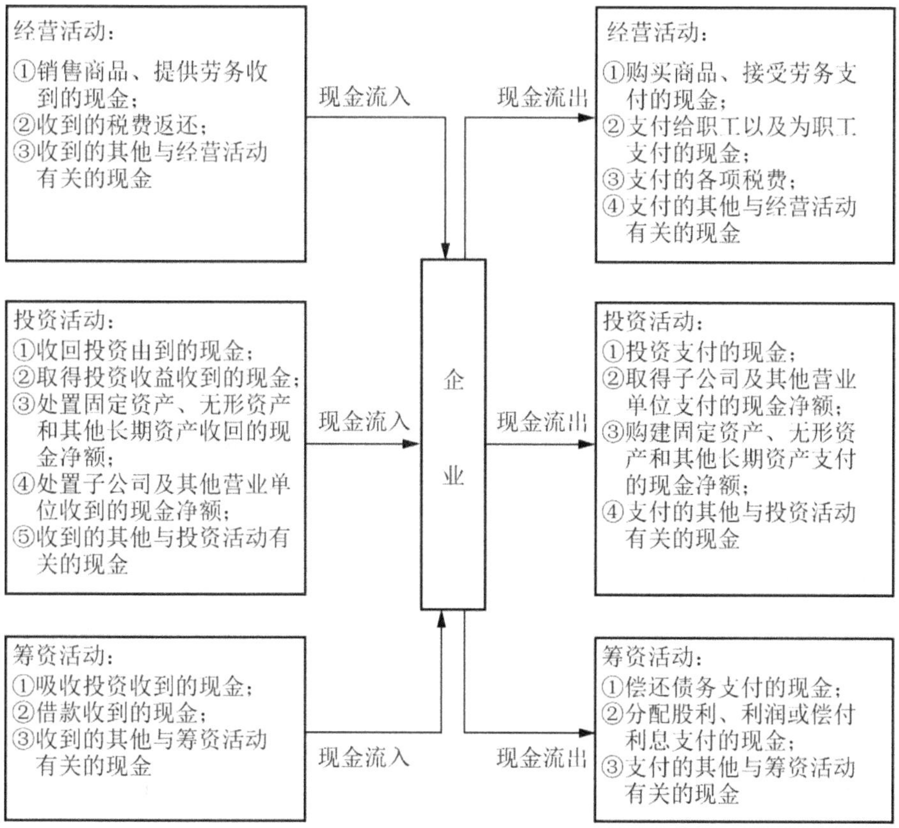

图 12.1 现金流量示意图

12.4.4 现金流量表的编制原理

编制现金流量表通常有两种编制方法，即直接法和间接法。

1. 直接法

直接法是通过现金收入和支出的主要类别反映来自企业经营活动的现金流量。一般是以利润表中的营业收入为起算点，调整与经营活动有关的项目的增减变动，从而计算出经营活动的现金流量。

2. 间接法

为遵守《企业会计准则》，企业的会计系统是按权责发生制设计的，而不是收付实现制。权责发生制会计经常隐藏对现金的影响，因此，将权责发生制下的利润调节为收付实现制下的现金就显得特别重要。间接法是以本期净利润为起算点，调整不涉及现金的收入、费用、营业外收支及有关项目的增减变动，剔除投资活动、筹资活动对现金流量的影响，从而计算出经营活动的现金流量。实际上就是将按权责发生制确定的净利润调整为现金净流入，并剔除投资活动和筹资活动对现金流量的影响。

采用直接法编报的现金流量表易于理解，它为决策提供了更多的信息，便于分析企业业务活动产生的现金流量的来源和用途，预测企业现金流量的未来前景；采用间接法编报现金流量表，便于将净利润与经营活动产生的现金流量净额进行比较，了解净利润与经营活动产生的现金流量差异的原因，从现金流量的角度分析净利润的质量。我国《企业会计准则》规定企业采用直接法编报现金流量表正表，同时要求在附注中提供以净利润为基础调节到经营活动现金流量的信息。图 12.2 给出了为编制现金流量表从权责发生制的利润转变为收付实现制下的现金流量的大致过程。

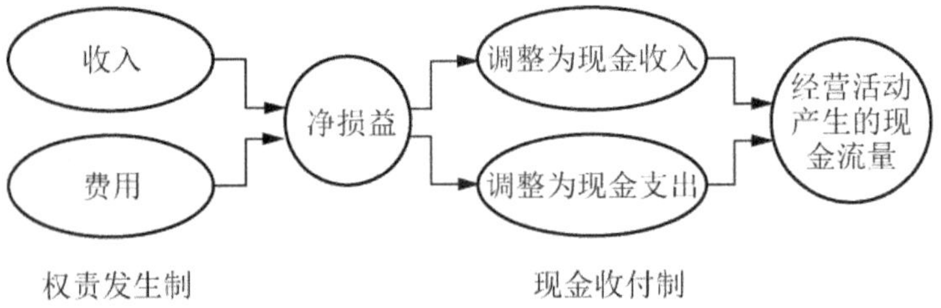

图 12.2 现金流量从权责发生制转变为收付实现制

12.4.5 现金流量表正表主要项目的编制说明

1. 经营活动产生的现金流量

经营活动现金流量是指企业投资活动和筹资活动以外的所有交易和事项所导致的现金流入和流出。

1) 经营活动流入的现金

(1) 销售商品、提供劳务收到的现金。

本项目反映企业销售商品、提供劳务实际收到的现金(含销售收入和应向购买者收取的增值税额)，包括本期销售商品、提供劳务收到的现金，以及前期销售和前期提供劳务本期收到的现金和本期预收的账款，扣除本期退回本期销售的商品和前期销售本期退回的商品支付的现金。企业销售材料和代购代销业务收到的现金，也在本项目反映。本项目可以根据“库存现金”、“银行存款”、“应收账款”、“应收票据”、“预收账款”、“主营业务收入”、“其他业务收入”等科目的记录分析填列。根据账户记录分析计算该项目的金额，通常可以采用以下公式计算：

销售商品、提供劳务收到的现金＝本期销售商品、提供劳务的收入
＋与收入业务有关的增值税销项税额
＋应收账款(期初余额－期末余额)
＋应收票据(期初余额－期末余额)
＋预收账款(期末余额－期初余额)
－本期计提的坏账准备
－实际发生的现金折扣等特殊调整项目

值得注意的是，如果企业当期发生债务重组、非货币性交易等特殊事项时，还要做进一步的分析调整。

【例 12-4】牡丹股份有限公司 2009 年度有关资料如下：①应收账款项目，年初数 100 万元，年末数 120 万元；②应收票据项目，年初数 40 万元，年末数 20 万元；③预收款项项目，年初数 80 万元，年末数 90 万元；④主营业务收入 6 000 万元，⑤应交税费——应交增值税(销项税额)1 020 万元；⑥其他有关资料，本期计提坏账准备 5 万元(该企业采用备抵法核算坏账损失)，本期发生坏账回收 2 万元，收到客户用 11.7 万元商品(货款 10 万元及增值税 1.7 万元)抵偿前欠账款 12 万元。

销售商品、提供劳务收到的现金＝(6 000＋1 020)＋(100－120)＋(40－20)
＋(90－80)－5－12＝7 013(万元)

(2) 收到的税费返还。

本项目反映企业收到退还的各种税费，如收到返还的增值税、消费税、营业税、关税、所得税、教育费附加返还等。本项目可以根据“库存现金”、“银行存款”、“营业外收入”和“其他应收款”等科目的记录分析填列。

(3) 收到的其他与经营活动有关的现金。

该项目反映企业除了上述各项目外，收到的其他与经营活动有关的现金流入，如罚款收入、流动资产损失中由个人赔偿的现金、经营租赁的租金收入等。其他现金流入如价值较大的，应单列项目反映。本项目可以根据“库存现金”、“银行存款”、“营业外收入”等科目的记录分析填列。

2) 经营活动流出的现金

(1) 购买商品、接受劳务支付的现金。

本项目反映企业购买商品、接受劳务实际支付的现金，包括本期购入商品、接受劳务支付的现金(包括增值税进项税额)，以及本期支付前期购入商品、接受劳务的未付款项和本期预付款项。本期发生的购货退回收到的现金应从本项目内扣除。该项目可以根据“库存现金”、“银行存款”、“应付账款”、“应付票据”、“预付账款”、“主营业务成本”、“其他业务成本”等科目的记录分析填列。根据账户记录分析计算该项目的金额，通常可以采用以下公式计算：

购买商品、接受劳务支付的现金＝本期的销售成本＋与购买业务有关的增值税进项税额
＋存货(期末余额－期初余额)
＋预付账款(期末余额－期初余额)
＋应付账款(期初余额－期末余额)
＋应付票据(期初余额－期末余额)
－当期列入主营业务成本、存货项目的非“材料”费用(如职工薪酬和折旧费等)
＋未实现销售的存货减少数等特殊调整项目
－非购买业务的存货增加数等特殊调整项目

【例 12-5】牡丹股份有限公司 2009 年度有关资料如下：①应付账款项目，年初数 100 万元，年末数 120 万元；②应付票据项目，年初数 40 万元，年末数 20 万元；③预付款项目，年初数 80 万元，年末数 90 万元；④存货项目的年初数为 100 万元，年末数为 80 万元；⑤主营业务成本 4 000 万元；⑥应交税费——应交增值税(进项税额)600 万元；⑦其他有关资料，用固定资产偿还应付账款 10 万元，生产成本中直接工资项目含有本期发生的生产工人工资费用 100 万元，本期制造费用发生额为 60 万元(其中消耗的物料费为 5 万元)，工程项目领用的本企业产品 10 万元。

购买商品、接受劳务支付的现金
＝(4 000＋600)＋(80－100)＋(100－120)＋(40－20)＋(90－80)－(10＋100＋55)＋10
＝4 435(万元)

(2) 支付给职工以及为职工支付的现金。

本项目反映企业实际支付给职工的现金及为职工支付的现金，包括企业为获得职工提供的服务、本期实际给予各种形式的报酬以及其他相关支出，如支付给职工的工资、奖金、各种津贴和补贴等，以及为职工支付的其他费用。企业代扣代缴的职工个人所得税，也在本项目中反映。本项目不包括支付给在建工程人员的工资，支付的在建工程人员的工资，在“购建固定资产、无形资产和其他长期资产所支付的现金”项目中反映。

企业为职工支付的医疗、养老、失业、工伤、生育等社会保险基金、补充养老保险、住房公积金，企业为职工交纳的商业保险金，因解除与职工劳动关系给予的补偿，现金结算的股份支付，以及企业支付给职工或为职工支付的其他福利费用等，应根据职工的工作性质和服务对象，分别在“购建固定资产、无形资产和其他长期资产所支付的现金”和“支付给职工以及为职工支付的现金”项目中反映。

本项目可以根据“库存现金”、“银行存款”、“应付职工薪酬”等账户的记录分析填列。根据账户记录分析计算该项目的金额，通常可以采用以下公式计算：

支付给职工以及为职工支付的现金
＝生产成本、制造费用、管理费用和销售费用的应付职工薪酬等费用
＋应付职工薪酬(期初余额－期末余额)
－应付职工薪酬——在建工程、无形资产明细(期初余额－期末余额)
＋其他应收款——代垫款项明细(期末余额－期初余额)等

【例 12-6】牡丹股份有限公司 2009 年度职工薪酬有关资料如表 12-6 所示。

表 12-6　牡丹股份有限公司 2009 年度职工薪酬有关资料

单位：元

项目		年初数	本期分配或计提数	期末数
应付职工薪酬	生产工人工资	100 000	1 000 000	80 000
	车间管理人员工资	40 000	500 000	30 000
	行政管理人员工资	60 000	800 000	45 000
	在建工程人员工资	20 000	300 000	15 000

本期用银行存款支付离退休人员工资 500 000 元，假定应付职工薪酬本期减少数均以银行存款支付，应付职工薪酬为贷方余额。假定不考虑其他事项。

支付给职工以及为职工支付的现金

＝(1 000 000＋500 000＋800 000)＋(100 000＋40 000＋60 000)

－(80 000＋30 000＋45 000)

＝2 345 000(元)

(3) 支付的各项税费。

本项目反映企业当期实际上交税务部门的各种税金。包括本企业发生并支付的各种税费，以及本期支付以前各期发生的税费和本期预交的税费，包括所得税、增值税、消费税、营业税、印花税、房产税、土地增值税、车船使用税、教育费附加、矿产资源补偿费等。但不包括计入固定资产价值、实际支付的耕地占用税等，也不包括本期退回的增值税、所得税。本期退回的增值税、所得税在“收到的税费返还”项目中反映。该项目应根据“应交税费”、“库存现金”、“银行存款”等科目的记录分析填列。根据账户记录分析计算该项目的金额。通常可以采用以下公式计算：

支付的各项税费＝所得税费用＋营业税金及附加

＋计入管理费用、存货、其他业务成本等的税费

＋交纳的增值税＋除增值税外的应交税费(期初余额－期末余额)

【例 12-7】牡丹股份有限公司 2009 年有关资料如下：①2009 年利润表中的所得税费用为 500 000 元(均为当期应交所得税产生的所得税费用)；②“应交税费——应交所得税”科目年初数为 20 000 元，年末数为 10 000 元；③另外企业当期还交纳了增值税 500 000 元，其中含在建工程领用自产的产品应交的增值税 40 000 元。假定不考虑其他税费。

支付的各项税费＝500 000＋(20 000—10 000)＋(500 000－40 000)＝970 000(元)

(4) 支付的其他与经营活动有关的现金。

本项目反映企业除上述各项目外，支付的其他与经营活动有关的现金流出，如罚款支出、经营租赁支付的租金、支付的差旅费、业务招待费、支付的保险费等。若其他现金流出如价值较大的，应单列项目反映。该项目应根据“库存现金”、“银行存款”、“管理费用”、“营业外支出”等科目的记录分析填列。

【例 12-8】牡丹股份有限公司 2009 年度发生的管理费用为 2 200 万元。其中，以现金支付退休职工统筹退休金 350 万元和管理人员工资 950 万元，存货盘亏损失 25 万元，计提固定资产折旧 420 万元，无形资产摊销 200 万元，其余均以现金支付。

支付的其他与经营活动有关的现金＝2 200－950－25－420－200＝605(万元)

2. 投资活动产生的现金流量

现金流量表中的投资活动比通常所指的短期投资和长期投资范围要广，投资活动包括非现金等价物的短期投资和长期投资的购买与处置、固定资产的购建与处置、无形资产的购置与处置等。通过单独反映投资活动产生的现金流量，可以了解为获得未来收益和现金流量而导致资源转出的程度，以及以前资源转出带来的现金流入的信息。

1) 投资活动流入的现金

(1) 收回投资所收到的现金。

本项目反映企业出售、转让或到期收回除现金等价物以外的交易性金融资产、可供出售金融资产、长期股权投资等而收到的现金及收回持有至到期投资的本金。不包括持有至到期投资收回的利息及收回的非现金资产。该项目可根据“交易性金融资产”、“可供出售金融资产“、“长期股权投资”、“持有至到期投资”等账户的记录分析填列。

(2) 取得投资收益所收到的现金。

本项目反映企业因各种权益性投资而分得的现金股利、利润，以及因持有至到期投资而取得的利息收入等。该项目可以根据“库存现金”、“银行存款”、“投资收益”等科目的记录分析填列。

(3) 处置固定资产、无形资产和其他长期资产所收回的现金净额。

本项目反映企业处置固定资产、无形资产和其他长期资产所取得的现金(包括因资产毁损收到的保险赔偿款)，扣除为处置这些资产而支付的有关费用后的净额。但是，如果收回的现金为负数，则在“支付其他与投资活动有关的现金”项目中反映。由于自然灾害所造成的固定资产等长期资产损失而收到的保险赔偿收入，也在本项目反映。该项目可以根据“固定资产清理”、“库存现金”、“银行存款”等账户的记录分析填列。

(4) 处置子公司及其他营业单位收到的现金净额。

本项目反映企业处置子公司及其他营业单位所取得的现金，减去相关处置费用，以及子公司及其他单位持有的现金和现金等价物后的净额。该项目可以根据“长期股权投资”、“库存现金”、“银行存款”等账户的记录分析填列。

(5) 收到的其他与投资活动有关的现金。

本项目反映企业除了上述各项目以外，收到的其他与投资活动有关的现金流入。例如，企业收回购买股票或债券时尚未领取的现金股利或已到付息期但尚未领取的利息。若其他与投资活动有关的现金流入价值较大的，应单列项目反映。该项目可以根据“应收股利”、“应收利息”、“银行存款”和“库存现金”等账户的记录分析填列。

2) 投资活动流出的现金

(1) 购建固定资产、无形资产和其他长期资产所支付的现金。

本项目反映企业购建固定资产、无形资产和其他长期资产所实际支付的现金，以及用现金支付的应由在建工程和无形资产负担的职工薪酬，不包括为购建固定资产而发生的借款利息资本化的部分，以及融资租入固定资产支付的租赁费。企业借款利息和融资租入固定资产支付的租赁费，在筹资活动产生的现金流量中单独反映。该项目可以根据“固定资产”、“在建工程”、“无形资产”、“库存现金”、“银行存款”等账户的记录分析填列。

【例 12-9】牡丹股份有限公司 2009 年度发生下列有关业务：①购买固定资产价款为 50 000 元，进项税额为 8 500 元，款项已付；②购买工程物资价款为 10 000 元，进项税额为 1 700 元，款项已付；③支付工程人员薪酬 6 000 元；④预付工程价款 80 000 元；⑤交付使用前长期借款利息 78 900 元，本年已支付；⑥支付申请专利权的注册费、律师费等 68 000 元。

购建固定资产、无形资产和其他长期资产而支付的现金
＝58 500＋11 700＋6 000＋80 000＋68 000＝224 200(元)

(2) 投资所支付的现金。

本项目反映企业取得除现金等价物以外的对其他企业的权益性投资和债权性投资所支付的现金，以及支付的佣金、手续费等附加费用。但取得的子公司及其他营业单位支付的现金净额除外。该项目可以根据“交易性金融资产”、“可供出售金融资产”、“持有至到期投资”、“长期股权投资”、“库存现金”和“银行存款”等账户的记录分析填列。

值得注意的是：企业购买股票和债券时，实际支付的价款中包含的已宣告但尚未领取的现金股利或已到付息期但尚未领取的债券的利息，由于属于垫支款，应在投资活动的“支付的其他与投资活动有关的现金”项目中反映；而企业收回购买股票和债券时支付的已宣告但尚未领取的现金股利或已到付息期但尚未领取的债券的利息，由于其不属于真正意义上的投资成本的收回，所以应在“收到的其他与投资活动有关的现金”项目中反映。

(3) 取得子公司及其他营业单位支付的现金净额。

本项目反映企业购买子公司及其他营业单位所支付的现金部分，减去子公司及其他营业单位持有的现金及现金等价物后的净额。该项目可以根据“长期股权投资”、“库存现金”、“银行存款”等账户的记录分析填列。

(4) 支付的其他与投资活动有关的现金。

本项目反映企业除了上述各项以外所支付的其他与投资活动有关的现金流出，如企业购买股票和债券时，实际支付的价款中包含的已宣告但尚未领取的现金股利或已到付息期但尚未领取的债券利息。其他现金流出如价值较大的，应单列项目反映。该项目可以根据“应收股利”、“应收利息”、“库存现金”、“银行存款”等账户的记录分析填列。

3. 筹资活动产生的现金流量

现金流量表需要单独反映筹资活动产生的现金流量，通过现金流量表中反映的筹资活动的现金流量，可以帮助投资者和债权人预计对企业未来现金流量的要求权，以及获得前期现金流入而付出的代价。

1) 筹资活动流入的现金

(1) 吸收投资所收到的现金。

本项目反映企业收到的投资者投入的现金，包括以发行股票方式筹集资金实际收到的款项净额(发行收入减去支付的佣金等发行费用后的净额)、发行债券实际收到的现金(发行收入减去支付的佣金等发行费用后的净额)等，以发行股票方式筹集资金而由企业直接交付的审计、咨询等费用，以及发行债券支付的发行费用在“支付的其他与筹资活动有关的现金”项目反映，不从本项目内扣除。该项目可以根据“实收资本(或股本)”、“资本公积”、“应付债券”、“库存现金”、“银行存款”等账户的记录分析填列。

(2) 取得借款所收到的现金。

本项目反映企业取得各种短期、长期借款所实际收到的现金。该项目可以根据“银行存款”、“短期借款”和“长期借款”账户的记录分析填列。

(3) 收到的其他与筹资活动有关的现金。

本项目反映企业除上述各项目外，收到的其他与筹资活动有关的现金流入，如接受现金捐赠等。若某项其他与筹资活动有关的现金流入价值较大的，应单列项目反映。该项目可以根据“银行存款”、“库存现金”、“营业外收入”等账户的记录分析填列。

2) 筹资活动流出的现金

(1) 偿还债务所支付的现金。

本项目反映企业以现金偿还债务的本金，包括偿还金融企业的借款本金、偿还债券本金等。企业偿还的借款利息、债券利息，在“偿付利息所支付的现金”项目反映，不包括在本项目内。该项目可以根据“短期借款”、“长期借款”、“应付债券”、“库存现金”、“银行存款”等账户的记录分析填列。

【例 12-10】牡丹股份有限公司 2009 年度发生下列有关经济业务：①偿还短期借款，本金 90 000 元，利息 300 元；②偿还长期借款，本金 500 000 无，利息 6 600 元；③支付到期一次还本付息的应付债券，面值 100 000 元，3 年期，利率 6%。

偿还债务所支付的现金＝90 000＋500 000＋100 000＝690 000(元)

(2) 分配股利、利润和偿付利息所支付的现金。

本项目反映企业实际支付的现金股利、利息及支付给其他投资单位的利润等。该项目可以根据“应付股利”、“应付利息”、“财务费用”、“库存现金”和“银行存款”等账户的借方分析填列。例 12-10 中：

分配股利、利润或偿付利息所支付的现金＝300＋6 600＋18 000＝24 900(元)

(3) 支付的其他与筹资活动有关的现金。

本项目反映企业除了上述各项外，支付的其他与筹资活动有关的现金流出，如捐赠现金支出、融资租入固定资产支付的租赁费等。若某项其他与筹资活动有关的现金流出金额较大的，应单列项目反映。该项目可以根据“营业外支出”、“长期应付款”、“银行存款”和“库存现金”等账户的借方分析填列。

4. 汇率变动对现金及现金等价物的影响

本项目反映企业外币现金流量及境外子公司的现金流量，按照现金流量发生日的即期汇率或即期汇率近似的汇率折算的人民币金额与“现金及现金等价物净增加额”中的外币现金净增加额按资产负债表日的即期汇率折算的人民币金额之间的差额。

本项目一般根据下列方法填列：将现金流量表补充资料中的“现金及现金等价物净增加额”项目金额与现金流量表正表中的“经营活动产生的现金流量净额”、“投资活动产生的现金流量净额”、“筹资活动产生的现金流量净额”3 项之和的差额倒轧出“汇率变动对现金及现金等价物的影响”。

12.4.6 现金流量表补充资料主要项目的编制说明

现金流量表补充资料也称附注。现金流量表补充资料包括将净利润调节为经营活动现金流量、不涉及现金收支的重大投资和筹资活动、现金及现金等价物净变动情况等项目。

企业应当采用间接法在现金流量表补充资料中披露将净利润调节为经营活动现金流量的信息。间接法是以净利润为出发点，净利润是利润表上反映的数字，在利润表中反映的净利润是按权责发生制确定的，其中有些收入、费用项目并没有实际发生现金流入和流出，通过对这些项目的调整，可将净利润调节为经营活动现金流量。采用间接法将净利润调节为经营活动的现金流量时，需要调整的项目可分为4类：一是实际没有支付现金的费用；二是实际没有收到现金的收益；三是不属于经营活动的损益；四是经营性应收应付项目的增减变动。

1. 将净利润调节为经营活动的现金流量

1) 资产减值准备

这里所指的资产减值准备包括坏账准备、存货跌价准备、投资性房地产减值准备、长期股权投资减值准备、持有至到期投资减值准备、固定资产减值准备、在建工程减值准备、工程物资减值准备、生物性资产减值准备、无形资产减值准备、商誉减值准备等。企业计提的各项资产减值准备，包括在利润表中，属于利润的减除项目，但没有发生现金流出。所以，在将净利润调节为经营活动现金流量时，需要加回。本项目可根据“资产减值损失”科目的记录分析填列。

2) 固定资产折旧、油气资产折耗、生产性生物资产折旧

企业计提的固定资产折旧，有的包括在管理费用中，有的包括在制造费用中。计入管理费用中的部分，作为期间费用在计算净利润时从中扣除，但没有发生现金流出，在将净利润调节为经营活动现金流量时，需要予以加回。计入制造费用中的已经变现的部分，在计算净利润时通过销售成本予以扣除，但没有发生现金流出；计入制造费用中的没有变现的部分。既不涉及现金收支，也不影响企业当期净利润。由于在调节存货时，已经从中扣除，在此处将净利润调节为经营活动现金流量时，需要予以加回。同理，企业计提的油气资产折耗、生产性生物资产折旧，也需要予以加回。本项目可根据“累计折旧”、“累计折耗”、“生产性生物资产折旧”科目的贷方发生额分析填列。

3) 无形资产摊销和长期待摊费用摊销

企业对使用寿命有限的无形资产计提摊销时，计入管理费用或制造费用。长期待摊费摊销时，有的计入管理费用，有的计入营业费用，有的计入制造费用。计入管理费用等期间费用和计入制造费用中的已变现的部分，在计算净利润时已从中扣除，但没有发生现金流出；计入制造费用中的没有变现的部分，在调节存货时已经从中扣除，但不涉及现金收支，所以，在此处将净利润调节为经营活动现金流量时，需要予以加回。这个项目可根据“累计摊销”、“长期待摊费用”科目的贷方发生额分析填列。

4) 处置固定资产、无形资产和其他长期资产的净损失(减：收益)

企业处置固定资产、无形资产和其他长期资产发生的损益，属于投资活动产生的损益，不属于经营活动产生的损益，所以，在将净利润调节为经营活动现金流量时，需要予以剔除。如为损失，在将净利润调节为经营活动现金流量时，应当加回；如为收益，在将净利润调节为经营活动现金流量时，应当扣除。本项目可根据“营业外收入”、“营业外支出”等科目所属有关明细科目的记录分析填列，如为净收益，以“－”号填列。

5) 固定资产报废损失

企业发生的固定资产报废损益，属于投资活动产生的损益，不属于经营活动产生的损益，所以，在将净利润调节为经营活动现金流量时，需要予以剔除。同样，投资性房地产发生报废、毁损而产生的损失，也需要予以剔除。如为净损失，在将净利润调节为经营活动现金流量时，应当加回；如为净收益，在将净利润调节为经营活动现金流量时，应当扣除。本项目

可根据“营业外支出”、“营业外收入”等科目所属有关明细科目的记录分析填列。

6) 公允价值变动损失

公允价值变动损失反映企业在初始确认时划分为以公允价值计量且其变动计入当期损益的交易性金融资产或金融负债、衍生工具、套期等业务中公允价值变动形成的计入当期损益的利得或损失。企业发生的公允价值变动损益，通常与企业的投资活动或筹资活动有关，而且并不影响企业当期的现金流量。为此，应当将其从净利润中剔除。本项目可以根据“公允价值变动损益”科目的发生额分析填列。如为持有损失，在将净利润调节为经营活动现金流量时，应当加回；如为持有利得，在将净利润调节为经营活动现金流量时，应当扣除。

7) 财务费用

企业发生的财务费用中不属于经营活动的部分，应当将其从净利润中剔除。本项目可以根据“财务费用”科目的本期借方发生额分析填列，如为收益，以“－”号填列。

8) 投资损失(减：收益)

企业发生的投资损益，用于投资活动产生的损益，不属于经营活动产生的损益，所以，在将净利润调节为经营活动现金流量时，需要予以剔除。如为净损失，在将净利润调节为经营活动现金流量时，应当加回；如为净收益，在将净利润调节为经营活动现金流量时，应当扣除。本项目可根据利润表中“投资收益”项目的数字填列，如为投资收益，以“－”号填列。

9) 递延所得税资产减少(减：增加)

如果递延所得税资产减少使计入所得税费用的金额大于当期应交的所得税金额，其差额没有发生现金流出，但在计算净利润时已经扣除，在将净利润调节为经营活动现金流量时，应当加回。如果递延所得税资产增加使计入所得税费用的金额小于当期应交的所得税金额，二者之间的差额并没有发生现金流入，但在计算净利润时已经包括在内，在将净利润调节为经营活动现金流量时，应当扣除。本项目可以根据资产负债表“递延所得税资产”项目期初、期末余额分析填列。

10) 递延所得税负债增加(减：减少)

如果递延所得税负债增加使计入所得税费用的金额大于当期应交的所得税金额，其差额没有发生现金流出，但在计算净利润时已经扣除，在将净利润调节为经营活动现金流量时，应当加回。如果递延所得税负债减少使计入当期所得税费用的金额小于当期应交的所得税金额，其差额并没有发生现金流入，但在计算净利润时已经包括在内，在将净利润调节为经营活动现金流量时，应当扣除。本项目可以根据资产负债表“递延所得税负债”项目期初、期末余额分析填列。

11) 存货的减少(减：增加)

期末存货比期初存货减少，说明本期生产经营过程耗用的存货有一部分是期初的存货，耗用这部分存货并没有发生现金流出，但在计算净利润时已经扣除，所以，在将净利润调节为经营活动现金流量时，应当加回。期末存货比期初存货增加，说明当期购入的存货除耗用外，还剩余一部分，这部分存货也发生了现金流出，但在计算净利润时没有包括在内，所以，在将净利润调节为经营活动现金流量时，需要扣除。当然，存货的增减变化过程还涉及应付项目，这一因素在“经营性应付项目的增加(减：减少)”中考虑。本项目可根据资产负债表中“存货”项目的期初数、期末数之间的差额填列；期末数大于期初数的差额，以“－”号填列。如果存货的增减变化过程属于投资活动，如在建工程领用存货，应当将这一因素剔除。

12) 经营性应收项目的减少(减：增加)

经营性应收项目包括应收票据、应收账款、预付账款、长期应收款和其他应收款中，与经营活动有关的部分，以及应收的增值税销项税额等。经营性应收项目期末余额小于经营性应收项目期初余额，说明本期收回的现金大于利润表中所确认的销售收入，所以，在将净利润调节为经营活动现金流量时，需要加回。经营性应收项目期末余额大于经营性应收项目期初余额，说明本期销售收入中有一部分没有收回现金，但是，在计算净利润时这部分销售收入已包括在内，所以，在将净利润调节为经营活动现金流量时，需要扣除。本项目应当根据有关科目的期初、期末余额分析填列；如为增加，以“－”号填列。

13) 经营性应付项目的增加(减：减少)

经营性应付项目包括应付票据、应付账款、预收账款、应付职工薪酬、应交税费、应付利息、长期应付款、其他应付款中与经营活动有关的部分，以及应付的增值税进项税额等。经营性应付项目期末余额大于经营性应付项目期初余额，说明本期购入的存货中有一部分没有支付现金，但是，在计算净利润时却通过销售成本包括在内，在将净利润调节为经营活动现金流量时，需要加回；经营性应付项目期末余额小于经营性应付项目期初余额，说明本期支付的现金大于利润表中所确认的销售成本，在将净利润调节为经营活动产生的现金流量时，需要扣除。本项目应当根据有关科目的期初、期末余额分析填列；如为减少，以“－”号填列。

2. 不涉及现金收支的投资和筹资活动

不涉及现金收支的重大投资和筹资活动，反映企业一定期间内影响资产或负债但不形成该期现金收支的所有投资和筹资活动的信息。这些投资和筹资活动虽然不涉当期现金收支，但对以后各期的现金流量有重大影响。例如，企业融资租入设备，将形成的负债计入“长期应付款”账户，当期并不支付设备款及租金，但以后各期必须为此支付现金，从而在一定期间内形成了一项固定的现金支出。

目前，在我国现金流量表附注中披露不涉及当期现金收支，但影响企业财务状况或在未来可能影响企业现金流量的重大投资和筹资活动，主要包括：①债务转为资本，反映企业本期转为资本的债务金额；②一年内到期的可转换公司债券，反映企业一年内到期的可转换公司债券的本息；③融资租入固定资产，反映企业本期融资租入的固定资产。

3. 现金及现金等价物净变动情况

现金及现金等价物净变动情况反映企业一定会计期间现金及现金等价物的期末余额与期初余额后的净增加额 (或净减少额)，是对现金流量表中“现金及现金等价物增加额”项目的补充说明。该项目的金额应与现金流量表“现金及现金等价物净增加额”项目的金额核对相符。

12.4.7 现金流量表的具体编制方法

在具体编制现金流量表时，可以采用工作底稿法或 T 型账户法，也可以根据有关科目记录分析填列。

1. 工作底稿法

采用工作底稿法编制现金流量表，是以工作底稿为手段，以资产负债表和利润表数据为基础，对每一项目进行分析并编制调整分录，从而编制现金流量表。工作底稿法的程序如下。

第一步，将资产负债表的期初数和期末数过入工作底稿的期初数栏和期末数栏。

第二步，对当期业务进行分析并编制调整分录。编制调整分录时，要以利润表项目为基础，从“营业收入”开始，结合资产负债表项目逐一进行分析。在调整分录中，有关现金和现金等价物的事项，并不直接借记或贷记现金，而是分别计入“经营活动产生的现金流量”、“投资活动产生的现金流量”、“筹资活动产生的现金流量”有关项目，借记表示现金流入，贷记表示现金流出。

第三步，将调整分录过入工作底稿中的相应部分。

第四步，核对调整分录，借方、贷方合计数均已经相等，资产负债表项目期初数加减调整分录中的借贷金额以后，也等于期末数。

第五步，根据工作底稿中的现金流量表项目部分编制正式的现金流量表。

2. T型账户法

采用T型账户法编制现金流量表，是以T型账户为手段，以资产负债表和利润表数据为基础，对每一项目进行分析并编制调整分录，从而编制现金流量表。T型账户法的程序如下。

第一步，为所有的非现金项目(包括资产负债表项目和利润表项目)分别开设T形账户，并将各自的期末期初变动数过入各自账户。如果项目的期末数大于期初数，则将差额过入和项目余额相同的方向；反之，过入相反的方向。

第二步，开设一个大的“现金及现金等价物”T 形账户，每边分为经营活动、投资活动和筹资活动 3 个部分，左边记现金流入，右边记现金流出。与其他账户一样，过入期末期初变动数。

第三步，以利润表项目为基础，结合资产负债表分析每一个非现金项目的增减变动，并据此编制调整分录。

第四步，将调整分录过入各T形账户，并进行核对，该账户借贷相抵后的余额与原先过入的期末期初变动数应当一致。

第五步，根据大的“现金及现金等价物”T形账户编制正式的现金流量表。

3. 分析填列法

分析填列法是直接根据资产负债表、利润表和有关会计科目明细账的记录，分析计算出现金流量表各项目的金额，并据以编制现金流量表的一种方法。

12.4.8 现金流量表的编制实例

【例 12-11】沿用例 12-1 和例 12-2 的资料，牡丹股份有限公司其他相关资料如下。

1. 2009 年度利润表有关项目的明细资料

(1) 管理费用的组成：职工薪酬 17 100 元，无形资产摊销 60 000 元，折旧费 20 000 元，支付其他费用 60 000 元。

(2) 财务费用的组成：计提借款利息 11 500 元，支付应付票据(银行承兑汇票)贴现利息 30 000 元。

(3) 资产减值损失的组成：计提坏账准备 900 元，计提固定资产减值准备 30 000 元。上年年末坏账准备余额为 900 元。

(4) 投资收益的组成：收到股息收入 30 000 元，与本金一起收回的交易性股票投资收益 500 元，自公允价值变动损益结转投资收益 1 000 元。

(5) 营业外收入的组成：处置固定资产净收益 50 000 元(其所处置固定资产原价 400 000 元，累计折旧 150 000 元，收到处置收入 300 000 元)。假定不考虑与固定资产处置有关的税费。

(6) 营业外支出的组成：报废固定资产净损失 19 700 元(其所报废固定资产原价为 200 000 元，累计折旧为 180 000 元，支付清理费用 500 元，收到残值收入 800 元)。

(7) 所得税费用的组成：当期所得税费用 92 800 元，递延所得税资产 7 500 元。

除上述项目外，利润表中的销售费用 20 000 元至期末已经支付。

2. 资产负债表有关项目的明细资料

(1) 本期收回交易性金融资产成本 15 000 元、公允价值变动 1 000 元，同时实现投资收益 500 元。

(2) 存货中生产成本、制造费用的组成：职工薪酬 324 900 元，折旧费 80 000 元。

(3) 应交税费的组成：本期增值税进项税额 42 466 元，增值税销项税额 212 500 元，已交增值税 100 000 元；应交所得税期末余额为 20 097 元，应交所得税期初余额为 0；应交税费期末数中应由在建工程负担的部分为 100 000 元。

(4) 应付职工薪酬的期初数无应付在建工程人员的部分，本期支付在建工程人员职工薪酬 200 000 元。应付职工薪酬的期末数中应付在建工程人员的部分为 28 000 元。

(5) 应付利息均为短期借款利息，其中本期计提利息 11 500 元，支付利息 12 500 元。

(6) 本期用现金购买固定资产 101 000 元．购买工程物资 300 000 元。

(7) 本期用现金偿还短期借款 250 000 元，偿还一年内到期的长期借款 1 000 000 元；借入长期借款 560 000 元。

根据以上资料，采用分析填列的方法，编制牡丹股份有限公司 2009 年度的现金流量表。

1. 现金流量表的正表编制

(1) 经营活动现金流量各项目金额，分析确定如下：

① 销售商品、提供劳务收到的现金

＝主营业务收入＋应交税费(应交增值税——销项税额)

＋(应收账款年初余额－应收账款期末余额)

＋(应收票据年初余额－应收票据期末余额)

－当期计提的坏账准备－票据贴现的利息

＝1 250 000＋212 500＋(299 100－598 200)＋(246 000－66 000)－900－30 000

＝1 312 500(元)

② 购买商品、接受劳务支付的现金
=主营业务成本+应交税费(应交增值税——进项税额)
-(存货年初余额-存货期末余额)
+(应付账款年初余额-应付账款期末余额)
+(应付票据年初余额-应付票据期末余额)
+(预付账款期末余额-预付账款年初余额)
-当期列入生产成本、制造费用的职工薪酬
-当期列入生产成本、制造费用的折旧费和固定资产修理费
=750 000+42 466-(2 580 000—2 484 700)+(953 800—953 800)
+(200 000-100 000)+(100 000—100 000)-324 900-80 000
=392 266(元)
③ 支付给职工以及为职工支付的现金
=生产成本、制造费用、管理费用中职工薪酬
+(应付职工薪酬年初余额-应付职工薪酬期末余额)
-[应付职工薪酬(在建工程)年初余额-应付职工薪酬(在建工程)期末余额]
=324 900+17 100+(110 000—180 000)-(0—28 000)
=300 000(元)
④ 支付的各项税费
=当期所得税费用+营业税金及附加+应交税费(应交增值税—已交税金)
-(应交所得税期末余额-应交所得税期初余额)
=92 800+2 000+100 000-(20 097—0)
=174 703(元)
⑤ 支付其他与经营活动有关的现金=其他管理费用+销售费用
=60 000+20 000=80 000(元)
(2) 投资活动现金流量各项目金额，分析确定如下：
① 收回投资收到的现金
=交易性金融资产贷方发生额+与交易性金融资产-收回的投资收益
=16 000+500=16 500(元)
② 取得投资收益所收到的现金=收到的股息收入=30 000(元)
③ 处置固定资产收回的现金净额
=300 000+(800—500)=300 300 元
④ 购建固定资产支付的现金
=用现金购买的固定资产、工程物资+支付给在建工程人员的薪酬
=101 000+300 000+200 000
=601 000(元)
(3) 筹资活动现金流量各项目金额，分析确定如下：
① 取得借款所收到的现金=560 000(元)
② 偿还债务支付的现金=250 000+1 000 000=1 250 000(元)
③ 偿还利息支付的现金=12 500(元)

2. 现金流量表补充资料

(1) 将净利润调节为经营活动现金流量，各项目计算分析如下：

① 资产减值准备＝900＋30 000＝30 900(元)

② 固定资产折旧＝20 000＋80 000＝100 000(元)

③ 无形资产摊销＝60 000(元)

④ 处置固定资产、无形资产和其他长期资产的损失(减：收益)＝－50 000(元)

⑤ 固定资产报废损失＝19 700(元)

⑥ 财务费用＝11 500(元)

⑦ 投资损失(减：收益)＝－31 500(元)

⑧ 递延所得税资产减少＝0－7 500＝－7 500(元)

⑨ 存货的减少＝2 580 000－2 484 700＝95 300(元)

⑩ 经营性应收项目的减少
＝(246 000－66 000)＋(299 100＋900－598 200－1 800)
＝－120 000(元)

⑪ 经营性应付项目的增加
＝(100 000—200 000)＋(100 000－100 000)＋[(180 000－28 000)－110 000]
＋[(226 731—100 000)－36 600]
＝32 131(元)

本例中不涉及现金收支的重大投资和筹资活动。

3. 编制现金流量表及其补充资料

根据以上资料，编制现金流量表及其补充资料，如表12-7和表12-8所示。

表12-7 现金流量表

会企03表

编制单位：牡丹股份有限公司　　2009年度　　单位：元

项目	本期金额	上期金额
一、经营活动产生的现金流量：		略
销售商品、提供劳务收到的现金	1 312 500	
收到的税费返还	0	
收到的其他与经营活动有关的现金	0	
经营活动现金流入小计	1 312 500	
购买商品、接受劳务支付的现金	392 226	
支付给职工以及为职工支付的现金	300 000	
支付的各种税费	174 703	
支付的其他与经营活动有关的现金	80 000	
经营活动现金流出小计	946 969	
经营活动产生的现金流量净额	365 531	
二、投资活动产生的现金流量：		
收回投资所收到的现金	16 500	
取得投资收益收到的现金	30 000	
处置固定资产、无形资产和其他长期资产而收到的现金净额	300 300	

续表

项目	本期金额	上期金额
处置子公司及其他营业单位收到的现金净额	0	
收到的其他与投资活动有关的现金	0	
投资活动现金流入小计	346 800	
购建固定资产、无形资产和其他长期资产所支付的现金	601 000	
投资支付的现金	0	
取得子公司及其他营业单位支付的现金净额	0	
支付的其他与投资活动有关的现金	0	
投资活动现金流出小计	601 000	
投资活动产生的现金流量净额	−254 200	
三、筹资活动产生的现金流量：		
吸收投资所收到的现金	0	
取得借款所收到的现金	560 000	
收到的其他与筹资活动有关的现金	0	
筹资活动现金流入小计	560 000	
偿还债务所支付的现金	1 250 000	
分配股利、利润或偿付利息所支付的现金	12 500	
支付的其他与筹资活动有关的现金	0	
筹资活动现金流出小计	1 262 500	
筹资活动产生的现金流量净额	−702 500	
四、汇率变动对现金及现金等价物的影响额	0	
五、现金及现金等价物净增加额	−591 169	
加：期初现金及现金等价物余额	1 406 300	
六、期末现金及现金等价物余额	815 131	

企业法人：(签章)　　　　财务总监：(签章)　　　　制表：(签章)

表 12-8　现金流量表补充资料

补充资料	本期金额	上期金额
1. 将净利润调节为经营活动的现金流量:		略
净利润	225 000	
加：资产减值准备	30 900	
固定资产折旧、油气资产折耗、生产性生物资产折旧	100 000	
无形资产摊销	60 000	
长期待摊费用的摊销	0	
处置固定资产、无形资产和其他长期资产的损失(收益以“－”填列)	−50 000	
固定资产报废损失(收益以“－”填列)	19 700	
公允价值变动损失(收益以“－”填列)	0	
财务费用(收益以“－”填列)	11 500	
投资损失(收益以“－”填列)	−31 500	
递延所得税资产减少(增加以“－”填列)	−7 500	
递延所得税负债增加(减少以“－”填列)	0	
存货减少(增加以“－”填列)	95 300	

续表

补充资料	本期金额	上期金额
经营性应收项目减少(增加以“－”填列)	－120 000	
经营性应付项目增加(减少以“－”填列)	32 131	
其他	0	
经营活动产生的现金流量净额	365 531	
2．不涉及现金收支的重大投资和筹资活动：		
债务转为资本	0	
一年内到期的可转换公司债券	0	
融资租入固定资产	0	
3．现金及现金等价物净变动情况：		
现金的期末余额	815 131	
减：现金的期初余额	1 406 300	
加：现金等价物的期末余额	0	
减：现金等价物的期初余额	0	
现金及现金等价物净增加额	－591 169	

企业法人：(签章)　　财务总监：(签章)　　制表：(签章)

在具体编制现金流量表时企业可以根据业务量的大小及复杂程度，采用工作底稿法、T形账户法，或直接根据有关科目的记录分析填列。

12.5 所有者权益变动表

12.5.1 所有者权益变动表概述

1．所有者权益变动表的定义

所有者权益变动表是指反映构成所有者权益各组成部分当期增减变动情况的报表。所有者权益变动表应当全面反映一定时期所有者权益变动的情况，不仅包括所有者权益总量的增减变动，还包括所有者权益增减变动的重要结构性信息，特别是要反映直接计入所有者权益的利得和损失，让报表使用者准确理解所有者权益增减变动的根源。

2．所有者权益变动表在一定程度上体现了企业综合收益

综合收益是指企业在某一期间与所有者之外的其他方面进行交易或发生其他事项所引起的净资产变动。综合收益的构成包括两部分：净利润和直接计入所有者权益的利得和损失。其中，前者是企业已实现并已确认的收益，后者是未实现但根据会计准则的规定已确认的收益。用公式表示如下：

综合收益＝净利润＋直接计入所有者权益的利得和损失

净利润＝收入－费用＋直接计入当期损益的利得和损失

在所有者权益变动表中，净利润和直接计入所有者权益的利得和损失均单列项目反映，体现了企业综合收益的构成。

3．所有者权益变动表的结构

为了清楚地表明构成所有者权益的各组成部分当期的增减变动情况，所有者权益变动

表应当以矩阵的形式列示：一方面，列示导致所有者权益变动的交易或事项，改变了以往仅仅按照所有者权益的各组成部分反映所有者权益变动情况，而是从所有者权益变动的来源对一定时期所有者权益变动情况进行全面反映；另一方面，按照所有者权益各组成部分(包括实收资本、资本公积、盈余公积、未分配利润和库存股)及其总额列示交易或事项对所有者权益的影响。

此外，企业还需要提供比较所有者权益变动表，所有者权益变动表还就各项目再分为“本年金额”和“上年金额”两栏分别填列。

12.5.2 所有者权益变动表的填列方法

1. 所有者权益变动表各项目的列报说明

1) “上年年末余额”项目

“上年年末余额”项目反映企业上年资产负债表中实收资本(或股本)、资本公积、库存股、盈余公积、未分配利润的年末余额。

“会计政策变更”、“前期差错更正”项目分别反映企业采用追溯调整法处理的会计政策变更的累积影响金额和采用追溯重述法处理的会计差错更正的累积影响金额。

2) “本年增减变动金额”项目

(1) “净利润”项目，反映企业当年实现的净利润(或净亏损)金额，对应列在“未分配利润”栏。

(2) “直接计入所有者权益的利得和损失”项目，反映企业当年直接计入所有者权益的利得和损失金额。其中：“可供出售金融资产公允价值变动净额”项目反映企业持有的可供出售金融资产当年公允价值变动的金额，对应列在“资本公积”栏；“权益法下的被投资单位其他所有者权益变动的影响”项目反映企业对按照权益法核算的长期股权投资，在被投资单位除当年实现的净损益以外其他所有者权益当年变动中应享有的份额，对应列在“资本公积”栏；“与计入所有者权益项目相关的所得税影响”项目反映企业根据所得税会计准则规定应计入所有者权益项目的当年所得税影响金额，对应列在“资本公积”栏。

(3) “所有者投入资本”项目，反映企业接受投资者投入的资本和减少的资本。其中，“所有者投入资本”项目反映企业接受投资者投入形成的实收资本(或股本)和资本溢价或股本溢价，对应列在“实收资本”和“资本公积”栏；“股份支付计入所有者权益的金额”项目反映企业处于等待期中的权益结算的股份支付当年计入资本公积的金额，对应列在“资本公积”栏。

(4) “利润分配”项目，反映企业当年的利润分配方案金额。其中：“提取盈余公积”项目反映企业按照规定提取的盈余公积；“对所有者(或股东)的分配”项目反映企业对所有者分配的利润(或股东)金额。

(5) “所有者权益内部结转”项目，反映企业构成所有者权益的组成部分之间的增减变动金额。其中：“资本公积转增资本(或股本)”项目反映企业以资本公积转增资本或股本的金额；“盈余公积转增资本(或股本)”项目反映企业以盈余公积转增资本或股本的金额；“盈余公积弥补亏损”项目反映企业以盈余公积弥补亏损的金额。

2. “上年金额栏”的填列方法

所有者权益变动表“上年金额”栏内各项数字，应根据上年度所有者权益变动表“本年金额”栏内所列数字填列。如果上年度所有者权益变动表规定的各个项目的名称和内容同本年度不相一致，应对上年度所有者权益变动表各项目的名称和数字按本年度的规定进行调整，填入所有者权益变动表“上年金额”栏内。

3. “本年金额栏”的填列方法

所有者权益变动表“本年金额”栏内各项数字一般应根据“实收资本(或股本)”、“资本公积”、“盈余公积”、“利润分配”、“库存股”、“以前年度损益调整”科目的发生额分析填列。

企业的净利润及其利润分配情况作为所有者权益变动的组成部分，不需要单独设置利润分配表列示。

12.5.3 所有者权益变动表的编制实例

【例 12-12】沿用例 12-1 和例 12-2 的资料，牡丹股份有限公司其他相关资料为：提取盈余公积 24 770.4 元，向投资者分配现金股利 32 215.85 元。根据上述资料，牡丹股份有限公司编制 2009 年度的所有者权益变动表，如表 12-9 所示。

表 12-9 所有者权益(股东权益)变动表

会企 04 表

编制单位：牡丹股份有限公司　　2009 年度　　单位：元

项目	本年金额						上年金额					
	实收资本(或股本)	资本公积	减：库存股	盈余公积	未分配利润	所有者权益合计	实收资本(或股本)	资本公积	减：库存股	盈余公积	未分配利润	所有者权益合计
一、上年年末余额	5 000 000	0	0	100 000	50 000	5 150 000						
1. 会计政策变更												
2. 前期差错更正												
二、本年年初余额	5 000 000	0	0	100 000	50 000	5 150 000						
三、本年增减变动金额(减少以“－”号填列)												
(一) 净利润					225 000	225 000						
(二) 直接计入所有者权益的利得和损失												
1. 可供出售金融资产公允价值变动净额												
2.权益法下被投资单位其他所有者权益变动的影响												
3. 与计入所有者权益项目相关的所得税影响												
4. 其他												
上述(一)和(二)小计												
(三)所有者投入资本												

续表

项目	本年金额						上年金额					
	实收资本(或股本)	资本公积	减：库存股	盈余公积	未分配利润	所有者权益合计	实收资本(或股本)	资本公积	减：库存股	盈余公积	未分配利润	所有者权益合计
1. 所有者本期投入资本和减少资本												
2. 股份支付计入所有者权益的金额												
3.其他												
(四) 利润分配												
1.提取盈余公积				24 770.4	—24 770.4	0						
2. 对所有者(或股东)的分配					—32 215.85	—32 215.85						
3.其他												
(五) 所有者权益内部结转												
1. 资本公积转增资本(或股本)												
2. 盈余公积转增资本(或股本)												
3. 盈余公积弥补亏损												
4. 其他												
四、本年年末余额	5 000 000	0	0	124 770.4	190 717.75	5 315 488.15						

企业法人：(签章)　　　　财务总监：(签章)　　　　制表：(签章)

12.6 附　　注

12.6.1 附注概述

1. 附注的概念

附注是财务报表不可或缺的组成部分，是对在资产负债表、利润表、现金流量表和所有者权益变动表等报表中列示项目的文字描述或明细资料，以及对未能在这些报表中列示项目的说明等。

财务报表中的数字是经过分类与汇总后的结果，是对企业发生的经济业务的高度简化和浓缩的数字，如果没有形成这些数字所使用的会计政策、理解这些数字所必需的披露，财务报表就不可能充分发挥效用。因此，附注与资产负债表、利润表、现金流量表、所有者权益变动表等报表具有同等的重要性，是财务报表的重要组成部分。报表使用者为了解企业的财务状况、经营成果和现金流量，应当全面阅读附注。

2. 附注披露的基本要求

(1) 附注披露的信息应是定量、定性信息的结合，从而能从量和质两个角度对企业经济事项完整的进行反映，也才能满足信息使用者的决策需求。

(2) 附注应当按照一定的结构进行系统合理的排列和分类，有顺序地披露信息。由于附注的内容繁多，因此更应按逻辑顺序排列，分类披露，条理清晰，具有一定的组织结构，以便于使用者理解和掌握，也更好地实现财务报表的可比性。

(3) 附注相关信息应当与资产负债表、利润表、现金流量表和所有者权益变动表等报表中列示的项目相互参照，以有助于使用者联系相关联的信息，并由此从整体上更好地理解财务报表。

12.6.2 附注披露的内容

附注应当按照如下顺序披露有关内容。

1. 企业的基本情况

(1) 企业注册地、组织形式和总部地址。

(2) 企业的业务性质和主要经营活动，如企业所处的行业、所提供的主要产品或服务、客户的性质、销售策略、监管环境的性质等。

(3) 母公司及集团最终母公司的名称。

(4) 财务报告的批准报出者和财务报告批准报出日。

2. 财务报表的编制基础

说明财务报表编制基础是以持续经营和权责发生制为编制基础，还是采用其他编制基础。

3. 遵循《企业会计准则》的声明

企业应当声明编制的财务报表符合《企业会计准则》的要求，真实、完整地反映了企业的财务状况、经营成果和现金流量等有关信息。以此明确企业编制财务报表所依据的制度基础。如果企业编制的财务报表只是部分地遵循了《企业会计准则》，附注中不得做出这种表述。

4. 重要会计政策和会计估计的说明

根据《企业会计准则第30号——财务报表列报》的规定，企业应当披露采用的重要会计政策和会计估计，不重要的会计政策和会计估计可以不披露。

5. 会计政策和合计估计变更以及前期差错更正的说明

6. 报表重要项目的说明

企业应当以文字和数字描述相结合、尽可能以列表形式披露报表重要项目的构成或当期增减变动情况，并且报表重要项目的明细金额合计，应当与报表项目金额相衔接。在披露顺序上，一般应当按照资产负负债表、利润表、现金流量表、所有者权益变动表的顺序及其项目列示的顺序。

7. 其他需要说明的重要事项

主他需要说明的重要事项主要包括或有和承诺事项、资产负债表日后非调整事项、关联方关系及其交易等。

本章小结

本章主要讲述了企业财务报告的概念、构成、主要内容及各种财务报表的编制方法和财务报告的基本列报要求。企业应当以持续经营为基础，考虑报表项目的重要性和不同会计期间的一致性，编制财务报表。资产和负债项目、收入和费用项目，除满足抵消条件外，不得相互抵消。财务报表至少应当提供上一可比会计期间的比较数据。

资产负债表的基本结构和编制方法：在我国，资产负债表采用账户式结构，报表分为左右两方。编报资产负债表最根本的目标就是应如实反映企业在资产负债表日所拥有的资源、所承担的负债及所有者所拥有的权益。资产负债表应当按照资产、负债和所有者权益三大类别分类列报。其中，资产应当按流动资产和非流动资产项目列示，负债按流动负债和非流动负债项目列示，所有者权益按实收资本(或股本)、资本公积、盈余公积和未分配利润等项目列示。

利润表的基本结构和编制方法：在我国，利润表采用多步式结构，按利润形成的主要环节列示一些中间性利润指标，分步计算当期损益。企业应当在利润表中分别列示营业收入、营业利润、利润总额、净利润、每股收益等内容。

现金流量表的基本结构和编制方法：现金流量表由正表和补充资料两部分组成。其中，正表部分按照现金流量的性质分为经营活动的现金流量、投资活动的现金流量、筹资活动的现金流量。各部分又分别按收入项目和支出项目列示，以反映各类活动所产生的现金流入量和现金流出量，来展示各类现金流入和流出的原因。现金流量表应当采用直接法列示经营活动产生的现金流量，并在报表补充资料中采用间接法列示经营活动产生的现金流量。补充资料包括3部分内容：一是将净利润调节为经营活动现金流量；二是对不涉及现金收支的重大投资和筹资活动的列示；三是现金及现金等价物净变动等信息。现金流量表的编制方法主要有工作底稿法、T形账户法和分析填列法。

所有者权益变动表的基本结构和编制方法：所有者权益变动表应当以矩阵的形式列示，即分别列示当期损益、直接计入所有者权益的利得和损失，以及与所有者的资本交易导致的所有者权益变动等内容。

习　题

一、名词解释

1. 财务报告
2. 资产负债表
3. 利润表
4. 现金流量表
5. 现金等价物

二、单项选择题

1．如果“应收账款”科目所属各明细科目期末出现的贷方余额，应在“(　　)”项目中列示。

A．应付账款　　B．预付账款　　C．预收账款　　D．其他应收款

2．存货净额应等于(　　)项目金额之差。

A．“存货”与“盘亏存货”　　B．“存货”与“盘盈存货”

C．“存货”与“损失准备”　　D．“存货”与“存货跌价准备”

3．现金流量表的编制基础是(　　)。

A．库存现金　　B．营运资金

C．库存现金和银行存款　　D．现金

4．引起现金流量净额变动的项目是(　　)。

A．将现金存入银行　　B．用现金购买 1 个月到期的债券

C．用现金支付购买材料款　　D．用一台设备清偿 50 万元的债务

5．以下不属于投资活动现金流量的是(　　)。

A．购买专利权支付的现金

B．支付融资租入固定资产的租赁费

C．收回购买股票时已宣告发放但尚未领取的现金股利

D．收回债券投资时已到付息期但尚未领取的债券利息

三、多项选择题

1．现金等价物应具备的特点有(　　)。

A．期限短　　B．流动性强

C．价值变动风险小　　D．易于转换为已知金额的现金

E．价值风险大，但流动性强

2．下列项目中属于资产负债表附表的有(　　)。

A．业务分部报表　　B．资产减值准备明细表

C．股东权益增减变动表　　D．应交增值税明细表

E．利润分配表

3．“实际没有支付现金的费用”包括(　　)。

A．计提的坏账准备　　B．计提的固定资产折旧

C．待摊费用的摊销　　D．无形资产的取得成本

E．递延税款的借方发生额

4．“非经营活动的费用”包括(　　)。

A．投资损失

B．利息费用

C．处置固定资产损失

D．处置无形资产损失

E．处置无形资产收益

5．不涉及现金收支的投资和筹资活动的项目有(　　)。

A．以设备偿还债务　　B．以存货偿还债务

C．以设备对外投资　　D．以存货对外投资

E．以现金偿还债务

四、判断题

1．资产负债表是反映企业一定报告期间财务状况的报表。　(　　)

2．资产负债表上的各个项目均可以根据会计科目余额直接或通过计算填列。　(　　)

3．现金流量表是反映企业现金流入和流出的会计报表，是企业必须对外提供的会计报表。　(　　)

4．经营活动现金在现金流量表中可以按照直接法报告，也可以按照间接法报告。(　　)

5．企业对外提供的会计报表必须符合合法、真实和公允的原则。　(　　)

五、简答题

1．何谓财务报告？其编制目的和主要构成内容是什么？

2．现金流量表直接法和间接法的区别是什么？

3．财务报表提供的信息应达到的基本质量要求指的是什么？

六、业务题

1．牡丹股份有限公司2012年有关资料如下：利润表中主营业务收入200 000元；资产负债表中“应收账款”项目年初余额60 000元、年末余额20 000元。本年度发生坏账2 000元已予以核销。本年度债务人企业用存货抵偿应收账12 000元；本年度收到以前年度核销的坏账16 000元。

要求：根据上述资料，计算现金流量表中“销售商品、提供劳务收到的现金”项目的金额。

2．牡丹股份有限公司2011年12月31日的资产负债表、2011年度的利润表如表12-10和表12-11所示。

表12-10　资产负债表

编报单位：牡丹股份有限公司　　2011年12月31日　　单位：元

资产	年初数	期末数	负债及所有者权益	年初数	期末数
流动资产：			流动负债：		
货币资金	10 300	9 900	短期借款	5 000	8 000
短期投资	5 400	3 000	应付账款	6 000	5 600
应收账款	2 900	7 700	应交税金	2 800	2 000
减：坏账准备	40	80	应付工资	400	600
存货	9 800	8 500	应付福利费	1 000	800
待摊费用	40	1 280	代销商品款	10 000	5 000
流动资产合计	28 400	30 300	其他流动负债	2 600	2 000
长期投资	50 000	45 000	流动负债合计	27 800	24 000
固定资产：			长期负债：		

续表

资产	年初数	期末数	负债及所有者权益	年初数	期末数
固定资产原值	120 000	150 000	应付债券	45 000	70 000
减：累计折旧	12 000	14 000	长期负债合计	45 000	70 000
固定资产净值	108 000	136 000	所有者权益：		
无形资产	8 000	28 000	股本	90 000	100 000
其他长期资产	20 400	20 400	资本公积	10 000	10 000
			盈余公积	20 000	30 000
			未分配利润	22 000	25 700
			股东权益合计	142 000	165 700
资产总计	214 800	259 700	负债及股东权益总计	214 800	259 700

表 12-11 利润表

编报单位：牡丹股份有限公司 2011 年度 单位：元

项目	本月数(略)	本年累计数
一、主营业务收入		98 700
减：主营业务成本		49 400
主营业务税金及附加		9 300
加：代购代销收入		500
二、主营业务利润(亏损以“－”号填列)		40 500
加：其他业务利润(亏损以“－”号填列)		1 000
销售费用		5 200
管理费用		6 600
财务费用		7 900
三、营业利润(亏损以“－”号填列)		21 800
加：投资收益(损失以“－”号填列)		3 500
补贴收入		
营业外收入		1 400
减：营业外支出		
四、利润总额(亏损总额以“－”号填列)		26 700
减：所得税		8 000
五、净利润(净亏损以“－”号填列)		18 700

2011 年的其他资料如下。

(1) 发放现金股利 5 000 元，发放股票股利 10 000 元。

(2) 出售全新未用的固定资产一宗，入账时借记“固定资产”，原价 10 000 元，售价 11 400 元。

(3) 收到债券投资利息计 1 800 元，本期利息有溢价摊销 1 000 元。

(4) 购置一项专利技术，价值 20 000 元。

(5) 按面值发行公司债券 25 000 元。

(6) 购置固定资产成本 40 000 元。

(7) 投入未入账土地使用权，确认评估价值 10 000 元作为长期投资(假设不计税金)。

(8) 出售账面价值为 2 400 元的短期投资，售价 2 900 元。

(9) 收回长期投资成本 14 000 元，获得投资收益计 2 200 元。

(10) 本期已支付所得税共 7 700 元。

(11) 本期增值税销项税额 16 779 元，进项税额 9 850 元，已支付增值税 8 029 元。

要求：请您以财务报表主编人的身份完成下列工作。

(1) 采用直接法调整计算经营活动的现金流量(将结果列入指定明细表)。

(2) 采用间接法调整计算经营活动的现金流量(将结果列入指定明细表)。

(3) 调整计算的投资活动现金流量(将结果列入指定明细表)。

(4) 调整计算筹资活动的现金流量(将结果列入指定明细表)。

(5) 编制完整的现金流量表。

参 考 文 献

[1] 戴德明．财务会计学[M]．5 版．北京：中国人民大学出版社，2009．
[2] 中国注册会计师协会．会计[M]．北京：中国财政经济出版社，2011．
[3] 张维宾．中级财务会计学[M]．上海：立信会计出版社，2010．
[4] 刘永泽，陈立军．中级财务会计[M]．3 版．大连：东北财经大学出版社，2012．
[5] 陈信元．财务会计[M]．北京：高等教育出版社，2008．
[6] 李祖爱．中级财务会计[M]．上海：上海财经大学出版社，2010．
[7] 中华会计网校．新企业内部控制规范[M]．北京：人民出版社，2008．
[8] 王兰．中级财务会计学[M]．上海：上海财经大学出版社，2009．
[9] 朱国红．中级财务会计学[M]．北京：中国人民大学出版社，2008．
[10] 毛洪涛，唐同琼．解读企业会计准则[M]．成都：西南财经大学出版社，2012．
[11] 葛家澍．财务会计[M]．北京：中国人民大学出版社，2010．
[12] 戴德明，林钢．财务会计学[M]．北京：中国人民大学出版社，2011．
[13] 陈信元．财务会计[M]．北京：高等教育出版社，2010．
[14] 陈汉元．中级财务会计[M]．北京：北京大学出版杜，2009．
[15] 杜兴强．中级财务会计学[M]．北京：中国人民大学出版社，2008．
[16] 杨有红，欧阳爱萍．中级财务会计[M]．北京：中央财经大学出版社，2010．
[17] 李明．中级财务会计[M]．北京：经济科学出版社，2008．
[18] 王秀丽．中级财务会计[M]．北京：中信出版社，2009．
[19] 姜明，方光正．财务会计[M]．武汉：武汉理工大学出版社，2011．
[20] 财政部会计资格评价中心．中级会计实务[M]．北京：经济科学出版社，2012．
[21] 中国注册会计师协会．CPA 会计[M]．北京：中国财政经济出版社，2012．
[22] 财政部．企业会计准则讲解 2006[M]．北京：人民出版社，2007．
[23] 财政部．企业会计准则——应用指南 2006[M]．北京：中国财政经济出版社，2012．
[24] 陈立军，崔凤鸣．中级财务会计习题与案例[M]．大连：东北财经大学出版社，2012．
[25] 财政部．企业会计准则 2006[M]．北京：经济科学出版社，2006．
[26] 张红月．财务会计学[M]．上海：立信会计出版社，2008．

北京大学出版社本科财经管理类实用规划教材（已出版）

财务会计类

序号	书　名	标准书号	主　编	定价	序号	书　名	标准书号	主　编	定价
1	基础会计（第2版）	7-301-17478-4	李秀莲	38.00	23	基础会计学学习指导与习题集	7-301-16309-2	裴　玉	28.00
2	基础会计学	7-301-19403-4	窦亚芹	33.00	24	财务管理理论与实务	7-301-20042-1	成　兵	40.00
3	会计学	7-81117-533-2	马丽莹	44.00	25	税法与税务会计实用教程（第2版）	7-301-21422-0	张巧良	45.00
4	会计学原理（第2版）	7-301-18515-5	刘爱香	30.00	26	财务管理理论与实务（第2版）	7-301-20407-8	张思强	42.00
5	会计学原理习题与实验（第2版）	7-301-19449-2	王保忠	30.00	27	公司理财原理与实务	7-81117-800-5	廖东声	36.00
6	会计学原理与实务（第2版）	7-301-18653-4	周慧滨	33.00	28	审计学	7-81117-828-9	王翠琳	46.00
7	会计学原理与实务模拟实验教程	7-5038-5013-4	周慧滨	20.00	29	审计学	7-301-20906-6	赵晓波	38.00
8	会计实务	7-81117-677-3	王远利	40.00	30	审计理论与实务	7-81117-955-2	宋传联	36.00
9	高级财务会计	7-81117-545-5	程明娥	46.00	31	会计综合实训模拟教程	7-301-20730-7	章洁倩	33.00
10	高级财务会计	7-5655-0061-9	王奇杰	44.00	32	财务分析学	7-301-20275-3	张献英	30.00
11	成本会计学	7-301-19400-3	杨尚军	38.00	33	银行会计	7-301-21155-7	宗国恩	40.00
12	成本会计学	7-5655-0482-2	张红漫	30.00	34	税收筹划	7-301-21238-7	都新英	38.00
13	成本会计学	7-301-20473-3	刘建中	38.00	35	基础会计学	7-301-16308-5	晋晓琴	39.00
14	管理会计	7-81117-943-9	齐殿伟	27.00	36	公司财务管理	7-301-21423-7	胡振兴	48.00
15	管理会计	7-301-21057-4	彤芳珍	36.00	37	财务管理学实用教程（第2版）	7-301-21060-4	骆永菊	42.00
16	会计规范专题	7-81117-887-6	谢万健	35.00	38	政府与非营利组织会计	7-301-21504-3	张　丹	40.00
17	企业财务会计模拟实习教程	7-5655-0404-4	董晓平	25.00	39	预算会计	7-301-22203-4	王筱萍	32.00
18	税法与税务会计	7-81117-497-7	吕孝侠	45.00	40	统计学实验教程	7-301-22450-2	裘雨明	24.00
19	初级财务管理	7-301-20019-3	胡淑姣	42.00	41	基础会计实验与习题	7-301-22387-1	左　旭	30.00
20	财务管理学原理与实务	7-81117-544-8	严复海	40.00	42	基础会计	7-301-23109-8	田凤彩	39.00
21	财务管理学	7-5038-4897-1	盛均全	34.00	43	财务会计学	7-301-23190-6	李柏生	39.00
22	财务管理学	7-301-21887-7	陈　玮	44.00					

工商管理、市场营销、人力资源管理、服务营销类

序号	书　名	标准书号	主　编	定价	序号	书　名	标准书号	主　编	定价
1	管理学基础	7-5038-4872-8	于干千	35.00	28	市场营销学	7-301-21056-7	马慧敏	42.00
2	管理学基础学习指南与习题集	7-5038-4891-9	王　珍	26.00	29	市场营销学：理论、案例与实训	7-301-21165-6	袁连升	42.00
3	管理学	7-81117-494-6	曾　旗	44.00	30	市场营销学	7-5655-0064-0	王槐林	33.00
4	管理学	7-301-21167-0	陈文汉	35.00	31	国际市场营销学	7-301-21888-4	董　飞	45.00
5	管理学	7-301-17452-4	王慧娟	42.00	32	市场营销学（第2版）	7-301-19855-1	陈　阳	45.00
6	管理学原理	7-5655-0078-7	尹少华	42.00	33	市场营销学	7-301-21166-3	杨　楠	40.00
7	管理学原理与实务（第2版）	7-301-18536-0	陈嘉莉	42.00	34	国际市场营销学	7-5038-5021-9	范应仁	38.00
8	管理学实用教程	7-5655-0063-3	邵喜武	37.00	35	现代市场营销学	7-81117-599-8	邓德胜	40.00
9	管理学实用教程	7-301-21059-8	高爱霞	42.00	36	市场营销学新论	7-5038-4879-7	郑玉香	40.00
10	管理学实用教程	7-301-22218-8	张润兴	43.00	37	市场营销理论与实务（第2版）	7-301-20628-7	那　薇	40.00
11	通用管理知识概论	7-5038-4997-8	王丽平	36.00	38	市场营销学实用教程	7-5655-0081-7	李晨耘	40.00
12	管理学原理	7-301-21178-6	雷金荣	39.00	39	市场营销学	7-81117-676-6	戴秀英	32.00
13	管理运筹学（第2版）	7-301-19351-8	关文忠	39.00	40	消费者行为学	7-81117-824-1	甘瑁琴	35.00
14	统计学原理	7-301-21061-1	韩　宇	38.00	41	商务谈判（第2版）	7-301-20048-3	郭秀君	49.00
15	统计学原理	7-5038-4888-9	刘晓利	28.00	42	商务谈判实用教程	7-81117-597-4	陈建明	24.00
16	统计学	7-5038-4898-8	曲　岩	42.00	43	消费者行为学	7-5655-0057-2	肖　立	37.00
17	应用统计学（第2版）	7-301-19295-5	王淑芬	48.00	44	客户关系管理实务	7-301-09956-8	周贺来	44.00
18	统计学原理与实务	7-5655-0505-8	徐静霞	40.00	45	公共关系学	7-5038-5022-6	于朝晖	40.00
19	管理定量分析方法	7-301-13552-5	赵光华	28.00	46	非营利组织	7-301-20726-0	王智慧	33.00
20	新编市场营销学	7-81117-972-9	刘丽霞	30.00	47	公共关系理论与实务	7-5038-4889-6	王　玫	32.00
21	公共关系理论与实务	7-5655-0155-5	李泓欣	45.00	48	公共关系学实用教程	7-81117-660-5	周　华	35.00
22	质量管理	7-5655-0069-5	陈国华	36.00	49	跨文化管理	7-301-20027-8	晏　雄	35.00
23	企业文化理论与实务	7-81117-663-6	王水嫩	30.00	50	企业战略管理	7-5655-0370-2	代海涛	36.00
24	企业战略管理	7-81117-801-2	陈英梅	34.00	51	员工招聘	7-301-20089-6	王　挺	30.00
25	企业战略管理实用教程	7-81117-853-1	刘松先	35.00	52	服务营销理论与实务	7-81117-826-5	杨丽华	39.00
26	产品与品牌管理	7-81117-492-2	胡　梅	35.00	53	服务企业经营管理学	7-5038-4890-2	于干千	36.00
27	东方哲学与企业文化	7-5655-0433-4	刘峰涛	34.00	54	服务营销	7-301-15834-0	周　明	40.00

序号	书　名	标 准 书 号	主　编	定价	序号	书　名	标 准 书 号	主　编	定价
55	运营管理	7-5038-4878-0	冯根尧	35.00	69	服务性企业战略管理	7-301-20043-8	黄其新	28.00
56	生产运作管理（第2版）	7-301-18934-4	李全喜	48.00	70	服务型政府管理概论	7-301-20099-5	于干千	32.00
57	运作管理	7-5655-0472-3	周建亨	25.00	71	新编现代企业管理	7-301-21121-2	姚丽娜	48.00
58	组织行为学	7-5038-5014-1	安世民	33.00	72	创业学	7-301-15915-6	刘沁玲	38.00
59	组织行为学实用教程	7-301-20466-5	冀　鸿	32.00	73	公共关系学实用教程	7-301-17472-2	任焕琴	42.00
60	现代组织理论	7-5655-0077-0	岳　澎	32.00	74	现场管理	7-301-21528-9	陈国华	38.00
61	人力资源管理（第2版）	7-301-19098-2	颜爱民	60.00	75	现代企业管理理论与应用（第2版）	7-301-21603-3	邸彦彪	38.00
62	人力资源管理经济分析	7-301-16084-8	颜爱民	38.00	76	服务营销	7-301-21889-1	熊　凯	45.00
63	人力资源管理原理与实务	7-81117-496-0	邹　华	32.00	77	企业经营ERP沙盘应用教程	7-301-20728-4	董红杰	32.00
64	人力资源管理实用教程（第2版）	7-301-20281-4	吴宝华	45.00	78	项目管理	7-301-21448-0	程　敏	39.00
65	人力资源管理：理论、实务与艺术	7-5655-0193-7	李长江	48.00	79	公司治理学	7-301-22568-4	蔡　锐	35.00
66	政府与非营利组织会计	7-301-21504-3	张　丹	40.00	80	管理学原理	7-301-22980-4	陈　阳	48.00
67	会展服务管理	7-301-16661-1	许传宏	36.00	81	管理学	7-301-23023-7	申文青	40.00
68	现代服务业管理原理、方法与案例	7-301-17817-1	马　勇	49.00	82	人力资源管理实验教程	7-301-23078-7	畅铁民	40.00

经济、国贸、金融类

序号	书　名	标 准 书 号	主　编	定价	序号	书　名	标 准 书 号	主　编	定价
1	宏观经济学原理与实务（第2版）	7-301-18787-6	崔东红	57.00	21	国际贸易规则与进出口业务操作实务（第2版）	7-301-19384-6	李　平	54.00
2	宏观经济学（第2版）	7-301-19038-8	蹇令香	39.00	22	金融市场学	7-81117-595-0	黄解宇	24.00
3	微观经济学原理与实务	7-81117-818-0	崔东红	48.00	23	财政学	7-5038-4965-7	盖　锐	34.00
4	微观经济学	7-81117-568-4	梁瑞华	35.00	24	保险学原理与实务	7-5038-4871-1	曹时军	37.00
5	西方经济学实用教程	7-5038-4886-5	陈孝胜	40.00	25	东南亚南亚商务环境概论	7-81117-956-9	韩　越	38.00
6	西方经济学实用教程	7-5655-0302-3	杨仁发	49.00	26	证券投资学	7-301-19967-1	陈汉平	45.00
7	西方经济学	7-81117-851-7	于丽敏	40.00	27	证券投资学	7-301-21236-3	王　毅	45.00
8	现代经济学基础	7-81117-549-3	张士军	25.00	28	货币银行学	7-301-15062-7	杜小伟	38.00
9	国际经济学	7-81117-594-3	吴红梅	39.00	29	货币银行学	7-301-21345-2	李　冰	42.00
10	发展经济学	7-81117-674-2	赵邦宏	48.00	30	国际结算（第2版）	7-301-17420-3	张晓芬	35.00
11	管理经济学	7-81117-536-3	姜保雨	34.00	31	国际结算	7-301-21092-5	张　慧	42.00
12	计量经济学	7-5038-3915-3	刘艳春	28.00	32	金融风险管理	7-301-20090-2	朱淑珍	38.00
13	外贸函电（第2版）	7-301-18786-9	王　妍	30.00	33	金融工程学	7-301-18273-4	李淑锦	30.00
14	国际贸易理论与实务（第2版）	7-301-18798-2	缪东玲	54.00	34	国际贸易理论、政策与案例分析	7-301-20978-3	冯　跃	42.00
15	国际贸易（第2版）	7-301-19404-1	朱廷珺	45.00	35	金融工程学理论与实务（第2版）	7-301-21280-6	谭春枝	42.00
16	国际贸易实务（第2版）	7-301-20486-3	夏合群	45.00	36	金融学理论与实务	7-5655-0405-1	战玉峰	42.00
17	国际贸易结算及其单证实务	7-5655-0268-2	卓乃坚	35.00	37	国际金融实用教程	7-81117-593-6	周　影	32.00
18	政治经济学原理与实务（第2版）	7-301-22204-1	沈爱华	31.00	38	跨国公司经营与管理（第2版）	7-301-21333-9	冯雷鸣	35.00
19	国际商务	7-5655-0093-0	安占然	30.00	39	国际金融	7-5038-4893-3	韩博印	30.00
20	国际贸易实务	7-301-20919-6	张　肃	28.00	40	国际商务函电	7-301-22388-8	金泽虎	35.00

法律类

序号	书　名	标 准 书 号	主　编	定价	序号	书　名	标 准 书 号	主　编	定价
1	经济法原理与实务(第2版)	7-301-21527-2	杨士富	39.00	5	劳动法和社会保障法(第2版)	7-301-21206-6	李　瑞	38.00
2	经济法实用教程	7-81117-547-9	陈亚平	44.00	6	金融法学理论与实务	7-81117-958-3	战玉锋	34.00
3	国际商法理论与实务	7-81117-852-4	杨士富	38.00	7	国际商法	7-301-20071-1	丁孟春	37.00
4	商法总论	7-5038-4887-2	任先行	40.00	8	商法学	7-301-21478-7	周龙杰	43.00

电子商务与信息管理类

序号	书　名	标 准 书 号	主　编	定价	序号	书　名	标 准 书 号	主　编	定价
1	网络营销	7-301-12349-2	谷宝华	30.00	8	电子商务概论（第2版）	7-301-17475-3	庞大莲	42.00
2	数据库技术及应用教程（SQL Server版）	7-301-12351-5	郭建校	34.00	9	网络营销	7-301-16556-0	王宏伟	26.00
3	网络信息采集与编辑	7-301-16557-7	范生万	24.00	10	电子商务概论	7-301-16717-5	杨雪雁	32.00
4	电子商务案例分析	7-301-16596-6	曹彩杰	28.00	11	电子商务英语	7-301-05364-5	覃　正	30.00
5	管理信息系统	7-301-12348-5	张彩虹	36.00	12	网络支付与结算	7-301-16911-7	徐　勇	34.00
6	电子商务概论	7-301-13633-1	李洪心	30.00	13	网上支付与安全	7-301-17044-1	帅青红	32.00
7	管理信息系统实用教程	7-301-12323-2	李　松	35.00	14	企业信息化实务	7-301-16621-5	张志荣	42.00

序号	书　名	标准书号	主　编	定价	序号	书　名	标准书号	主　编	定价
15	电子商务法	7-301-14306-3	李　瑞	26.00	28	电子化国际贸易	7-301-17246-9	李辉作	28.00
16	数据仓库与数据挖掘	7-301-14313-1	廖开际	28.00	29	商务智能与数据挖掘	7-301-17671-9	张公让	38.00
17	电子商务模拟与实验	7-301-12350-8	喻光继	22.00	30	管理信息系统教程	7-301-19472-0	赵天唯	42.00
18	ERP 原理与应用教程	7-301-14455-8	温雅丽	34.00	31	电子政务	7-301-15163-1	原忠虎	38.00
19	电子商务原理及应用	7-301-14080-2	孙　睿	36.00	32	商务智能	7-301-19899-5	汪　楠	40.00
20	管理信息系统理论与应用	7-301-15212-6	吴　忠	30.00	33	电子商务与现代企业管理	7-301-19978-7	吴菊华	40.00
21	网络营销实务	7-301-15284-3	李蔚田	42.00	34	电子商务物流管理	7-301-20098-8	王小宁	42.00
22	电子商务实务	7-301-15474-8	仲　岩	28.00	35	管理信息系统实用教程	7-301-20485-6	周贺来	42.00
23	电子商务网站建设	7-301-15480-9	臧良运	32.00	36	电子商务概论	7-301-21044-4	苗　森	28.00
24	网络金融与电子支付	7-301-15694-0	李蔚田	30.00	37	管理信息系统实务教程	7-301-21245-5	魏厚清	34.00
25	网络营销	7-301-22125-9	程　虹	38.00	38	电子商务安全	7-301-22350-5	蔡志文	49.00
26	电子证券与投资分析	7-301-22122-8	张德存	38.00	39	电子商务法	7-301-22121-1	郭　鹏	38.00
27	数字图书馆	7-301-22118-1	奉国和	30.00	40	ERP 沙盘模拟教程	7-301-22393-2	周　菁	26.00

物流类

序号	书　名	书号	编著者	定价	序号	书　名	书号	编著者	定价
1	物流工程	7-301-15045-0	林丽华	30.00	28	物流项目管理	7-301-18801-9	周晓晔	35.00
2	现代物流决策技术	7-301-15868-5	王道平	30.00	29	物流工程与管理	7-301-18960-3	高举红	39.00
3	物流管理信息系统	7-301-16564-5	杜彦华	33.00	30	交通运输工程学	7-301-19405-8	于　英	43.00
4	物流信息管理	7-301-16699-4	王汉新	38.00	31	国际物流管理	7-301-19431-7	柴庆春	40.00
5	现代物流学	7-301-16662-8	吴　健	42.00	32	商品检验与质量认证	7-301-10563-4	陈红丽	32.00
6	物流英语	7-301-16807-3	阚功俭	28.00	33	供应链管理	7-301-19734-9	刘永胜	49.00
7	第三方物流	7-301-16663-5	张旭辉	35.00	34	逆向物流	7-301-19809-4	甘卫华	33.00
8	物流运作管理	7-301-16913-1	董千里	28.00	35	供应链设计理论与方法	7-301-20018-6	王道平	32.00
9	采购管理与库存控制	7-301-16921-6	张　浩	30.00	36	物流管理概论	7-301-20095-7	李传荣	44.00
10	物流管理基础	7-301-16906-3	李蔚田	36.00	37	供应链管理	7-301-20094-0	高举红	38.00
11	供应链管理	7-301-16714-4	曹翠珍	40.00	38	企业物流管理	7-301-20818-2	孔继利	45.00
12	物流技术装备	7-301-16808-0	于　英	38.00	39	物流项目管理	7-301-20851-9	王道平	30.00
13	现代物流信息技术	7-301-16049-7	王道平	30.00	40	供应链管理	7-301-20901-1	王道平	35.00
14	现代物流仿真技术	7-301-17571-2	王道平	34.00	41	现代仓储管理与实务	7-301-21043-7	周兴建	45.00
15	物流信息系统应用实例教程	7-301-17581-1	徐　琪	32.00	42	物流学概论	7-301-21098-7	李　创	44.00
16	物流项目招投标管理	7-301-17615-3	孟祥茹	30.00	43	航空物流管理	7-301-21118-2	刘元洪	32.00
17	物流运筹学实用教程	7-301-17610-8	赵丽君	33.00	44	物流管理实验教程	7-301-21094-9	李晓龙	25.00
18	现代物流基础	7-301-17611-5	王　侃	37.00	45	物流系统仿真案例	7-301-21072-7	赵　宁	25.00
19	现代企业物流管理实用教程	7-301-17612-2	乔志强	40.00	46	物流与供应链金融	7-301-21135-9	李向文	30.00
20	现代物流管理学	7-301-17672-6	丁小龙	42.00	47	物流信息系统	7-301-20989-9	王道平	28.00
21	物流运筹学	7-301-17674-0	郝　海	36.00	48	物料学	7-301-17476-0	肖生苓	44.00
22	供应链库存管理与控制	7-301-17929-1	王道平	28.00	49	智能物流	7-301-22036-8	李蔚田	45.00
23	物流信息系统	7-301-18500-1	修桂华	32.00	50	物流项目管理	7-301-21676-7	张旭辉	38.00
24	城市物流	7-301-18523-0	张　潜	24.00	51	新物流概论	7-301-22114-3	李向文	34.00
25	营销物流管理	7-301-18658-9	李学工	45.00	52	物流决策技术	7-301-21965-2	王道平	38.00
26	物流信息技术概论	7-301-18670-1	张　磊	28.00	53	物流系统优化建模与求解	7-301-22115-0	李向文	32.00
27	物流配送中心运作管理	7-301-18671-8	陈　虎	40.00	54	集装箱运输实务	7-301-16644-4	孙家庆	34.00

相关教学资源如电子课件、电子教材、习题答案等可以登录 www.pup6.com 下载或在线阅读。

扑六知识网(www.pup6.com)有海量的相关教学资源和电子教材供阅读及下载(包括北京大学出版社第六事业部的相关资源)，同时欢迎您将教学课件、视频、教案、素材、习题、试卷、辅导材料、课改成果、设计作品、论文等教学资源上传到 pup6.com，与全国高校师生分享您的教学成就与经验，并可自由设定价格，知识也能创造财富。具体情况请登录网站查询。

如您需要免费纸质样书用于教学，欢迎登录第六事业部门户网(www.pup6.com)填表申请，并欢迎在线登记选题以到北京大学出版社来出版您的大作，也可下载相关表格填写后发到我们的邮箱，我们将及时与您取得联系并做好全方位的服务。

扑六知识网将打造成全国最大的教育资源共享平台，欢迎您的加入——让知识有价值，让教学无界限，让学习更轻松。联系方式：010-62750667，wangxc02@163.com，lihu80@163.com，欢迎来电来信。